普通高等教育"十三五"规划教材
"十三五"江苏省高等学校重点教材

工程伦理

徐海涛　主编

王　辉　何世权　张雪英　张胜田　副主编

电子工业出版社.

Publishing House of Electronics Industry

北京·BEIJING

内 容 简 介

本书为"十三五"江苏省高等学校重点教材（编号：2019-2-010）。

本书旨在培养和引导初入工程行业的工程师和未来工程从业者系统学习工程伦理知识，并逐步加强工程伦理职业道德的养成。全书采取"理论教育+案例分析"的形式，对工程伦理学的基本概念、职业伦理规范、伦理困境及解决办法、工程中的内外部社会责任和全球化工程中的伦理进行深入探讨，通过"知识—意识—规范—能力"四个维度，以及对大量虚拟和真实案例的剖析，帮助读者应对工程实践中可能出现的各种伦理困境。

本书可作为工程相关领域各专业本科生、研究生工程伦理教育的教材，也可供相关领域教学、科研人员，以及广大工程技术人员和管理人员参考。

图书在版编目（CIP）数据

工程伦理 / 徐海涛主编. —北京：电子工业出版社，2020.3
ISBN 978-7-121-36497-6

Ⅰ. ①工⋯　Ⅱ. ①徐⋯　Ⅲ. ①工程技术－伦理学　Ⅳ. ①B82-057

中国版本图书馆 CIP 数据核字（2019）第 089258 号

责任编辑：韩同平
印　　刷：三河市鑫金马印装有限公司
装　　订：三河市鑫金马印装有限公司
出版发行：电子工业出版社
　　　　　北京市海淀区万寿路 173 信箱　　邮编：100036
开　　本：787×1092　1/16　印张：15.25　字数：440 千字
版　　次：2020 年 3 月第 1 版
印　　次：2025 年 6 月第 15 次印刷
定　　价：55.90 元

凡所购买电子工业出版社图书有缺损问题，请向购买书店调换。若书店售缺，请与本社发行部联系，联系及邮购电话：（010）88254888，88258888。

质量投诉请发邮件至 zlts@phei.com.cn，盗版侵权举报请发邮件至 dbqq@phei.com.cn。

本书咨询联系方式：010-88254525，hantp@phei.com.cn。

前　　言

随着中国制造、中国创造、中国建造的共同发力，中国正在从一个工程大国逐步迈向一个工程强国。要实现这一有效转变，需要越来越多的工程技术人员作为支撑。当代社会对工程师的要求已经不再是纯粹技术层面上的了，除了要求他们专业精、业务强，还希望他们对工程的生态环境、公众健康、社会安全、人文关怀等影响有着足够敏锐和深刻的认识，要具有高度的社会责任感、正确的价值观和强烈的伦理道德意识，尤其要具备非常强的伦理决策和价值选择能力。因此，工程伦理教育已然成为当今工程教育体系的重要组成部分，直接决定着未来的工程师们素质培养是否全面，也直接影响着中国未来工程师们的国际竞争力。

现代工程的规模程度、覆盖广度、影响深度不断提升，工程决策和工程实践中的各种伦理冲突也不断涌现，如大型工程利益相关方的公平和公正问题，转基因工程和换头术等引发的生命伦理问题，大数据技术蓬勃发展带来的个人隐私问题，工程决策中的环境保护和经济发展冲突问题等。欧美等发达国家在应对这些挑战和压力的过程中，逐步建立了较为健全的工程伦理教育体系，并将其作为未来工程师所必须具备的基本素质。工程伦理教育应该是全链条、全过程、全方位的教育，需要从源头抓起。随着我国成为《华盛顿协议》的正式成员，工程伦理也逐渐成为工程教育的"第一课"，只有培养具有"伦理意识"的、以"造福人类和可持续发展"为理念的工程师，才能使其将来在面对伦理困境时做出正确的判断和选择。

工程专业论证要求培养具有可持续发展理念和工程伦理道德观的卓越工程师。同时，随着社会对高层次工程专业技术人才的需求量增加，专业学位研究生培养也发展迅速。但我们深切感受到目前市场上缺少合适的教材，教师讲课也基于部分素材的拼凑，缺乏整体脉络，这对学生工程伦理意识培养、价值塑造、困境辨识和冲突解决能力的提升极为不利。因此，组织编写工程伦理教材对卓越工程师的培养和专业学位研究生修读都具有十分重要的意义。

本教材由南京工业大学多个学院从事工程伦理教学的老师共同编写，融合了工学、管理学和社会学等多个学科，将工程实践中的伦理辨识和评价方法融入课程教学，构建技术、科学、哲学和道德规范相融合的知识体系，突出实际伦理问题冲突的解决方法。

在编写过程中，本教材力求做到以下三点：

（1）案例丰富剖析详尽，培养学生伦理自觉意识。

工程伦理教育的核心之一是"意识与责任教育"，价值塑造是工程伦理教育的内涵和主旨。工程人才培养应该从强调工具理性向突出价值理性方向提升和转移，通过工程伦理教育，塑造未来工程师"关爱生命、关爱自然、尊重公平正义"的可持续发展价值观。本科学生大都没有工程的实际概念，因此本书精选了部分国内外的经典案例，并对其进行深入剖析，细致分析了工程师、管理者、决策者等相关利益关系人在当时当地所面临的伦理困境、心理状态和他最终做出决定的价值考量，使学生能够还原到当时的场景中切身感受，身临其境地培养学生的伦理自觉性。

（2）伦理工具覆盖全面，提升学生伦理解决能力。

识别和辨析工程伦理冲突的能力应该成为工程师教育的重要内容，工程师应该具备"明辨是非""先觉先知"的能力，熟练掌握风险辨识和评价的基本方法，具备基于长期利益与道德平衡而进行工程决策的能力。本书将工程实践伦理的辨识和评价方法融入课程教学，突出实际伦理困境的辨识、分析和解决方法。通过编制大量虚拟案例，全面覆盖了未来工程师即将面临的个人、同事、上级、社会、职业等角色之间的冲突，并提供了系统的解决方法，以全面提升学生伦理解决能力。

（3）洋为中用，一带一路，凸显天人合一的中国智慧。

随着中国高铁、水电等越来越多的"大国重器"走出国门，中国工程师更多地参与到了全球工程实践中。国际化程度越来越高，工程事务对他们的要求也越来越高。"一带一路"战略是中国生态文明建设的重要组成部分，但从"一带一路"涉及的国家和地区来看，自然生态系统比较脆弱，沙漠化和荒漠化问题严重，森林覆盖率远低于世界平均水平；沿线国家发展水平落后，生态环境复杂脆弱，相关环保法律、法规和标准体系建立不完全。这些都要求未来的工程师们在"走出去"的时候更要具备全球化的伦理意识，不仅要学习西方伦理观点，更要输出中国智慧，本书也专门安排章节对此问题进行探讨。

全书共 8 章。第 1 章介绍了工程活动的特征和基本过程，同时涉及工程中的相关观念；第 2 章讨论了工程伦理学的相关知识，包括研究对象、学习方法和主要思想等；第 3 章通过对比工程伦理在美国和中国的不同发展方式，介绍了国内外主要的工程伦理规范；第 4 章向读者展示了在遇到伦理困境时的解决方法，并通过对 20 多个虚拟案例的深入剖析，使学生能熟练掌握伦理困境分析的技巧；第 5 章介绍了工程实施主体——工程师的社会责任及职业素质等内部社会责任；第 6 章讨论了工程中风险和安全的关系、对环境的影响等外部社会责任；第 7 章则探讨了全球化工程中面临的伦理问题和实践；第 8 章运用全书的理论知识对精选的 10 个工程案例进行了分析。

本教材的目的是培养和引导初入工程行业的技术人员和管理者系统学习工程伦理知识，培养其社会责任感，提高其伦理意识，增强其遵循伦理规范的自觉性，提升其应对工程伦理问题的能力，让工程能够更好地造福社会、造福人类。本书可作为本科生及研究生的课程教材或教学参考书，建议教学学时数为 16～32 学时。课堂教学中可以注重案例的引导和分析，并通过多元化的教学手段，如案例分析、关系人角色扮演、辩论赛等使学生更加深入地掌握所学知识。

本书由南京工业大学徐海涛教授主编，参加本书编写的还有南京工业大学王辉教授、何世权教授、张雪英副教授，以及生态环境部南京环境科学研究所张胜田研究员，南京工业大学研究生支晓欢、梅超强等为本书的案例整理做了大量的工作。南京工业大学桑芝富教授对本书的编写提出了宝贵意见，在此表示诚挚的感谢。书中也引用了部分学者的研究成果及网络素材，难以一一联系致谢，在此一并感谢。由于作者水平有限，书中难免存在疏漏或不足之处，敬请广大读者批评指正（htxu@njtech.edu.cn）。

编　　者

目　　录

第1章 工程概论

1.1 工程及工程活动

引导案例：三大水利工程

● **都江堰水利工程**

在我国成都平原有一座气势磅礴、蔚为壮观的宏大水利工程，这就是闻名中外的都江堰，见图1-1（a）。这项具有2250多年悠久历史、凝聚着我国古代劳动人民智慧和勇敢的"生态工程"，至今还在发挥着不可替代的巨大作用。

（a）都江堰水利工程

（b）三门峡水利工程

（c）三峡水利工程

图1-1 三大水利工程

都江堰位于岷江中游，是由战国时期秦国蜀郡太守李冰父子率领百姓修筑的。当年，发源于四川北部岷山的岷江，沿江两岸山高谷深，水流湍急；进入一马平川的成都平原中部后，水势浩大，往往冲决堤岸，泛滥成灾。岷江两岸庄稼年年欠收，百姓背井离乡，流离失所。公元前 256 年，李冰担任蜀郡太守后，决心根治水害，为岷江两岸的百姓造福。

都江堰的主体工程将岷江水流分成两股，其中一股水流引入成都平原，既能分洪减灾，又能引水灌田，从而变害为利。李冰在儿子二郎，以及当地有治水经验的农民的协助下，对岷江附近的地形和水文情况进行了实地调查和研究。经过多次勘察，李冰决定凿穿玉垒山引水。在没有火药、不能爆破的情况下，他以火烧石使岩石爆裂，在玉垒山凿出了一个宽 20 米、高 40 米、长 80 米的山口，取名"宝瓶口"。宝瓶口引水工程完成后，虽然起到了分流和灌溉的作用，但因江东地势较高，江水难以流入宝瓶口。于是，李冰父子又在离玉垒山不远的岷江上游和江心筑分水堰，将装满鹅卵石的大竹笼堆在江心形成一个狭长的小岛，从而使江水被分成内外两江。外江仍循原流，内江经人工造渠，通过宝瓶口后流入成都平原。为了进一步分洪减灾，在分水堰与宝瓶口旁的小山之间，李冰又修建了一条长 200 米的溢洪道流入外江，取名"飞沙堰"。溢洪道前修有弯道，避免淤塞内江和宝瓶口水道。为了观测和控制内江水量，又将三个石桩人像置于水中，让人们知道"枯水（低水位）不淹足，洪水（高水位）不过肩"。另外，还凿制石马放置于江心，作为每年最小水量时逃难的标准。

在都江堰修建的过程中，李冰父子和当地百姓充分利用山势地貌，采取无坝引水，巧妙地将工程和自然环境融为一体，浑然天成，体现了人与自然的高度和谐统一。都江堰建成后，不仅解除了岷江的水患，还使几十万亩农田旱涝保收。从此，成都平原沃野千里，物产丰饶，成为我国重要的粮食和经济作物的主产区，"水旱从人，不知饥馑，时无荒年"，谓之天府。为民造福的李冰父子也因此受到世世代代人们的尊敬和怀念。

都江堰水利工程作为我国古代工程的典范，历经千年经久不衰，是当今世界年代久远、唯一留存、以无坝引水为特征的宏大水利工程，是中国古代历史上最成功的水利杰作之一，更是古代水利工程沿用至今，古为今用、硕果仅存的奇观。

● 三门峡水利工程

黄河的水患问题一直困扰着当地的居民，其水情复杂而又难以治理。黄河的源头是清澈见底的溪流，到了中游黄土高原地带，黄河携卷着大量的泥沙咆哮而去，形成了世界有名的"黄色河流"。而到了下游，由于流速减缓，泥沙沉淀，导致河床逐年抬高，形成"悬河"奇观，直接威胁着下游人民的生命和财产安全。因此，黄河的危害一直是历代统治者的心腹之患。新中国一成立，党和国家领导人立即着手治理黄河。

1954 年 4 月，原国家计委在苏联援华专家的指导和帮助下，编制了黄河流域规划，决定修建三门峡水利枢纽大坝，以根治黄河水患问题。1957 年 6 月，由周恩来总理主持，水利部召集了 70 多位学者和工程师对苏联专家的方案提意见。清华大学水利系教授黄万里认为，三门峡大坝建成后，河水必然夹带大量的泥沙，泥沙会在潼关以上流域淤积并不断向上游发展，建成后不但不能发电，还会淹没大批土地。然而，黄万里教授的一家之言并没有引起其他人的警觉，1959 年苏联专家组最终确定了高坝大库的三门峡工程设计方案，1960 年 9 月工程建成并开始投入运营，见图 1-1（b）。

然而，三门峡水库的投运效果并不理想。从 1960 年到 1962 年 3 月，水库中淤积泥沙约 15.3 亿吨，远超预期。潼关高程抬高了 4.4 米，并在渭河河口形成拦门沙，渭河下游两岸农田遭受淹没，土地出现盐碱化。为此，1962 年 2 月，原水电部将原来的"蓄水拦沙"运行方式改为"滞洪排沙"，但由于泄水孔位置较高，仍有 60%泥沙淤积在库内，而潼关高程却并未降低。下泄的泥沙由于水量少，淤积到下游河床，改建在所难免。第一次改建后，枢纽的泄流规模增大了一倍，虽缓解了水库的严重淤积，但仍有 20%来沙淤积在库内，潼关以上库区和渭河仍在淤积。尤其是 1967 年，黄河倒灌，渭河口 8.8 米长的河槽全部被淤塞。1968 年，渭河在华县一带决口，造成农田被大面积淹没，关中平原受到严重威胁。

2003 年 8 月 24 日至 10 月 5 日，渭河流域发生了 50 年来最严重的洪灾，1080 万亩农作物受灾，225 万亩农作物绝收。洪水造成了多处决口，数十人死亡，515 万人口受灾，直接经济损失达 23 亿元。但这次渭河洪峰仅相当于五年一遇的洪水流量，陕西省有关方面将这次水灾的原因归结为三门峡高水位运行导致潼关高程居高不下，渭河倒灌以至于"小水酿大灾"。

● 三峡水利工程

长江三峡水利枢纽位于距湖北省宜昌市上游不远处的三斗坪镇，和下游的葛洲坝水利枢纽构成梯级电站。三峡工程控制流域面积约 100 万平方千米，占长江全流域面积的 56%左右；年均径流量达 4510 亿立方米，约为长江入海径流量的一半。三峡水利枢纽具有防洪、发电、航运、供水、旅游等巨大的综合效益，是世界上规模最大的水电站，也是中国有史以来建设的特大型工程项目之一，见图 1-1（c）。

1994 年 12 月 14 日，三峡工程正式开工。枢纽工程以"一级开发，一次建成，分期蓄水，连续移民"为建设方案，共分三期进行，其中施工准备和第一期工程施工 5 年，二期工程施工 6 年，三期工程施工 6 年。按当时的价格水平，工程静态投资为 954 亿元，其中枢纽工程 500.9 亿元。2009 年 8 月 29 日，国务院长江三峡三期工程验收委员会完成最后一次验收，标志着三峡水利枢纽最后竣工。

三峡水利枢纽工程主体建筑由拦河大坝、水电站、通航建筑三大部分组成。拦河大坝坝顶高程 185 米，大坝轴线长度 2335 米，最大坝高 175 米，泄洪坝段居河床中部，枢纽最大泄洪能力为 11.6 万立方米/秒；水电站位于泄洪坝段两侧，左、右厂房分别安装 14 台和 12 台单机容量为 70 万千瓦的水轮发电机组，总装机容量为 1820 万千瓦；通航建筑物为双线连续梯级船闸及单线一级垂直升船机，施工期另设单线一级临时船闸，配合导流明渠和升船机以满足施工期通航要求。

三峡工程建成后，其巨大库容所提供的调蓄能力将使下游荆江地区能抵御百年一遇的特大洪水，枯水季节通过水库放水改善了长江中下游地区的航运条件。三峡工程的水力发电是中国西电东送工程中线的巨型电源点，带来巨大的经济效益。

1.1.1　工程的历史发展

工程的一般含义就是"造物"，是一种将自然的物质或材料，通过创造性的思想和技术性的行为，形成具有独创和有用器具的活动[①]。工程最早起源于人类生存和发展的需要，尤其是对工具的需要。石器工具的出现标志着人类开始进行真正的造物活动，可以视为工程起源的标志。随着人类文明的不断演变和发展，工程也相应地经历了几个不同的时期。

1. 原始工程时期

从人类诞生尤其是能够制造石器工具，到 1 万多年前农业社会的出现，这一时期通常被称为人类历史上的原始时代或史前时代，对应于技术史中的旧石器时代。从工程的造物活动来看，这个时期属于"器具的最初发现"时期，这一时期"人类开始收集和砸制石头并用于特殊的目的，这也成为后来工程的一个持续的特征"[②]。

旧石器时代的早期，制作的石器粗厚笨重，器类简单，往往一器多用；到了中期，开始出现了骨器；晚期的时候，石器趋于小型和多样化，种类也在增多，一些简单的组合工具如弓箭、投矛器等开始出现，并有了少量的磨制石器，图 1-2 便是其中的代表。工程活动要选

---

① Harms A A, Baetz B W, et al. Engineering in Time: The systematics of engineering history and its contemporary context[M]. London: Imperial College Press, 2004: 209.

② Harms A A, Baetz B W, et al. Engineering in Time: The systematics of engineering history and its contemporary context[M]. London: Imperial College Press, 2004: 209～210.

取合适的原料。随着人类逐步缓慢地变成了工具的制造者，人们所采用的材料也就逐渐从石头扩展到了骨头和木头，甚至还包括少量牛角、鹿角和象牙①。石材的选取导致了原始采矿工程活动的产生，通过燧石矿的发现，原始人类可以得到最合适的燧石，再通过敲打、撞击、截砍等其他工程操作，最终形成了有刃的斧头等工具。这一时期，人类已经学会了用火，这是石器时代一个划时代的成就。到了旧石器时代后期，在一些缺乏天然洞穴的地区，开始出现了简陋粗糙的人造居所，如帐篷和地下室等，并逐渐出现不同的风格。后来，房屋也变得普遍，类型也随之发展，建筑的结构样式越来越多样化。这一时期，把石头加工成器具、工具及家用器皿的技术发展得相当缓慢，仅限于切割、劈砍、刮削等，技术还不够精致，也没有比较大的发展②。

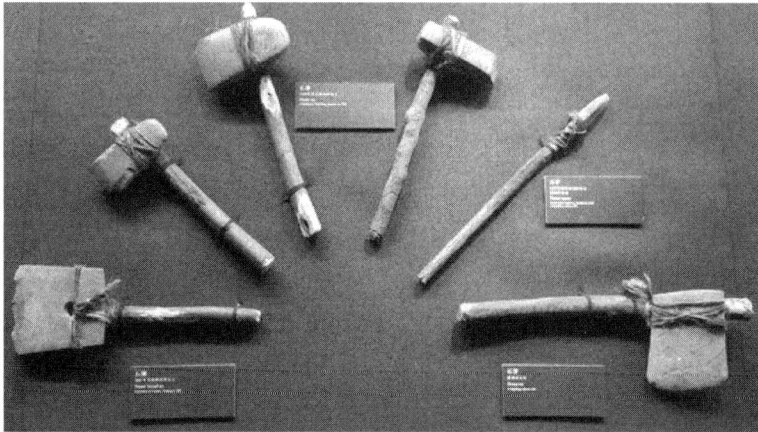

图 1-2　原始社会石器

2. 古代工程时期

陶器的出现揭开了人类利用自然的新篇章。陶器制作是指使用黏土、纤维等原料，通过混合、成型、加热等工程活动，制成陶器、砖等人工物的过程。人类在制陶的过程中逐渐掌握了高温加工技术，并逐渐应用到了熔化铜、铁等金属的工程活动中，工程的形式和内容也变得更加复杂和丰富。以石头、金属、木头、黏土为自然原料，通过探矿、采矿、冶炼、铸造、锻造等工程活动，运用直觉、技艺、创造等工程思维活动，最后制成了工具、武器等人造物，并伴随产生了我国最早的技术人员——金属工匠。图 1-3 所示为我国古代青铜器，是我国文化的重要组成部分，有着重要的历史价值和观赏价值。

随着铁器的普及，人类的工程技术水平有了很大的提高。铁器工具的使用使得精耕细作成为可能，社会生产力得以极大提高，导致粮食生产以外的大量剩余劳动力的出现；另一方面，大量的铁制工具还为大规模的、复杂艰巨的施工提供了重要技术手段，大型水利工程开始出现。

伴随着生产力的发展，社会的需求也变得复杂多样，一些较为大型的、服务于宗教和政治的建筑物开始出现。从古代巴比伦的金字形神塔（公元前 3500 年）到埃及的金字塔（公元前 2500 年）、从英格兰索尔斯堡大平原上的巨石阵（公元前 2700 年）到埃及的方尖碑

---

① 查尔斯·辛格，E·J·霍姆亚德，等. 技术史（第 I 卷）[M]. 王前，孙希忠，译. 上海：上海科技教育出版社，2004: 83.
② 查尔斯·辛格，E·J·霍姆亚德，等. 技术史（第 I 卷）[M]. 王前，孙希忠，译. 上海：上海科技教育出版社，2004: 92.

（约公元前 2133 年至公元前 1786 年），这些出于宗教性、纪念性、装饰性等目的兴建的大型结构工程，反映了当时的人类已经具有了比较高的生产力水平，并具备了较高的组织管理能力。

图 1-3　中国古代青铜器

在古代工程时期，出于政治、经济和宗教等多方面的需要，多种工程开始融合，建筑设计也不断进化。设计、项目和组织等工程活动形式开始出现，在中世纪的欧洲，甚至出现了某些"专门"进行设计和监督工作的人员，类似于今天的咨询工程师和项目管理者。这一时期所形成的工程产物也扩展到了机械工具，拱、路、桥、水车，此外还有大教堂、城堡等，15 世纪的欧洲出现了现代钢铁业的雏形[①]。这些发展标志着原始工程发展到古代工程时期后，工程的主要内容和活动方式已演变为在农业、建筑、市政等领域的工程活动。

3．近代工程时期

这一时期，工程应用领域的扩大和工程技术的发展需要更为强大的动力，工程实践变得日益系统化[②]。因而，文艺复兴时期的工程师成了更为崭新的、更加通用的动力源的建造者和使用者[③]。在寻求这种动力的探索过程中，第一次工业革命发生了。蒸汽机（图 1-4）的发明和广泛使用是这一时期的显著标志，并陆续导致了一系列工程的出现和发展。

图 1-4　蒸汽机模型

（1）机械工程（1650 年左右起）。机器的出现和使用标志着工业革命的开始，生产能力强、产品质量高的大机器逐步取代手工工具和简陋机械，蒸汽机和内燃机等无生命动力取代了人和牲畜的肌肉动力，大型的集中工厂生产取代了分散的手工

---

① 布鲁诺·雅科米. 技术史[M]. 蔓菁, 译. 北京: 北京大学出版社, 2000: 155.

② Harms A A, Baetz B W, et al. Engineering in Time: The systematics of engineering history and its contemporary context[M]. London: Imperial College Press, 2004: 81.

③ Harms A A, Baetz B W, et al. Engineering in Time: The systematics of engineering history and its contemporary context[M]. London: Imperial College Press, 2004: 90.

作坊。动力机械、生产机械和机械工程的理论都取得了飞跃发展。

（2）采矿工程（1700 年左右起）。机器抽水技术的应用，使矿井深度加深，采矿规模扩大，同时推动了岩石机械、隧道、通风、煤炭运输等工程的发展。

（3）纺织工程（1730 年左右起）。纺织机械的出现引发了以蒸汽动力为基础的工厂出现，而蒸汽机的引入又使整个纺织工业发生了革命性的变化，导致了纺织工程的产生。

（4）结构工程（1770 年左右起）。结构材料从史前和古代的木、石、砖发展到了现代的钢铁，使得工程师设计新结构成为可能，如 1799 年建成的英国塞文河桥，是世界上第一座铸铁桥，至今仍在使用。

当然，蒸汽机的影响绝不仅仅表现在以上几个方面，蒸汽机用于交通运输，出现了蒸汽机车、蒸汽轮船等。而后，汽轮机、内燃机和各种机床都相继出现，此外还在 1830 年左右兴起了海洋工程等。

与中世纪的古代工程相比，近代工程出现了一些新的特点，主要表现为：在设计和开发器具中的系统合作、工程活动中采用了科学技术和科学方法、工程师开始作为雇员出现、工程活动的负面环境影响开始被认识等[1]。总而言之，在这个工程时代完成了第一次工业革命，使人类真正进入了工业社会。

4．现代工程时期

到了 19 世纪，人类社会进入了现代工程时期。材料加工工程得到长足发展，钢铁冶炼技术的进步推动了铁路工业的发展；化学工程取得了长足进步，印染、橡胶、炸药的发明、油气的炼制，合成材料的应用促进了汽车工业的发展。许多新的专业和职业大量涌现，工程的类型大幅增多，工程的方法更加多样。人们对工程也有了新的理解，尤其是福特制和泰勒制的发明，零部件生产标准化和流水作业线相结合，生产效率空前提高，人类社会进入了一个新的历史阶段。

工程的迅速发展促进了科学技术的进步，而科学技术的进步又导致新的工程时代的出现。19 世纪末 20 世纪初，基于电学理论而所引发的电力革命使人类迎来了"电气化时代"，成为第二次产业革命的基本标志。

在现代工程时期，工程的理论和实践都发生了重要变化，工程日益卷入到科学关注的焦点，特别是适应社会的需要和期待[2]。工程的内容或领域在这个时期的突出表现是：①1945—1955 年的核能释放和利用；②1955—1965 年的人造地球卫星的成功发射；③1965—1975 年的重组脱氧核糖核酸实验的成功；④1975—1985 年的微处理机的大量生产和广泛使用；⑤1985—1995 年的软件开发和大规模产业化，纳米技术的研发等。由此形成了以高科技为支撑的核工程、航天工程、生物工程、微电子工程、软件工程和新材料工程等，见图 1-5。

当代工程系统日益复杂，自然和资源的保护日益得到重视，工程正在成为"全球适应的进化系统"，"传统的工程建立在物质的、几何的和经济的考虑之基础上，而当代的工程则还要牵涉心理学的、社会学的、意识形态的以及哲学的和人类学的考虑"，于是工程变得"跟更宽广的世界相联系"[3]。而体现于其中最根本的特征也是整个当代社会的技术特征——信

---

① Harms A A, Baetz B W, et al. Engineering in Time: The systematics of engineering history and its contemporary context[M]. London: Imperial College Press, 2004: 97.

② Harms A A, Baetz B W, et al. Engineering in Time: The systematics of engineering history and its contemporary context[M]. London: Imperial College Press, 2004: 141.

③ Harms A A, Baetz B W, et al. Engineering in Time: The systematics of engineering history and its contemporary context[M]. London: Imperial College Press, 2004: 141, 171.

息化。它体现在工具形态上，就是自动机器乃至智能机器的出现，繁重的体力劳动被工具系统所取代，为工程的人性化提供了充分的技术保证。

图 1-5　航天工程

1.1.2　工程的本质和特征

工程是创造和建构新的人工物的社会实践活动。对工程的理解不能仅仅停留在工程本身，一个完整的工程应当包括工程活动的过程和工程活动的成果，过程和工程成果密不可分，最后的成果和产物是工程过程的重要组成部分。

在工程活动过程中，涉及技术要素和非技术要素。技术要素是指能源、材料、装备、工艺和控制等基本要素，是工业生产过程不可缺少的物质条件；而非技术要素则指资源、资本、土地、劳动力、市场、环境等外部条件。

技术要素与非技术要素构成了工程的基本结构，在这个结构中，技术要素和非技术要素在工程活动中呈现为一种互动的机制。一方面，当非技术要素发生变化时，技术要素的集成方式也会变化；另一方面，技术要素本身的状况和水平也影响和改变着与非技术要素的协调方式。比如，一个没有污染治理技术的系统，将会恶化非技术要素的存在状态；再比如，从有线电话发展到无线电话、网络电话时，这种通信技术水平的提高优化了非技术要素的配置效率。

因此，工程的本质可以理解为各种资源和要素的集成过程、集成方式和集成模式的统一。这可以从三个方面理解。首先，它是工程要素集成方式，工程科学主要研究的就是相关要素的集成方式的形成等问题；其次，工程要素是技术要素和非技术要素的统一，这两类要素是相互作用、关联互动的；最后，工程的进步既取决于技术要素本身的状况和性质，也取决于非技术要素所表达的社会、经济、政治、文化等因素的状况。

工程活动有以下五个特征。

1. 工程的建构性和实践性

工程都是通过具体的决策、规划、设计、建设和制造等过程来实现的，任何一个工程过程，首先表现为一个建构过程。大型工程项目的建构性更为突出，很多工程如三峡大坝、航天飞机等，都是在建构一个原本不存在的新事物、新存在。

建构不仅体现在物质性结构的建设上，还包括工程理念、设计方法、管理制度、组织规则等多个层面，是一种综合的过程。这种建构过程既是主观概念的，又是物质形态的。主观概念的建构表现为工程理念的确立、工程全局的设计、工程蓝图的规划等主观过程；物质建构则表现为各种物质资源配置和加工，能量形式转化，信息传输变换等实践过程。

因此，工程活动具有鲜明的主体建构性和直接实践性，并且表现为建构性与实践性的高度统一。它是实施主体根据自己的意图，确定工程目标、进行工程设计，将现有的技术资源和物质资源进行重新整合、建构并实施建设的过程；同时也是通过物质、能量和信息的转化，产生物质结果，形成经济效益和社会效益的过程。工程的实践性，不仅体现在工程项目的物质建设过程中，更重要的是体现在工程项目建成后的工程运行中。工程运行效果最能反映工程建设的质量和水平，工程运行实践的状况取决于工程建设的状况，工程建设的质量取决于工程构建的水平。

因此，工程建构、工程建设、工程运行是三位一体的工程整体，工程的建构性和实践性是辩证统一的。

2．工程的科学性和经验性

工程活动，尤其是现代工程活动都必须建立在科学性的基础之上，但同时又离不开工程设计者和实施者的经验知识，这两者是辩证统一的。

工程是在一定约束条件下的技术集成与优化，必须正确应用和遵循科学规律，一个违背科学性的工程，注定是要失败的。随着科学技术的迅速发展，工程对于科学性的理解和应用不断增强，人类建造的工程无论在规模上还是技术复杂程度上，都不断地达到一个又一个新的高度。工程活动涉及的因素众多、关系复杂、规模宏大，工程设计与实施等各个环节所需要的知识都超出了个人的经验能力，都必须依据一定的科学理论，尤其是工程科学、系统科学的理论和方法，还要考虑到管理、组织等社会科学的要素，以及环境科学的制约。只有这样，才能把大量的不同性质的工程要素，集合成一个具有特定结构与功能的、实现特定目的的工程系统。但是，由于工程建设是一个直接的物质实践活动，具体参与工程活动主体的实践经验是工程活动的另一重要因素，它是工程活动中的科学性原则的重要补充，在工程活动中不可或缺，起着重要的作用。

因此，工程活动中的科学性与经验性是相互依存、相互包含和相互转化的，随着工程活动过程中科学技术的进步，工程活动中的个体经验所包含的科学因素不断丰富，工程经验的内涵不断深化，经验水平也不断提升。

3．工程的复杂性和系统性

随着科学技术的迅速发展，人类的工程活动无论在规模上，还是在复杂程度上，都不断地达到新的高度。工程活动的复杂性与系统性是密切结合的，工程系统自身的特点决定了它的复杂性。工程是根据自然界的规律和人类的需求创造一个自然界原本并不存在的人工事物，因而工程的系统性不同于自然事物的系统性，它包含了自然、科学、技术、社会、政治、经济、文化等诸多因素，是一个远离平衡态的复杂系统。工程系统构成过程和发展变化的复杂性程度远远超出了自然事物的复杂性程度，是自然事物复杂性和社会、人文复杂性的叠加，是这三类复杂性的复合。

工程是由众多资源和要素集成的、具有复杂结构和功能的整体。每一个要素都是这个整体的一个维度，每个维度又有各自不同的运动轨迹和变化周期，不同维度之间还存在着复杂的非线性相互作用关系。在工程建设中将它们进行有机整合，就要科学权衡和恰当处理极其复杂的非线性作用关系。所以说，工程现象的系统性关联着复杂性，工程的复杂性依存于工程的系统性，体现了复杂性与系统性的统一性。

4．工程的社会性和公众性

社会性是工程最重要的特征之一。工程因人类的需要而开展，没有人类的需要，没有社会赋予的意义，一切工程都是多余的。从工程的定义可以看出，工程活动是一个将技术要素和非技术要素集成起来的综合性的过程，任何一个工程项目都是在一定的时期、一定的社会环境中存在和展开的，是社会主体进行的社会实践活动。工程的社会性首先表现为实施过程的社会性。工程的建设者和参与者往往不止一人，这些成员在一起协同工作，各尽其能，各司其职。尤其是大型工程项目的实施，会对一个国家、一个地区的社会生活产生极其深远的影响，因此就需要更强的组织性和计划性，与此同时，社会对工程的制约和控制也会变得更强。

工程的社会性还表现在公众参与的社会性。大型工程项目通常都会引发社会公众对工程的关心和议论，他们会关心工程项目的质量和安全，以及对自己生活环境的影响，他们也会议论项目对生态环境的影响效果、对能源利用的利弊，以及工程所涉及的社会伦理与环境伦理问题等。公众舆论会在一定程度上影响工程决策、实施及运营。因此，在工程建设过程中，应广泛宣传和普及工程知识，推动社会公众全面理解工程，同时争取社会公众对工程建设的参与、监督和支持，这也是现代工程活动的一个重要环节。

5．工程的效益性和风险性

任何一项工程都有明确的效益目标，然而在工程实践中，效益和风险都是相伴随行的。工程效益主要表现为经济效益、社会效益和环境生态效益。对于经济效益而言，总是伴随着市场风险、资金风险、环境风险；对于社会效益而言，则伴随着就业风险、社区和谐风险、劳动安全风险；对于环境生态效益来说，又伴随着成本风险、能耗风险等。

工程风险是指在工程建设和运行过程中所产生的人身财产损失，以及这种损失存在的可能性。任何一项工程都是社会建构的产物，都不可能是理想和完美的。首先，工程活动作为一个包含了决策、规划、设计、建设、运行和维护等诸多环节的复杂过程，不同的环节由不同的社会群体来完成，任何一个环节的参与者不可能都对工程进行了科学准确的考虑，各个环节也不可能完全做到科学、准确和无偏差的整合；其次，工程项目必然是政府部门、企业、工程专家、技术人员、工人、社会公众等多方面利益博弈和协调的结果，参与各方都代表着各自不同的利益诉求，这些内在的不一致、多环节和多方利益的妥协使得工程存在很多潜在的风险；再次，大型工程往往需要技术上的新突破和集成，由于当前的科技水平的限制，技术的新突破和集成有时可能无法同时判断它的负面效应，但这并不意味着工程就没有问题。这些风险和不安全因素从一开始就存在于工程之中，需要引起高度重视。

1.1.3　工程活动的过程

一个完整的工程活动过程包括工程理念与决策、工程规划与设计、工程组织与调控、工程实施与建设、工程运行与评估、工程更新与改造等六个环节。

1．工程理念与决策

工程理念是工程主体在实践中形成的对"新的人工建构物"的理性认识和目标向往，是工程与"自然—人—社会"三者关系的判断和追求，其中也渗透了人们对工程的价值取向。工程理念就是要回答工程建设所涉及的三个基本问题：为什么？做什么？怎么做？这三个问题的答案共同解决了工程的基本问题——我们究竟应该做成什么样的工程？这便引发了工程决策问题。

工程决策包含两个方面的内容，一是目标的确立，二是手段的选择。工程目标的确立常常需要经过周密的考虑和反复的权衡，需要综合考虑各个目标的意义、价值和权重，达到这些目标的必要性和可能性等因素。一般而言，在进行工程目标选择时，至少应考虑以下几点：目标是否适应工程主体的需要？目标实现的可能性有多大、难度有多高、时间有多长？在目标的实现过程中和实现后，能否获取各方最大程度的支持？能否给工程主体乃至社会带来真正的利益？目标是否可以分期实施？等等。

工程的目标一经确立，便要选取合适的实现目标的方式、手段和途径。一般而言，通往某一目标的途径是多种多样的，实现的方式和手段也会有多种选择。这就要求通过科学的决策分析，比较各种手段、方式与途径的有效性和合理性，以做出最佳的选择。所谓最佳选择，就是选择投入最少、产出最大的方式、方法、渠道和途径。方法是极其重要的，最佳的目标只有与最佳的方法相结合，才能取得最佳的效益。

2．工程规划与设计

工程规划是谋划未来的工程任务、工程进程、工程效果，以及环境对工程活动的要求等，从而确定工程实施的程序和步骤的过程。工程规划的目的是合理有效地整合各种技术与非技术要素，对工程系统的组织环境和社会环境进行分析，制定工程战略设想及计划安排，并对每一步骤的时间、顺序和方向做出合理的安排。

工程规划首先要对技术进行分析，具体评估目标工程所需的技术资源与供应关系；然后要对资源进行分析，预测未来工程实施中对各种技术性资源、物质性资源、经济性资源、土地环境资源的需求与供应关系。工程规划必须全面而综合地考虑社会、经济、资源、环境、技术等各方面的因素，安排好各种要素供需关系的发展进程，更要统筹解决整体与局部、近期与远期等各种矛盾和关系。

工程设计是工程规划的延续和具体化，是从抽象到具体的过程。与工程规划对各种要素进行宏观考量相比，工程设计则是把整个工程分解为若干个子系统，并对各项指标进行具体的、定量的确定。工程规划和工程设计通常放在一起讨论，作为一个完整的过程，既要遵循工程规划的理念和目标，又要考虑工程设计是工程规划的具体化这一特点。工程设计还要遵循其特有的理论、方法、规范等确定性准则。

3．工程组织与调控

工程活动是涉及人员、资金、物资、信息和环境等多种要素的综合性活动，组织与调控始终贯穿于工程活动的全过程。

工程组织主要体现在两个层面。一是从整体上对工程项目进行的运筹和策划，二是实施阶段中对工程进行施工组织与管理。工程活动的组织就是在认真分析和周密把握好边界条件的基础上，对各种工程要素及其关系进行有序的考虑和安排，预测可能出现的问题并制定应对方案。只要目标明确，运筹得当，即便在工程的实施过程中出现意外情况或困难，也能采取适当的措施使整个工程按既定的目标运作，不至造成工程的混乱。

组织过程中往往也伴随着调控，调控是指工程活动中的协调与控制。组织是总体性的，而调控是具体的、动态的，是对具体问题进行的调整和优化，在时间上着力于当下，在空间上着眼于既有条件，在方向上围绕着总体目标。

组织与调控要注重工程各要素的整体搭配和组合，在总的目标指引下，确定具体目标的实施路径和方案选择。没有总体的运筹，调控的具体目标便会模糊，也就发挥不了决策的作用；另一方面，调控是对工程组织过程的展开和具体化，通过各种具体问题的调控措施，最终实现工程的目标。

4．工程实施与建设

工程实施与建设是一个从抽象到具体的实践过程，是实现自然物向人工物转化的过程。

在工程实施的过程中，各参与方需要在彼此合作中相互协调，并形成工程制度、工程组织、工程规划等程序化和制度化的实施保障。工程实施的目的在于"改造世界"，进而改造人类自身，形成一个既能够造福于人类，又有利于自然界和社会的人工世界，最终实现人与自然的永续发展。工程实施与建设的过程，也是工程价值的呈现过程，更是人的自由的实现过程。因此，工程实施的具体化，应当体现自然与人文的交融，实现工程的质量、效率、效益和安全等综合因素的整体优化。

5．工程运行与评估

工程运行环节是集中体现工程目标是否实现的关键环节，也是评价工程理念是否正确，工程决策是否得当，工程设计是否先进，工程建造是否优良的现实依据。工程运行效果的考核必须落实到各项具体的技术经济指标、环境负荷、投入产出等。

工程评估包含着对工程的技术、质量、环境保护、投入产出、社会影响等多方面的综合评价，也可以说是对工程的再认识。从哲学价值论的角度来看，就是对工程活动进行价值审视。所谓价值审视，是指用价值论的眼光观察和分析工程活动及其结果，其核心是对工程活动的价值进行评判。在工程评估中坚持进行必要的价值审视，可凸显工程活动的方向性和目的性，从而强化工程活动的正面价值，批判其负面价值，为工程活动确立一个价值框架，起到良好的价值导向和调控作用。

工程系统是一个复杂系统，所涉及的变量与关系空前庞杂。因此，在工程评估中，应倡导整体性、和谐性、系统性的价值思维和生态价值观，自觉地把工程活动置于人—自然—经济—社会的大系统中，从多视角、多尺度、多维度进行综合考察与评估，力求对工程活动做出较为客观、公正、合理的评估。

6．工程更新与改造

工程运行一段时间后往往不再满足工程主体或社会的需要，或由于其功能衰退，或由于外部环境的变化，这就涉及工程更新。工程更新有两种形式，即工程改造和工程重建。前者是对工程的局部性改造和调整，后者则是将原有工程废弃而代之以新的工程。无论是哪种形式，本质上都是一种再造的过程，原有的工程则成为新一次工程活动的"基础"。

从更新方式来看，工程更新既有在原有工程基础上的更新，也有以新换旧的方式；从时间进程来看，工程更新反映出渐进性和跃迁性的特点。这也是一个从量变到质变的过程，量变表现为对工程的局部改造，这样的局部改造到了一定程度后，当结果仍不能满足需要时，或者原有工程面目全非时，就会发生质变，表现为用新的工程代替旧的工程，这个过程是工程自身的否定之否定，其结果必然是一个更为先进的工程诞生。

1.2　工程思维及决策

引导案例：悬空的花旗银行大厦

　　威廉·勒曼歌尔生平最得意的作品是1977年设计的位于纽约市中心的花旗银行大厦（见图1-6），整座大厦悬浮在一座教堂之上，极富创造力。为了给教堂提供充足的空间，大厦的四根立柱分别支撑于底部框架条边的中点而非顶点上，大厦的第1层高度相当于普通建筑物的第9层。此外，勒曼歌尔以对角线支撑的形式将大厦的重量分散到四根立柱上，并配备了一个大型减震器，同时，在液压轴承支座上放置了一块重达400吨的混凝土结构块，以抵消楼群间风载对大厦造成的晃动影响。

　　1978年6月，勒曼歌尔接到了附近一所大学的学生的电话，该学生说："他们学校的一位教授在上课时声称，花旗银行大厦的立柱应当位于大厦底部每条边的顶点而不是中点。"勒曼歌尔回答说："那位教授并不了解其中的设计细节"，并补充道："创新的设计使大楼更能抵抗从斜后方或是对角方向吹过来的楼群间风载。不过，纽约的建筑设计规程只要求计算以垂直角度吹过来的楼群风载的影响。"

　　勒曼歌尔将上述问题带到了课堂上，并让学生对此进行了计算，计算时发现如果某些区域的载荷增加40%，将导致焊缝的局部应力剧增至160%，这也意味着，如果大厦遭遇了16年一遇的大风，很可能整体坍塌。

　　勒曼歌尔意识到，若如实公开他的计算结果将极大地影响他的声誉并可能导致公司破产。不过，他快速而果断地采取了行动，迅速拟定了一份修复补救计划，并对所需的时间和成本做了测算，上报给花旗银行投资方。投资方的反应同样是果断的，勒曼歌尔提出的修复计划方案获得了批准，并立即着手实施。

　　虽然修复工程花费了数百万美元，但是各方的反应却是迅速和负责任的。面对责任保险费率增加的威胁，勒曼歌尔让保险公司确信，因为他们负责任的补救工作，避免了一个后果也许更加惨重的灾难发生。修复工程在接近完成的时候，一股飓风沿着海岸线向纽约方向袭来，花旗银行大厦在风暴中安然无恙。

图 1-6　悬空的花旗银行大厦

1.2.1　工程思维的性质和特征

工程过程是物质性的活动和过程，但它不是单纯的自然过程，而是渗透了人的目的、思想、情感、意识、知识、意志、价值观、审美观等思维要素和精神内涵的过程。工程活动是以人为主体的活动，活动的主体包括决策者、投资者、管理者、工程师、劳动者和其他利益相关者等多种不同群体，他们在工程过程中表现出了丰富多彩、思辨创新、正反错综、影响深远的思维活动。

工程思维最基本的性质就在于它是"造物思维"，造物活动的过程中包括了诸多要素和环节；同样地，工程思维也包括许多环节和内容。工程思维渗透和贯穿于工程活动的所有环节和全部过程，在工程理念、工程决策、工程设计、工程组织、工程实施、工程运行、工程维护中都反映和蕴含着一定的工程思维内容。同样，工程思维也有其自身特点。

1. 工程思维的科学性

人类的工程活动和工程思维从古至今有了很大的变化和发展，现代工程和古代工程虽有共通之处，但难以相提并论。虽然有些古代工程的规模和成就着实令后人惊叹不已，但那也只是经验的结晶。古代工程思维基本上只是"经验性"思维，而现代工程思维则是以现代科学为理论基础的思维，这是现代工程思维与古代工程思维方式的根本区别。

科学的工程思维为工程师提供了理论指导和方法论引领，这在现代工程中得到了最为充分的体现。科学规律为工程师的工程思维设置了不可能目标和不可能行为的严格限制。有了科学理论的思想武装，合格的工程师都清楚地知道工程活动的可能性边界在哪里，他们通常都不会有以违反或违背科学规律的方法进行工程设计的幻想。一旦工程师、决策者、投资者的思维陷入那样的幻想或陷阱，工程的失败就不可避免了。

现代工程思维的科学性，决定了科学教育成为现代工程教育的一个基本内容，任何没有受到合格的科学教育和具备完整的科学知识基础的人，都不可能成为一个合格的工程师。

2. 工程思维的艺术性

科学思维和工程思维都可以被看作一个问题求解的过程，而这两种问题的求解在性质上却有很大的不同，最根本的区别在于工程问题的答案通常不是唯一的，而科学问题的答案一般来说是唯一的，这个特点决定了工程思维具有一定的艺术性。以桥梁工程为例，不但桥梁选址问题的答案不是唯一的，而且桥梁的结构、所用的材料、架桥的技术、施工的工艺等都不可能只有唯一答案。

在现代社会中，业主方之所以常常对工程项目采用非唯一性招标的办法，其前提和基础就是因为工程问题的求解具有非唯一性。当工程的业主为同一工程项目进行招标时，不同的设计者可能会提出完全不同的工程设计方案。在不同投标者的工程图纸和设计方案对比时，不仅开展着技术先进性、经济合理性、安全可靠性、环境友好性等方面的对比，也在进行艺术性的对比。就像引导案例中的花旗银行大厦，设计师极富创造性地将整座大厦悬空于教堂之上，体现了工程思维的艺术性。工程思维中同题求解具有非唯一性这个特性对工程决策和工程设计都产生了极其深刻的影响。决策者和设计者能否在众多可能的方案中挑出最优的方案，这也是考验决策和设计水平的关键能力。

3．工程思维的操作性和集成性

在工程活动中，活动的主体需要运用一定的工程设备、通过一定的工艺流程或一定的工程手段，才能实现工程活动的目标。就像手工业工人必须通过使用一定的工具来达到自己的目的一样，工程活动的主体也必须通过运用一定的工程设备来达到自己的目的。随着社会的发展和生产技术的进步，现代人也从以往的手工工具的制造者和使用者变成机器设备、基础设施的制造者和使用者。工程思维的一项基本内容就是考虑如何才能合理运用各种工具、机器、设备和其他手段并组成合理的工艺流程来实现工程的目的。

工程的目的必须要通过操作才能变成现实，离开了实际的作业和操作，工程过程就只能停留在图纸上，而不能把图纸变成现实。正是由于操作是工程活动的基本内容，工程思维必须要具有可操作性。承认工程思维具有操作性就意味着承认在工程思维中工具理性具有关键性的重要意义。

工程活动是技术因素、经济因素、管理因素、社会因素、审美因素和伦理因素等多种要素的集成，工程思维也必然是以集成性为根本特点的思维方式，集成性的成功或失败往往成了决定工程思维成败的关键。

4．工程思维的可靠性、可错性和容错性

任何工程都具有一定程度的风险性，世界上不存在没有任何风险的工程。工程活动的目的是获取成功，但在其中却有可能暗藏着很多失败的火苗。因此，在工程思维中必然要涉及可靠性、可错性和容错性问题。

由于客观上存在着诸多不确定性因素，主观上人的认识又存在一定的缺陷和盲区，工程中不可避免地存在风险和不确定性，对此我们必须要有足够清醒的认识。工程思维活动中是有可能犯错的，工程风险或失败既有可能是外部条件导致的，也有可能是工程相关方的认识和思维不到位造成的。

通常来说，可错性是任何思维方式都不可避免的，工程思维具有可错性，科学思维也具有可错性，然而绝不能把这两种可错性等同视之。人们可以允许科学家的实验几次、几百次甚至上万次的失败，却不允许工程在失败后重来第二次。这样，工程项目在实践中不允许失败的要求和人的认识具有不可避免的可错性之间便产生了尖锐的矛盾。

工程思维必须面对可错性和可靠性之间的矛盾，如何将矛盾统一起来，就成了推动工程

思维方式发展的一个内部动因。从根本上说，这个矛盾是永远也不可能得以完全解决的，但工程思维却执意地、坚持不懈地试图找出一条尽可能好的途径。工程思维已经取得了很多成功，今后还将取得更大的成功。但工程思维无论如何也不可能达到绝对的可靠性，工程思维应该永远把可靠性作为基本要求，又必须对工程思维的可错性保持清醒的认识。

为了提高工程思维和工程活动的可靠性，要加强对工程容错性问题的研究。所谓容错性是指工程出现了某些错误的情况下，仍能继续正常工作或运行。比如，计算机系统都具有一定的容错性，不是一出现毛病就会发生系统功能瘫痪，而是能够在一定范围内和一定程度上可靠运行，这就是容错性在发挥作用了。可见，容错性正是工程师在研究可靠性和可错性的对立统一关系中提出的一个新概念，而容错性方法也是工程师为提高可靠性、对付可错性而经常采用的一个重要方法。

1.2.2　工程系统分析

工程系统分析是将整个工程看作一个系统，应用多种方法对其进行全面定性和定量分析，并做出最优工程方案的过程。工程系统分析主要包括问题、目标、方案、模型、评价及决策者六个基本要素，需要对上述六个要素进行全面的分析与研究，才能确保决策的正确性。

工程系统分析的技术手段和方法主要包括预测、建模、优化、仿真、比较与评价等。分析的步骤主要有认识问题、确定目标、综合方案、构建模型、优化仿真、系统评价、做出决策，在分析的每个阶段，都要对上一环节的反馈与修正，以确保整个分析过程的合理性、完整性、正确性。

工程系统分析方法主要有以下四种。

1. 系统规范分析方法

系统规范分析方法是一种定性分析与定量分析相结合的分析方法，通过构建模型来获取最佳方案，包括系统优化、系统仿真和系统评价三种方法。系统优化是指为了获取最优方案而提出的各种求解方法，主要用于最优设计、最优计划、最优管理和最优控制等领域；系统仿真又称系统模拟，通过建立模型进行仿真实验，模拟工程的实际过程，尤其适用于耗资巨大、危险较高等特殊工况；系统评价是以工程目标为导向，从技术、经济、社会、环境等多个层面对工程方案的优劣进行评价，以做出正确选择的过程。

2. 系统设计方法

系统设计方法是根据系统分析的结果，运用系统科学的思维和方法，设计出能最大程度满足预定目标的新系统的过程。在系统设计时必须采用内部设计与外部设计相结合的原则，从总体系统的功能、输入、输出、环境、程序、人的因素、物的媒介各方面综合考虑，设计出整体最优的系统。整个设计阶段是一个综合性反馈过程。系统设计内容包括确定系统功能、设计方针和方法，产生理想系统并做出草案，对草案做出修正，产生可选设计方案，将系统分解为若干子系统，对子系统和总系统进行详细设计并进行评价，对系统方案进行论证并做出性能效果预测等。

3. 综合创造性方法

常用的综合创造性方法主要有列举法、检核表法、情景分析法及头脑风暴法等。列举法是一种借助对一具体事物的特定对象（如特点、优缺点等）从逻辑上进行分析，并将其本质内容全面一一罗列出来的手段，再针对列出的项目一一提出改进的方法。检核表法是由美国创造学家奥斯本率先提出的一种创造性方法，是根据需要解决的问题或需要创造发明的对象，列出有关的问题，然后一一核对讨论，以引发出新的创造性设想的方法。情景分析法又称脚本法或前景描述法，在假定某种现象或某种趋势将持续到未来的前提下，对预测对象可能出现的情况或引起的后果做出预测的方法，是一种直观的定性预测方法。头脑风暴法是由美国创造学家奥斯本首创的一种方法，由价值工程工作小组人员在正常融洽和不受任何限制的气氛中，以会议形式进行讨论、座谈，打破常规，积极思考，畅所欲言，充分发表看法的方法。

4．系统图表法

系统图表法是一种结构模型化方法，应用于工程规划及复杂问题的分析中，具有简洁明了、直观性强等优点。系统图表法主要包括问题分析图表法和活动规划图表法两种。问题分析图表法中应用最广的是关联树图和矩阵表，此外还有特征因素图、解释结构模型、成组因素综合关系图等；活动规划图表法中应用较多的是流程图，此外还有甘特表、工作分配表等。

1.2.3　工程决策

虽然在整个工程活动中，决策仅仅是其中的一个环节，但它对工程活动的影响却是整体性、全局性和决定性的。像都江堰水利工程那样的正确决策可以造福千秋，而某些工程的错误决策也可能会贻害万年。在工程活动中，决策失误是最大的失误，因此必须对决策保持高度的敏感性。

1．工程决策的概念及要素

工程决策是指工程决策主体在工程活动的各阶段所做出的所有决定行为及选择过程，从工程目标的提出、方案的构思与设计、比较与评价，到优化与实施，涵盖了工程活动的全过程。工程活动各个阶段的决策与选择都很重要，都有可能对工程的成败产生决定性的影响。

工程决策既包括对工程活动的目标和方向的选择，也包括实现工程目标所采用的程序、途径和措施的选择；既包括从战略角度决定工程是否开始，也包括从战术角度决定采取何种途径开展，还包括评估方案优劣并选择最佳实施方案的抉择过程。

工程决策包括决策主体、决策目标、决策信息、备选方案和决策理论与方法等要素。

（1）决策主体。决策主体既可以是单个管理者，也可以是由多个管理者组成的集体。决策考量的是人的主观能力，其知识体系、社会背景、价值观、风险偏好等对决策结果都有着至关重要的影响。科学化的工程决策要认真听取专家学者和工程技术人员的意见，像三峡大坝那样的大型工程往往还设有专家小组或咨询委员会。

（2）决策目标。决策目标是指决策活动所期望达到的成果和价值。工程决策要确立的目标是多种多样的，主要包括：①功能目标，即项目建成后所达到的总体功能；②技术目标，即对工程总体技术标准的要求或限定；③经济目标，如总投资、回收期、投资回报率等；④社会目标，如对国家或地区发展的影响、产生能力提升、民生福利改善等；⑤生态目标，如环境目标、对污染的治理程度等。

（3）决策信息。科学的决策取决于对现实环境的正确认识和对未来发展趋势的预测和把握。在工程决策过程中，要根据具体的工程目标和战略部署，广泛收集自然、技术、经济、社会等各方面的信息，并对这些信息进行加工整理，提出可能的工程实施方案。但也不能不计成本地收集信息，要进行成本—收益分析。

（4）备选方案。备选方案是指可供选择的各种工程实施的可行方案。

（5）决策理论与方法。决策是一个过程，而这一过程中每一个步骤的进行都离不开科学的理论支撑和方法指导。

2．工程决策中的理性、情感和意志

决策活动往往是很复杂的，它受到各个方面、多种因素的影响。帕金在《工程师的决策管理》一书中指出，先前的决策行为、特定信念、个人价值、社会和职业标准、认知偏好、个性与环境压力等诸多因素都会影响决策的最终结果[①]。在影响决策的诸多因素中，理性、情感和意志因素都发挥了特别重要的作用与影响。

工程决策需要以理性为基石。对工程的初始条件和环境条件的调查与辨识，工程方案的运筹设计，方案比较与综合评价等，都是基于理性的行为。当代决策理论，包括运筹学、系统分析、最优化理论、理性选择理论等，都是理性在决策中的作用的具体体现。

人们很难找到一个从各个角度而言都是最优的方案，这样的方案往往也是不存在的，人们只能根据实际需求和目标，选择一个相对而言最为满意的方案。因而，理性也是有局限性的。而理性的局限性，意味着理性并不能解决所有问题。

工程决策必须要有理性，但非理性的因素，特别是情感和意志也会在工程决策中发挥重要作用。以我国的载人航天工程为例，工程的立项、论证、决策历经七年，很好地诠释了理性思考的方面；就情感因素而言，努力跻身世界航天大国的强烈愿望是我国航天人爱国情感的突出表现；就意志因素而言，排除万难、坚定不移地发展航空航天技术，走科技强国之路成为主导的方面。理性、情感、意志的统一集中体现在了载人航天工程的决策和实践过程之中。

决策者都是有感情的，在许多情况下，决策者的感情因素、感情倾向都会对决策产生一定的影响，在某些情况和条件下甚至会产生关键性的影响。有些投资商在做投资决策时，会更倾向于在自己的家乡投资，这就是感情因素发挥作用的具体表现。有许多城市修建了美丽、气派的中心广场，这类决策过程除了理性因素外，提升城市形象和增进城市自豪感的情感无疑也是一个重要因素。当然，由于受情感因素的影响而做出不当决策的情况也是屡见不鲜的。

总之，决策活动不但是一个理性活动过程，同时也是一个意志活动过程。一般地说，如果没有意志因素的介入，任何决策都是无法做出的。尤其是对于那些决定前途和命运的决策，决策者如果在意志品质方面有所欠缺，其后果往往是灾难性的。重大工程的决策要求决策者必须具有刚毅、坚定、果敢的意志品质，意志薄弱、优柔寡断通常会导致决策失误。但决策果断绝不等于轻率鲁莽、刚愎自用，果断决策需要以科学分析和审慎考虑为前提，否则便会走向盲目决策，酿成恶果。

3．工程决策中的权衡、协调和优化

1980 年美国学者歇普写了一本书，书名为《工程师应知：经济决策分析》。他在这本书中指出："决策是在不同方案之间进行的一种选择。之所以要进行选择，直接原因是因为我

---

① Parking J. Management decisions for engineers[M]. London: Thomas Telford, 1996: 117, 100.

们的资源有限。如果我们有大量的金钱，大量的时间，大量的材料，以及大量的智力，那么，做决策是很容易的。但是，所有的社会组织不论是家庭、公司还是政府都面临着资源有限的问题。于是我们必须选择如何用最有效的方法来最好地分配我们有限的资源。"[①]

决策者在决策时，必然要面对各种不同的要求和备选方案。这些备选方案都具有或多或少的可接受性，且都具有某种后果，这些后果有好也有坏。理性决策的目的就是将积极的后果最大化，并尽可能地减少消极的后果[②]。在现实社会中，有各方利益一致的场合，但也时常出现利益不一致甚至利益冲突的情形。比如，对一部分人有利的方案很可能对另外一部分人产生不利的影响，对经济效益非常有利的方案可能会对自然环境产生较大的不利影响。如何认识和处理这些矛盾就成了决策中的主要难题。此外，决策者在面对各种不同要求和不同备选方案时，常常不是正确与错误势不两立，而是各有道理、各有利弊。因此，考验决策者的通常就不是如何舍弃，而是如何权衡、协调和优化的问题了。

决策者的决策能力、决策水平常常具体表现在如何进行权衡、协调和优化上。决策者不但需要在不同的技术要求和指标之间进行权衡、协调和优化，而且还要在技术要求、经济要求、安全要求、环保要求、不同群体的不同利益要求等方面之间进行权衡、协调和优化。人们都希望能够有一个"有百利而无一害"的决策方案，希望能够找出一个万全之策。然而现实情境难免都是有利有弊，各种方案往往各有所长，极少存在一种从任何角度来看都是最优的理想方案。因此，无论我们选择哪种方案，都有可能舍弃其中某些合理的成分，都有可能伤害到某些利益群体的利益。从这个意义上而言，权衡、协调和优化是工程决策活的灵魂。

在工程决策的协调权衡中，如何权衡和协调经济效益和社会效益的关系往往是最突出、最尖锐的问题。在很多情况下，工程建设的经济效益与社会效益往往是冲突的，强调工程建设的经济效益常常会损害到工程建设的社会效益；同样，如果坚持工程建设的社会效益，也可能会损害某些个人或群体的经济利益。从本质上看，经济效益和社会效益的关系问题也就是义和利的关系问题。必须坚决反对那种见利忘义、因利害义的行为，努力寻求最大限度上义利统一的决策路线和方案。

1.2.4 工程创新

工程作为现实的生产力，是创造物质财富和促进经济发展的重要活动。在每个具体工程项目的理念、规划、设计、建造、运行、管理等过程中总会发生或大或小的创新。因而，可以把发生在工程活动中的创新称为工程创新，而且工程应是创新活动的主战场，对社会经济发展具有重要的促进作用。

工程创新是多维度的、多层次的，这是由工程具有多因素、多层次和多目标等特性决定的。工程创新还往往发生在不同的要素或不同的环节中，因而也就有了丰富多彩的表现形式，如工程理念创新、工程规划创新、工程设计创新、工程技术创新、工程管理创新、工程制度创新、工程运行创新、工程维护创新和工程"退出机制"创新等。此外，工程创新又是整体性的、集成性的，在要素集成中产生的创新，既体现在技术层次，还体现在技术和经济、社会、管理等要素在一定边界条件下的优化集成层次。也正是由于这种集成创新，在工程的各个环节、各个要素的集成过程中的或大或小、或全局或局部的创新，不同的工程才具

---

① 歇普. 工程师应知：经济决策分析[M]. 赵国土，译. 北京：机械工业出版社，1987.

② Pratnush S, Yang J B. Multiple criteria decision support in engineering design[M]. New York: Springer, 1998: 212.

有了不同的、不可完全复制的个性特点。

纵观世界各国的工程发展史，特别是工业化进程中的工程史，会得出这样一个结论：工程创新是一系列技术进步及其基础性创新的具体体现，直接决定着一个国家或地区的发展速度和进程。回顾新中国成立以来的工业化历程，所取得的成就也是不断工程创新的结果。20世纪五六十年代的 156 项建设工程、"两弹一星"工程和改革开放以后的各类工程建设都呈现出一波又一波的工程创新，既有自主创新，也有引进、消化、吸收的再创新，但都从不同程度上推动了我国工业化快速、稳定、健康发展的进程。现今，我国各地大大小小的工程项目建设成千上万，为了提高这些工程的效益、效率和竞争力，必须在各项工程中突出工程创新，尤其是在一些大型和特大型的工程建设中更应如此。

工程创新有如下特点：

1．工程创新的集成性

工程既不同于科学，也不同于人文，而是在人文和科学的基础上形成的跨学科的知识与实践体系，是以科学为基础对各种技术因素、社会因素和环境因素的集成。因此工程创新者所面对的必然是一个跨学科、跨领域、跨组织的挑战。工程创新过程就是技术要素、人力要素、经济要素、管理要素、社会要素等多种要素的选择、综合和集成过程，是人与自然关系、社会关系的重构过程。因此，集成性是工程创新的基本特点。

工程创新的集成性突出地表现在两个方面，一是多种技术的集成，在科学领域中，科学家通常开展单一学科的科学研究，而在工程领域中，任何工程都必须对多种技术进行集成；二是工程的技术要素和经济、社会、管理等非技术要素的集成，这是一个范围更大、意义更为重要的集成。

2．工程创新的社会性

工程创新是一个社会过程，工程创新不仅是"技术性"活动，更是"社会性"活动。单个工程技术人员是无法发挥作用的，必须组成团队才能充分发挥作用。工程创新还是一个价值导向的过程，工程活动不仅要充分考虑技术可行性和经济性，还要充分考虑环境效益和社会效益，不考虑环境效益和社会效益，不充分考虑工程所涉及各方的直接或间接利益，不仅工程本身不合理，而且还可能会遭遇各种阻力而导致工程失败。

3．工程创新的建构性

如果说工程创新是一个异质要素的集成过程，那么这些被集成的要素对创新者来说并不是预先给定的、随意可用的，只有当这些要素被识别、认知、调动和应用后，才能最终发挥作用。要素的转移和应用在工程活动中发挥着至关重要作用，这些应用和转移不是随意和单向的，而是双向的甚至多向和交互作用的。工程创新成功与否，关键在于创新者对各种要素的集成和建构能力。在这一个异质要素集成的过程中，需要匹配各种要素，需要调和各类需求，需要权衡各种利弊。可以说工程的创新始终是一个利益冲突和相关利益团体彼此协调的过程。

4．工程创新的可靠性

任何创新都是一个不确定的过程，工程创新也不例外。与通常的技术创新不同的是，工程创新总是要求最低限度的不确定性和最大程度的可靠性，力求稳健就成了工程创新的一个必然要求。工程创新的过程是一个形成新的生活常规、新的时空领域、新的语言环境和新的社会系统的过程，这种过程营造了一种新的生活方式，当然需要最大程度地确保创新的可靠性。

1.2.5 工程价值

工程思维中也渗透着人类的价值追求，这种价值目标更具综合性，往往是知识价值、经济价值、社会价值、环境价值与人文价值等的综合。

列宁说："世界不会满足人，人决心以自己的行动来改变世界。"人类想要在自然界生存和发展下去，就必须解决人与自然界之间的矛盾问题，就必须向自然界谋取人类所必需的生活资料和生产资料。从这个意义上说，人类的生产实践是人类生存和发展的基础条件。纵观人类历史，尤其是近代科技革命、产业革命以来的历史，工程架起了科学发现、技术发明与产业发展之间的桥梁，成为产业革命、经济发展和社会进步的强大杠杆。工程是人类社会存在和发展的基础，是国家竞争实力的根本。因此，从宏观上讲，工程对人类具有巨大的正面价值，任何否定工程这种积极作用和正面价值的观点无疑都是错误的；从微观上讲，即从具体的工程实践来看，作为人们自觉主动地变革自然的实践活动，工程活动是具有强烈的价值导向的。新中国成立后，举全国之力开展"两弹一星"工程，就是为了增强国防实力，凝聚民族自豪感，提高新中国的国际地位。在市场经济体制下，大部分工程是由企业发起和进行的，以获取经济利益，追求企业的发展，作为工程的出发点和驱动力。由工程的目标价值导向引出一个重要的伦理问题：工程为什么人服务，为什么目的服务？改革开放前的一段时期，我国主要强调政治标准，着重考察科技人员是不是爱国，是不是愿意为人民服务，为社会主义的国家服务。在当今形势下，工程活动的价值导向性问题，特别是从社会伦理的角度思考工程活动的目的，确保工程符合公平公正等基本伦理原则，将公众的安全、健康和福祉放在首位，显得尤为重要。

实际上，工程可以服务于多个方面的目的，具有多个方面的价值，工程的价值主要体现在以下几个方面。

1. 工程的科学价值

工程制造的科学仪器、设备、基础设施是现代科学研究不可或缺的基本条件。比如，航天工程就具有重大的科学价值，宇宙起源、生命奥秘等基本科学问题的探索，都有赖于航天工程的发展。科学界在地面观测、实验室分析和理论研究的方法之外，越来越希望借助太空环境这样特殊的条件，验证各种理论假说，探索未知的科学问题。以生命科学为例，科学家希望利用地球上难以模拟的实验条件，在太空开展生命科学研究，从而创立太空生物学这一新的学科方向；通过在太空特别是太阳系各类天体上寻找氨基酸、核苷酸、嘌呤等复杂有机物和生命初始物质，甚至探寻地球以外可能的生命信息，将有助于回答地球生命起源的基本问题，这些都是工程的科学价值体现[①]。

2. 工程的政治价值

美国著名学者兰登·温纳曾提出"摩西低桥"的案例来说明工程的政治价值内涵。20世纪 20 年代，美国纽约规划师摩西在通往长岛的通道上设计了一座很低的桥梁，由于高度

---

① 郑永春. 重视发挥科学需求对航天技术的牵引作用[N]. 中国科学报, 2015-2-12(7).

受限，小型轿车可以通行，而大型公交车却难以通过，从而限制了穷人和黑人抵达旅游胜地琼斯海滩，而富人则不受限制，实现了政治意图。据载，发明家爱迪生曾经发明了一个可以自动记录投票数的装置，以加快国会选举的计票效率。但有一位议员告诉他，他们无意加快议程，有时慢慢投票是出于政治上的需要。再比如，在我国封建社会，衣食住行按不同的等级有着具体而严格的规定，不容僭越。西周时期，规定只有天子和诸侯才可以造城，并且规模按等级来决定：诸侯造城大的不得超过王都的 1/3，中等的不得超过 1/5，小的不得超过 1/9。城墙高度、道路宽度以及各种重要建筑物都必须按等级制造。在清朝的服饰颜色中，明黄色只准帝、后使用，其他人不得僭用。

工程政治价值的一个极端表现在其军事运用上。先进的工程技术往往率先被用于开发武器装备，比如电子计算机、原子弹等。而科学技术特别是科学技术在工程化、产业化上的新进展，不断开辟了新的原料来源，摆脱了对原产地的依赖，这样就以和平的方式改变了国与国之间的相互关系格局。比如，化学家改进合成氨工艺，可以用空气中的氮气生产硝酸盐，从而使得第一次世界大战前夕以三分之二的国民收入依靠硝酸盐出口的智利经济元气大伤，智利依赖硝石占据原材料垄断地位的优势从此被打破。①

3. 工程的社会价值

现代医药科学技术的进步大大提高了人们的健康水平和人均寿命，生产的机械化、自动化、智能化减小了工人的劳动强度和劳动时间，信息通信技术增进了人与人之间沟通的频率和效率，等等。现代科学技术尤其是其成果的工程化和产业化，极大地改善了人们的生活水平，提高了生活质量。

比如，信息媒介技术为社会动员和社会整合提供强有力的手段。20 世纪三四十年代，美国总统富兰克林·罗斯福利用刚刚兴起的广播媒介，借助"炉边谈话"节目，向美国人民宣传，对美国公众理解和支持政府新政及参加"二战"的决策发挥了非常重要作用。美国人亨利·福特发明的流水生产线，大大降低了汽车的制造成本，使得汽车成为普通家庭的消费品，极大地促进了汽车工业的发展和进步。

然而，工程的社会价值并不只有正向的、积极的一面，比如对社会分层的作用就具有正负双面性。著名经济学家熊彼特把技术创新看作一种"创造性破坏"：创造新产业新富翁，但也砸了旧职业的饭碗，原来产业的工人沦为失业下岗。数字鸿沟是既有社会经济分层的反映，甚至会进一步加剧社会的不平等，比如打车软件的快速发展极大地方便了老百姓的生活，但也使部分不会智能手机操作的群体陷入"无车可打"的困境。

4. 工程的文化价值

印刷出版、广播电视等传统媒体能够迅速传播文化，提高大众的科学文化水平；而互联网、移动通信等数字新媒体，则进一步打破了时空界限，传播内容更丰富，传播速度更快，传播平台更多样，深刻影响和改变着人们的思维习惯和行为方式。文化活动、文化产业、文化事业需要先进的工程科学技术为之提供基础设施、物质装备和技术手段，而工程科学技术的发展又反过来促进了文化产业的发展。

所有工程都是科技、管理、艺术等要素的集成和结晶，好的工程活动及其产品能够给人以美的享受，具有文化艺术价值。标志性的工程还会成为所在地和所属民族的精神

---

① 爱德华多·加莱亚诺. 拉丁美洲被切开的血管[M]. 王玫, 译. 北京: 人民文学出版社, 2001: 158.

纽带，有助于增进民族和国家的自豪感和凝聚力。近年来，我们越来越重视工业遗产的保护和利用，反映出我们对工程的历史文化价值的认识有了新的认识和进步。

此外，工程实践及其职业所包含的造福人类、务实创新、追求质量、注重效率、团队协作、务实精进等工程精神，是工程内在的思维方式及行为准则，对社会其他亚文化具有积极的引导作用，这本身就属于文化范畴，具有文化价值属性。

5. 工程的生态价值

工程从自然界获取资源和能源来满足人类的生存和发展需要，过去相当长一段时间，由于不加节制地开发和利用自然资源，肆意向自然环境排放废弃物，结果造成了环境污染、生态系统功能退化等危及人类持续发展的严重危机。这样的工程其生态价值是负的。随着这种危机的加剧，人们也逐渐开始意识到这些问题，工程也开始向节能、绿色、环保、低碳及环境友好型方向发展。所以，工程的生态价值的性质也在发生转变，特别是出现了专门研究和从事环境污染防治和环境生态改善的环境工程专业，我国开展了水污染、大气污染、土壤修复等一系列专项科技研发和工程实施，极大改善了生态环境，提升了工程的生态价值。

工程作为变革自然的造物实践，是一个综合集成了科学、技术、经济、管理、社会、伦理、生态等各方面要素的综合体，因此，一般来说，一项工程总是包含着多种价值的。而前述工程的经济、政治、社会、文化、科学、生态等各种价值，就是工程在这些方面的属性和功能与主体需要之间的一种效用关系，一定意义上也是主体分别从这些不同方面对工程的作用和功能所做出的评价。所谓某一领域的工程，是就其主导性价值而言的。实际上，即使是一项经济领域的工程，除了满足用户的使用需要，获得经济回报等经济价值外，它还具有文化价值、政治价值、社会价值、生态价值等。实际上，我们更加关注的是一项工程的各方面价值的正负性质。我们一般都希望在预算、工期等约束条件下，工程各方面的价值都是正向的，这就需要我们在这些不同价值之间做出权衡取舍和协调优化。我们应当避免和防止极端地追求某一方面的价值，而牺牲其他方面的价值，甚至造成其他价值变为负值的工程出现。

案例分析

勒曼歌尔成功地在设计上进行了创新，不仅将大厦悬空于教堂之上建造了"悬空的花旗银行大厦"奇观，而且创造性地将大厦的支撑点位于底部每条边的中点而非顶点上，使这座大楼成了当时纽约的标志性建筑之一。纽约建筑评论专家、帕森斯设计学校的校长保罗·高德伯格表达了他对这个建筑的感受。他说："20世纪70年代纽约最重要的建筑就是花旗银行大厦，不仅是因为它一流的让人难以忘怀的外形，更是因为它与城市融为一体"。勒曼歌尔运用自己的专业知识和独特的创新思维成功地建造了花旗银行大厦。

在他发现大厦的问题"遇到16年一遇的大风有倒塌的危险"的时候，他没有去赌强风会不会出现，即使面临着如实公开计算结果会把他的公司的工程声誉和财务状况置于非常危险的境地中的情况下，他依然果断选择放下自己的声誉，并立刻采取了行动。他先拟定了一份补救计划，对所需要的时间和花费做了预算，并且立即把他所知道的情况通知了花旗银行大厦的业主，业主们也果断选择了修复，避免灾难的发生。勒曼歌尔对工程和公众的高度负责，以及对事件审慎、冷静、正确、果敢的处理方式，使他毕生最杰出的作品"悬空的花旗银行大厦"至今仍屹立在纽约市成为这座城市的地标性建筑之一。

在花旗银行大厦的建设和优化改造过程中体现了工程思维和决策的哪些特点？

1.3 工程理念与工程观

引导案例：青藏铁路

青藏铁路全长 1956 千米，其中有 960 千米的海拔在 4000 米以上，最高海拔高达 5072 米，有 550 千米的地段穿越高原常年冻土地带，被誉为"离天堂最近的铁路"和"世界上最高的铁路"，如图 1-7 所示青藏铁路在建设过程中成功地解决了三大世界级难题：高原冻土、高寒缺氧和生态脆弱。

青藏铁路成败在于路基工程，而路基工程的关键是冻土问题。冻土在冬季冻结状态下体积膨胀，到夏季则冻土融化体积缩小。在这两种现象的反复作用下，道路或房屋的基底就会出现破裂或者塌陷。青藏高原纬度低、海拔高、日照强烈、地质构造运动频繁，其多年冻土的复杂性和独特性举世无双。

青藏铁路沿线的多年冻土中以高温冻土居多，而且含冰量较大。青藏铁路高原多年冻土区的工程设计遵循了以下三大基本原则（单独应用或综合考虑）：

原则一：保持冻土处于冻结状态（保护冻土原则）；

原则二：控制多年冻土逐渐融化或局部融化（控制融化原则）；

原则三：预先融化或清除多年冻土（破坏冻土原则）。

冻土路基施工前要求认真对照冻土路基施工设计规范，核实当地年平均地温；核查沿线冻土类型和上下限，地表水源、地下水及热融（湖、塘）、冰丘、冰椎等不良地质情况。发现地质条件与设计不符必须参照冻土路基的设计、施工原则提请变更。冻土学家经过长期研究发现：与俄罗斯西伯利亚、美国阿拉斯加多年冻土有很大不同，青藏高原的多年冻土大多属于高温冻土，极易受工程的影响产生融化下沉。因而青藏铁路冻土路基工程大多采取按"保护冻土"的原则进行设计。依照这一原则，不仅能够有效克服冻土融化下沉的问题，而且充分利用了冻土自身的强度。

施工过程中通过优选施工季节，细化施工工艺减少对冻土的扰动。通过设置遮阳、回冻等保温措施减少工作面蓄热；通过换填粗颗粒土，设置支挡结构，合理布设排水措施，缩小冻土融化沉降范围，使冻土经历冬冻、春融轮回过程重建新的热量平衡系统。

高含冰量冻土路基通过采用片石通风路堤、通风管路堤、片（碎）石保温护道等主动性措施，实现了"保护冻土原则"的设计理念，青藏铁路全线广泛应用该项技术成果，社会、经济效益显著。

青藏铁路沿线自然条件恶劣，高寒缺氧，风沙肆虐，强紫外线辐射，自然疫源多，被称为人类生存极限的"禁区"。在高原地区施工，会产生劳动体能下降和心理卫生问题。甚至造成人体组织的损害和器官功能性改变。与平原相比，人的劳动能力在海拔 3000 米处下降 29.2%，在海拔 4000 米处下降 39.7%。另一方面，青藏铁路恶劣的自然条件会对机械效率和设备性能等产生不利影响。青藏高原的特殊条件会引起设备液压系统、冷却系统、制动系统、电力系统性能的改变，缩短其使用寿命。因此，在如此严酷的工程环境下，保障建设与运营人员的健康与安全，研究施工机械和机车车辆、通信信号、电力设备等铁路装备的高原适用性、行车速度和环保效果，降低机械设备的功率损耗，成为青藏铁路建设的第二大难题。

为了战胜高寒缺氧的恶劣环境，保障铁路建设者的生命健康，原铁道部、卫生部在中国工程建设史上第一次联合下文，对医疗卫生保障专门做出详细规定，并投入近二亿元，在全线建立医疗卫生保障点，建立健全了三级医疗保障机构。铁路沿线共设立医疗机构 115 个，配备医务人员 600 多名，职工生病在半小时内即可得到有效治疗。对职工进行定期体检，安排职工到低海拔地区轮休。青藏铁路在关注建设者的生命健康方面也创造出了许多新纪录。青藏铁路开工以来，累计接诊病人 45.3 万多人次，治疗脑水肿 427 例，肺水肿 841 例，无一例死亡，创造了高原医学史上的奇迹。

青藏高原有"世界屋脊""地球第三极"之称，是我国和东南亚地区的"江河源""生态源"，也是世界山地生物物种一个重要的起源和分化中心，对全球环境具有特殊意义。青藏高原生态环境具有非同一般的特殊性、敏感性和脆弱性，加之青藏高原面积大，使其又具有明显的区域差异性。青藏铁路经过的地区自然生态环境原始、独特，生物多样性丰富，生态系统极其脆弱、敏感，高寒草甸、高寒草原多年冻土等被破坏扰动后很难恢复，野生动物保护、高原植被恢复，以及湿地、湖泊环境保护和冻土环境保护，都是铁路建设面临的环保难题。因此，环境保护在青藏铁路建设中具有不同于一般铁路的突出地位，搞好青藏铁路建设的环境保护不但是维护高原生态平衡的需要，而且是保证青藏铁路建成后长期安全运营的需要。

青藏铁路环境保护的重点放在生态保护尤其是野生动物、植被、湿地系统、自然保护区和自然景观的保护上。在建设过程中，工程师对施工中铲除的原地表草皮移植利用，使邻近区域的地表面貌和自然景观恢复如初。在线路设计选线和设置工点时，绕避高原湖泊，少占湿地。在地温、含冰量较高及沉降量较大的多年冻土区，在山体较陡或河流转弯的凹岸地带，在大面积湿地地段和冻土斜坡湿地地段，工程均采取了以桥带路方案，以避免侵占河床、湿地和大面积的山体开挖。铁路选线尽量避开野生动物栖息、活动的重点区域，根据沿线野生动物分布和迁移规律，在远离站场的路段设置了桥梁下方、隧道上方和缓坡平交等三种形式的野生动物通道，有效保护了生态环境。

青藏铁路工程是人类铁路建设史上一个极为复杂艰难的奇迹工程，在人类铁路建设史上具有里程碑式的意义。

图 1-7　青藏铁路

1.3.1　工程理念

工程理念问题非常重要，影响十分深远，在好的工程理念指引下可以建成既能造福当代，又能泽被后世的伟大工程。而工程理念的缺陷和错误又必然导致各种贻害自然和社会的工程出现。因此，工程理念正引起人们越来越多的关注。

工程理念是工程哲学的核心，在工程活动中发挥着最根本性的、指导性的、贯穿始终的、影响全局的作用。我们应该努力准确、全面、完整地理解和把握工程理念的内涵、作用和意义，树立和弘扬新时代先进的工程理念，这对搞好各种工程活动，推动建立"自然—工程—社会"的和谐关系，具有十分重要的意义。

1. 理念与工程理念

理念是人们经过长期的理性思考和实践所形成的思想观念、精神向往、理想追求和哲学信仰的抽象概括。工程理念则是"理念"这个具有普遍性的哲学概念和工程实践的经验相结合而形成的一个新概念、新观念、新范畴。工程理念是一个源于客观世界而表现在主观意识中的哲学概念，它是人们在长期、丰富的工程实践的基础上，经过长期、深入的理性思考而形成的对工程的发展规律、发展方向和有关的思想信念、理想追求的集中概括和高度升华。在工程活动中，工程理念发挥着根本性的作用。

工程活动的本质不是单纯地认识自然，而是要发挥人的主观能动性进行物质创造活动，如建造房屋、修筑铁路、载人航天等。工程活动不是自发的而是有目的、有计划、有组织、有理想的造物活动。工程理念就是关于人类应该怎样进行造物活动的理念。任何工程活动都是在一定的工程理念指导下进行的，工程理念往往先于工程的构建和实施，甚至先于工程活动的计划和工程蓝图的设计。全部工程活动都是在一定的理念，包括自觉或不自觉的理念指导下进行的。

一般地说，工程理念应该从指导原则和基本方向上回答关于工程活动"是什么（造物的目标）""为什么（造物的原因和根据）""怎么样（造物的方法和计划）"和"好不好（对物的评估及其标准）"等几个方面的问题。由于人类社会是不断发展的，认识水平是不断提高的，需求层次是不断变化的，工程活动的经验、知识、方法、材料和技术手段也是不断提高的，工程师的知识结构、思维能力、设计方法、施工能力也是不断增长的，工程理念也就不可能是一成不变的，而是要随着时代、环境、条件的变化而不断变化、不断发展。

2．新时代的工程理念

如前所述，工程理念不是僵化不变的，而是需要随着实践和时代的发展而不断发展的。新时代需要打破旧的工程理念，弘扬新的工程理念。目前，尽管那种盲目"征服自然"的工程理念的许多弊端已经暴露了，然而，从许多现实情况和具体表现来看，那种"征服自然"的工程理念在当前的现实生活中仍然不同程度地继续存在着。追求"人—自然—社会"之间和谐的工程理念虽然已得到人们的关注，但要把这种新的工程理念落到实处又谈何容易。工程理念不能变成空洞的口号或脱离实践的空谈，新时代的工程理念从工程实践中来，它还必须落实到工程实践中去。如果不能把思想性、观念性的工程理念与行动结合起来，并落实到工程实践中，那么无论多么好的工程理念都将成为一片海市蜃楼。

新时代工程理念的核心是以人为本，要使人与自然、人与社会协调发展。一切工程都是为人而兴建的，越是重大的工程，越需要通盘考虑，看是否能够真正造福于人民，而且是否能够持久地造福于人民。人、自然与社会三者应在工程活动中达到"和谐"状态，一切工程的决策、规划、设计、建造、运行和管理，都要以此为出发点。

新的工程理念的提出、升华、创新、落实都要立足于人才，都要依靠人才。一方面，新的工程理念要求培养新型的工程人才；另一方面，要依靠新型的工程人才，升华、推进、落实新的工程理念。新的工程理念是我国新时期工程活动的灵魂，要以新的工程理念造就新的工程人才、工程大师和工程团队。新的工程人才需要有深厚的文化底蕴，以及工程科技的素养，要有敢于突破、敢于大胆创新的能力和魄力，更关键的是他们必须树立起新的工程理念。

新时代的工程师不但要掌握业务知识，还必须有社会责任感，树立和深刻理解新时代的工程理念。新的工程理念不但是工程活动的灵魂，也是广大工程师个人成长的指南。缺少了工程理念的指导，工程师的培养和成长不但缺少了动力，而且会迷失前进的方向。在新时代、新形势、新条件下，工程师应该把新的工程理念作为推动自己成长的动力，应该努力弘扬和落实新时代的工程理念，努力在大力弘扬和落实新时代的工程理念的工程实践中成长为卓越的工程大师。

新时代工程理念的树立和弘扬绝不仅仅是工程界的事情，它必然深刻影响到全社会，包括哲学界。马克思说："任何真正的哲学都是时代精神的精华。"哲学是文明的活的灵魂，在工程理念中同样凝结着"时代精神的精华"。一方面，我国新时代工程理念的形成离不开马克思主义哲学思想的指导；另一方面，新时代工程理念的树立和弘扬又必将丰富马克思主义哲学，为哲学在新时代的新发展增添新的动力和活力。在树立和弘扬新时代工程理念的过程中，工程界和哲学界的联系必将得到进一步增强。[①]

1.3.2 工程系统观

工程是一个复杂系统，它的构成要素包括人、物料、设备、能源、信息、技术、安全、土地、管理等。工程与它的外部环境（自然、经济、社会等）则是一个更大的系统。我们在进行工程活动时，不仅要考虑工程自身的系统，还要考虑工程与它外部环境构成的系统；在认识和分析工程时，不但要辨识其组成的各种要素，更要把工程看成一个系统，从系统的观点去认识、分析和把握工程。

1. 工程系统与系统论

系统是由两个或以上有机联系、相互作用的要素所组成，具有特定功能、结构和依赖于一定环境而存在的整体。[②]以此类推，工程系统就是为了实现集成创新和建构等功能，由人、物料、设施、能源、信息、技术、资金、土地、管理等要素，按照特定目标及技术要求所形成的有机整体，并受到自然、经济、社会等环境因素影响和制约。

工程系统化是现代工程的本质特征之一，具有重大的现实意义。首先，现代工程活动越来越明显地具有系统化和复杂化特征，只有确立现代系统观，才能有效应对和解决好现代工程系统所面临的各种复杂问题；其次，各种专业工程之间及其与系统工程等学科之间的交叉、融合程度越来越高，综合集成创新功能日益增强，大工程观的形成和工程科学的创新发展需要以科学的系统观作为基础；最后，现代工程活动对工程技术人员的观察视野、知识范围、实践能力等不断提出新的更高要求，现代工程技术人员只有掌握了系统思维与分析方法，才能成为具有战略眼光、系统思想和综合素质的新型工程技术专家。

工程系统的产生和发展都有其目标，实现目标的过程即为工程化过程。工程系统的目标既有技术和经济目标，又有环境和社会目标，还有系统发展目标等，每个目标要求又可分解成若干个子目标，而各个目标之间通常存在相互消长的复杂关系，这给目标分析及系统设计带来了极大的困难。

任何具体工程都是作为功能单元存在并发挥其作用的。构成工程单元系统的要素有四类，即：①物质要素，包括物料、设施、工具等；②工程化的方法、技术等；③具有一定经验、知识、技能和创造力的人；④对系统中的物质流、能量流、信息流、人流及价值流进行组织、协调、评估、控制的管理活动。

---

① 中共中央马克思恩格斯列宁斯大林著作编译局. 马克思恩格斯选集（第3卷）[M]. 北京：人民出版社，1972：517-518.
② 汪应洛. 系统工程（第3版）[M]. 北京：机械工业出版社，2003：5.

为了实现工程系统的功能要求，应形成以工程过程分系统为核心，以工程战略、组织协调、工程过程分系统为主线，以工程技术、工程管理、评估控制分系统为支撑的有机整体，以工程战略分系统为第一层次，以工程技术、组织协调和评估控制分系统为第二层次，以工程过程和工程支持分系统为第三层次的递进结构。

2．新时代的工程系统观

工程系统等任何系统的发展都必须考虑到经济社会的持续发展、协调发展和以人为本的发展，并为构建和谐社会做出贡献。工程与环境的和谐友好直接关系到可持续发展，工程与社会的和谐，以及全体公民的福祉，工程系统与自然系统、社会系统的协调发展是现代工程系统发展的必然要求，也是构建和谐社会的重要基石。因此，需要从传统的工程观转变成新时代的工程系统观。

长期以来，工程常常被视为人类征服自然、改造自然的活动，对工程活动可能产生的长期性的、潜在性的生态效应和风险估计不足，对社会结构、生活和文化等方面的影响及其反作用也考虑得不够，因而不能准确全面把握工程系统与自然系统、社会系统的交互关系。这种传统的工程观已经对工程实践、经济发展及社会生活产生了严重的负面影响，甚至影响了社会的安定与和谐。

新时代的工程系统观要求工程活动应建立在符合客观规律的基础上，遵循资源节约、环境友好及社会和谐的要求与准则，促进人与自然、社会协调发展，节约资源能源，保护生态环境，促进社会进步，提高综合效能。

工程决策者和实践者应增强社会责任感和工程系统意识，树立一切工程活动都应促进人与自然、社会和谐发展的理念，杜绝各类形象工程、政绩工程，乃至"豆腐渣"工程、扰民工程。工程战略、规划和决策要实现系统化、民主化、科学化，工程设计和实施要体现人性化、持续化、生态化，工程评价要符合经济效益、社会效益、环境效益和生态效益的多维系统准则，工程管理要认真对待和妥善解决工程活动中存在的多元价值冲突和复杂利益诉求问题，实现工程系统的全局最优化，要系统研究、大力倡导、积极推进、有效实施循环经济、清洁生产、绿色制造、绿色物流与绿色供应链等新模式新方法，并将其运用到现代工程系统的开发、运行、更新及管理中去，为建设资源节约型、环境友好型社会做出贡献。

1.3.3　工程社会观

工程是人类有目的、有计划、有组织的活动，工程活动是由投资者、管理者、工程师、工人等参与和进行的社会性活动。因此在工程活动中，不仅要有技术规范，而且要有法律、伦理、宗教、文化的规范。我们对工程的社会性、社会功能、公众理解等都要进行广泛、深入的研究。工程的社会观是完整工程观的重要组成部分，从社会的角度观察、认识工程，理解与工程相关的社会问题，对于促进工程与社会发展之间的和谐是非常重要的。

1．工程的社会性

工程的社会性主要体现在以下几个方面。

（1）工程目标的社会性

工程目标的社会性在很多情况下表现为工程的社会效益。一方面，许多工程尤其是公共设施工程，其首要目标不是经济效益，而是增进社会福利，促进社会公平，改善生态环境等。比如，在许多城市，由政府主导建设的经济适用房，目标是改善工薪阶层的住房条件；国家公共卫生防疫体系的建设，目标是为民众提供公共卫生和健康方面的保障；城市地铁网络建设，目标是为城市提供便捷的交通条件；三峡工程、南水北调工程这类对国家具有战略意义的大型工程，其目标是为了长期的经济发展和社会安定，而不仅仅是为了短期的经济效益。另一方面，随着时代的进步和认识的提高，人们越来越深刻地认识到每个人、每个企业都应当承担社会责任。在实施商业化工程中，企业和个人虽然一定会考虑经济效益，但也要把赢利之外的社会目标包含进来，只有那些符合社会发展需求，符合可持续发展理念的工程，才是有生命力的工程。

（2）工程活动的社会性

工程活动是由投资者、管理者、工程师、工人等不同成员共同参与和进行的，他们一起构成了"工程共同体"。这些成员在工程活动中各司其职，相互配合，包含了其大量的社会活动。这种合作关系集中体现了工程活动的社会性。另外，在工程活动中，人们不但需要解决各种技术性难题，而且还需要解决工程共同体成员之间的各种社会矛盾。技术性难题往往不是最大的难题，如何协调好不同工程参与者的多元目标诉求，协调各方的利益冲突，才是工程活动的最大难题，是工程顺利开展的关键。

（3）工程评价的社会性

现代工程的数量、规模和社会影响都是史无前例的。既然工程活动都是有明确目标和消耗大量资源的活动，那么工程的社会目标是否能够实现？工程对社会的影响又如何？这些问题都需要对工程进行社会评价。在工程的社会评价中，工程的社会效益通常是难以计量的，因此，如何恰当地建立科学的评价标准和指标体系是首先需要解决的问题。其次，在一个价值观多元化与利益分化的社会中，同一个工程在不同的社会群体中可能会得到不同的价值判断，这又涉及到如何才能合理确定评价主体及评价程序的问题。

2. 工程的社会功能

（1）工程是社会存在和发展的物质基础

人类社会存在和发展的基础包括物质和精神两个方面。工程的社会功能，首先体现在工程要为社会存在和发展提供物质基础，满足人类生活的基本需求，并提高社会生活质量。工程在发展过程中成了直接的生产力，满足人类的衣食住行。其次，工程构成了社会发展的基本物质支撑。城市建设、道路桥梁的修建、能源开发与利用、环境保护、工业品与生活用品的生产等，都是通过各种各样的工程实现的。全国各地有无数的新建工程、改建工程和扩建工程在启动和实施，这些规模各异的工程构成了我国经济社会发展的基本物质支撑，其质量和成效直接关系到我国全面小康社会实现的大局。

（2）工程是社会结构的调控变量

工程存在于社会系统中，是社会系统中的变量之一。工程活动作为直接生产力，会影响并带来社会结构的变迁。科学技术在发展和进步过程中要通过实施一系列工程，才能对经济社会产生影响。在历史上，蒸汽机动力工程和电力工程等都有力地推进了人类社会经济结构的演进，快速推进的信息工程等新兴领域也正在不断改变当前的社会经济结构。在这个过程中，还需要工程作为宏观调控的手段，保持经济、社会、生态环境的协调发展，促进社会公平。比如，通过环境工程来治理环境，通过区域协调来调控经济发展等。在我国的西部大开发战略中，主要途径就是要通过启动实施一系列工程，为西部地区的经济社会发展奠定基础，进而实现缩小区域差距，实现共同富裕的目标。

（3）工程是社会变迁的文化载体

工程不仅具有创造物质财富的生产功能，而且还凝结着特定的社会文化价值。优秀的工程是科技、管理、艺术等多种要素的结晶，标志性的工程还会成为其所在地和所属民族的精神纽带，有助于增进民族和国家的自豪感和凝聚力。历史上有些工程，虽然失去了原本的生产功能，但其丰富而典型的社会文化蕴涵却仍激励着一代又一代的中间人奋进。因此，在工程设计及对待历史工程方面，不能单纯考虑经济效益，还需要从工程是社会文化载体的角度进行全面思考，进行综合考量。

3. 公众理解工程

任何工程，无论是公共工程还是商业工程，公众都应享有知情权。在公共或公益工程中，公众既是投资者，也是利益相关者。在商业工程中，公众更是重要的利益相关者。尽管商业工程的投资与经济收益归公司所有，经济风险也主要由公司承担，但工程对自然和社会产生的影响却是公共的。倘若工程与公众个人利益直接相关，公众在享有知情权的同时，还应享有选择权，如在转基因食品对健康影响问题尚无定论的情况下，公众有权自主决定是否使用转基因食品。对于那些可能产生重大环境和社会影响的大型工程，公众在享有知情权的基础上，还享有表达意见的权利，甚至某种形式的决策参与权。

工程的公众参与，一方面有利于各方利益的平衡，另一方面也给工程提供了更广泛的智力支持。在很多工程活动中，公众"既是观众，又是演员"，多种价值观的交流有利于工程的健康发展。公众参与工程，还将有助于建立有效的监督约束机制，减少工程中的腐败行为。

公众理解工程的另一个问题是通过什么样的途径理解工程？获取必要的工程信息是公众理解工程的前提。因此，应该努力做好有关工程信息的发布、传播与普及工作，这些信息既包括有关的科技知识，也包括社会知识。工程师应善于把自己的专业知识普及给大众，以适当方法促进社会公众对各种经验和知识的相互交流，通过不同价值观的碰撞和相互对话增进公众对工程的理解。这一过程又称为工程的"知识共享"和"社会学习"，通过不同主体的知识与价值观交流，消除工程信息的不对称，传播已有知识，创造新的知识，提高全社会的工程知识基础，使公众获得对工程更为全面的理解，并促进达成关于工程的社会共识。

总之，公众理解工程不仅体现了对公众的尊重和民主原则，有利于多种价值观的交流和促进；而且还可使工程决策获得更为广泛的智力支持。中国是一个工程大国，并奋力向一个工程强国迈进，努力促进公众对工程的理解，加强公众对工程的参与，对于提升工程决策水平、提高工程质量、消除社会冲突、构建和谐社会都是非常重要的。

1.3.4 工程生态观

马克思主义历来认为：在人类的一切活动中，自然界始终处在优先地位，"没有自然界，工人什么也不能创造"。据此，工程活动是人与自然界相互作用的中介，对自然、环境、生态都会产生直接的影响，因而工程的生态观就是要考虑生态规律的约束和生态环境的优化。

1. 工程生态的问题

自 18 世纪工业革命以来，人们一直都把工程理解为是对自然界的改造，是人类征服自然的产物。这种传统工程观对工程的技术功能和经济功能认识片面，对工程过程和生态环境缺乏足够的关注，对工程与自然的辩证关系也没有进行深刻的反思。

自然进化过程中，一种生物与另一种生物之间，以及所有生物与周围环境之间都存在有机的联系。一种动物的粪便成了土壤细菌的食粮，细菌的分泌物滋养了植物，植物又养育了动物，这是一种动态的循环。工程如果有悖于自然规律，破坏了正常的生态循环，便会出现"自然资源—产品—废弃物"的单向流动。传统的工程观强化了这种线性的、单向流动的逻辑：机器生产产品，产品使用后会被丢弃，成为垃圾与废物，不能进行正常循环。因此，作为传统工程观所支配的工业技术体系在内在逻辑上与自然界的循环相矛盾。

自然界的生物多样性是深层的秩序或自然生态平衡的反映。近代以来，人类以高度受控的工业方式，建造了大量对自然生态系统影响强烈的人工系统，大规模地向自然索取，大规模消费，大规模无序化废弃，缺乏自我调控和反馈机制，内在功能难以适应于外在影响因素的变化，使得工程活动的产物变成了自然环境的对立物。这种片面的工程活动，造成了技术、社会与自然环境的割裂，对生物多样性造成了严重危害，直接威胁到人类的生存和可持续发展。

2. 工程生态观的思想

传统工程观片面强调工程对自然的改造和利用，工程的建造缺少生态规律的约束和对生态环境的优化，是一种脱离生态约束的工程观。在反思传统工程观局限性的基础上，人们开始探索如何才能树立一种新的工程生态观，一种能够正确认识和处理工程活动与生态循环辩证关系的新的工程生态观。

科学的工程生态观要求对人类工程活动的后果做多重分析，尤其要加强对工程潜在后果和负面影响的分析，并将其作为人类工程活动的约束性条件。应当将生态价值和工程价值协调起来，做到工程的社会经济功能与自然界的生态功能相互协调、相互促进。

任何工程活动都会干扰和影响自然生态的运行，但这种干扰和影响并非在任何情况下都具有破坏性或负面性。一方面，要在深入研究和分析生态系统运行规律和约束条件的基础上，进行符合生态循环规律的工程活动，将工程活动的负面性控制在自然生态系统可以吸收消化和自我调节的限度内，从而确保自然生态系统的良性循环。比如，依山而建的生态野生动物园，既满足了人们的观赏需求，又保证了动物的天性和环境的自然状态。另一方面，人类工程活动在与自然生态互动的过程中，可能产生破坏生态环境的同时，也会使人们积累生态知识并利用生态规律调整和保护自然生态环境的理念、方法和途径，不仅可以利用新的理念和技术去改善和消除人类工程活动已经造成的破坏，也可以通过工程活动对自然生态系统自身的盲目性、破坏性加以因势利导，为我所用，从而使工程活动在追求经济社会利益的同时能和自然生态系统良性循环之间保持恰当的协调，有目的地将工程活动融入自然生态循环中，以改善和优化生态环境。

技术作为解决工程问题的方法、程序和手段，在各种条件约束下有多种实现路径的选择，工程生态观要求在路径选择中考虑并吸纳生态环境要素，开发出能与生态环境相和谐的技术成果。人类的工程活动应该是各种绿色技术的集成，从要素上体现工程活动的生态性，真正实现工程活动是自然生态循环的一个环节。

工程活动是人类最基本的实践活动，是人类的存在方式和生活的本质特征。人类的工程活动在导致自然环境破坏的同时，也孕育着环境保护、生态再造的理念，这些新的理念和方式与人类的可持续发展要求密切联系在一起，当人类创造的对象威胁到人类生存和进步时，人类的智慧一定会选择更好的方式。

1.3.5　工程伦理观

工程活动是人类一项最基本的社会实践活动，其中涉及很多复杂的伦理问题。工程活动在给人类带来巨大福祉的同时也让人类遭遇了很多风险和挑战，工程伦理便是其中最为重要的挑战之一。

1. 工程中的伦理问题

工程造物活动不但是科学技术性质的活动，而且也是社会性质的活动，是一个汇聚了科学、技术、经济、政治、法律、文化、环境等要素在内的复杂系统，伦理在其中起了重要的定向和调节作用。

在工程活动中包含着一系列的选择，比如工程目标、实现方法和实施路径的选择等。应该选择什么？怎样进行选择？这些都是需要在价值原则指导下进行思考和解决的问题。工程师对工程目标、时间、地点、方法、途径等的选择起着决定性的作用。在选择过程中，除了科学、技术、经济的评价，还需要伦理评价。在伦理观中最根本的是工程师应该自觉地承担起对人类健康、安全和福祉的责任，将公众的安全、健康和福祉置于至高无上的地位。这条基本原则的具体表现则是：质量与安全、诚实与守信、公平与公正。

工程活动中有很多不同的利益主体和利益集团，诸如工程的投资方，工程的实施方、设计方、施工方、管理方、运营方和最终用户等。如何公正合理地分配工程活动带来的利益、风险和代价，是当代工程伦理学所必须直接面对和着力解决的重要问题之一。

在讨论工程的伦理问题时，一些学者常常把产品的设计、制造与使用环节分开，并认为伦理问题只产生于产品的社会使用过程中。这种看法是片面的，事实上，伦理问题的考量和伦理关系的冲突在整个工程过程中都会出现。比如，在设计阶段会出现关于产品的合法性、是否侵犯专利权等问题，在签订合同阶段会出现关于"恶意压低标准和价格"的问题，在生产运行阶段会出现关于工作场所是否符合安全标准的问题，在产品销售阶段可能存在贿赂、广告内容失实等问题，在产品的使用阶段可能存在没有告诉用户有关风险的问题，在产品回收和拆解阶段可能存在是否对有价值的材料进行再利用和有毒废物进行正确处理的问题等。

2. 工程伦理的性质和范围

最常用的伦理学方法有目的论和义务论两种，这两种方法各有优缺点。

目的论又称后果论，其优点是关注效果和功利，使它能够顺应现实，要求对人的行为本身有正确的认识。常用的成本效益分析就是一种典型的目的论应用。目的论存在的问题是，往往缺乏可用来权衡一种结果胜于另一种结果的适当标准。此外，如何才能全面正确地发现并确定行为可能产生的结果，也是一个难以实现的任务。

义务论的优点是它的出发点清晰明确，它认为应当把每个人都作为一个相互平等的道德主体来尊重[①]。义务论的主要问题是对于结果"不敏感"，这使它在分析许多现实问题时会显得有些不切实际。在实践中，目的论和义务论各有其适用的情境，在解决工程伦理问题时，

---

① Charles Harris, Michael Pritchard, et al. Engineering ethics: concepts and cases[M]. Wadsworth: Thomson Learning, 2005: 88-89.

往往需要把它们结合起来加以应用。

工程伦理是实践伦理,实践伦理始于现实问题,是在实践中提出的。实践的判断和推理不同于理论的判断和推理,它不是简单的逻辑演绎,而是包含着类推、选择、权衡、经验运用的复杂过程,其结果不是指向抽象的普遍性,而是丰富的具体的个性。"实践推理"是综合的、创造性的,它把普遍原则与当下的特殊情境与事实、价值和手段等结合起来,在诸多可能性中做出抉择,在冲突和对抗中做出明智的权衡与协调。

正如经济学领域既有微观经济学问题又有宏观经济学问题一样,在工程伦理学领域,既存在微观工程伦理问题又存在宏观工程伦理问题。马丁·辛津格认为,微观问题涉及个人和公司做出的各种决策,而宏观问题所涉及范围则更加广泛,比如技术发展的方向问题,是否应该批准有关法律以及工程师职业协会、产业协会和消费者团体的集体责任问题。在工程伦理学中微观问题和宏观问题都是重要的,并且它们常常还是交织在一起的。[①]我们在研究和分析工程伦理时,不但要关注微观的工程伦理问题,更要关注宏观的工程伦理问题,特别是要关注和研究与集体决策、集体责任联系在一起的伦理问题。

1.3.6 工程文化观

工程是在一定的文化背景下进行的,因而工程活动、工程建构、工程建设必然反映它所处时代的文化。工程与文化具有密不可分的内在关联性。一方面,人们的工程活动离不开一定的文化背景;另一方面,工程活动又会直接影响到整个社会文化的面貌。可以说,工程活动已经形成了一种特殊的亚文化——工程文化。工程文化具有整体性和渗透性,可以突出工程中表现出来的民族精神、时代特征、地域风貌、审美情趣,工程文化对工程设计、工程实施、工程评价等都会产生重要的影响。

1. 工程文化的内容

以往人们在谈文化的时候,通常强调其无形的精神内涵,而在谈工程的时候,则更强调其有形的物质层面。文化始终渗透在工程活动的过程中,又凝聚在工程活动的成果和产物里。工程活动也在不同程度上生成文化、塑造文化、传承文化。工程文化可以理解为"人们在从事工程活动时创造并形成的关于工程的思维、决策、设计、建造、生产、运行、知识、制度、管理的思想理念、行为规则、习俗习惯等。

广义文化包含着工程。文化既作为社会环境承载着工程,又像空气一样弥散在整个工程活动中;工程活动则作为一种"独立类型"的社会活动,在广义文化中拥有自己独特而重要的位置和作用。

工程文化包含理念层、知识层、制度层、规范层和习俗层等五个层次。

工程文化的理念层涵盖了工程思维、工程精神、工程意志、工程价值观、工程审美和工程设计理念等内容。它决定了工程项目的目的、设计方案、施工管理水平、工程的后果和影响等。

工程文化的知识层内容非常丰富,既包括工程共同体积累的经验性技能、技巧,也包括经过系统研究和总结而形成的工程科学知识、工程技术知识、工程管理知识等。

工程文化的制度层涉及保障工程顺利进行的工程管理制度、工程建造标准、施工程序、

---

① Matin M W, Schinzinger R. Ethics in engineering[M]. New York: McGraw-Hill, 2005: 6～29.

劳动纪律、生产条例、产品标准、安全制度、工程建成后的检验标准、维护条例等。

工程文化的规范层主要包括工程技术性规范和伦理行为规范等。诸如工程设计规范、操作守则、业务培训计划、日常管理及服务规范，甚至特殊的行为规范（比如着装要求等）。工程文化的规范层与制度层内容存在着部分重叠，二者都是对工程共同体在工程活动中应具备的具体行为要求。只是制度层的内容往往具有"硬性"的特征，而规范层内容则更有"弹性"。

工程文化的习俗层既包括与地域文化、民俗文化相关联的约定俗成的一些行为方式，也包括工程共同体在工程活动过程中的行为习惯等。

2．工程文化的作用和影响

工程文化是工程与文化的融合剂，是促进工程活动健康发展的重要因素和关键力量，在工程活动中所起的作用是广泛和深刻的，并且随着人类文明的进步而越来越重要、越来越突出。工程文化贯穿于工程活动的始终，对工程活动的各个环节乃至工程的发展都发挥着重要作用和影响。

（1）工程文化对工程设计的作用和影响

工程设计是工程师的作品，工程设计的质量如何不但取决于工程师的技术能力和水平，而且还取决于设计师的工程理念和文化底蕴。

工程设计师不仅需要掌握一般的基础科学知识、技术科学知识和工程科学知识，还需拥有丰富的工程实践经验，掌握有关工程项目的地方性知识、民族习俗，准确把握时代特点，拥有较高的审美品位等，这些都是工程师的工程文化能力和素质的重要内容。此外，工程师个人的兴趣爱好、心理素质，甚至包括性别、民族、生活条件、宗教信仰及社会环境等，都构成了工程师文化底蕴的特殊要素。工程师在进行具体工程设计时，不仅展示工程知识，而且要把他对决策者思想的理解、对知识的把握、对特定条件的考虑，以及对工程的诸多特定需求加以集成后，在工程设计中综合呈现出来。工程文化的作用和影响首先会通过工程师的设计过程和设计成果得以表现。

（2）工程文化对工程实施的作用和影响

在工程实施过程中，工程文化会以建造标准、管理制度、施工程序、操作规程、劳动纪律、生产条例、安全措施、生活保障等制度化的成果，通过工程共同体内部不同群体的行为而得以表现。

投资者、决策者、领导者是否具有先进的工程理念，工程师是否制定了行之有效的建造标准和管理制度，工人是否遵循了操作规程、劳动纪律、生产条例，后勤人员是否提供了安全措施和生活保障，整个工程团队是否具有凝聚力和团队精神等，这一切都是工程共同体特有的工程文化体现。拥有了这些文化的工程共同体，必然能够做出高质量的精品工程。

从工程文化的角度来看，所谓施工过程、施工质量、施工安全等，不但具有技术和经济内涵，而且还具有工程文化内涵。在施工环节，事故频发的深层原因往往不是技术问题，也不是能力问题，而是文化素质和传统习惯问题。工程界和社会各界都应该高度重视工程文化素质和传统习惯方面的问题。

（3）工程文化对工程评价的作用和影响

工程文化对工程的作用和影响还渗透和表现在工程评价环节中。任何工程评价都是依据一定的标准进行的。工程活动是多要素的活动，工程的评价标准也不可能只有针对"单一要素"的评价标准，更需要有内容丰富、关系复杂的多要素的综合性评价要求和标准。在进行工程评价时，人们不但需要针对"个别要素"的工程评价，更需要注重立足工程文化和从工程文化视野进行的工程评价。人们应该站得更高，在更广的视野下看待工程评价问题。任何工程标准都体现或反映着特定的文化内涵，都是不同文化观念投射到工程标准上所形成的产物。立足于工程文化，在掌握工程评价的标准时应该综合考虑时代性、地方性、民族性、技术经济标准和审美标准的协调等问题。工程必须以人为本和为人服务。任何工程，无论规模大小，都应该体现功能与形式的完美统一。在工程评价时片面强调使用功能而忽视外形美观，以及片面强调形式美观而忽视功能都是不合理的。

（4）工程文化对工程未来发展的作用和影响

工程文化不仅影响着工程的建造过程，还决定着工程未来的发展。可以预言，未来的工程在展示人类力量的同时，会更多地注重人类自身的多方面需求，注重人类与环境的友好相处；未来的工程既应该体现全球经济一体化趋势，又应当体现文化的多元性特点。未来工程的发展方向、发展模式及发展水平在某种程度上都将由其所包含的工程文化特质所决定。只有充分认识工程文化的这种功能，才有可能使未来的工程设计充满人文关怀，使未来的工程施工尽可能减少对环境的不良干扰，使未来的工程更好地发挥其社会功能。

工程活动随着时代发展而不断演化，工程文化的具体内容和形式也必然会随之不断更新和变化。工程文化与工程活动息息相关，是工程活动的"精神内涵"和"黏合剂"、"润滑剂"。在工程活动中，如果工程文化内涵深刻、形式生动，那么，工程活动必然生机盎然；反之，如果工程文化内容贫乏，甚至方向迷失、形式僵化，那么，这样的工程必定充满遗憾，难免会成为贻害人类和自然的工程。

雨果说"建筑是石头的史书"，歌德感慨"建筑是凝固的音乐"，这些大师从文化的视角看待建筑，看到了建筑的历史作用，看到了建筑的审美功能。其实，人类的其他工程也具有同样的作用和功能，只要我们能够立足于哲学的立场，从工程文化的高度重新审视工程，便会获得新的认识、新的体验、新的感悟，我们便会在工程活动中更好地进行"文化新"和"工程美"的新创造，使生活更美好，使世界更美好。

案例分析

我国坚定不移修建进藏铁路的决心使青藏铁路工程能够得到各方面的大力支持并顺利推进，青藏铁路成为"离天堂最近的铁路"是所有工程参与成员共同努力的结果。

（1）在工程设计阶段，专家、学者对建设方案的慎重评估和选择，明确了工程的目标和方向。我国工程师认真编制了青藏铁路全线环境影响报告书，提出了"像爱护眼睛一样保护高原生态"的生态文明理念，要求所有工程人员要爱护青藏高原的一草一木、一山一水，把青藏线建成天蓝、山绿、水清、人美的生态线。所有的设计、施工、运营方案，都是基于可持续发展理念提出的。

（2）在建造过程中，工程师利用自己的科学知识和工程观，成功解决了千年冻土和生态脆弱等一系列工程问题，使青藏铁路在取得经济效益的同时也取得了很大的社会效益、生态效益。

（3）工程建设人员在强烈的高原反应下本着对工程负责的决心，丝毫不怠慢，铺好每一砖。青藏高原年平均气温0℃以下，大部分地区空气含氧量只有内地的50%—60%，高寒缺氧，风沙肆虐，紫外线强，自然疫源多等，都对工程建设人员的健康产生极大的威胁，但是在所有人员和相关部门的共同配合下，青藏铁路在关注建设者的生命健康方面也创造出了医学史上的奇迹。

青藏铁路的建设过程中体现了哪些工程理念？

第 2 章　工程伦理学的道德框架

2.1　工程伦理学的兴起与意义

2.1.1　工程伦理学兴起的历史背景

20 世纪 70 年代，工程伦理学开始作为一门独立的课程在美国高等工科院校开设，并成为必修课，工程伦理学家科逐渐实现建制化，注册工程师法案也开始作为一项法规在全美实施。工程伦理学之所以在 20 世纪 70 年代兴起，与当时人们对环境破坏、核威胁等问题，以及一些重大的工程事故，如福特平托汽车油箱爆炸和 DC—10 飞机坠毁事件的严重关切紧密相关。作为工程学科教育体系的一个重要组成部分，工程伦理学正以不同的形式在国内外工科教育中逐渐普及。

工程伦理学的发展主要包括以下四个方面的内容：

1．职业注册制度的确立

职业注册制度是工程伦理制度化建设的重要保障。1907 年，美国怀俄明州通过了美国历史上第一部工程师职业资格申请要求的专门法案，随后美国各州都陆续颁布了相关类似法律，并由各州注册委员会负责管理法案的实施。各州注册委员会同时又是国家工程与测量考试委员会（NCEES）的成员，NCEES 理事会由美国 50 个州和 5 个特区注册委员会的代表组成，每个成员都享有投票权。各州注册委员会依靠州政府拨款和收取注册费来运行，因此在一定程度上可以避免商业利益的影响。各州注册委员会具有执法权，可以对违反法规的工程师吊销执照处理甚至提起诉讼。另外，各州注册委员会通常设有一个内部机构，用来调查对非职业行为的投诉。因此，各州注册委员会能较好地保障职业注册制度的实施。

2．工程教育认证的兴起

美国的工程伦理教育始于 20 世纪 70 年代后期，原因主要有以下两点：一是工程事故的频繁发生迫使人们必须重视工程活动的社会影响，提高工程师的道德素质和伦理意识，对工程师的伦理责任及工程活动对社会影响的研究迫在眉睫；二是外在的社会推动力，美国工程与技术认证委员会（ABET）在其中起到了积极的推动作用。

高等学校的工程专业认证工作由 ABET 的工程认证委员会（EAC）负责，高等学校的技术专业认证工作由 ABET 的技术认证委员会（TAC）负责。ABET 的主要工作是为全国的工程教育制定专业认证的政策、准则和程序，统管认证工作，并负责授予专业认证资格。工程师要想获得工程师的注册资格，必须通过由 ABET 认证的工程院校开设的课程并获得相应的学位。1985 年起，ABET 要求申请认证的工程院校必须开设工程伦理学或相关课程，认为工科学生应该有"对工程职业和实践的伦理特征的理解"，要求工科专业的毕业生不仅要对与工程实践相关的伦理和职业问题有所了解，而且也要了解工程对社会问题的影响。

3．工程师团体伦理章程的发展和完善

工程师团体伦理章程处于不断发展和完善之中。早期的工程师对工程师这一职业缺乏自我理解，一方面，工程师有时并不承认工程师是其终身职业，而只是当作一种达到某种目标的方式；另一方面，工程师通常不认为自己的工作是直接服务于公众，而是为他们的雇主工作。工程师团体章程一开始受到非议就是因为章程过多地强调工程师对雇主的忠诚，而很少涉及工程师对公众的责任。然而，现今几乎所有的工程师团体都把公众的安全、健康和福祉都放在了至关重要的位置。

当今时代，在经济全球化不可逆转的趋势下，越来越多的工程师去海外工作，而东道国一般存在与本国不同的价值观，由此便会引发工程与文化之间冲突的问题。因此，未来的工程师伦理章程应该讨论在不同的文化背景下，工程活动是否具有相同的伦理规范，或者是否应当制定超越不同文化的国际工程伦理规范，以便在国际工程实践中面临伦理冲突时有一个合适的抉择标准。

4．工程伦理学的形成与发展

虽然伦理问题一直存在于工程学这门古老的学科中，但作为一个独立的学科，工程伦理学还只有 40 多年的历史。20 世纪 70 年代后期，美国出现了各种不同形式的，并非完全由哲学家开设的工程伦理学课程，这标志着工程伦理学作为一个新的学科领域开始出现。

最初的工程伦理学研究集中在伦塞勒理工学院和伊利诺依理工学院两所美国高校。虽然工程伦理学作为一门学科已经开始出现，但并不属于哲学领域，并且发表的文章数量不多，也未被哲学索引所收录，这种情况直到 1986 年才开始有所改观。

作为一个学科领域，工程伦理研究的另一个主要推动力来自工程教育的需求和国家基金的支持。为了促进工程伦理这一新兴学科领域的发展，并为教学提供素材，从 20 世纪 70 年代后期开始，美国国家人文基金（NEH）和国家科学基金会（NSF）陆续资助了一系列的项目来研究工程伦理学问题，并为那些想将工程伦理学介绍给工科学生的教师提供教学素材和案例。1978—1980 年，美国学者鲍姆承担了由 NSF 和 NEH 资助的"哲学与工程伦理"国家项目，由此开始奠定了工程伦理学作为涉及哲学、工程学、社会学、法学和管理学的跨学科地位的基础。1990 年，美国学者霍兰德和斯迪奈克对 1976—1987 年间 NSF 资助的与工程伦理相关的研究课题情况进行了分析，发现这些课题涵盖了科学与工程的道德、科学家与工程师的社会化、科学与技术新发展的伦理学意义、社会如何影响科学与工程的实施，以及与技术的社会应用等各个方面的问题。1992 年，NSF 曾资助过两项工程伦理研究，分别是"将伦理案例研究引入大学工程必修课程中"和"讲授工程伦理：案例研究方法"。政府基金对工程伦理学研究的支持从制度上肯定了工程伦理学研究的意义，对推动工程伦理的教学与研究工作起到了重要的作用。更为重要的是，它带动了其他社会力量对工程伦理研究的重视和投入。

2.1.2　工程伦理学在中国的发展及意义

1．中国工程伦理学发展情况

我国开展工程伦理学研究和教育明显晚于发达国家，尤其在大陆，工程伦理研究发展较慢。由于我国工程伦理学者的努力，中国台湾地区的部分高校于 20 世纪下半叶陆续开设了

工程伦理学课程。20 世纪末，中国大陆在建筑设计和土木工程领域首先实行注册建筑师、注册土木工程师、注册建造师等制度。1999 年，北京科技大学最早开设"工程伦理学"课程。紧接着，西南交通大学于 2000 年开设了"工程伦理学"选修课。随后，福州大学、清华大学、浙江大学和东南大学等也开展了工程伦理的研究与教学。同济大学也于 2015 年在全校开设工程伦理通识课程。

当代中国的工程伦理研究是从对具体学科的工程伦理问题探讨开始起步的。20 世纪 90 年代后期，随着西方职业工程伦理专著和文献传入我国，工程师伦理与工程伦理教育研究日益增多，形成了目前我国工程伦理研究的主要基础。工程伦理研究涉及的范围非常广泛，从时间维度看，它包含一项工程从概念提出到设计、制造、完成、运行、结束的全过程；从利益相关者维度看，包括工人、投资者、决策者、管理者、使用者等；从时间和利益相关者覆盖面的维度看，又可分为微观、中观、宏观三个层面①。

当代中国工程伦理研究已经初步形成了基本的学术范式和具有一定特色的学术共同体，并呈现出蓬勃发展的态势。然而，目前从事工程伦理学研究的多为哲学或工程伦理教育方面的专家，缺乏工程技术领域专业人士的协同参与。工程生产一线研究者的严重缺位与工程伦理研究的跨学科特质是不匹配的，这也是未来工程伦理发展需要重点关注的问题，工程伦理学研究应该注重理论与实践的结合，提高工程伦理研究的实践性，某种意义上可以说这也是进一步发展我国工程伦理的必由之路。

我国在进行工程伦理学建设的时候往往会走发达国家走过的弯路，比如工程活动造成的生态环境破坏和不可持续性发展等。我国作为工程伦理研究的后发国家，在资源、环境、世界格局条件方面与发达资本主义国家早期发展的境遇存在很大不同，在工程建设中关注环保、节能、可持续发展，把对生态环境和对未来的负面影响降到最低，注重以人为本，以工程的宏观伦理为发展目标是我国的一大优势。

在宏观工程伦理的建设过程中也需要关注微观工程伦理。就现实而言，工程中的微观伦理是调节社会关系的重要手段之一。当前阻碍和谐社会建设的众多问题，在很大程度上与工程师和工程管理者对客户、公众是否负责，以及在多大程度上负责直接相关。从长远来看，工程中的宏观伦理意味着更开阔的视野和更深远的思考，比如关注可持续发展、环境保护以及各种对现实和未来友好的设计理念等。我国的工程伦理建设以宏观伦理为目标，意味着在发展中国工程伦理的理念上能够主动适应工程伦理的方向，聚焦工程伦理的实践主体、关注对象、行动的理念和方法等方面，把对社会的关注、对未来的关注、可持续发展的理念等贯穿于工程教育和工程活动之中。随着人们越来越重视专业认证对于国际工程教育相互承认的重要作用，普遍把专业认证制度作为建立国际性的工程教育相互认可协议的基础，工程伦理的教育工作和工程专业的认证工作有机结合是今后工作的重要方向。

2．工程伦理教育的意义

（1）工程的属性需要具备工程伦理素养的工程人才

工程是人们为了经济社会发展所进行的各类物质改造与创造的活动，"造物性""社会性""风险性""公众性"等是工程的重要属性。随着工程对人类社会、自然环境的影响日趋加深，工程实践中的伦理问题越来越突出。西奥多·冯·卡门曾说过，科学家需要去研究这

---

① 李伯聪. 工程的三个"层次"：微观、中观和宏观[J]. 自然辩证法通讯, 2011, 33 (3): 26～30.

个世界到底是什么，而工程师则需要去创造一个全新的世界。这个创造出的全新世界，以及工程所造之物，与自然、社会、公众的关系和可能带来的风险既决定了所造之物中蕴含着工程伦理，也决定了造物的人，即工程人员必须具有高度的社会责任感和对所造之物进行价值伦理的判断能力。这不仅关系到工程师的个人道德素养和社会责任的提高，还直接影响到经济、社会与自然的和谐发展。因此从工程的属性来看，工程师必须具备相应的工程伦理素养，而工程伦理素养的提高就需要开展工程伦理教育。

（2）工程技术人员伦理素养的提高需要加强工程伦理教育

作为一项职业，职业道德是工程师必须具备的一种核心胜任素质[①]。因此工程伦理教育在工程人才培养实践中具有非常重要的地位与作用，是工程专业学生全面成长的必然要求[②]。但工程伦理观并非与生俱来，要提高工程技术人员的工程伦理意识和社会责任感，就必须开展工程伦理教育[③]。

工程教育对于工程技术人才的培养具有长期性、综合性与前瞻性的作用。工程师通常需要接受系统的工程教育，严格的实践训练，长期的工程实践和团队协作，才有可能成长为卓越的工程人才。然而，纵观目前我国的工科教育，无论是宏观层面的学位管理规定，还是各院校微观层面的培养方案和现实的教学培养工作，工程伦理的教育内容和实际课程都比较薄弱甚至短缺。教育培养体系的基础不牢，将导致未来工程人才培养质量与工程实践方面的问题。

（3）工程教育强国的战略目标要求加强工程伦理教育

作为工程教育的大国，工科教育是我国高等教育中规模最大的专业教育。目前，我国开设工科专业的普通高校有 2000 多所，占高校总数的 90%以上；工程教育在校学生达 1000 多万，占普通高校在校学生总数的 40%左右[④]。我国工程硕士专业学位研究生教育有 400 多家培养单位，到目前为止已为我国培养输送了 100 多万工程专业学位研究生。

充足的工程师数量对国家经济的增长具有明显的正向作用[⑤]，工程师质量也对工程项目的产出与经济发展具有直接影响。我国工程师数量庞大，但质量仍有待提高。只有不断加强工程伦理教育，提高工程师的道德素养，才能真正实现工程教育大国向工程教育强国的转变。工程伦理教育是工程教育的重要组成部分，直接关系到未来工程师们的价值取向。工程伦理教育可以培养工程人才的社会责任感，提高其道德意识，增强其遵循伦理规范的自觉性，提升其应对工程伦理问题的能力与水平，从而使工程更好地造福人类社会和自然。

（4）社会经济发展呼唤开展工程伦理教育

随着社会经济的发展，工程建设的规模和数量都显著增加。当今的工程人员在工程实践中时刻要面临经济利益和社会利益、企业利益和公众利益、个人利益和集体利益的冲突。工程师在面对这些工程实践领域的具体伦理困境时，往往会难以抉择，进而导致工程问题频发。其根源在于工程人员普遍缺乏工程伦理教育，当其面对工程中出现的伦理困境时显得无能为力。在经济全球化的今天，一些企业将经济效益放在首位而忽视了公众的健康和安全。

① 李伯聪. 关于工程伦理学的对象和范围的几个问题[J]. 伦理学研究, 2006, (6): 30～36.
② Stephanie J Bird. Ethics as a core competency in science and engineering[J]. Science and Engineering Ethics, 2003: 443～444.
③ 朱高峰. 中国工程教育的现状和展望[J]. 清华大学教育研究, 2015, (1): 13～20.
④ 殷瑞钰, 汪应洛, 等. 工程哲学[M]. 北京: 高等教育出版社, 2013: 291.
⑤ 林蕙青. 国际工程教育发展与合作机遇、挑战和使命——2015 国际工程教育论坛纪要[J]. 高等工程教育研究, 2015(6): 1～5.

"豆腐渣工程"所导致的人员伤亡与经济损失，尤其是目前突出的环境污染问题，都给人类社会的可持续发展带来了极大的挑战和威胁，因此社会经济发展正在呼唤我国加强工程伦理教育。

（5）开展工程伦理教育是使工程伦理区别于其他职业伦理的必然要求

与医生、律师等职业所涉及的职业伦理问题不同，工程实施过程中的社会化、综合化和整体化特征使得工程伦理具有属于自己的独特问题。一是工程项目的实施过程中涉及的受影响群体、利益相关者众多，一旦处理不当，往往会造成重大的社会问题。特别是大型工程项目一旦发生技术事故，其后果极为严重。二是工程实施的最终产品具有过渡性的特点，最终消费和使用工程产品的用户往往和具体实施项目的工程师之间并没有直接的关系，加之工程师盲目追求自身利益最大化，导致工程师将从事工程工作作为升迁的踏板，从而有可能出现责任意识淡漠的道德风险。三是工程项目的决策除了要求工程师考虑项目自身在技术、经济等方面的优劣，还必须考虑雇主、公众、社会和国家的利益，甚至全人类的可持续发展等多种因素，因此，工程师的决策过程往往是一个复杂的伦理选择过程。由于工程伦理所具有的特殊性，必须提高在校大学生的工程伦理道德修养，以便其在未来的工程实践中做出正确的选择。

（6）开展工程伦理教育是工程活动的复杂性提出的客观要求

工程活动是一种改造自然和为人类谋福利的实践活动，在工程项目的设计、实施和运行管理中会涉及社会、政治、法律、文化及生态环境等诸多因素。这就要求工程师对自然、社会、公众、客户和雇主都要切实地负起责任，在完成其专业任务时，应将公众安全、健康和福祉放在首位。科技的高速发展给工程活动带来了许多新的工程伦理问题和挑战。作为工程活动主体的工程师，必须认真应对这些问题，遵照人道主义、生态主义、安全无害和无私利性的原则，既尊重自然、敬畏自然，也尊重后代人的生存权和发展权。

（7）开展工程伦理教育是工程专业可持续性发展的必然要求

任何专业和职业都具有其严格的伦理规范。长期以来，由于我国对工程伦理规范的重要性认识不足，没有将其提高到应有的高度，没有建立相应的工程伦理规范，在很大程度上导致工程专业地位较低。因此，加强工程专业伦理建设，并在此基础上对理工科大学生进行工程伦理教育，应该成为理工科院校工程专业可持续性发展的一项重要的基础工作[①]。

2.2　工程伦理学的研究对象

2.2.1　工程伦理学的含义

"伦"即人与人之间的关系，"理"即道理、规则。一般认为，伦理学是哲学的一个分支，是关于道德规范的科学。通常谈到伦理，人们往往会和道德联系在一起。有人认为，伦理学研究的是道德上的善与恶、是与非。伦理学试图从理论层面构建一种指导人们行为的规范体系，即指导我们如何判断行为的对与错，怎样处理道德困境中的进与退，以及论证处理规范的是与非。一般情况下，伦理可以等同于道德。但是，如果严格地进行区分，伦理与道

① 王进. 论工科学生的工程伦理教育[J]. 长沙铁道学院学报(社会科学版), 2006, (2): 15.

德还是有较大区别的。首先，道德是公认的规范，而伦理是对规范的理性反思。如中国传统文化认为"郭巨埋儿"是孝道，是道德规范；但鲁迅却认为"郭巨埋儿"是杀人，这是伦理的反思。其次，道德教育讲求奉献，伦理教育讲求公平；道德诉诸情感，伦理诉诸理性。最后，道德是个人境界，伦理则是群体关系。雷锋的个人道德很高，但是一个社会不能强迫所有人都具有雷锋那样的道德水平。伦理思考的是在难以确保所有人都具有较高道德水平的前提下如何保证制度的公平与公正。

"伦理"最初的含义是"习俗"，但如今"伦理"一词的含义变得更加广泛和具有内涵了。伦理用英文可以表述为"Ethics"，这一词汇源于古希腊语的 ethos（伊索思）一词。在早期古希腊哲学家中，这个词也曾作为术语专门表示某种现象的实质或稳定的性质。后来，人们又把它用来专指一个民族特有的生活习惯，汉语中用"习俗"、"风俗"等来表示。

在实际生活中，大部分人的行为是靠习俗而不是伦理来指导的。通俗来讲，习俗就是沿袭下来的规矩。在中国传统文化中，人们崇尚诚实守信，骗人是不好的行为，只要你骗过一次人，人们就会在心中给你定性为"骗子"。所以由习俗形成的"不骗人"的规范不是因为认识到这个规范是对的，而是觉得这个规范是有用的。回族人有不吃猪肉的习俗，因为《古兰经》中有这样一句话"猪肉不可食"，这是伊斯兰教沿袭下来的一种规矩，规矩的对错没有人关心。大多数人认为吃肉是一种正常的行为，但是对于佛教徒和素食主义者来说，吃肉是不可接受的。显然，不同民族、不同文化的风俗指导下的行为也不尽相同，甚至可能是相互矛盾和冲突的。

伦理既有习俗的沿袭，又有价值观的成分。古希腊哲学家将之归结为自然和规范之间的对立。比如，历史上非洲有奴隶贸易的习俗，如今像贝宁这样的国家，仍然把它作为一种风俗保留，理由是儿童可以由此获得海外工作经验。黑格尔有句名言"存在即合理"，存在通常有其一定的原因，但不一定符合道理（伦理）。谈论对错的学问完全不同于科学知识，存在的不一定是合理的。一切道德规范、风俗习惯都有它过去的合理性，但是未必有现在和未来的合理性。

工程伦理学的内涵主要包括两个方面，正如美国著名伦理学家 M·马丁从规范和描述意义上界定了工程伦理学。从规范意义上看，工程伦理学包括两层含义：一是伦理等同于道德，工程伦理学包括从事工程的人员所必须认同的责任与权利，也包括在工程中所渴望的理想与个人义务；二是伦理学是研究道德的学问，是研究工程实践中道德上的决策、政策和价值。从描述意义上看，工程伦理学也包括两层含义：一是指工程师伦理学，研究具体个体或团体相信什么并且如何开展行动；二是指社会学家研究伦理学，包括调查民意、观察行为、审查职业协会制定的文件，并且揭示形成工程伦理学的社会动力。从工程伦理学的概念界定来看，规范意义上的工程伦理学强调从伦理角度审视工程，促进工程与伦理的结合，而描述意义上的工程伦理学则注重强调工程活动的伦理价值。无论是描述意义还是规范意义，都强调从伦理学角度来探讨工程中的伦理问题，研究工程主体的道德价值，探讨工程决策、政策、活动的道德正当性。

李伯聪认为工程伦理学可分为狭义的工程伦理学与广义的工程伦理学[①]。大致来说，由于人们对工程的性质、对象和范围存在着广义和狭义两种不同的理解，从而也就出现了广义的工程伦理学和狭义的工程伦理学两种定义。

[①] 李伯聪. 关于工程伦理学的对象和范围的几个问题[J]. 伦理学研究, 2006, (6): 24~30.

1. 狭义的工程伦理学

工程师作为工程活动的主体，往往在工程活动中发挥着非常关键的作用。就像有人把科学解释为科学家所从事的活动一样，也有人把工程解释为工程师所从事的活动。推而广之，可以把工程伦理学定义为工程师的职业伦理学，这种工程伦理学称为狭义的工程伦理学。有人认为工程伦理作为一种职业伦理，必须要把个人伦理和其他社会角色的伦理责任区分开。

应该承认和必须强调的是，这种狭义的工程伦理学不仅在历史上对工程伦理学的开创和发展发挥了非常重要的作用，而且在现实中还将继续对工程伦理学的发展起到重要的推动作用。

从理论方面看，狭义工程伦理学的研究已经取得了许多重要的成果，尤其是促进了工程伦理学作为一门单独学科的诞生；从实践方面看，狭义工程伦理学的研究有力地促进了职业工程师和工程师共同体的伦理自觉和伦理水平；从教育方面看，这种定义强有力地推进了对工科大学生的职业伦理教育。美国工程界和工程教育界在工程伦理学教育必须是工程教育的一个不可缺少的组成部分方面已经取得了基本的共识。

工程师的职业伦理原则在最初阶段没有遇到大的困难和挑战。随着工程活动的规模和职业工程师的作用越来越大，许多工程师越来越深刻地认识到他们必须重新认识工程师的社会作用和职业伦理准则。在 19 世纪末和 20 世纪初，许多工程师热情满怀地要求重新认识和定位工程师的社会作用和伦理责任，他们明确提出工程师不应该仅仅忠诚于雇主的利益，更应该服务于全人类和全社会的利益。1906 年在康奈尔举办的土木工程协会年会上，有人豪情满怀地声称工程师将指引人类，一项从未召唤人类去面对的责任落在工程师的肩上。在这种豪情的鼓舞和支配下，一些工程师要求为工程师这个职业重新进行社会定位，他们不但希望和要求工程师掌握经济性工程活动的领导权和代表权，而且还雄心勃勃地要求掌握政治性工程活动的领导权和代表权，"工程师的反叛"和"专家治国运动"应运而生。其典型代表是美国的库克，他认为忠诚于大众和忠诚于雇主是对立的，工程有着伟大的未来，但是工程被商业支配却是对社会的可怕威胁。在"工程师的反叛"运动中，工程师只是在向资本家争取经济领导权，而在"专家治国运动"中，工程师则是在向政治家争取政治领导权。

工程师的职业性质和特征决定了要正确认识和真正确立工程师的职业责任和职业伦理原则必然要经历一个长期、困难而曲折的过程。关于工程师究竟应该在社会进步中发挥什么样的作用、怎样才能把忠诚于其雇主的要求与对大众的责任统一起来等问题目前都尚未解决。但并不妨碍我们肯定自 20 世纪初期以来，在工程师的社会责任和伦理自觉方面，无论在认识上还是在制度上取得的重大进步和发展。

与其他许多职业如工人、科学家、医生等相比，工程师这一职业是具有某种特殊自身困境的职业。谢帕德认为工程师是"边缘人"，因为工程师的地位部分地是作为劳动者、部分地是作为管理者、部分地是科学家、部分地是商人。莱顿认为工程师既是科学家又是商人，科学和商业有时要把工程师拉向对立的两面。这就使工程师在自身定位和职业伦理准则确立时难免会陷于某种难以定位的困境。哈里斯认为工程行为规范要求工程师作为雇主的忠诚代理人，又要求他们将公众的安全、健康和福祉放在首位。这两种职业责任有时是相互冲突的，使得工程师经常陷入道德和职业的困境之中。博德尔在《新工程师》一书中提出，工程职业到了一个转折点，它正在从一个向雇主和客户提供专业技术建议的职业，演变为一种以既对社会负责又对环境负责的方式为整个社群服务的职业。工程师本身和他们的职业协会都更加渴望使工程师成为基础更广泛的职业，雇主也正在要求从他们的工程师雇员那里得到比熟练技术更多的东西。还应该强调指出的是，发达国家的许多著名的工程师职业团体，如美国机械工程师协会、化学工程师协会等都制定了自己的工程师伦理章程或伦理规范。从这些工程师职业伦理规范的制定和多次修订中，人们不但看到了作为职业伦理学的工程伦理学的理论成就和理论力量，而且看到了工程伦理学的现实影响和现实力量。

2. 广义的工程伦理学

从另外一个方面看，如果仅仅或完全把工程伦理学定义为工程师的职业伦理学，就会严重束缚工程伦理学的发展范围和发展空间，因此工程伦理学还有一个广义的学科定位和学科发展空间——广义的工程伦理学。

美国学者小布卢姆于 1990 年提出这样一个尖锐的问题：美国的工程伦理学在经历了初期的迅速发展阶段之后，工程伦理学的教学和研究是否开始停滞了？怎样才能摆脱这种停滞呢？小布卢姆认为对于工程的性质和范围，如果没有一种比当前工程伦理学界流行的观点要广泛得多的理解，工程伦理学的学术就不可能继续繁荣①。可以认为，小布卢姆等人在这个问题上的立场和观点实际上就是在呼吁工程界必须对工程活动的对象和范围做广义的理解和定位，从而大大拓展工程伦理学的研究范围和空间。也就是说，必须在一个更大的对象范围和更广泛的问题域中开展和进行广义工程伦理学的研究。

马丁和辛津格认为，工程活动的基本单位是项目，一个工程项目的全部过程应该包括以下几个阶段：提出任务（理念、市场需求）；设计（初步设计和分析、详细分析、样机、详细图纸）；制造（购买原材料、零件制造、装配、质量控制、检验）；实现（广告、营销、运输和安装、产品使用、维修、控制社会效果和环境效果）；结束（衰退期服务、再循环、废物处理）②。按照这种对工程活动内容的广义理解，可以得出以下两个推论：第一，由于从事工程活动的人员不仅包括工程师，还包括工人、维修人员、销售人员、投资者、决策者、管理者、使用者等许多其他人员，因此仅仅把工程伦理学理解为工程师的职业伦理学的观点就不再成立了；第二，根据以上关于工程活动的五个阶段的定义，可以看出，工程活动中最重要的问题不再是职业问题，而是决策和政策问题。因此，工程伦理学的最重要、最基本的内容也就从工程师的职业伦理问题转变为关于决策和政策的伦理问题。马丁和辛津格认为工程伦理学是对决策、政策和价值的研究，而这些决策、政策和价值在工程实践和工程研究中在道德上是被期望的。容易看出，马丁和辛津格之所以对工程伦理学的基本主题和基本内容有这样的认识和阐述，其根本原因就在于他们对工程活动的基本内容有着广义的理解和定义。

广义的工程伦理学关注的不仅仅是工程师的职业伦理，还关注工程活动全过程的相关人员的道德决策和行为，以及这些道德决策对工程活动产生的影响。

2.2.2 工程伦理学的任务

首先，从"研究人的行为是否正确"的角度看，伦理学是理解道德价值、解决道德问题和论证道德判断的活动，以及由这种活动形成的研究学科或领域。与之相应，工程伦理学则是理解工程实践中的道德价值、解决工程中道德问题，以及论证与工程有关的道德判断的活

① 米切姆. 技术哲学概论[M]. 殷登祥，译. 天津：天津科学技术出版社，1999：145～146.
② 迈克·W·马丁，罗兰·辛津格. 工程伦理学[M]. 李世新，译. 北京：首都师范大学出版社，2010：168～170.

动和学科。具体来说，工程伦理是应当被从事工程的人员认可的经过论证的关于义务、权利和责任的一套道德规范，工程伦理学学科的核心目标是制定相应的规范并将其应用于具体的实践。美国学者阿尔伯特·弗洛雷斯认为工程伦理学是从事工程专业的人员的权利和责任。

其次，从"伦理"一词被用于指一个人、一个团体或社会对道德所表现出的特定的信念、态度和习惯这个角度看，它是在指人们在道德问题上的实际观点。与伦理的这种含义相对应，工程伦理便是指被当下接受的、各个工程师组织和工程学会所制定的工程师的行为准则和道德标准。唐·威尔逊认为工程伦理是被工程师这一职业接受的与工程实践有关的道德原则。美国哲学家拉德认为追求专业伦理准则是一种理论上和道德上的混淆，他主张把工程学会所制定的伦理准则排除在工程伦理学的研究范围之外。美国工程师及哲学家佛罗曼将伦理学等同于个人的道德观念、个人的良心，他认为工程师个人的道德良心没有普遍的共同点，不如法律和工程标准那样具有客观性和可操作性。

工程伦理学的研究任务包括以下两个层次的道德现象：工程师个人的道德观念、道德良心和道德行为，以及工程组织的伦理准则。工程伦理学一方面要对其进行描述性研究，弄清其现实状况和具体内涵；另一方面，还要诉诸各种基本伦理理论对上述道德概念、道德行为和标准、制度进行分析、论证或批判。如果把工程与伦理道德看作两个相对独立的自成体系的系统，它们之间实际上也是相互作用的。工程伦理学研究不能只拿既定的道德范畴、规范、原则一成不变地去套用于工程活动。在工程发展的过程中，伦理观念、行为规范也要随之发展。因此，在工程伦理学研究中要保持一种相互呼应的"双向螺旋"：首先，从伦理到工程，用伦理道德分析约束工程实践的发展，使之更好地为人类造福；其次，从工程到伦理，要研究工程发展对伦理道德的影响，相应改变陈旧的伦理观念。尽管还没有人在理论上对工程伦理学内容进行这样的概括，但是，在已有的工程尤其是工程与伦理问题的研究中，实际上这样两种"螺旋"都已经存在。德国和美国学者对伦理学中"责任"概念随着科技发展的不同阶段而相应变化的情况进行了研究。另外，美国的大多数工程伦理学教材则按照美国工程教育机构对工程课程的要求，侧重向工程学生传授工程专业的伦理准则及其具体应用。这种研究范式往往以"工程中的伦理问题"的名义进行，以特定的伦理理论、伦理标准来分析和解决工程专业活动过程中所发生的伦理现象及涉及的伦理问题。

工程伦理学一方面指出了工程发展中突显的责任问题及其在伦理学中的重要意义，另一方面也探讨工程师具体要承担什么责任等问题。从逻辑上讲，工程伦理学问题研究的思路大致可以这样表述：以工程实践作为逻辑起点，在工程的发展中出现了新的情况、产生了新的问题，要求伦理道德需要做出相应的变化和调整，这些新的伦理会反过来对工程实践的主体及其活动进行引导、控制、约束和调整，这样便形成了一个完整的循环。由此看来，工程伦理学的研究对象主要是工程师，但又不限于工程师。工程伦理学的范围要比工程师伦理学广泛。工程伦理学还适用于由其他从事工程相关领域工作的人员，包括科学家、管理者、生产工人、技术人员、销售人员、政府官员、律师，以及一般公众做出的决策，旨在解决工程活动中的伦理问题和工程师在从事专业活动以及作为公民因其特殊专业技术知识而履行社会角色时发生的伦理问题。

2.2.3 工程伦理学与其他学科的关系

工程伦理学是自然科学与人文科学两大领域交叉融合的新学科，已经成为跨学科协作研究的范例。工程伦理学以工程活动所涉及的社会伦理关系与工程主体的行为规范为对象，关注工程价值与社会综合价值的关系，以及这些价值如何实现的问题。中国工程院张寿荣院士认为工程伦理学的基本问题应该是告诉人们"什么能做"、"什么不能做"、"应该怎样做"和"由谁来做"。当前我国工程人员在工程上出现的一些问题，不是技术问题，而是不敢求真务实，实质是价值观的问题，反映出他们对国家发展和国民幸福缺乏足够的社会责任与道德义务[①]。

清华大学蓝棣之教授经常劝诫学生不要只做工匠。台湾学者龙应台也指出，离开了人文，一个大学就不是大学，只是技术补习班而已。中国工程院院长徐匡迪提出新一代工程师必须要有高度的社会责任心和使命感，有新的工程理念和新的工程观。工程需要有哲学支撑，工程师需要有哲学思维[②]。

自 20 世纪 70 年代工程伦理学在美国产生时起便充分运用于跨学科研究和教学，从 20 世纪 80 年代以来产生了多学科的研究团队，并且许多资金也用来支持工程伦理研究项目。1978—1980 年关于哲学和工程伦理学的国家项目由罗伯特·鲍姆领导，由国家人文学科基金（NDH）和国家科学基金会（NSF）支持，18 位工程师和哲学家组成的团队参与了这一项目，其中每个人都探讨了工程中被忽视的伦理问题[③]。20 世纪 80 年代，在各大工程社团资金的资助下，许多学者对于诸如美国电子电气工程师协会（IEEE）、美国机械工程师协会（ASME）、美国化学工程师协会（AICHE）等工程社团的历史进行了专题研究[④]。同时，哲学家和工程师也联合起来编写工程伦理问题专著，如由哲学家马丁和工程师辛津格所出版《工程中的伦理学》（Ethics in Engineering），以及由两位工程师哈里斯与雷宾斯和哲学家普里查德出版的《工程伦理学》（Engineering Ethics）等，这些都是合作发展的典范。

著名工程伦理学家戴维斯认为工程伦理应该加强研究技术的社会政策与社会境域等问题，指出应该从组织的文化、政治环境、法律环境、角色等四个方面进行探讨，在工程伦理学的教学过程中应该也从历史学、社会学和法律等方面阐述工程决策的境域[⑤]。哈里斯认为在跨学科研究中应该把科学、技术与社会（STS）和技术哲学融入工程伦理学研究中，更需要关注技术的社会政策和民主商议，从更宏观的角度来研究工程伦理学[⑥]。

1985 年，ABET 要求美国的工科院校必须把培养学生对"工程职业和实践的伦理特征的认识"作为接受认证的一个条件。2000 年，认证委员会制定了更为具体的细则。美国正在大力推进工程伦理学的跨学科研究和教学工作，有力地推动了工程专业类学生对工程的理解和认识，进一步明确了工程专业责任，从而提高了工程师的道德敏感性和工程职业素养。正如美国国家科学院、工程院在《2020 年的工程师：新世纪工程学发展的远景》中指出，工程师应该成为受全面教育的人，有全球公民意识的人，在商业和公众事务中有领导能力的人，和有伦理道德的人[⑦]。

---

① 徐少锦. 建筑工程伦理初探[J]. 科学技术与辩证法, 2002, (2): 13～15.

② 余道游. 工程哲学的兴起及当前发展[J]. 哲学动态, 2005, (9): 71～75.

③ 迈克·W·马丁. 美国的工程伦理学[J]. 自然辩证法通讯, 2007, (3): 107.

④ 张恒力, 胡新和. 福祉与责任—美国工程伦理学述评[J]. 哲学动态, 2007, (8): 60.

⑤ Michael Davis. Engineering ethics, Individuals and Organizations[J]. Science and Engineering Ethics, 2006(12): 223～231.

⑥ 查尔斯·E·哈里斯. 美国工程伦理学：早期的主题与新的方向[M]. 潘磊, 丛杭青, 译. 北京: 北京理工大学出版社, 2008: 125～126.

⑦ National Academy of Engineering. The engineer of 2020: visions of engineering in the new century[M]. Washington DC: National Academies Press, 2004.

总之，工程伦理学作为学科交叉的典范，兼具了人文学、工程学、伦理学、管理学、法学等学科的特征，并加以融合，形成了具有自身特色的学科体系，为工程活动中出现的伦理困境问题解决提供了一些可能。

2.3 工程伦理学的学习方法

1．理论联系实际的方法

工程伦理教育的目的在于，当学生在未来的工程职业生涯中遇到伦理问题时，能够运用所学到的知识和能力正确地解决问题。正如学生在学习工程知识时，需要通过实践来巩固和加强所学的知识和技能，工程伦理学同样也需要实践应用。这是因为，首先仅凭单纯的知识传授难以令学生深刻理解和掌握工程伦理学的知识，难以塑造良好的工程伦理职业道德观念。只有在具体的工程实践中，真正面临一些伦理困境时，将学到的工程伦理知识应用于实际问题的解决，才能实现工程伦理教育的目的。其次，在实践的过程中，学生仍然处于老师的指导下，老师的介入可以帮助学生做出更符合社会和大众利益的决策，而学生在实践中最早面临的伦理问题及其解决方式，也会为其在未来的工作中面临的伦理问题的解决提供指导。

学生在具体的工程实践或实习活动中，需要达到工程师责任或职业伦理方面的要求。目前，我国正在开展的卓越工程师计划就非常强调对工科学生实践能力的培养，而这种实践能力也应该包括解决工程伦理问题的能力。工程实践的机会自然也给予学生在实践中面对伦理问题的机会，学生在实践活动中应注重是否出现伦理问题，并将学到的知识和技能应用于实际问题的解决，并对该伦理问题进行反思，从而将工程伦理教育引入实践环节。学生在工程实习中做出任何工程决策的同时都要考虑到是否有相关的伦理问题，进而强化对工程伦理问题的敏感性，在伦理事故发生前就能意识到问题的存在，从而减少发生工程伦理事故的可能性。

2．历史分析的方法

历史分析法是伦理学研究中的一种具体分析方法。所谓历史分析，就是运用发展、变化的观点分析客观事物和社会现象的方法。将不同的人性模式放置在相对的历史背景下研究，从而能够揭示其伦理性的价值，辩证展示人性的社会功能，为伦理学研究提供依据。

客观事物是不断变化和发展的，分析事物时，只有把它发展的不同阶段加以联系和比较，才能弄清其实质，揭示其发展趋势。结合具体的历史背景，了解经济、政治等方面的具体内容，把它放在特定的历史背景下，视为历史进程中的产物，才能真正理解研究对象的伦理内涵。在学习工程伦理这门课程时，应当用变化发展的眼光看待实际工程案例，并在特定的历史条件下思考案例中涉及的伦理问题，然后根据所学的理论知识提出解决伦理问题的方法。

3．归纳和演绎的方法

所谓演绎，就是从一般推出特殊的、个别的结论。而归纳，则是从特殊推出一般，从一系列的具体事实中概括出一般原理。演绎推理是从真实前提必然推出真实结论，从一些假设的命题出发，运用逻辑的规则，导出另一命题的过程。归纳推理是以某类思维对象的部分或全部具有或不具有某种属性为前提，推出该类全部对象也具有或不具有某属性为结论的推理。

对于演绎推理而言，形式有效结论必真；而对于归纳推理而言，形式有效结论可真可假。归纳为演绎提供前提，但又必须依赖演绎。归纳与演绎相互补充，相互依赖，都是伦理学研究的一种具体方法。

2.4 工程伦理学的主要思想

引导案例：电车难题

假设有一个疯子将五个无辜的人绑在电车轨道上（图 2-1（a））。一辆失控的电车朝他们驶来，片刻后就要碾压到他们。幸运的是，你可以拉一个拉杆，让电车驶到另一条轨道上。然而问题在于，那个疯子在另一条电车轨道上也绑了一个人。考虑以上状况，你是否应该拉杆？

又假设你站在天桥上，看到有一辆失控的电车（图 2-1（b））。在轨道前方，有五个正在工作的人，他们不知道电车向他们冲来。你身边站着一个胖子，你发现他的巨大体形和重量可以挡住电车，从而阻止电车撞上那五个工人。你是否应该动手把这个胖子从天桥上推落，以拯救那五个工人，还是坐视不管？你会怎么做？

图 2-1 电车难题

2.4.1 功利论

功利论，又称功利主义，是伦理学的一个重要理论思想，提倡追求"最大幸福"。功利主义来源于古希腊的快乐主义伦理学传统，最早可以追溯到古希腊亚里斯提卜所创立的昔勒尼学派。古希腊伊壁鸠鲁把正当的行为视为追求幸福和快乐的行为。中国战国时期思想家墨子以功利言善，是早期功利主义的重要代表。宋代思想家叶适和陈亮主张功利之学，注重实际功用和效果[①]。

功利主义认为人应该做出能"达到最大善"的行为，所谓最大善就是计算某种行为所涉及的每个个体的苦乐感觉的总和，其中每个个体都被视为具有相同分量，且快乐和痛苦是能够换算的，痛苦是"负的快乐"。功利主义不考虑一个人行为的动机与手段，而是考虑一个人行为的结果对最大快乐值的影响。能增加最大快乐值的即是善，反之即是恶。功利主义正式成为哲学系统是在 18 世纪末和 19 世纪初期，由英国哲学家边沁和穆勒提出。其基本原则是：一种行为如有助于增进幸福，则是正确的；若导致产生和幸福相反的东西，则是错误

---

① 朱贻庭. 伦理学大辞典[M]. 上海：上海辞书出版社，2010：11.

的。幸福不仅涉及行为的当事人，也涉及受该行为影响的每一个人。边沁认为，人类的行为完全以快乐和痛苦为动机。"功利"不仅不是道德的沦丧，反而是道德的伸张。一个人是否是道德的，要看他的行为是否获得了最大多数人的最大幸福。这在当时获得了人们普遍的反响，并对英国的政治产生了持久的影响。在政党选举中，民主选举就体现了功利主义，提倡国家利益（广大劳动人民的利益）也是一种功利主义。穆勒认为，人类行为的唯一目的是求得幸福，所以对幸福的促进就成为判断人的一切行为的标准[①]。19 世纪末期的功利主义代表人物亨利·西奇威克认为功利主义来自对常识的道德系统的反省，论证多数的常识道德被要求建立在功利主义基础上，并认为功利主义能解决常识学说的模糊和前后矛盾而产生的困难和困惑之处[②]。

本节引导案例中提及的电车难题是伦理学著名的思想实验。功利主义者面临这样的困境做出的选择通常是用 1 个人的生命换取 5 个人的生命。那么这种选择是否是合乎道德呢？在功利主义者看来，5 个人的生命的价值大于 1 个人的生命的价值，所以用 1 个人的生命换取5 个人的生命是正确的行为，因为这种行为达到了"最大善"。

功利主义一般有以下三个原则：第一，根据结果去判断行为的对错。无论最初是抱着怎样的动机去做某件事情，只要结果满足最大多数人的最大利益，就值得肯定，这一原则体现了实用哲学；第二，判断是非的标准是最大多数人的最大幸福，这一原则体现了博爱思想；第三，每个人只能当作一个个体来计算，而不能当作一个以上的个体来计算，这一原则体现了民主精神。

在工程活动中，功利主义最好的表述是：工程师在履行职业义务的时候应当把公众的安全、健康和福祉放在首位，这是大多数工程伦理准则中的核心原则。功利主义通常以实际功效或利益作为道德标准。

工程决策中成本效益分析是功利主义的重要方法。功利主义假定人们可以对某个决策或行为所产生的利弊后果做出权衡，从而可以对几种决策备选方案进行成本效益分析，然后选择能产生最大效益的行为方案。成本效益分析首先要把所有的价值因素转换成一种统一的价值标准，并假定幸福的数量和质量能够计算。边沁认为在衡量幸福时应该考虑强烈度（幸福的程度大小）、持久性（幸福持续的时间长短）、确定性（产生幸福和痛苦的可能性大小）、范围（受影响人数的多少）、时间的远近（眼前的还是未来的）、延展力（这个行为是否会带来进一步的快乐），以及纯度（是纯粹的快乐还是夹杂痛苦的快乐）等特征。

成本效益分析使得功利主义在实际应用中显得十分有效和便捷，但也不可避免地存在很多问题。穆勒对功利主义做了一些补充，弥补了边沁的不足之处。他认为我们在评价其他事物时，考虑数量的同时会考虑质量。因此我们在权衡快乐时，只关注数量的多少是荒谬的，还要考虑质量的高低。基于此，他将快乐分为高层次的快乐和低层次的快乐，高层次的快乐是指艺术、情感、道德等方面的快乐，低层次的快乐则是感官方面的快乐。

成本效益分析是重要决策方法之一。但是未来很难预测，某一行为的正确与否由最终结果而确定，这意味着我们不得不观察未来并试图预测将要发生的事情，忽视预测会造成大量不必要的麻烦。通常很难预测一个商业决策带来的结果，尤其是在数据和经验很少的情况下。政策越复杂，执行起来就越难。要正确使用功利主义标准，必须能预测某一行为带来的

① 风笑天. 社会学研究方法[M]. 北京：中国人民大学出版社，2009: 189～192.
② 杨宜音. 社会心理学[M]. 北京：首都经济贸易大学出版社，2008: 223～226.

所有结果。

效益最大化可能需要对一些人做出不公平的事情。一个决策产生的效益对某个利益相关者团体内不同成员是不均衡的。1块钱就是1块钱，但1块钱对一个穷人的效益比对一个富人的效益大。问题是牺牲少数人的利益来获取多数人的利益是否是正当的。引导案例提及的电车难题中，功利主义者一般认为可以牺牲1个人的生命来换取5个人的生命，因为这样可以实现最多数人的最大幸福，但是不可避免地损害了少数人的利益。用1个人的生命换取5个人的生命和用5个人的生命换取1个人的生命相比，看似前者获得了更大的效益，但是这样做真的是合理的吗？为了多数人的利益，就可以侵犯少数人的利益吗？"最大多数人的最大利益"是否是侵犯个人利益的借口？

功利主义只有在一定条件、一定范围内才是正确的。这就需要进行普遍化，而不能只看特定行为的后果。由此勃兰特引入了"规则功利主义"这个概念。规则功利主义主张在任何特殊的道德选择境况中，都必须遵循道德规则去行动，而后做出行为选择。即使在某些特殊的情况下，遵循普遍规则会导致不好的结果，这一规则也是应当遵循的，因为这样做维护了道德规则。如果允许在特殊情况下背离道德规则，就会鼓励人们在对其不利的情况下背离原则，从而导致社会道德结构的破坏。规则功利主义把义和利结合起来，认为道德规则不能脱离功利，强调道德规则的普遍性和严肃性，主张在遵循道德规则的前提下谋取功利。

功利主义的另一个分支是行为功利主义。行为功利主义也称行动功利主义，是一种主张直接以行为效果来确定行为正当与否的伦理学理论。行为功利主义主要代表人物为澳大利亚的斯马特和弗莱切尔。行为功利主义否认道德规则的意义，认为所有的人及其处境都不相同，不可能为行为制定统一的道德规则。人在选择行为时，必须估量自己的处境，直接根据功利原则行动，即选择一种不仅为自己，而且能为所有与此相关的人带来最大的好的结果，并能把坏的结果减小到最低限度的行为。如果在某一特殊情况下不说实话将符合最大的普遍利益，那么按照说实话的道德准则行事就是恶的行为。

行为功利主义考察某一行为的直接后果，而规则功利主义注重一系列行为的总体后果。因此，可以把行为功利主义看作从短期角度来判断，而规则功利主义是从长期角度来判断。规则功利主义下发展出的准则成为一种道德规范，它指导决策者在做出一系列决策时为最大多数人实现最大的利益。当规范中两条或更多的准则导致某一决策产生冲突或对立的行为时，就会产生一些困难。因此应建立一个优先准则体系来处理规范中各准则之间出现冲突的情形。行为功利主义显然允许我们基于其他理由进行明显不道德的行为，而规则功利主义则通过表明工程师应该遵循"做雇主的忠实代理人或委托人"这一规则来表达道德意识。

功利主义作为伦理学的一个重要理论思想，蕴含了边沁和穆勒的思想结晶。总体来说，功利主义倡导人们追求最大多数人的最大利益，这一点无可非议。但是在追求这个最大利益的同时如果触及少数人的利益，这个时候就值得商榷了。少数人的利益同样也是利益，同样需要被保护。随着工程活动规模的不断扩大，功利主义的思想逐渐渗透在工程活动的每个环节，作为工程师，在维护多数人利益的同时，切不可忽视少数人的利益。

2.4.2 义务论

义务一词有情愿、志愿、应该的意思，与权利一词相对。义务又称为"社会责任"、"直接社会义务"。义务是社会普遍认可的，为了满足一定的社会关系，参加者享有直接社会权利，其他人应做出的一定作为或不作为，是客观的社会规律、人们日常的生产生活活动，以及其他各种条件直接作用的结果，一般为习惯、道德等社会规范所确认①。简单来说义务就是个人对他人、集体和社会应尽的道德责任。

义务论也可以称为"道义论""本务论"或"非结果论"。在西方现代伦理学中，义务论是指人的行为必须遵照某种道德原则或按照某种正当性去行动的道德理论，与"目的论""功利主义"相对。义务论强调道德义务和责任的神圣性、履行义务和责任的重要性，以及道德动机和义务心在道德评价中的地位和作用。义务论认为判断人的行为是否符合道德，不是看行为产生的结果，而是看行为本身是否符合道德规则，动机是否善良，是否出于义务心等②。

义务论思想的源头可以追溯到古代。中国春秋时期的儒家伦理思想倡导"取义成仁"，不能"趋利忘义"，认为"君子喻于义，小人喻于利"。西塞罗在《论义务》一书中，以父母和子女的天然情感为基础，认为公民对祖国的爱是崇高的，并主张将仁爱与公正推广到一切民族。到了18和19世纪，经过霍布斯、康德等人的发展，义务论的思想不断丰富，逐渐形成了比较系统的伦理学思想。

义务论认为，正确的行为是那些尊重个体的自由或自主义务所要求的原则。美国当代义务论哲学家伯纳德·格特提出了如下重要的义务列表：①不要杀人；②不要引起痛苦；③不要丧失能力；④不要剥夺自由；⑤不要剥夺快乐；⑥不要行骗；⑦信守诺言；⑧不要欺骗；⑨服从法律；⑩承担责任③。这些原则表述十分简单，一目了然。

最早提出义务论的是德国哲学家康德，他认为所有这类明确的义务都来自一种基本的尊重人的义务。这是一种来自排除任何例外的绝对命令的召唤，只需要遵循这种命令去完成，不用考虑任何后果。康德认为义务论是一种尊重人的伦理理论。其道德标准是：我们所遵守的行为或规则应当把每个人都作为一个互相平等的道德主体来尊重。康德的观点可以从三个方面来阐述：

1. 道德是自主、自律行为

首先，康德认为自由不是想干什么就干什么，而是不想干什么就不干什么。功利主义认为增加快乐和减少痛苦是道德的，但康德认为痛苦和快乐不应该是我们至高无上的追求。自然本性要受到因果法则等的支配。康德认为意愿被自然刺激决定是"他律"行为而不是"自主"行为，因为每个个体都是自身本性的奴隶，所以不可能是自由的。贪官在受贿之前无论在财产还是道德上都是自由的，一旦受贿他就失去了自由。贪官与动物的区别在于，动物在面临诱惑的时候无法选择，唯一的选择是按照本能做出行为；而贪官有选择，他可以选择按照本能行事，也可以给自己制定一个行为标准。当一个个体给自己制定的行为标准，不是根据身体的自然法则或因果法则，而是根据这种标准行动时，这种行为就是自由的。

根据康德的理论，当个体的意愿能够由自己决定时，那么他就达到了真正的自由。人类是理性存在物，因而有行动和自由选择能力的存在。这意味着根据自己赋予自身的行为标准，我们必须有能力，如果我们有自主自由的能力，我们必须有能力不根据自然法则行动，不根据强加于我们的法则行动。按照道德标准行事、超越动物的本能和倾向，这是人类的本

① 邹瑜. 法学大辞典[M]. 北京：中国政法大学出版社，1991：12，70.

② 朱贻庭. 伦理学大辞典[M]. 上海：上海辞书出版社，2010：35.

③ 维西林等. 工程、伦理与环境[M]. 吴晓东，翁端，译. 北京：清华大学出版社，2003：79.

能，同时也是人类的义务。

2．道德是动机

道德价值不是由结果决定的，也不是由行为引发的后果决定的。行为的道德价值取决于行为的动机，为了正确的动机去做正确的事情，这是道德的最高原则。任何行为要成为道德上的善就要符合道德标准，这就是动机赋予行动的道德价值，而且唯一能够赋予行动道德价值的是责任动机。与责任动机相对的是和我们爱好有关的动机，包含所有那些偶然产生的欲望、偏好、冲动和喜好。

康德认为如果我们讲究道德是因为这样做有好处，那么我们并不拥有严格意义的伦理关怀。他认为功利主义观点之所以是错误的，是因为他们把道德准则建立在利益之上。比如有人为了避税而进行慈善捐款，其捐款的动机就并非出于善，那么这样的行为就不是真正的善。因此，如果一个人不是出于义务而采取某种行动，那么他就不是出于伦理关怀在行动。按照道德动机采取行动是一种义务，是绝对命令，要求我们去做某件事时没有任何附加条件或托词。

3．道德是一种可普遍化的绝对命令

康德认为道德是一种可普遍化的绝对命令。正如孔子所说的"己所不欲，勿施于人"，这也是一种可普遍化的绝对命令。如果我们在借钱的时候承诺准时还钱，但后来却没有信守诺言，如果把这种行为普遍化，那么就会演变成对自我不利。这种绝对命令遵循的是"普适性"原则，"普适性"就是普遍适用于任何人。我们绝大多数人承认，如果自己以一种道德上值得称赞的方式来行动，那么我们就会认为，其他人在与此相似情形下做出的类似举动也是可以接受的。功利主义也采纳了普适性原则，但是其根本目的不同。功利主义把总体利益的最大化作为目的，而义务论把对人的平等尊重作为目的。

可普遍化的道德命令有两种：一种是假言命令，另一种是绝对命令。假言命令的目的是实现自己的利益，是有条件的，利用的是工具理性。只有通过 A，才能实现 B。只有不欺骗顾客，才有良好的商业信誉，有良好的商业信誉才能有利润。这里就存在一连串的假言命令。绝对命令是为了履行责任，是不受条件限制的义务。根据准则行动，据此就能同时将意愿变成普遍的法则。

康德认为绝对命令是我们应该把自己或者其他人当作目的而不是手段。为了促进社会的进步而利用和剥削一部分人，这种行为是不正当的。欺骗客户是一种利用他们的信任使我们推销成功并获利的方式；伪造账本以获得银行贷款是一种欺骗行为；违背诺言利用他人是一种违约行为；维护雇员、客户和其他股东的权利的论点都基于这种考虑。企业无权为了利润而利用股东，企业必须尊重客户、雇员和其他相关者的权利和自主。

康德认为道德的普遍法则不可避免地要引入感性经验，否则就没有客观有效性，于是人必然发生幸福和德行的"二律背反"，两者只能在"至善"中得到解决。正因为存在大量"二律背反"问题，工程伦理学可以训练我们的批判性思维。康德的义务论为我们提供了一个很好的道德规范反思的框架。

义务论可以分为两种类型：行为义务论和规则义务论。

行为义务论是现代西方伦理学反对传统的规范伦理学，其否认有任何普遍的道德规则可以作为人们道德行为的指导。行为义务论认为行为者必须认清行为选择的具体境况，根据自己的感觉或直觉决定做自己认为是正确的、正当的事情，而不必关心行为的结果。行为义务论具有非理性主义的特点，它否认道德关系和道德境况具有某些共同性，片面强调特殊性，把共性与个性、普遍与特殊割裂开来，否认社会道德原则和规范的普遍意义和作用。

规则义务论是现代西方伦理学中的另外一种义务理论。规则义务论认为存在着具有普遍性的、绝对正确的道德规则，人们的行为只要服从这些规则，就是道德的和正当的，而不必考虑行为的效果。康德的义务论观点就属于规则义务论的一种。根据人们的先验理性具有普遍性的道德绝对命令，人们只要服从绝对命令，按照善良意志或义务去行动，就是道德的。20世纪西方义务论的代表人物罗斯是规则义务论的典型代表。

为了强调大部分义务都有一些合理的例外，罗斯又引入了显见义务的观点，即大部分义务都是显见义务——它们有时允许或必须存在例外。他列出了七种显见义务：忠诚、补偿、感恩、正义、慈善、自我改善、不伤害别人。事实上，大部分权利和其他道德原则也都是这样。因此，显见义务通常也被应用于权利和规则中。罗斯认为，显见义务是直觉上明显的，但是他又强调，为了完成我们的实际义务——在一种情境中，考虑到所有事情，如何能够最好地平衡冲突义务并不总是明显的。对于如何区分哪种义务高于与其相冲突的其他义务，罗斯认为不杀人和保护无辜者的生命显然是比其他原则更为紧迫的尊重人的义务。但是，通常并不能建立起一般的义务选择的优先次序。相反，他认为我们必须谨慎地反思特定的情境，根据所有事实来权衡所有相关义务，并且努力去达到一种合理的判断或直觉上的合理。

引导案例提及的电车难题中，如果我们扳动拉杆将电车引导至另外一条轨道上，显然我们是在"杀人"，因为这样的行为导致的直接后果是另一条轨道上的1个人丧生，而我们的义务显然是"不杀人"。但是，如果我们不去扳动拉杆，不做出任何行为，任凭电车行驶，将导致5个人的丧生，这样我们就没有履行救人的义务。"不杀人"是道德义务，"救人"也是道德义务。在这种情形下，义务论似乎无法指导我们应该做出怎样的行为。我们具有各种各样不同的义务，但在履行义务时应该遵循什么样的优先次序却没有一般性的规定。

总之，义务论关注人们行为的动机，强调行为的出发点要遵循道德的规范，要体现人的义务和责任。义务论是工程伦理中非常重要的一种思想理论，可以从义务论的观点出发探讨工程师在工程中做出选择的动机是不是合乎道德要求。

2.4.3 契约论

契约是指双方或多方共同协议订立的有关买卖、抵押、租赁等关系的文书。按照《现代汉语词典》的解释，契约是指依照法律订立的正式的证明出卖、抵押、租赁等关系的文书。美国律师学会在《合同法重述》中对契约的定义是：契约是一种承诺或一系列承诺，法律对违背这种承诺给予救济，或者在某种情况下，认为履行这种承诺是一种义务。从法理上看，契约是指个人可以通过自由订立协定而为自己创设权利、义务和社会地位的一种协议形式。

契约论以订立契约为核心，通过一个规则性的框架体系，把个人行为的动机和规范伦理看作一种社会协议。契约论的观念最早产生于古罗马时期，罗马法最早概括和反映了契约自由的原则。古希腊思想家伊壁鸿鲁视国家和法律为人们相互约定的产物。在17—18世纪，英国哲学家霍布斯、洛克、法国思想家卢梭等人进一步发展了契约论的思想并提出了社会契约论。20世纪契约论的主要代表人物是美国学者罗尔斯，他主张契约或原始协议不是为了参加一种特殊的社会，或为了创立一种特殊的统治形式而订立的，订立契约的目的是为了确立一种指导社会基本结构设计的根本道德原则，即正义。罗尔斯围绕正义这一核心范畴提出了正义伦理学的两个基本原则：个人自由和人人平等的"自由原则"，以及机会均等和惠顾最少数不利者的"差异原则"。

首先是自由原则。自由是指一个人自由地（或不自由地）免除某种限制而这样做（或不这样做）。罗尔斯认为自由可以分为很多不同的种类，其中公民的基本自由有以下几种：政治自由（选举和被选举担任公职的权利）及言论和集会自由；良心的自由和思想的自由；依法不受任意逮捕和剥夺财产的自由等。所有这些基本自由必须被看作一个整体或一个体系，各种自由互相依存又相互制约。罗尔斯强调，以上各种基本自由作为权利对每一个公民来说都应该是平等的。人的自然特性即人的道德人格决定了这种自由，这种道德人格具有两个特点：一是有能力获得善的观念，二是有能力获得正义感。

第二是差异原则。如果说自由原则是支配社会中基本权利和义务分配的原则，那么差异原则就是支配社会和经济利益分配的原则。第一种分配是人人平等的，但第二种分配由于无法做到完全平等，所以只能保证机会的公平平等。机会的公平平等是针对保守主义的机会平等原则而言的，这种平等是以平等的自由权利和自由的市场经济为前提条件的。罗尔斯认为，这只是一种形式上的机会平等，因为它除了承认平等的自由权利以外，没有保证一种平等的或相近的社会条件，结果资源的最终分配总是受到自然和社会偶然因素的强烈影响，如人的才能、天赋、社会地位、家庭、环境、运气等，都会造成个人努力与报酬的不匹配。罗尔斯认为这种分配方式是不合乎正义要求的，他主张各种机会不仅要在形式意义上实现开放，而且应使所有人都有平等的机会获取这种机会，以尽量减少社会因素和偶然运气的影响。为了实现这一点，他强调自由市场不应该是放任的，不能听任毫无限制的自由竞争导致的不公平，必须用以公正为目标的政治和法律制度来调节市场趋势，保障机会公平平等所必需的社会条件。

事实上，原始的传统风俗和行为习惯正是经过不同形式的社会契约，才得以发展为伦理规范的。工程伦理最初是作为工程师职业道德行为守则而出现的，通过建立在经验基础之上的、理想化的、原始状态达成理性共识的工程职业行为准则，将其制度化为具体行业的行为规范。这个制度框架既允许理性的多元性存在，又能够从多元理性中获得重叠共识的价值支持。这样，当具有理性能力的工程师从事具体的职业活动时，个人自由权利就能在现实工程中得以实现，而且这些规范为他们提供了相应的评估行为优先次序的指导。

总之，契约论作为伦理学领域的一个重要理论思想，旨在通过订立某种契约将个人的行为动机或者行为规范限定在某种伦理框架中，使人的行为正确与否的判断变得有理可循。工程师伦理规范就是通过订立一种契约来约束工程师在工程活动中的价值判断与行为取向的。

利己主义是个人主义的表现形式之一，其基本特点是以自我为中心，以个人利益作为思想、行为的原则和道德评价的标准。利己主义源于拉丁语"ego"一词，意为"自我"。利己主义思想产生于私有制社会，有些学者认为中国先秦时期思想家杨朱"拔一毛而利天下不为也"的主张，是古代利己主义思想的典型代表。近代西方资产阶级革命时期，利己主义被发展成为一种系统完整的伦理学说。资产阶级思想家霍布斯、孟德维尔、爱尔维修等人，从抽象的人性论出发，把几千年以来剥削阶级信奉的"人不为己，天诛地灭"的道德观念，看作人的利己本性，并将其作为一种普遍的道德原则。孟德维尔认为人的本性是自私的，这一思想成为市场经济和资本主义发展的基本信条。人们能够联合起来完全是由于个人的需求和对这种需求的意识，只有让别人从为自己提供的服务中得到利益和好处，才能使别人为自己的服务和帮助更加自觉自愿地持续下去。爱尔维修认为人类不过有五种感官，其唯一的动机就是追求快乐，所有人类的行为都可以由此解释。霍布斯认为，一个真正的利己主义者应该关切自身的长期利益，并且应该理性地选择自我福祉的最大化。

利己主义是一种公开形式的个人主义，它曾被资产阶级作为反对封建道德和宗教禁欲主义的思想武器，在资本主义上升时期起过积极的作用，其主要目的是使资产阶级损人利己的剥削本性合理化，使资产阶级个人主义合法化。在资产阶级成为统治阶级后，尤其是在现代资本主义社会，利己主义的主要作用是为资本主义剥削制度辩护。伦理学家通常在两个层面上界定利己主义。一是心理利己主义，这是一种经验假说，其认为利己主义是关于人性的事实，即人们总有利己的动机，人们在行动时往往只顾自己的利益，总是做那些最符合他们自己利益的事情。不过这种解释存在一些问题，不能自圆其说，因而不能称作严格的伦理学理论。二是伦理利己主义，也称"规范利己主义"或"理性利己主义"，认为对自己某种欲望的满足应该是自我行动的必要而又充分条件。这种理论在自我与他人的关系中，把自我放在道德生活的中心位置。根据这个论点，人们会很自然地做一些不公正的事情，并且拒绝基本的道德原则——前提是这样做对自己不会产生消极的后果。这也意味着，我们对于公共利益并没有出于对本性的尊重，一个有理性的人的行为是为了最大限度地达到自我满足。

利己主义在工程伦理上的应用可以描述为：工程师可以为了自身利益，尽可能促进自身福祉的最大化。但利己主义的问题在于，当工程师面对上级或者同事压力的时候，有时可能为了自身利益而忽略公司利益甚至公众利益和社会利益。大多数工程师团体的伦理章程都明确提出，工程师应该忠诚于雇主，重视维护公司利益，并且关切公众利益。显然，利己主义并不能符合工程伦理发展的潮流和趋势，工程师在面对伦理困境时，切不可过分关注自身利益，这与工程师的美德相悖。

引导案例中的电车难题，看似与我们自身的利益不太相关。好像无论是5个人的生命还是1个人的生命都与我们没有太大的关系。但是如果另一条轨道上躺着的是与你有着利益关系的人，其丧生会导致你的利益受损，这样你就会毫不犹豫地选择扳动拉杆，因为这样做维护了你自身的利益，但同时也间接损害了另外5个人的利益，利己主义只有基于不损害其他人利益的时候才具有正当性，因为人具有趋利避害的天性。

总之，利己主义是个人主义的一种体现，虽然能够在理论层面为我们的决策提供一些指导，但如果仅仅利用利己主义来指导行为显然是不合理的。工程师在面对伦理困境时，可以将利己主义作为一种参考，而不是全部。

相对主义认为任何观点或者行为没有绝对的对与错，只有因立场不同、条件差异而相互对立。相对主义主要应用于涉及道德准则的场合，因为在相对的思维模式下，价值观和伦理学只能发挥有限的作用。相对主义有多种不同的形式，取决于争议的程度。相对主义的实质是：一个概念具有确定的形象概念，但不具有确定的抽象概念，那么这个概念就是相对概念。这样的概念没有绝对的对与错，只能根据抽象概念的大小来相对地判断对与错。值得注意的是，相对主义基于绝对适用于所有事物，否定普遍有效真理的存在。

相对主义强调道德的非绝对性，认为由于不同国家具有不同的文化背景，不存在普遍适用的道德规范可以解决任何伦理问题，道德规范由于不同的情境会产生不同的结果。波依曼认为，道德规范由于不同的社会文化差异而有所不同，不存在普遍适用的道德规范，判断一个人行为的对与错基于其所处的社会环境，不存在对任何人都绝对或者客观的道德规范。

相对主义伦理规范认为，不同的个体在不同的情境下所面临的伦理问题不尽相同，因此我们应该给予伦理建议而不是制定道德规范。本节引导案例中的电车难题，基于不同的情境，不同的人会做出不同的选择。对于引导案例中的两种情形，我们不会面临太大的伦理困境就能轻松做出选择，但是我们的选择是否正确不是绝对的。在不同的文化背景和道德规范下，有时被认为是正确的，有时被认为是错误的。因此，当我们在面临伦理困境的时候，相对主义能够给予我们更多更自由的选择，指导我们做出相对正确的行为。

2.4.4　美德论

美德即高尚美好的品德。美德一词来源于拉丁文中的 virtus，意思是力量或能力，在希腊语中是卓越的意思。在人格心理学中，美德是指一切能够给人带来积极力量的东西，比如勇气、自信等。在积极心理学中，美德是性格优势的上位概念，不同的性格优势可以汇聚形成不同的美德。美德是人的一贯做法体现出的行为特征，而且这种行为特征可以由低到高进行评价。美德的等级可以分为很多个，但至少应该有两个，即善与恶。美德论强调品德胜过权利、义务和规则。他认为"权利、义务和规则"是协调利益关系，而不是道德评价。美德论要讨论的并不是一个人应该做什么，而是一个人是什么或应该成为什么。比如一个人应该培养什么样的品德，应该怎样做才能成为一个好的工程师等。美德是值得期待的行为、承诺、习惯、动机、态度、情绪、思维方式或趋势。在工程活动中，胜任、诚实、勇敢、公正、忠诚和谦虚都是用来形容美德的词汇。美德是在行为、许诺、动机、态度、情绪、推理方式和与他人关系的方式中合意的习惯或倾向。美德在工程活动和日常生活中十分常见，比如能力、诚实、勇气、公正、忠诚和谦逊等。

古希腊哲学家亚里士多德把美德定义成在行为、情绪、期望及态度方面的两个极端之间合适的平衡，是针对我们生活的特定方面在过多与过少之间取得平衡的一种倾向。最重要的美德是实践智慧，即道德上好的判断。他认为向善的人生、美好的人生是当一个人所做的事情与他的卓越才能相一致的人生，即所谓的"人尽其才、物尽其用"，一个人在他有限的一生应该尽可能发挥他的潜能。人应该具有一定的目标和志向，当达到这种目标和志向时，他们就具备了某种美德。大多数职业的目标就是为全人类造福，工程师职业就是通过具有一定风险性的社会创造为人类造福。因此，工程师需要正直、诚实、团队协作和自我管理等优秀品德。品德的最低限度是不故意伤害他人。

麦金太尔将亚里士多德强调的共同体和公共善应用于职业，他将职业构想为有价值的社会活动，并称之为社会实践。他认为一种社会实践是指任何融贯的、复杂的并且是社会性地确立起来的、协作性的人类活动形式。通过社会实践，在试图获得那些既适合于这种活动形式，又在一定程度上限定这种活动形式的卓越标准的过程中，内在于那种活动的利益就得以实现。结果是人们获取优秀能力以及人们对于所涉及的目的与利益的观念都得到了系统的扩展[①]。

既然职业是社会分工，就可以通过为他人创造福祉的多寡来衡量其价值的大小。因此，任何职业都有其内在的善，比如患者的健康是医生内在的善，司法公正是法律内在的善，提供安全和有效的技术产品是工程内在的善。职业除了内在的善外，还产生外在的善，即通过从事各种实践能够获得的善，比如金钱、权力、自尊和威望等。外在的善对个人和组织都是

---

① A·麦金太尔. 追寻美德[M]. 宋继杰，译. 南京：译林出版社，2003：238.

极其重要的，但是，如果过分关注外在的善，就会威胁到内在的善。那么，怎样才能实现内在的善呢？卓越的职业标准使内在的善得以实现。像工程师这样的职业而言，各个学会组织制定的职业伦理规范中都明文规定了各种"应为"的准则，从而从正面促进内在的善的实现；也明确了各种"应不为"的情形，并对不诚实、有害的利益冲突及其他非职业行为进行处罚。人们对工程师最全面的美德愿望是负责任的专业精神。这些美德暗示了四种美德类型：公众福利、职业能力、合作实践和个人正直①。这些美德共同促进了工程师和全人类的全面进步。

美德使工程师能够达到卓越标准从而实现内在善，尤其是公共善或共同体的善，而不允许外在善干扰他们的公共义务。因此，通过把个人的工作生活与更广泛的社会联系起来，美德增进了工程师在他们工作中发现的个人意义。美德在工程师对公众的安全、健康和福祉的义务中发挥着重要作用，通过社会实践使进步成为可能。这一点在职业中最为明显，因为职业系统地扩展了我们的理解力并且实现了公共善和共同体的善。在过去的一个世纪里，工程师通过开发内燃机、计算机、互联网，以及一系列消费产品，极大地改善了人类生活。

美德的意义和要求需要以详细指导原则或规则的形式予以明确，以免美德不能提供合适的道德指南。比如，诚实要求是出于特定动机的特定行动，暗示不能说谎等特性，因为说谎这种行为不尊重人且可能引发其他伤害。所以美德论不是一个独立伦理标准，更多的是对人的评价系统。美德论评价一个工程师是不是一个好的工程师，然而什么样的工程师才能称为好的工程师呢？另外，美德也存在一些冲突，比如正直和忠诚。对雇主忠诚和对公众忠诚，同样都是忠诚，什么样的忠诚才是真正的美德呢？这是一个值得反思的问题。

美德论的中心问题是"我应该是什么样的人"或者"我应该成为什么样的人"。美德论是以品德、美德和行为者为中心的伦理学。美德论强调品德更重于权利和规则。人们对具备专业知识的工程师个人品质方面寄予一定的期望，而多数工程师的心中也存在着对美德的崇高追求。

在引导案例提及的电车难题中，如果我们不扳动拉杆，即不作为，那我们就无法拯救 5 个人的生命，等于是丧失了救人的美德；但是，如果我们选择扳动拉杆，这种情况下我们的确具备了救人的美德，但同时也背负了间接杀人的罪责，美德论指导我们不应该杀人。因此，我们会陷入不杀人和救人的两难困境，美德论似乎不能指导我们应该做出怎样的选择和行为。

总之，美德论关注的是行为人本身的品德，而不是行为的动机或者行为产生的结果。工程师不但应该具备专业知识和技能，同时应该具备相应的美德，这些美德包括诚信、负责、专业等。

2.4.5 伦理思想的应用——以福特平托事件为例

1. 事件描述

福特汽车公司于 1971 年生产了一款叫做平托的小型车（图 2-2），由于想要快速重新抢占美国汽车市场，平托车没有经过完整的性能测试就投入了市场。

1972 年，13 岁的理查德·格林萧乘坐邻居驾驶的一辆福特平托汽车回家。正常行驶的

---

① Matin M W, Schinzinger R. Ethics in engineering [M]. New York: The McGraw-Hill Companies, 2005: 70~71.

汽车突然减速停止，被后车追尾。汽车被撞后，油箱爆炸，汽油外溢，导致汽车起火。驾驶员当场死亡，小格林萧虽然保住了生命，但是全身严重烧伤面积达 90%。这次事故之后的 6 年里，小格林萧先后不得不接受 60 多次手术治疗以修复烧伤。

图 2-2　福特平托事件

调查显示平托车油箱设计存在缺陷和安全隐患，一旦后车追尾，油箱就容易爆裂，进而导致爆炸。原告律师依据审判前的调查，向陪审团出示了下列证据：福特公司在平托车设计期间曾经进行过一系列的碰撞试验，其中的一部分还留有影像资料。试验清晰地表明，如果发生碰撞，汽车内部会充满从爆炸油箱流出的汽油。最终原告律师向福特汽车公司提起了诉讼。紧接着，原告方又披露了一个惊人的事实：在第一批平托车投放市场之前，福特公司的两名工程师曾经明确地提出过要在油箱内安装防震的保护装置，每辆车因此需要增加 11 美元的成本。但福特公司经过计算后做出的决定是不安装该附加装置，至少在两年之内不这么做。他们是这样进行成本效益分析的：如果要生产 1100 万辆家用轿车和 150 万辆卡车，那么增加该附加装置带来的额外成本为 1.375 亿美元。假设有 180 辆平托车的车主因事故而导致死亡，另外 180 位被烧伤，2100 辆汽车被烧毁。依据当时的普遍判例，福特公司将可能赔偿每个死者 20 万美元，每位烧伤者 6.7 万美元，每辆汽车损失 700 美元。那么，在不安装附加安全设施的情况下，可能的最大支出仅为 4953 万美元。对比安装油箱保护装置所要花费的 1.375 亿美元，福特公司决定采取节省成本的方式。

该案最终的结果是：加州法庭在判决时没有采纳陪审团的决议，法官判处福特汽车公司惩罚性赔偿 350 万美元。依据加州的民事诉讼法，在特殊情况下法官有权做出这样更改陪审团决议的决定。最终，福特公司的上诉被驳回，350 万美元的惩罚性赔偿判决得到核准并构成产品责任的判例。这个数额在当时看来是一个天价的巨额赔偿。

2．事件相关者面临的伦理困境

伦理困境是指价值标准的多元化以及现实中人类生活本身的复杂性导致的在具体情境下的道德判断和选择的两难境地。在多元价值诉求下，伦理规范应对人类复杂的社会和道德生活的力不从心，显现出越来越多的局限性。同时，现代工程的复杂性使得人们往往处于一定的风险之中，工程伦理规范也在复杂性和风险性之下面临前所未有的挑战和压力。

我们将对福特平托事件主要涉及的利益相关者进行其各自面临的伦理困境分析。

首先，福特公司管理层。在当时德系车和日系车逐渐占据美国汽车市场的年代，福特公司为了维持自己在美国汽车市场上的份额，草草完成了小型车平托的设计组装及性能测试。在成批投产后才进行汽车追尾撞击测试，却未能达到标准，因为其油箱设计存在缺陷。福特公司在进行成本效益分析后选择了节省成本的方式——不加装防护装置。最终的结果是福特公司为此付出了赔偿巨额钱款和使得福特品牌声誉折损的代价。企业的口碑和声誉是企业无形和无价的资产，福特公司管理层却为了眼前的成本的缩减而舍弃了最贵重的东西。

福特公司管理层作为企业的管理者在面对企业的这种情况时，必然想为福特汽车注入新鲜的血液，以引起消费者的青睐，提高汽车销量和巩固汽车市场份额。为每台平托汽车加装防护装置，可能会延迟汽车上市时间，使得公司效益受损。没有一个企业家会做有损企业利益的事情。而且美国国家公路交通管理部门并没有制定汽车追尾相撞的相关标准。如果福特公司由于为每台平托车加装防护装置而推迟汽车上市，从而导致公司效益降低，其员工可能会面临失业的风险，他们的家庭也会相应地受到伤害。

虽然福特公司在这次诉讼中被免除其刑事责任，但是汽车消费者的享有安全的权利似乎被忽视了。福特公司没有严格履行生产者的义务——制造安全的产品，而是关心如何用最低的成本获取最大的利益。在成本效益分析结果的驱使下，福特公司甚至不愿意花费仅仅 11 美元为每台车加装防护装置。在企业效益和公众安全的伦理困境下，福特公司最终选择了企业效益的最大化而将公众的安全和健康置之不顾。

再看福特平托车型工程师。当时福特工程师由于缺乏相应的标准和企业面临的困境，并没有在平托车投产之前进行追尾撞击测试，而是在成批投产以后才进行测试，而且并没有达到测试标准。随后福特工程师提出了相应的解决方案——加装防护装置，但是福特高层并没有采纳他们的建议。一方面，福特工程师受雇于福特公司，作为一种职业，应当对企业和雇主忠诚，应当在公司处于危机的时候站出来，为企业的未来发展着想。另一方面，福特工程师如果坚持自己的建议，可能面临被解雇的风险，即使没有被解雇，以后职位晋升也有很大的阻碍。这个时候到底是为了自己未来的晋升和企业的利益，还是忠诚于工程师对公众的责任和义务，提供安全的产品呢？这对于当时的福特工程师来说是一个两难的选择，也是他们所面临的伦理困境。

3. 伦理选择

我们从本章介绍的四种主要的伦理理论入手进行分析，分别是功利论、义务论、契约论以及美德论。

通常，我们可以从三个角度评价一个道德实践行为：行动者、行为、结果。美德论的道德评价对象是"行动者"，关注"我应该成为什么样的人"，其认为对于道德做出合理判断的最高评价标准是行动者个人的品质，按照美德来行动就是有道德的行为；功利主义的道德评价对象是"结果"，认为行为正当与否取决于我们行为的结果，其强调行为产生的结果是善的，并且努力寻求效用的最大化。义务论强调"行为"本身，强调行为不仅要产生好的结果，其本身也应当符合规范，具有内在价值；契约论不偏重于行为的结果，而是更注重行为的程序合理性，达成共识契约之后按照契约行动。四大基本理论的价值评价标准在特定的情况下，通过规范来规定哪些行为应当做，哪些行为不应当做。伦理规范即从四个基本理论逐渐演绎出来并形成相应的伦理规范体系，具有了一定的道德约束力，是伦理理论和原则的普遍化与具体化，是实现四大伦理理论的具体手段。

首先，福特汽车公司的工程师已经发现平托车油箱设计存在缺陷，并提出加装防护装置的要求，然而福特管理层没有采纳工程师的建议。因为成本效益分析显示，给每台平托车加装防护装置的成本要比赔偿受害者的成本高得多，为了减少这种成本，福特公司决定不加装防护装置。在安全隐患和人的生命面前进行成本效益分析显然是不合理的，福特公司为了自身的效益而不惜伤害消费者的生命安全，显然违背了功利主义"满足最大多数人的最大幸福"的思想。

其次，福特工程师如果将此设计缺陷如实报告给管理层，无疑会对自身的晋升造成阻碍甚至被解雇，福特公司在当时并不十分重视安全问题。而企业是一个既具有社会服务功能，也具有营利功能的社会组织，企业对其员工、消费者和公众负有社会责任，这些社会责任即使未必见诸法律，也应当成为企业管理者恪守的职业道德。企业社会义务是指企业在为股东创造最大化利润的同时，还要承担对非股东利益相关者，如员工、消费者、社区和环境的责任。作为企业社会责任的重要内容之一，企业对员工的社会责任，就是以劳动者权益保护为核心，企业按照法律的规定保护劳动者的合法权益，即履行法律义务。福特没有权利以不正当理由开除工程师，因为他们履行了作为工程师的义务——发现问题并解决问题。企业应该履行为客户提供安全而实用的产品的义务，并且有责任保障客户在使用产品过程中的安全。显然，福特公司并没有履行这些义务。

接着，福特公司用于计算每位死者赔偿金的 20 万美元的价格，并非该公司自己定出，而是美国国家高速公路交通安全管理局给出的每例死亡定价。据称，该定价是综合未来劳动力的丧失、医疗费用、葬礼费用和受害人的痛苦和伤害计算得出的。由国家机构定出命价，这看似有些荒谬，然而却是国际通行的原则。那么，命价的存在是否合理？命价又应该如何计算？企业从设计产品的那一刻起，便会开始生命与金钱的计算。有这样一个显然的结论：命价的高低与企业愿意投入安全的成本成正比关系。这样的逻辑并不难理解，企业在计算安全成本时，首先便要考虑命价的高低。如果每条人命的价格高达 1000 万，福特公司的成本效益分析就要相应发生改变了。同样的逻辑可以拓展到任何一场涉及公共安全的事故中，虽然没有绝对的安全，但是命价的提高将会使得相关企业对于安全的态度发生翻天覆地的变化。

最后，所有以牺牲消费者安全而得以节省的成本都应该被视为不义之财，都应该被剥夺。福特公司进行成本效益分析从而把生命量化是一种不道德的行为。量化风险和收益虽然可以在短期内获益，但是企业的声誉同样重要。法律之上要有一个道德标准来规范公司的运营，公司的文化不应该全部是冰冷的数据。尽管福特平托汽车事件无论在时间还是空间上都和我们相去甚远，但从中我们仍然可以清晰地看到美国产品责任的法律领域中对于消费者强烈的保护意识，以及对于不负责任的企业的惩戒手段。无论是企业还是工程师，都应该具备相应的美德，这些美德的价值远远高于金钱。

第3章 工程师的职业伦理规范

引导案例：工程师之戒

19 世纪末，加拿大人决定在魁北克修建一座横跨圣劳伦斯河的大桥，并在 1887 年成立了"魁北克桥梁和铁路公司"来实施这一任务。魁北克桥梁和铁路公司与凤凰桥梁公司达成协议，由凤凰桥梁公司进行桥梁的设计和施工建设，并由西奥多·库珀担任魁北克大桥建设项目的设计总工程师。

此时的库珀已是美国铁路桥梁方面的权威专家，但遗憾的是，他还没有主持过一座历史性的杰作，因此魁北克大桥对他有不可抗拒的吸引力。不过他当时已年近六十，健康状况不佳。他要把魁北克大桥作为他人生最后一个作品，为他光辉的事业画个圆满的句号。

库珀提议将原光设计的桥梁跨度从 1600 英尺（487.7 米）增加至 1800 英尺（548.6 米），并提高钢材的许用应力。这样就可以避免主航道上春季的浮冰，降低成本并缩短工期。由于库珀的声望，上述提议被凤凰桥梁公司认可并实施，而对跨度更改后方案可能导致的问题没有做进一步的试验和研究。

1907 年 6 月 15 日，一位工程师发现两根钢梁有 0.25 英寸的错位，库珀认为那不是什么严重的问题，同意继续施工；8 月 27 日，钢梁的错位增加到 2 英寸，并发生了弯曲，工程被暂停。现场施工工程师麦克琉尔被派往纽约直接与库珀商讨方案。在此期间，魁北克公司现场总工程师爱德华·霍尔说服了施工单位让工程重新开工。当他被问道为什么钢梁处于这样的情形还要继续施工时，霍尔给库珀的解释是："停工对各方面的影响都很坏，可能导致人手不够而施工完全停止"。两天后，此事被汇报到凤凰公司高层，经讨论决定重新开工，他们在某种程度上默认弦杆在架设前已经发生弯曲变形的事实，且凤凰公司总工程师曾表示，弦杆安全系数很高。8 月 29 日下午 5:32 分，就在麦克琉尔登上火车准备从纽约回来时，魁北克大桥垮塌了，仅仅 15 秒大桥的整个金属结构全部坍塌（见图 3-1）。19000 吨钢材和 86 名建桥工人落入水中，造成 75 人死亡，11 人受伤。

在桥梁建设的三年中，库珀只去了三次。现场第三次去时他已 64 岁，并以健康不佳为理由表明今后不再到魁北克来了，而是在纽约的事务所里主持这座世界最长桥跨的施工。他甚至提出辞去大桥设计总工程师的职务，但魁北克公司和凤凰公司都拒绝了他的辞职，他自己也没再坚持。其实他身体状况固然不好，但是还能走动，每天能从家里坐车去事务所。真正的原因是他从来不认为总工程师有必要经常去现场，认为去现场只起渲染气氛的作用。在他早期从事工程设计时起，他就坚持在合同条款中写上每个月到现场时间不超过 5 天。

西奥多·库珀的自满导致了魁北克大桥的第一次坍塌。然而悲剧并没有就此结束，大桥坍塌后不久，政府就提供资金重新开展桥梁的设计和施工。新的设计很保守，构件尺寸急剧增加。重新施工过程中又遇到了问题，1916 年发生了第二次坍塌，13 名工人死亡，原因是构件连接局部强度不足。

1922 年，加拿大七大工程学院出资将坍塌过程中的所有残骸一并买下，并把这些金属构件打造成一枚枚戒指，发给工程学院毕业生。由于当时技术的限制，那些金属构件并没能被打造成戒指，于是学院又重新寻找新的材料来代替。为了铭记这次事故，也为了纪念事故中的死难者，戒指被设计成如残骸般的扭曲形状（见图 3-2）。

后来，这样的传统一直延续了下来，而那一枚枚的工程师之戒也就成了世界上最昂贵的戒指。它们被戴在工程师的小指上，是一种警示，也是一种告诫。它们是几十名死难者的血肉，是工程师心里的警钟，时刻提醒着工程师所背负的责任。

图 3-1　坍塌的魁北克大桥

图 3-2　工程师之戒

美国著名工程伦理学家戴维斯认为，职业是指一些拥有相同工作的个体自主地组织起来，通过公开声称服务于一定的道德理想，并以超越法律制度、市场规则、道德规范，以及其他职业所必需的公共理想，以一种合乎道德的方式而获得生计[①]。从这一定义来看，伦理标准已经成为职业的一个必要特征。职业发展的道德理想、职业人员应当遵守的道德标准，将转化为职业伦理规范，职业伦理规范是职业伦理的重要载体。工程伦理规范是工程职业组织中的工程师向社会公开做出的集体承诺，作为工程职业组织制定的伦理标准，是职业成员表达其权利、义务及责任的正式文件，为工程师的职业行为提供指引。工程伦理规范是工程成为一项职业的重要条件，其完善程度也将决定工程职业化水平的高低。

任何伦理规范都是从伦理理论中演绎并逐步形成的，伦理规范的内容也反过来丰富并服务于伦理理论。工程伦理作为一种职业伦理，与第 2 章提到的四个基本的伦理思想有着密切的联系，它们通过广泛的道德原则为工程伦理规范提供了合理的基础。义务论的伦理思想告诉我们，工程师的行为是否正确取决于他的行为是否符合规范，规范明确规定工程师应该做什么和不应该做什么，这组成了现今工程伦理规范的基本内容。功利主义伦理思想则提供了"成本—效益"分析的有效手段帮助工程师在各种不同结果的行为之间进行权衡以获得最大限度的效用，如"将公众的安全、健康、福祉置于首位"即是对功利主义的最典型体现。美德论的伦理思想告诉我们，工程伦理规范要强调工程师的美德和良心，要告诉工程师什么是好的、理想的工程，以及什么是好的、理想的工程师。对于工程师而言，诚实、守信、公正、平等、关注公众的利益，提供有用的技术产品等品质都是美德伦理在工程伦理规范中的具体体现。契约论伦理思想则告诉我们，工程伦理规范必须强调工程师行为的程序合理性，工程师应当作为可靠的代理人或受托人为每一位雇主或客户服务，并力求避免利益冲突。

中美两国的工程伦理规范经过一百多年的发展，形成了各自不同的轨迹。美国的工程伦理规范不断修正、完善，并逐步进入了建制化阶段，工程伦理规范的制定也促进了美国工程职业的良性发展。相比于美国，自新中国成立后，中国的工程伦理规范走向了分化，中国台湾地区的工程伦理建设逐渐完善，而中国大陆的工程伦理规范的发展却相对缓慢。目前，我国已经成为了名副其实的工程大国，而工程伦理规范的建设尚未跟上步伐，工程职业化发展水平仍然不高，已经部分阻碍了我国工程职业的健康发展。为此，我国工程职业的发

---

① Michael Davis. Profession as lens for studying technology[R]. Presented at Humanities Colloquium in HT. September 11, 2015.

展现状迫切需要加强对这一领域的关注，并尽快建立起一套适合我国工程职业发展的伦理规范体系。

3.1 美国工程伦理规范的发展

美国工程伦理规范的发展历史大致可分为四个阶段。

第一个阶段是工程伦理规范的孕育时期。这一时期的工程职业组织虽然开始对伦理规范有了一些意识，但他们并不认为伦理规范是必需的。他们认为工程活动中出现的一些伦理问题仅仅是个别工程师的道德问题，而非群体性问题。因此，这一时期着重强调的是工程师的个体责任。

第二个阶段是工程伦理规范的产生时期。随着工程职业的发展，工程师的价值得到认可。而工程师们也开始更加关注职业自治，工程伦理规范的制定开始得以推动。20 世纪的前三十年，美国各个工程职业组织陆续制定了属于自己的伦理规范。这一时期的工程伦理规范以强调工程师应当忠诚于雇主或客户为重要特征。

第三个阶段是工程伦理规范的发展时期。经过第二次世界大战，工程师们发现技术既存在满足人类需求、为人类造福的正面价值，也会对人类带来一定的危机、隐患，甚至是灾难的负面影响，技术具有两面性。各个工程职业组织开始修订工程伦理规范，并逐渐将视角转向关注公众利益。20 世纪 70 年代中期，"公众的安全、健康、福祉"逐渐成为各主要学会工程伦理规范的首要条款。

第四个阶段是工程伦理规范的完善时期。20 世纪 70 年代后期，随着工业化的飞速发展，出现了很多环境污染事件。许多工程职业组织开始注重环境保护，也开始讨论在伦理规范中增加相应的条款。除此之外，工程职业发展中出现的新问题，如跨国公司、计算机伦理、文明冲突等，都促使工程职业对其自身行为进行反思，伦理规范也逐步得到完善。

3.1.1 孕育时期：强调工程师个体责任

19 世纪中叶前，绝大部分的工程师服务于防御工事和武器装备等军事工作。英国工业革命时期，工程师斯密顿首次使用了"土木"工程师这一术语，乔治·华盛顿在博塔吉特运河工作时明确地把自己定义成一个土木工程师。这一术语随后在美国获得了承认，并且一直沿用了近一百年。从此，那些不从事军事工作的工程师就变成了土木工程师[①]。

美国的工程职业组织兴起于 19 世纪中晚期，也是在美国工业革命时期[②]。这一时期美国国内权利高度分散，土木工程师们为了将自己与其他工程师区分开，借以提升自己的行业地位，想要建立一个介于国家和个人之间的中间组织。1848 年，美国第一个民用工程职业组织—波士顿土木工程师协会（Boston Society of Civil Engineers）成立。1852 年，美国土木工程师协会（ASCE）成立。

作为美国最早成立的全国性工程师协会，ASCE 对工程伦理规范的早期探索具有很强的

---

① P Aarne Vesilind. Evolution of the American society of civil engineers code of ethics[J]. Journal of professional issues in engineering education and practice, 1995, (1): 4~10.

② Carl Mitcham. A historico-ethical perspective on engineering education: from use and convenience to policy engagement[J]. Engineering Studies, 2009, 1(1): 35~53.

代表性。ASCE 成立之初，便试图建立"一个被认可的职业角色"并且使用他们的社会身份"来向可能的雇主表明他具备最基本的能力水平"，并不断寻求建立他们的职业荣誉的途径①。为了使自己的协会成为名副其实的"精英组织"，他们制定了严格的入会条件，规定只有那些著名的、成功的工程师才能加入协会。

在建立职业荣誉、发展伦理规范方面，ASCE 也做出了相当的努力。1877 年 10 月 18 日，ASCE 秘书长莱弗里奇第一次提出起草 ASCE 工程师伦理规范的建议。早期，ASCE 伦理规范主要关注保证会员的权威性，当工程师与雇主之间发生冲突时，协会通常保持中立，并认为这仅仅是工程师自己的事情，无须协会提供指导意见。并坚称工程师协会的成员本身都是著名的工程师，如果否定了工程师个体的判断，等于就否定了工程师协会整体的判断。工程师应该坚持自己的职业判断，"职业伦理被认为是严格意义上的个体责任—荣誉事情的问题"②。

1892—1893 年发生了奥斯丁大坝失事事件，对于工程师的行为能否促进职业荣誉，引发了广泛争论。新闻报道对于规范的制定和完善起了很大的推动作用。当时两个著名的工程期刊——工程新闻和工程记录指出，奥斯汀大坝失事事件集中体现了职业协会应该具有一部专门的伦理规范。工程记录还刊登了"职业伦理和行为规范"系列社论，鼓励工程协会制定伦理规范。工程记录的编辑亨利·梅耶尔认为一部规范应该突出"职业尊严、职业荣誉，以及职业伦理"，而不能仅仅是能力。他认为伦理规范能够帮助工程师在处理特殊情境，尤其是那些介于正确和错误之间的问题时，能够形成较为一致的意见，从而帮助工程师走出道德困境。

在新闻媒体的推动和促进下，ASCE 辛辛那提分会主席惠纳开始组织讨论建立一部可行的规范。他认为："就职业而言，更多的价值在于，对于这个国家的土木工程师来说，职业的正确伦理能够被理解并实践，但是不幸的是，许多行为破坏了规范，其中许多都是忽视，或没有建立规范的标准造成的。很明显，没有理由让这种情况继续下去。"③惠纳起草了规范并提交到了 ASCE，但最终未获批准。他们认为不需要建立一个普遍性的伦理规范，尽管在伦理规范的指导下，工程师们可能为公众提供更好的服务，但是个体工程师，尤其是那些ASCE 的精英工程师不喜欢规范"告诉"他们怎么做，哪怕是一部他们自己制定的规范也不行。

尽管如此，部分工程师开始思考如何制定一部职业伦理规范。正如罗兰·辛津格和迈克·马丁在其著作中所提及的，伦理规范有七个功能，但只有最后一个功能"提升职业理想，维护职业荣誉"成为了制定伦理规范最为重要的一个原因④。早期美国的工程职业组织为了提升自己的身份，建立职业荣誉，对制定伦理规范进行了一系列的尝试，但是制定伦理规范是否就能够促进职业荣誉的提升，工程师们大多采取了反对的态度。工程职业组织也认为一部正式的伦理规范不是必需的，他们认为要相信工程师个人的判断，不干涉工程师个体的

① Sarah K, A Pfatteicher. Depending on character: ASCE shapes its first code of ethics[J]. Journal of Professional Issues in Engineering Education and Practice, 2003(1): 21～31.

② P Aarne Vesilind. Evolution of the American society of civil engineers code of ethics[J]. Journal of Professional Issues in Engineering Education and Practice, 1995(1): 4～10.

③ Francis E Griggs Jr. To be or not to be—ethical that is![J]. Journal of Professional Issues in Engineering Education and Practice, 1997, (4): 82～89.

④ Sarah K, A Pfatteicher. Depending on character: ASCE shapes its first code of ethics[J]. Journal of Professional Issues in Engineering Education and Practice, 2003(1): 21～36.

工程活动，并强调工程师的个体责任。

3.1.2　产生时期：强调忠诚于雇主或客户

19世纪末20世纪初，美国的工程职业取得了巨大发展。产业革命对工程职业及工程师的行业分工产生了非常重要的影响，工程职业逐渐形成了相对独立的五个主要分支：土木、机械、电气、矿业和化学。工程师的数量也急剧增加，从1870年的几千人迅速增长到1900年的10多万人，1905年，美国工程师中拥有学士学位的人数超过一半，这在50年前是不可想象的[①]。

工程师数量的增加、素质的提升，以及更为细致的专业分工，促进了职业组织的更新，工程职业组织出现分化，各个专业的工程职业组织纷纷成立。早期ASCE的创立者把土木工程界定为所有非军事工程，把自己作为一个伞状组织囊括所有的工程师，现在显然不太可能了。1857年，美国建筑师协会（AIA）从土木工程师协会分离。随后几个协会也陆续分离，首先是采矿工程师，他们在1871年建立了自己的协会；机械工程师协会和电子工程师协会则分别于1880年和1884年成立。美国采矿工程师协会（AIME）、美国机械工程师协会（ASME），以及美国电气工程师协会（AIEE），即现在的美国电子电气工程师协会（IEEE），加上美国土木工程师协会，构成了美国四个主要的协会组织，它们并行工作，承担着各自的专业职能，推动着美国工程职业的快速发展。

一个专业化分工时期，想在不同群体中寻求意见的一致显得非常困难。专业协会的分拆促使工程师们更加关注职业自治，不同类型工程师的利益冲突迫切需要建立一部规范来引导和处理彼此之间的关系。当时，美国发生了一起锅炉爆炸事件，数千人死亡，ASME为了应对危机，专门成立了一个伦理规范联合委员会，来商讨制定一部统一的工程伦理规范。虽然最终并没有被所有的协会所接受，但是来自各领域的代表所组成的委员会成员回到各自的协会后，开始说服各自的协会制定自己的伦理规范。20世纪早期，各个主要的工程职业组织都建立了专门委员会，并着手制定属于自己的伦理规范。

1911—1912年，各协会先后制定了属于自己的工程伦理规范。1911年5月，美国顾问工程师协会（AICE）成为美国第一个采用职业伦理规范的国家级工程师协会。1912年3月和12月，美国电气工程师协会（AIEE）和美国化学工程师协会（AIChE）分别建立了各自的工程伦理规范。1914年6月，美国机械工程师协会（ASME）对AIEE的规范略做修改后制定了自己的规范。

在1913年1月ASCE的年会上，协会成员丘吉尔建议ASCE学习ASME和其他几个工程师协会的做法，尽快建立一部工程伦理规范。同年2月，ASCE成立了一个专门委员会并草拟了一部规范，在经过几个版本的修改完善后，1914年9月ASCE的工程伦理规范以1997票（共2162票）高票正式通过。至1915年，美国的各主要工程组织都建立了自己的伦理规范。

其他行业的职业组织也在这一时期纷纷建立了相应的职业伦理规范。美国律师协会（ABA）的伦理规范可追溯到1908年，美国医学协会（AMA）则在1912年修订了19世纪的职业伦理规范版本。正如规范历史学家亨格斯所言："在战前没有采用一部伦理规范的每

① Sarah K, A Pfatteicher. Depending on character: ASCE shapes its first code of ethics[J]. Journal of Professional Issues in Engineering Education and Practice, 2003(1): 21～36.

一职业、半职业和商业，在战后立即建立了。"

20 世纪的前三十年，工程伦理规范常常作为一种工具用来提升职业发展和荣誉，职业伦理规范已成为各职业组织关注的重点[①]。这一时期的工程伦理规范主要涉及工程师与雇主、工程与职业的关系。由于职业荣誉大多集中在商业利益和公司忠诚，因此各种形式的忠诚都是其最基本的要求，忠诚于雇主或客户是这一时期伦理规范的重要特征。如 ASCE（1914）第一条要求工程师仅仅是"作为一个忠诚的代理人或受托人"开展行动，AIEE（1912）则在第三条明确规定"工程师的第一职业义务是应该关注保护客户或雇主的利益，并且因此应当避免每一个与这个义务相反的行为"。

3.1.3 发展时期：关注公众责任

早期的工程师关注雇主利益，第二次世界大战后视角发生了转变。核武器毁灭全人类的威力以及纳粹的罪恶行径引起了人们对技术本质特性的反思。人们逐渐开始意识到技术具有两面性，技术既存在满足人类需求、为人类造福的正面价值，但它同时也会对人类带来一定的危机、隐患，甚至是灾难的负面影响。20 世纪五六十年代，欧美国家爆发了反对核武器和保卫和平的运动，促使工程师对其职业活动服务的国家目标和商业目的进行反思，工程师们逐步认识到他们工作的社会影响和社会责任，并逐步开始关注公众责任，工程职业组织对伦理规范也做出了重要的调整。

重新修订的工程伦理规范更加强调公众责任，而这一条款的形成和三个协会组织的努力推动是分不开的。首先是美国工程师职业发展委员会（ECPD），ECPD 成立于 1932 年，作为一个工程职业组织的组织，其主要任务是建立一部能够被它所构成的协会都普遍接受的工程伦理规范。规范规定的一个首要责任，就是工程师要对"公众福祉"负责，要"充分关注生命安全和公众健康"。1963 年、1974 年和 1977 年，ECPD 对工程伦理规范先后进行了三次修改，规范最终修订版的七个"基本规范"的第一条，即为"工程师在履行他们的职业义务过程中，应该把公众的安全、健康、福祉放在至高无上的地位"。

其次是美国国家职业工程师协会（NSPE），NSPE 成立于 1934 年，协会成员全部都是职业工程师。协会成立的目的之一是"建立和坚持高标准的伦理和实践"。早在 1964 年NSPE 便建立了工程伦理规范。经过多次修订，1981 年版的 NSPE 工程伦理规范把"将公众的安全、健康和福祉置于首位"这一重要条款放在了第一条。

美国电子电气工程师协会对"公众福祉"条款的推动也起到了积极作用。IEEE 成立于1963 年，前身是 1884 年成立的美国电气工程师协会和 1912 年成立的无线电工程师协会（IRE），现已成为世界上最大的工程职业组织。IEEE 最初成立时被要求采用 1963 版的ECPD 规范，但 IEEE 委员会讨论决定不采用 ECPD 全部文件，仅采用了 1963 版 ECPD 规范的三个基本原则：以诚实和公正的态度，全身心地服务于他的雇主、客户和公众；努力提升工程职业的能力和威望；使用他的知识和能力提高人类福利。

20 世纪初，设计和建造新海湾地区快速交通系统的三个工程师揭发了他们雇主的不法行为，不仅得到了 IEEE 的支持，而且被公众认为他们的努力是为了保护公众安全。这一事件，推动了 IEEE 制定一部自己的新伦理规范。1974 年版的 IEEE 工程伦理规范中明确提出

---

① Carl Mitcham. A historico-ethical perspective on engineering education: from use and convenience to policy engagement[J]. Engineering Studies, 2009(1): 35～53.

应当关注公众利益。1900 年，IEEE 进一步修改了规范，一方面使规范得以简化，另一方面将公众责任提升到 10 个原则中的第一个原则，即"在做出工程决策时，他们有责任做出符合公众的安全、健康和福祉问题的决策"。

工程师不仅应该忠诚于客户或雇主，还应当维护社会公众的利益，这标志着工程师在认识自身职业责任和伦理方面进入了一个崭新的阶段。如今，基本上所有的工程伦理规范都把公众利益作为首要条款。工程伦理规范中关于工程师伦理责任的转变有着重大的意义，它可以更有效地指导工程师进行职业活动，当公众利益与雇主利益发生冲突时，工程师在采取伦理行动时有了制度上的保障。

3.1.4　完善时期：关注环境责任

美国工程师责任意识的转变充分体现了美国工程职业自身发展的调整，逐步完善的工程伦理规范为工程师的工程职业活动提供了指引，推动了美国的工程职业化。美国的工程职业协会除了执行伦理规范，还对规范进行定期修改和完善，以使规范能够应对复杂的工程问题。美国的工程伦理规范经过不断地修订，逐步完善并实现建制化。

20 世纪 60 年代之前，在报纸、期刊上几乎看不到"环境保护"的字样，人们普遍认为自然是人类征服的对象，而不是保护的对象。1962 年，美国海洋生物学家雷切尔·卡逊撰写的《寂静的春天》一书出版，唤起了人们的环境意识，同时也引发了公众对环境问题的关注，20 世纪六七十年代美国爆发了规模空前的环境保护运动。随着工程建设的不断开展，工程对环境的负面影响也越来越大。迫于这些压力，ASCE 于 1977 年率先修订了规范，首次提出了"工程师应该有义务提升环境以改善我们的生存质量"。在这一条款中"应该"不等同于必须，排除了条款的强制性，弱化了条款的执行力度。1996 年修订的规范中包含了更多涉及环境的条款，规范中对工程师的要求变成了"必须"，也就是说，如果工程师不以这种态度推进他们的工作，将违反伦理规范，并因此受到惩罚。

1990 年，IEEE 在其修订的伦理规范中涉及了环境条款。1998 年，ASME 将环境条款引入了它的伦理规范。2003 年，AIChE 成为第四个在伦理规范中明确规定有关环境条款的工程职业组织。虽然目前只有以上四个协会的伦理规范明确涉及了环境问题，其他协会尚未在其规范中写明，但实际上也含蓄地表明了工程师应当考虑工程活动中的环境问题。无论它们是否使用了环境一词，大多数的工程伦理规范都把维护公众安全、健康和福祉置于首要条款，既然保护环境对于保护人类健康和安全是必要的，那么对环境的承诺已经含蓄地表达了[1]。

虽然工程伦理规范开始逐渐加入环境条款，但是环境问题依旧任重而道远。进入 21 世纪后，工程职业出现了许多新的问题和挑战，工程伦理也将在新的时代背景下反思技术发展所带来的关键问题，如数字技术、克隆重技术、转基因技术等发展引发的新的伦理问题。工程伦理也需要更加关注人类多样性的话题，比如越来越受到重视的性别与少数群体歧视问题；以及全球化所带来的问题，不同国家的工程师跨国工作时如何制定一套标准来规范不同文化背景下的工程师等。

---

① 哈里斯，普里查德，等. 工程伦理：概念与案例[M]. 丛杭青，沈琪，译. 北京：北京理工大学出版社，2006：168.

3.2 中国工程伦理规范的发展

中国工程伦理规范的发展历史可划分为三个阶段：第一个阶段是工程伦理规范的产生时期，随着中国工程师学会的成立，1933 年制定了职业伦理规范；第二个阶段是工程伦理规范的发展时期，中国工程师学会的工程伦理规范进行了修改，反映特定时期工程师的伦理意识；第三个阶段是工程伦理规范的分化时期，1949 年之后，随着中国工程师学会迁往台湾，中国工程伦理规范的发展出现了分化，走向了两条不同的轨迹。

3.2.1 产生时期：强调对客户、同僚负责

18 世纪初，西方列国正在进行第一次工业革命，工厂取代了手工作坊，生产专业化水平不断提高，工程技术出现并进入了新的发展时期；同时期的中国，在晚清政府"闭关锁国"政策影响下，逐渐落后于世界大潮。两次鸦片战争后，中国逐步沦为半殖民地半封建社会，人们开始正视西方的科学技术。中国近代学会的产生是"西学东渐"的产物，首次将西方"学会"思想传入中国的，是来华布道的传教士。传教士从南到北沿着通商口岸建立学会，虽然这些学会主要传播基督教义，但是为中国后期建立学会组织提供了可以参考的蓝本。与此同时，主张学习西方先进技术的洋务派，通过引进西方先进技术、建立新式学堂、派遣留学生等，为近代学会组织的建立奠定了良好基础。戊戌时期，"群学"思想的传播也推动了中国近代学会组织的产生。许多进步人士认为中国的落后是由于中国人散漫不能"群"之故，要学习西方使中国强大，就要"合群救国"与"合力求知"，因而他们主张建立学会宣传科学技术知识[①]。到了民国，1912 年颁布的《中华民国临时约法》在法律上承认了人民享有结社的权利，为社团的建立提供了法律保障。这些都为中国工程职业组织的成立奠定了一定的基础。

19 世纪末 20 世纪初，中国的工程事业开始走向繁荣。这一时期留学生们陆续回国，派遣留美学生中，工程是最热的学科。1905—1924 年间，学工程的留学生占 30%～44%，他们归国后在各自岗位都发挥着重要作用。自 1909 年詹天佑修筑京张铁路，中国近代工程事业逐渐摆脱列强控制，走向了独立发展之路。中国工程师的地位和威望大幅提升，越来越多的年轻人选择投身于工程事业，工程师的人数不断增多。为了更好地团结工程师群体、发展工程事业，有必要成立一个专门的工程师团体[②]。

1912 年初，詹天佑在广州组织成立了"广东工程师会"，并被推选为会长[③]。同年，颜德庆、吴健等人在上海创立了"中华工学会"，徐文炯等一批铁路工程人员在上海组织成立了"路工同人共济会"。詹天佑被后两个学会推举为名誉会长。由于三个工程团体的性质相近，1912 年 7、8 月间，三个学会协商决议，统一成立"中华工程师会"。1913 年在汉口召开"中华工程师会"成立大会，选举詹天佑为会长。1915 年 7 月的北平年会上将"中华工程师会"更名为"中华工程师学会"[④]。

中华工程师学会在其发展过程中，虽然没有制定伦理规范，但是那时候的工程师们已经

---

① 刘喆. 关于中国近代科学社团发展轨迹的历史考察[D]. 哈尔滨: 哈尔滨师范大学, 2010: 11.
② 房正. 中国工程师学会研究(1912—1950)[D]. 上海: 复旦大学, 2011: 36.
③ 万仁元, 方庆秋. 中华民国史史料长编: 第 62 册[M]. 南京: 南京大学出版社, 1993: 108～120.
④ 詹同济. 詹天佑生平志——詹天佑与中国铁路及工程建设[M]. 广州: 广东人民出版社, 1995: 56～65.

意识到了工程师的重大作用。《中华工程师会简章》规定其宗旨为"日新工程学术，力求自辟新途，不至囿于成法"、"发达工程事业，俾得利用厚生，增进社会之幸福"[①]。其领袖人物詹天佑也十分重视工程人员的道德品质，他认为"道德者，人之基础也"[②]，一切以实业为根本的青年工程人员，必须在德的方面对自己提出严格的要求，他也是中国最早对工程师能力素质提出明确要求的人。早在 1905 年主持修筑京张铁路时，詹天佑就制定了《京张、张绥铁路酌订升转工程师品格程度章程及在工学生递升办法》[③]，在品德方面对工程人员提出了明确而具体的要求，涵盖了思想、品德、纪律与能力等多方面的要求。他认为各级工程技术人员的晋升，除了符合规定的年龄资历外，还必须要有相应的品行资格。当詹天佑得知一些青年工程学员有不当行为时，还制定了《总工程师关于毕业生提升工程师之规定》，同时要求这份规定立即执行。这份规定提出了对工程青年学员及各级工程技术人员在品德方面的要求，如砥品励行、束身自爱、谨慎从公、力图上进、有良好的操守和信誉等[④]。除此之外，詹天佑于 1917 年，在《敬告交通界青年工学家》一文中从业务、道德、守规和处世四个方面对工程师能力素质提出了明确的要求，即"精研学术以资发明""崇尚道德而高人格""循序以进，毋越范围""筹划须详，临事以慎"[⑤]。詹天佑所提出的关于工程师道德品质方面的规范要求，在中国当时的时代背景与环境下，是较为细致而全面的。他的这些思想有助于推动中国工程职业组织及其成员更加关注和重视工程伦理规范。

随着 1919 年詹天佑逝世，中华工程师学会逐渐走向衰落。与此同时，另一个工程师团体正在发展壮大。1918 年，中国工程学会在美国纽约正式成立，推举陈体诚为会长。随着留美学生回国发展，中国工程学会于 1920 年移归国内，开始了在国内发展的新历程。中国工程学会发展迅速，生命力很强，受西方职业组织的影响很大。这一时期，学会编辑出版会刊，始发于 1923 年的会刊《工程》是中国工程学会及之后中国工程师学会的重要刊物。刊物的发行对于后期伦理规范的刊登、交流都起到了重要的作用。

1931 年，中华工程师学会与中国工程学会在南京举行联合年会，决议合并，正式更名为中国工程师学会[⑥]，成为当时国内唯一的综合性工程学术团体，图 3-3 给出了中国工程师学会的发展历史沿革。中国工程师学会共有 15 个下属组织，如中国建筑师学会、中国电机工程师学会、中国机械工程师学会、中国土木工程师学会、中国土木工程师学会等，中国工程师学会与下属学会是总会与分会的关系，各下属学会有各自的独立性。

中国工程师学会成立后，致力于推进我国工程事业的发展，在中国工程史上发挥了重要作用。学会积极开展会务，联系全国工程技术人员；举办演讲，宣扬工程师对社会的重要作用，唤起社会对这一职业的重视；同时还制定了一系列工业标准等。

随着中国工程师学会逐渐认识到工程师的职业活动对社会的重要影响，"为恢复我国固有道德"而"参照他国先例"，中国工程师学会开始着手制定工程伦理规范[⑦]。在 1932 年的中国工程师学会天津年会上，李书田、王华堂等人提议成立"工程师信守规条委员

① 中华工程师学会. 中华工程师会简章[N]. 中华工程师会报告, 1913-11(1).
② 经盛鸿. 詹天佑评传[M]. 南京: 南京大学出版社, 2001: 423.
③ 詹同济. 新编詹天佑书信选集[M]. 广州: 华南理工大学出版社, 2006: 48.
④ 詹同济. 詹天佑——引进西学振兴中华之工学家[M]. 珠海: 珠海出版社, 2007.
⑤ 詹同济. 詹天佑创业著述精选和创业哲学思想研究[M]. 广州: 广东省地图出版社, 1999: 23.
⑥ 刘华. 中国工程学会的创建、发展及其历史地位的研究[D]. 北京: 清华大学, 2002: 26~40.
⑦ 中国工程师学会. 中国工程师学会迁台复会三十年会务纪要[R]. 台北: 中国工程师学会档案室藏, 1984: 2~3.

会"，用以制定"工程师信守规条"①。提案通过后，由会员李书田、华南圭、邱凌云三人成立"工程师信守规条委员会"并拟定"信守规条"如下：

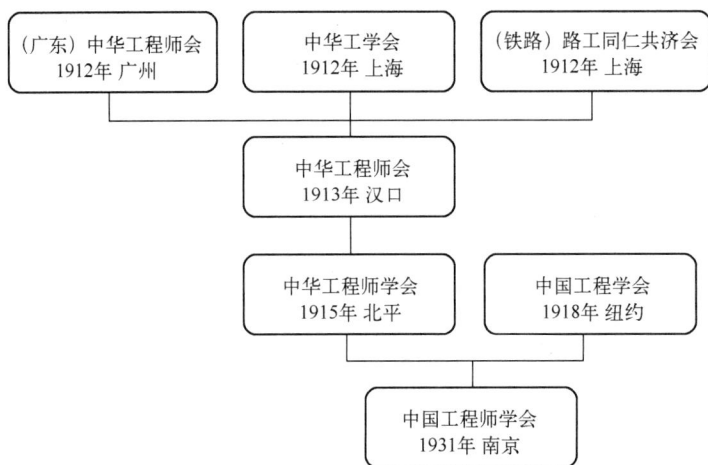

图 3-3　中国工程师学会发展历史沿革

（1）对于职务，应以服役之精神忠诚任事；

（2）不准收受非分之报酬；

（3）不准直接或间接损害同行之名誉及其业务；

（4）不准倾轧同行之位置；

（5）不准以鄙劣之手段竞争业务或位置；

（6）不准于同行之事主前，任意妄评其工作；

（7）不准妄自宣传，或由其他损害职业尊严之情事。

同时，会员恽震也拟定了一份"信守规条"：

（1）忠诚服务；

（2）实事求是；

（3）习劳耐苦；

（4）非义勿取弗予；

（5）与人合作，力戒倾轧排挤；

（6）不轻批评，不妄宣传。

学会对两个草案进行讨论后，在其刊物《工程周刊》上发布了两个草案，同时征求各会员的意见②。经过长时间的讨论，学会决议"照原拟信守规条草案"，由胡庶华、凌鸿勋、邵逸周负责修订草案形成正式文件。三人修改后，中国工程师学会在 1933 年年会上讨论通过了我国第一部工程伦理规范——"中国工程师学会信守规条"③，如下：

（1）不得放弃责任或不忠于职务；

（2）不得授受非分之报酬；

（3）不得有倾轧排挤同行之行为；

---

① 中国工程师学会. 中国工程学会年会之纪要（二）[N]. 申报, 1932-8-28.

② 中国工程师学会. 中国工程学会年会之纪要（二）[N]. 申报, 1932-8-28.

③ 中国工程师学会. 中国工程师学会二十一年度会务总报告[N]. 工程周刊, 1933-9(2).

（4）不得直接或间接损害同行之名誉及其业务；

（5）不得以卑劣之手段，竞争业务或位置；

（6）不得作虚伪宣传或其他有损职业尊严之举动。

1933 年的信条是我国历史上成文最早的工程伦理规范，从其内容可以看出，这一时期工程师的责任对象主要针对雇主或客户、同行以及职业。它的制定很大可能参照了 1914 年 ASCE 的工程伦理规范，1933 年的信守规条与 1914 年 ASCE 规范在内容和形式上非常相近。

3.2.2 发展时期：强调国家、民族利益

在中国工程师学会成立后不久，爆发了"9·18 事变"，为了做好抗战的准备，蒋介石政府加强了国内工业尤其是国防工业的建设，中国工程师学会积极配合政府进行各种工程统计和计划工作，向政府谏言献策，体现了中国工程师团体的爱国热情。

1937 年 7 月 7 日卢沟桥事变，抗日战争的全面爆发打断了中国科学技术发展的进程，许多社团都受到沉重的打击，中国工程师学会也被迫内迁。战争使得工业的重要地位得以凸显，这一时期工程师的国家观念和民族观念成为社会关注的焦点。虽然大后方条件艰苦，但抗战时期的中国工程师学会仍积极开展会务、参与抗战。在这样的背景下，中国工程师学会设立军事工程委员会，开除参加敌伪组织及违反民族利益的会员，慰劳抗日殉职的工程师家属等。学会将工业发展与军事战争联系起来，服务抗战的思想也被要求在工程伦理规范上予以彰显。1940 年，中国工程师学会第九届成都年会上，会员提议对"1933 年工程师信守信条"进行修改，提出了工程师对于国家、民族的责任。1941 年，中国工程师学会第十届贵阳年会通过了工程师信守规条修正之八条，将《中国工程师信守规条》改名为《中国工程师信条》①，增加了工程师对国家、民族的责任。该"信条"在民国时期成为工程师的行为准则，修订后的八条准则是②：

（1）遵从国家之国防经济建设政策，实现国父实业计划。

（2）认识国家民族之利益高于一切，愿牺牲自由贡献能力。

（3）促进国家工业化，力谋主要物质之自给。

（4）推行工业标准化，配合国防民生之需求。

（5）不慕虚名，不为物诱，维持职业尊严，遵守服务道德。

（6）实事求是，精益求精，努力独立创造，注重集体成就。

（7）勇于任事，忠于职守，更须有互助亲爱精诚之合作精神。

（8）严以律己，恕以待人，并养成整洁朴素迅速确实之生活习惯。

在特殊的社会历史时期，工程师的社会责任发生了变化。1941 年信条内容在深度和广度上都有了很大进步，一方面沿袭了工程师对于个人职业品德的要求，比如都提到了忠于职守、与同行互助、维护职业尊严等；另一方面则具有较强的政治色彩，工程师的责任对象扩充到了国家和民族利益。1941 年对信条的修订反映了当时国内工程师强烈的救国抱负，致力于通过推进工程事业发展来积极应对抗战的思想变化。

---

① 詹同济, 黄志扬, 邓海成. 詹天佑生平志——詹天佑与中国铁路及工程建设[M]. 广州: 广东人民出版社, 1995: 56~65.

② 中国工程师学会. 中国工程师信条[N]. 申报, 1941-10-28.

3.2.3 分化时期：逐渐完善与缓慢发展

抗战胜利后，由于国共内战，中国工程师学会的各项工作受到很大影响，国内的工程技术人员有的选择跟随国民党军队迁往台湾，有的选择留在大陆，加入新政权，为新中国贡献自己的力量。在中国工程师学会解散后，一些留在国内的学会会员开始着手恢复重建学会，部分学会相继成立，如中国机械工程学会、中国土木工程学会。它们在新的环境下积极发挥着自己的作用。同时，迁往台湾的会员于 1951 年在中国台北重设总部，进行职业活动。至此，中国工程伦理规范的发展路径走向了分化。

1. 中国台湾：注重公众、环境责任

迁往台湾后的中国工程师学会非常重视推动工程伦理，认为工程品质的优良与否，代表国家进步的程度；工程师的养成，除了必须具备专业的工程知识和技术，也要强调社会责任。1976 年，学会将 1941 年信条第二条中的"自由"修改为"小我"[1]。1994 年，学会专门成立了工程伦理委员会用以修订工程师信条及研究工程职业伦理，多次会集工程界与工程教育界人员制定了新的《中国工程师信条》，1996 年信条内容依次涵盖工程师对社会、专业、雇主及同僚四个方面的责任。详细内容如下[2]：

（1）工程师对社会的责任。守法奉献：恪守法令规章、保障公共安全、增进民众福祉；尊重自然：维护生态平衡、珍惜天然资源、保存文化资产。

（2）工程师对专业的责任。敬业守分：发挥专业知能、严守职业本分、做好工程实务；创新精进：吸收科技新知、致力求精求进、提升产品品质。

（3）工程师对业雇主的责任。真诚服务：竭尽才能智慧、提供最佳服务、达成工作目标；互信互利：建立相互信任、营造双赢共识、创造工程佳绩。

（4）工程师对同僚的责任。分工合作：贯彻专长分工、注重协调合作、增进作业效率；承先启后：矢志自励互勉、传承技术经验、培养后进人才。

修订后的 1996 年信条一直沿用至今，为工程师在职业活动中提供指导方针。相比于之前的信条，1996 年信条责任内涵更加丰富，基本涵盖了当今工程伦理规范的所有要点，其责任对象不仅强调工程师对专业、雇主的责任，更将工程师的社会责任、环境意识放在第一位，1996 年信条与当今世界上成熟的、建制化的工程伦理规范已经同步。为了使 1996 年信条更具有操作性，学会还制定了《中国工程师信条实行细则》，将 1996 年信条中规定的四个方面的伦理责任更加具体化，参见 3.3 节。至此，台湾地区的工程伦理规范发展逐步趋于完善，经历了从雇主、客户到国家、民族再到公众、环境的演变过程，促使其成为一个不负社会重托的工程师团体。

除了职业伦理规范，台湾地区的中国工程师学会在工程伦理教育与方法等多方面也取得了很大的进展。中华工程教育学会（IEET）颁行《工程及教育认证规范》，积极推动工程教育、工程认证，目前中国台湾已经成为华盛顿协议的正式会员。此外，工程伦理教育已经成为各个大学的通识教育课程。

2. 中国大陆：发展缓慢

相比于美国、中国台湾逐渐完善的工程伦理规范建设，中国大陆的工程伦理规范走向了

---

① 中国工程师学会. 中国工程师学会迁台复会三十年会务纪要[R]. 台北: 中国工程师学会档案室藏, 1984: 2～3.

② 中国工程师学会[J/OL]. http://www.cie.org.tw/lmportant?cicc_id=3.

一条轨迹不同的道路。自新中国成立，中国大陆的工程伦理规范经历了一个很长的空白期，在计划经济时代，工程师强调为国家、集体服务，没有制定工程职业伦理规范，缺少职业化特点。改革开放后，我国逐步推进社会主义市场经济体制，中国大陆的工程伦理规范才出现了新的转向。20 世纪末 21 世纪初，几个工程职业组织制定了成文的工程伦理规范来引导工程师的职业行为。

1999 年，中国工程咨询协会制定了《中国工程咨询业职业道德行为准则》，后来随着工程咨询行业的发展，国家可持续科学发展观的提出，以及国际咨询工程师联合会（FEDIC）职业道德的重新修订，中国工程咨询协会于 2010 年 12 月对其职业伦理规范进行了第二次修订。修订后的《中国工程咨询业职业道德行为准则》，共有十条，分别规定了咨询工程师对于社会、客户、同行、职业等几个方面的责任。

中国建设工程造价管理协会于 2002 年 6 月 18 日通过了《造价工程师职业道德行为准则》以规范造价工程师的职业道德行为，内容共九条，责任对象包含公众、同行、客户等几个方面。中国设备监理协会于 2009 年 2 月 18 日颁布了《设备监理工程师职业道德行为准则》，准则内容共五条，内容涉及设备监理工程师对社会、客户、同行的责任。中国勘察设计协会于 2014 年 1 月 20 日通过了《工程勘察与岩土工程行业从业人员职业道德准则》，内容较为全面，以四项准则八条具体条款依次规定了对客户、职业、社会及同行的责任，中国勘察设计协会的工程伦理规范适用人员非常广泛，不仅包括工程师，还包括其他人员。此外，中国建设监理协会为了加强监理人员的职业道德建设，树立良好的职业形象，形成了《建设监理人员职业道德行为准则》，责任对象涵盖客户、公众、同行及职业。表 3-1 给出了 5 个工程职业组织所制定的工程伦理规范情况汇总。

表 3-1　中国 5 个工程职业组织所制定的工程伦理规范情况汇总

工程职业社会及成立时间	工程伦理规范及制定时间	规范适用人员
中国工程咨询协会（1992.12）	《中国工程咨询业职业道德行为准则》（1999.1 制定；2010.12 修订）	咨询工程师
中国建设工程造价管理协会（1990.7）	《造价工程师职业道德行为准则》（2002.6.18 制定）	造价工程师
中国设备监理协会（2004.5）	《设备监理工程师职业道德行为准则》（2009.2.18 制定）	设备监理工程师
中国勘察设计协会（1985.7）	《工程勘察与岩土工程行业从业人员职业道德准则》（2014.1.20 制定）	工程勘察与岩土工程行业从业人员
中国建设监理协会（1993.7）	《建设监理人员职业道德行为准则》（试行）（2015.1.23 制定）	监理人员

工程伦理规范是工程成为职业的一个必要条件。间隔近半个世纪，中国大陆工程伦理规范的发展重新起步，各工程职业组织陆续出台了成文的工程伦理规范，中国工程职业逐步发展。

截至 2016 年，中国科技协会主管的全国协会共有 205 个，其中工科学会有 70 个[①]。这 70 个学会，仅有中国机械工程学会在其章程中明确规定自身是以工程师为主体的团体，大多数学会并不是完全意义上的工程师职业组织，大部分兼有行业协会性质，其中部分组织更是一个学术性组织，而非工程师的职业共同体，如中国计算机学会。这 70 个学会并未制定

---

① 中国科学技术学会[J/OL]. http://www.cast.org.cn/n35081/n35096/n351ll/n35186/index.html.

成文的工程伦理规范，仅在部分学会的社团章程宗旨中出现了一些分散的工程伦理意识。主要包括以下几个方面：遵守宪法、法律，遵守社会公德；服务于经济建设；民主办会等，这些工程伦理意识紧紧跟随国家的政策方针，主要停留在社会主义建设层面上。

仅有极少数学会提及了社会福祉及可持续发展问题，如中国机械工程学会（2011）第三条明确规定"强调以人为本、谋求社会福祉"。中国机械工程学会、工程中国水利学会、中国电工技术学会等都提及了坚持可持续发展战略，在其宗旨中纳入了对环境问题的考量，但是这些伦理意识仅处于从属地位。有三家学会专门制定了学术道德规范，分别是：中国计算机学会、中国兵工学会和中国颗粒学会。但这三个规范主要针对的是学术道德而非工程师的职业伦理道德。以上反映了我国工程师职业内部，仍缺乏从职业自身角度自发审视工程师职业道德内涵的伦理自觉，工程师的自我职业认知相对滞后。

2004 年，中国工程院在苏州召开的第 8 届中日韩（东亚）工程院圆桌会议上，与日本、韩国工程院达成了一个共识，联合发出《关于工程道德的倡议》，呼吁工程师"在做出工程决定时，要承担保证社会安全、健康和福祉的责任"，并且要"为实现可持续发展，做出应有的努力"。时任中国工程院院长徐匡迪在大会上做报告时指出："现代工程师面临的问题之一就是社会经济发展与生态环境之间的矛盾日益突出，工程科技不仅要满足人们在物质文化生活方面的需求，还要满足人们对保护生态环境的需要"[①]。中国工程院院士钱易教授指出："工程师是一个城市和国家的建筑者，在工程实践中应该以节约资源与能源为准则，不再破坏岌岌可危的生态环境，开发并应用环境友好技术，将废物变成可再生的资源[②]。"这些言语和行动反映了工程师们已经开始注意到工程师所承担的伦理责任。

如果说工程伦理规范作为工程师职业行为软性、建议性、规范性的道德要求，那么规范工程职业行为还有硬性、强制性的法律规范制度，这些法律规范制度也在某种程度上体现了工程职业的道德要求，也推进了工程伦理规范的执行和完善。2001 年，原国家人事部、建设部正式出台《勘察设计行业注册工程师制度总体框架及实施规划》，计划到 2010 年起全面实行注册工程师职业资格，标志着我国注册工程师制度的全面启动。我国的注册工程师制度都在不同程度上规定了工程师的义务和责任，详见表 3-2。

表 3-2　中国注册工程师制度中的义务和法律责任条款

专业类别	注册制度法规	义务	法律责任
注册建筑师	中华人民共和国注册建筑师条例（1995）	有	有
注册结构工程师	注册结构工程师执业资格制度暂行规定（1997）	有	无
注册土木工程师	注册土木工程师（港口与航道工程）职业资格制度暂行规定（2003）	有	无
	注册土木工程（岩土）执业资格制度暂行规定（2002）	有	无
	注册土木工程师（水利水电工程）制度暂行规定（2005）	有	无
	勘察设计注册土木工程师（道路工程）制度暂行条例（2007）	有	无
注册公用设备工程师	注册公用设备工程师执业资格制度暂行规定（2003）	有	无
注册电气工程师	注册电气工程师执业资格制度暂行规定（2003）	有	无
注册机械工程师	勘察设计注册机械工程师暂行规定（2005）	有	无
注册化工工程师	注册化工工程师执业资格制度暂行规定（2003）	有	无

---

① 中国工程院办公厅. 中国工程院年鉴 2004[M]. 北京: 高等教育出版社, 2005: 309.

② 肖平. 工程伦理导论[M]. 北京: 北京大学出版社, 2009: 160.

专业类别	注册制度法规	义务	法律责任
注册冶金工程师	勘察设计冶金工程师制度暂行规定（2005）	有	无
注册采矿/矿物工程师	勘察设计注册采矿/矿物工程师制度暂行规定（2005）	有	无
注册石油天然气工程师	勘察设计注册石油天然气工程师制度暂行规定（2005）	有	无
注册环保工程师	注册环保工程师执业资格制度暂行规定（2005）	有	无
注册造价工程师	注册造价工程师管理办法（2006）	有	有
	造价工程师执业资格制度暂行规定（2006）	有	无
注册咨询工程师	注册咨询工程师（投资）职业资格制度暂行规定（2001）	有	无
	咨询工程师（投资）管理规定	有	有
注册监理工程师	注册监理工程师管理规定（2005）	有	有
注册安全工程师	注册安全工程师职业资格制度暂行规定（2002）	有	有
	注册安全工程师管理制度（2006）	有	有

这些制度中关于注册工程师义务的条款基本包含了遵守法律法规、保证质量、保守秘密、不准他人以本人名义执行业务、不同时受雇于两个单位等几个方面，还有部分规定中包含维护公共利益、在执业范围内从事业务等方面，尽管这些伦理意识大都停留在完成好本职工作上，但强调"把工程做好"的同时开始逐渐关注"做好的工程"。

进入工程大国时代的中国，对于工程师的社会责任已经不断更新，在国家提出"科学发展观""资源节约型、环境友好型社会""金山银山就是绿水青山""生态优先，绿色发展"的语境下，对于我国工程师的要求不能限于"把工程做好"。目前，我国的工程伦理规范发展还处于重新起步状态，与发达国家相比还存在一定的差距，职业伦理规范的发展滞后于我国蓬勃发展的工程实践。

随着人们对工程技术认识的加深，及工程对人类社会和环境的影响日益突出，工程伦理规范的内容和形式不断完善。美国的工程伦理规范经历了从无到有、从少到多、从浅及深的历程，规范条款越来越明确，从早期强调工程师个体道德责任到强调忠诚于雇主再到关注公众、环境问题，这些规范在促进工程伦理、工程职业发展方面发挥着越来越大的积极作用。

自 1949 年中国工程师学会迁往台湾，中国台湾的工程伦理规范发展逐步完善，而我国大陆的大部分工程职业组织尚未制定成文的工程伦理规范。相比于当今世界上建制化的伦理规范，中国大陆的职业伦理规范发展水平很低，处于重新起步阶段，迫切需要加强中国大陆的工程伦理规范体系建设。

3.3 工程师的职业伦理规范

3.3.1 中国工程师信条

1. 1933 年《中国工程师学会信守规条》

① 不得放弃责任或不忠于职务；

② 不得收受非分之报酬；

③ 不得有倾轧排挤同行之行为；

④ 不得直接或间接损害同行之名誉及其业务；

⑤ 不得以卑劣之手段，竞争业务或位置；

⑥ 不得有虚伪宣传或其他有损职业尊严之举动。

2. 1941 年《中国工程师信条》

① 遵从国家之国防经济建设政策，实现国父实业计划。

② 认识国家民族之利益高于一切，愿牺牲自由贡献能力。

③ 促进国家工业化，力谋主要物质之自给。

④ 推行工业标准化，配合国防民生之需求。

⑤ 不慕虚名，不为物诱，维持职业尊严，遵守服务道德。

⑥ 实事求是，精益求精，努力独立创造，注重集体成就。

⑦ 勇于任事，忠于职守，更须有互助亲爱精诚之合作精神。

⑧ 严以律己，恕以待人，并养成整洁朴素迅速确实之生活习惯。

3. 1976 年《中国工程师信条》

① 遵从国家之国防经济建设政策，实现国父实业计划。

② 认识国家民族之利益高于一切，愿牺牲小我贡献能力。

③ 促进国家工业化，力谋主要物质之自给。

④ 推行工业标准化，配合国防民生之需求。

⑤ 不慕虚名，不为物诱，维持职业尊严，遵守服务道德。

⑥ 实事求是，精益求精，努力独立创造，注重集体成就。

⑦ 勇于任事，忠于职守，更须有互助亲爱精诚之合作精神。

⑧ 严以律己，恕以待人，并养成整洁朴素迅速确实之生活习惯。

4. 1996 年《中国工程师信条》

① 工程师对社会的责任。守法奉献：恪守法令规章、保障公共安全、增进民众福祉；尊重自然：维护生态平衡、珍惜天然资源、保存文化资产。

② 工程师对专业的责任。敬业守分：发挥专业知能、严守职业本分、做好工程实务；创新精进：吸收科技新知、致力求精求进、提升产品品质。

③ 工程师对业雇主的责任。真诚服务：竭尽才能智慧、提供最佳服务、达成工作目标；互信互利：建立相互信任、营造双赢共识、创造工程佳绩。

④ 工程师对同僚的责任。分工合作：贯彻专长分工、注重协调合作、增进作业效率；承先启后：矢志自励互勉、传承技术经验、培养后进人才。

5. 1996 年《中国工程师信条实行细则》

（1）工程师对社会的责任

守法奉献——恪守法令规章、保障公共安全、增进民众福祉。

实行细则：

① 遵守法令规章，不图非法利益，以完善之工作成果，服务社会。

② 涉及契约权利及义务责任等问题时，应请法律专业人士提供协助。

③ 尊重智慧财产权，不抄袭，不窃用；谨守本分，不从事不当礼仪之业务。

④ 工程招标作业应公正、公开、透明化，采用公平契约，坚守业务立场，杜绝违法事情。

⑤ 规划、设计、执行生产计划，应以增进民众福祉及确保公共安全为首要责任。

⑥ 落实安全卫生检查，预防公共危害事件，保障社会大众安全。

尊重自然——维护生态平衡、珍惜天然资源、保存文化资产。

实行细则：

① 保护自然环境，充实环保有关知识及实务经验，不从事危害生态平衡的产业。

② 规划产业时应做好环境影响评估，优先采用环保器材物资，减少废弃物对环境之污染。

③ 爱惜自然资源，审慎开发森林、矿产及海洋资源，维护地球自然生态与景观。

④ 运用科技智慧，提高能源使用效率，减少天然资源之浪费，落实资源回收与再生利用。

⑤ 重视水文循环规律，谨慎开发水资源，维护水源、水质、水量洁净充沛，永续使用。

⑥ 利用先进科技，保存文化资产，与工程需求有所冲突时，应尽可能降低对文化资产的冲击。

（2）工程师对专业的责任

敬业守分——发挥专业知能、严守职业本分、做好工程实务

实行细则：

① 相互尊重彼此的专业立场，结合不同的专业技术，共同追求工作佳绩。

② 承办专业范围内所能胜任的工作，不制造问题，不做虚假之事，不图不当利益。

③ 凡须亲自签署的工程图纸或文件应确实办理或督导、审核，以示负责。

④ 不断学习专业知识，研究改进生产技术与制程，以提高生产效率。

⑤ 谨守职责本分，勇于解决问题，不因个人情绪、得失，将问题复杂化。

⑥ 工程与产业之规则、设计、执行应确实遵循相关规定及职业规范，坚守专业立场，负起成败责任。

创新精进——吸收科技新知、致力求精求进、提升产品品质。

实行细则：

① 配合时代潮流，改进生产管理技术，提升产品品质，建立优良形象。

② 不断吸收新知，相互观摩学习，交换技术经验，做好工程管理，掌握生产期程。

③ 适时建议修订不合时宜之法令规章，以适应社会进步、产业发展及管理需要。

④ 重视研究发展，开发新产品，追求低成本高效率，维持技术领先，强化竞争力。

⑤ 运用现代管理策略，结合产业技术与创新理念，提升产品品质及生产效率。

⑥ 建立健全的品保制度，做好制程品管，保存检验记录，以利检讨改进。

（3）工程师对雇主的责任

真诚服务——竭尽才能智慧、提供最佳服务、达成工作目标。

实行细则：

① 竭尽才能智慧，热诚服务，并以保证品质、提高业绩为己任。

② 遵守契约条款规定，提供专业技术服务，避免与雇主发生影响信誉及品质之纠纷。

③ 充分了解雇主之计划需求，明白说明法令规章之限制，以专业所长提供技术服务。

④ 彼此相互尊重，开诚布公，交换业务改进意见，共同提升生产力，达成目标。

⑤ 不断检讨改进确实，引进新式、高效率之生产技术及管理制度，以提高生产效率。

⑥ 不向材料、设备供应商、包商、代理商或相关利益团体，获取金钱等不当利益。

互信互利——建立相互信任、营造双赢共识、创造工程佳绩。

实行细则：

① 服务契约明订工作范围及权利义务，并以专业技术及敬业精神履行契约责任。

② 与雇主诚信相待，公私分明、不投机、不懈怠，共同追求双赢的目标。

③ 定期向雇主提报工作执行情形，明确提出实际进度、面临之问题及建议解决方案。

④ 体认与雇主为事业共同体，以整体利益为优先，共创营运佳绩。

⑤ 应本专业技术及职业良心尽力工作，不接受有业务往来者之不当招待与馈赠。

⑥ 坚持正派经营，不出借牌照、执照，不转包，不做假账，不填不实表报。

（4）工程师对同僚的责任

分工合作——贯彻专长分工、注重协调合作、增进作业效率。

实行细则：

① 力行企业化管理，明确权责划分及专长分工，不断追踪考核，以提升工作效率。

② 主动积极服务，密切协调合作，整合系统界面，相互交换经验，共同解决问题。

③ 虚心检讨工作得失，坦诚接受批评指教，改进缺点，发挥所长，共创业务佳绩。

④ 不偏激独行，不坚持己见，不同流合污，吸收成功的经验，吸取失败的教训。

⑤ 相互协助提携，不争功过，不打击同僚，以业务绩效来赢得声誉与尊严。

⑥ 尊重同僚之经验与专业能力，分享其成就与荣耀，不妒嫉他人，不诋毁别人来成就自己。

承先启后——矢志自励互勉、传承技术经验、培养后进人才。

实行细则：

① 经常自我检讨改进，不分年龄、性别及职务高低，相互切磋学习。

② 洁身自爱，以身作则，尊重他人，提携后进，谨守职业道德与伦理。

③ 培养后进优秀人才，重视技术经验传承，尽心相授，共同提升工程师的素质。

④ 从工作中不断学习，记录执行过程与经验，撰写心得报告，留传后进研习。

⑤ 注重技术领导，理论与实务并重，主动发掘问题，共谋解决之道。

⑥ 确实履行工程师信条及实行细则，提升工程师形象，维护工程师团体的荣誉。

3.3.2　台湾地区工程伦理守则及解说

工程质量的优劣对于人类、社会具有重大且深远的影响，因此工程人员应秉持诚实、无私、公平且公正之原则，提升自我专业能力，维护工程人员的尊严与形象，与人为善，服务社会、雇主及业主，支持相关专业团体，并致力维护公共卫生、安全与福祉，追求持续发展的目标。

为确保工程人员的工程贡献，所有工程人员应了解、坚守并笃行下列八大伦理守则：

1. 对个人的责任：善尽个人能力，强化专业形象

（1）工程人员应恪守法规，砥砺言行，以端正整体工程环境之优良风气，并维护工程人员之专业形象。

工程人员是工程执行的关键因素，其行为和职业操守与工程整体成败及质量息息相关，对社会与民众的权益影响深远。因此，身为工程人员应准确掌握并遵守与本身专业有关的法令规范，避免因不了解法规而做出违法的判断或决策。工程人员应当谨慎言行举止，不发表不当言论，不做有违专业操守的行为。相互砥砺，端正工程环境的优良风气，树立工程人员的专业形象。

（2）工程人员不得以任何直接或间接等方式，向客户、长官、承包商等输送或接受不当利益。

某些工程人员为求达到某些特殊目的（如指定特殊规格、增加工程经费、增加工期等），以不正当的手段（如恐吓、威胁、招待、利益输送等）施加于特定对象，如业主、审查者、客户、长官、同行及承包商等。对于上述情形，工程人员应做理性判断，不得随意接受他人给予的好处，对于他人的不当行为，应予以正当途径寻求解决。

（3）工程人员应了解本身之专业能力及职权范围，不得承接个人能力不及或非专业领域之业务。

工程所包括的专业领域非常广泛，每项工程都有自身的特殊性及专业性，需要不同专业的工程人员合力完成，因此工程人员的胜任能力对于工程质量的优劣与成败具有重要的影响。部分工程人员为追求业务发展或牟取更多利润，以业务争取为首要目的，却忽略本身的专业能力是否能够完成客户所交付的任务。技术服务具有知识的不对称性，客户对于工程专业分类并不十分了解，如果工程人员无法依据自身专业能力与职责做适当判断，任意接受委托，将可能造成双方后续的损失或争议，破坏专业形象，使大众对工程人员产生不信任感。

（4）工程人员应对于不同种族、宗教、性别、年龄、阶级之人员，皆公平对待。

工程人员应秉持专业角度服务社会，不得因服务对象的种族、宗教、信仰、性别、年龄，阶级等外观因素而有差别待遇。举例来说，过去的工程传统，对于女性工程人员或多或少存在有不同的差别待遇，如隧道施工中不准女性进入等，现在因观念改变以及相关法案（如两性平等工作法）的实施，情况已有明显改善。

（5）工程人员应彼此公平竞争，不得以恶意中伤或污蔑等不当手段，诋毁同行争取业务。

工程人员同业间应以既合作又竞争的心态，彼此相互鼓励，追求专业成长。虽然在实务上常因争取业务而有相互竞争的情况，但"君子无所争，必也射乎"，对于业务争取应以良性竞争，创造双赢局面，而不得以恶意中伤、污蔑甚至毁谤等方式打击同行人员。否则，虽然可能因此取得一时的胜利，但对于整体工程环境而言，却会带来负面的影响，并败坏风气，不但无助于工程专业正常发展，还将造成"劣币驱逐良币"的后果。

（6）工程人员不得擅自利用组织或专业团体之名，图利自己。

工程人员任职于组织或参与专业团体，应秉持本分，执行业务工作，不得擅自利用组织或团体所赋予的权力或职权进行其他图利自己或他人的行为，比如受承包商委托撰写文件、要求承包商提供额外服务、或与业务相关者私下有金钱往来行为等，避免瓜田李下、甚至误入歧途的困境。

2. 对专业的责任：涵蕴创意思维，持续技术成长

（1）工程人员应持续进修专业技能与相关知识，提升工作质量。

专业技能是工程人员的必备条件，而专业态度更是工程人员执行业务时应坚持的原则。古人云"人必自侮，而后人侮之"，唯有尊重自己才能获得他人的尊重。工程人员的专业形象必须靠一点一滴的努力，逐渐累积与努力经营。工程人员绝对不愿看到由于某些工程人员的一时不察或心存侥幸，违背专业伦理，因此伤害整体工程形象，降低社会大众的信任。工程人员不仅应具有专业技能，而且应随时保持敬业的态度，维护专业形象，以求持续发展。

（2）工程人员不得夸大或伪造其专业能力与职权，欺骗公众，引人误解。

为确保工程质量，必须随时关注本专业相关的新知识与新动态，致力于专业持续发展，保持本身专业技能的最佳状态，以提供最好的技术服务。

（3）工程人员应积极参与专业团体，并通过发表论文等进行技术交流，提升整体专业技术与能力。

工程人员应诚实面对自身专业，并了解自己的专业能力与专业范围，不得为求业务发展与追求利益，夸大或伪造其能力与职权。否则藉由欺骗手段达到目的，不但会伤害本身专业形象，使客户蒙受损失，更可能触犯法律，害人误己。

（4）工程人员应秉持专业观点，以客观、诚实之态度勇于发言，支持正当言论作为，并谴责违反专业素养及不当之言行。

工程人员除了要求自己的专业持续发展，也应当适度将自己的学识、经验与同行相互交流。通过加入行业学会等专业团体，提供一己之力，共同为推动整体工程环境专业发展而努力。此外，工程人员应彼此鼓励技术交流，并以论文发表、研讨方式相互砥砺，提升专业水平，发展积极向上的风气。

（5）工程人员应尊重他人专业与智慧财产，不得剽窃他人之工作成果。

工程人员应认同自己身为工程专业领域的一份子，与整体工程专业荣辱与共，不能有"各人自扫门前雪"的消极心态，必须以客观诚实态度秉持专业观点，勇于发言支持正当言论，鼓励正确行为，如果同行言行有违反伦理之处，即应予以劝告并谴责不当言行。

（6）工程人员应随时思考专业领域之永续发展，并致力提升公众之认同与信赖，保持专业形象。

工程人员对于他人知识产权应予尊重，如需引用必须征求其同意。反之，本于"取之社会、用之社会"的精神，为求产业技术的整体发展，工程人员也应当适度分享其经验及技术，以相互交流、追求进步，不得过度保护、划地自限。

3．对同僚的责任：发挥合作精神，共创团队绩效

（1）工程人员应尊重前辈、虚心求教，并指导后进工程人员正当作为及专业技术。

工程人员应尊重主管、长官、同事、下属，对于初学者应提供热忱的协助，应告诉他们哪些人以及哪些事可能对他目前的状况有所帮助。工程人员在提携新人时，除了平时专业知识的传授，身教也非常重要。

（2）工程人员不得对下属做不当指示。

主管不得对同事或下属进行不合法或不合理的指示。

（3）工程人员应对于同僚业务上之不当作为，应婉转劝告，不得同流合污。

（4）工程人员应与同僚间相互信赖、彼此尊重，并砥砺切磋，以求共同成长。

同行间应共同建构和谐的工作环境，不得相互猜忌，在提供协助时，也不得故意误导。

4．对雇主/组织的责任：维护雇主权益，严守公正诚信

（1）工程人员应了解及遵守雇主之组织章程及工作规则。

（2）工程人员应了解并遵守所服务单位的组织章程及工程规则、办法、规章。

工程人员应谨守公私分明，维护雇主权益，不得假公济私或浪费雇主资源。

（3）工程人员应尽力维护雇主之权益，不得未经同意，擅自利用工作时间及雇主之资源，从事私人事务。

工程人员应依职务权限执行业务，过程中应谨守公司授权的范围，依据所赋予的权责任事，接洽公务如涉及对公司权利义务的变更时，应主动告知雇主或主管。

5. 对业主/客户的责任：体察业主需求，达成工作目标

（1）工程人员应秉持诚实与敬业态度，沟通与了解业主/客户之需求，维护业主/客户正当权益，并尽力完成其所交付之合理任务。

工程人员接受业主或客户委托以提供专业服务时，应秉持诚信原则进行沟通，以了解其需求及任务目标，避免错误认知，并尽力提供完善的服务及建议，以维护业主/客户权益及达成受托任务。

（2）工程人员应对业主/客户之不当指示或要求，秉持专业判断，予以拒绝及劝导。

工程人员是以专业知识提供服务的，当业主或客户提出的需求或指示，经判断认属不当（有不合乎规范、法规或可能损害社会利益及公共安全等情形）要求时，应表异议或拒绝，并给予适当的建议，不得直接接受或执行。

（3）工程人员应对所承办业务保守秘密，除非获得业主/客户之同意或授权，不得泄露有损其权益之相关信息。

工程人员受业主或客户委托所完成的成果及相关数据，如未经其同意或授权即予以公开或泄露给他人，可能造成困扰、争议或影响他人权益，因此，工程人员应对其所承办业务注意保密。

6. 对承包商的责任：公平对待包商，分工达成任务

（1）工程人员应以专业角度制定公平合理之契约，避免契约争议与纠纷。

工程人员应以专业知识配合法律、财务等辅助知识来订定契约，业务契约应依循法令及公平合理原则订定，以减少争议及纠纷。

（2）工程人员不得接受承包商之不当利益或招待，并应尽可能避免业务外之金钱来往。

工程人员在业务执行中与承包商的互动在所难免，而其互动是否会损及他人的利益则是大家所关心的。承包商工程人员在业务执行过程中基于与业主维持良好关系，通常都会尽可能去满足业主方面的要求，因为在与业主维持良好互动的情况下，工程推进会比较顺利，但其间是否涉及承包商与业主间不当的利益或招待是特别值得注意的。工程人员不得藉由与业主/承包商的往来，提供或接受不当利益或招待。

（3）工程人员不得趁其职务之便，以压迫、威胁、刻意刁难等方式，要求承包商执行额外之工作或付出。

在工程中常有实际案例，工程人员以业主代表的身份，要求承包商提供其个人所需的协助，而承包商为使其工程计价、验收等工作得以顺利进行，往往视其要求程度尽量配合，对于此种利用职务之便，对承包商要求额外付出的情况，工程人员应予防范并主动避免。

（4）工程人员应与承包商齐力合作，完成任务，不得相互推诿责任与工作。

工程责任常常是让工程人员在执行过程中备感压力的部分，尤其是牵涉到分包的过程，

而契约以符合业主最大利益为出发点，导致在工程执行的过程中，业主工程人员或是委外监造的工程单位，由于与承包商地位的不对等，时常对承包商刁难，却未必有助于工程的顺利推进。

7. 对人文社会的责任：落实安全环保，增进公众福祉

（1）工程人员应了解其专门职业涉及公共事务，执行业务时，应考虑整体社会利益及群众福祉，并确保公共安全。

公共工程与民生设施系使用社会资源进行公共事务的投资及建设，工程规划及施工质量，涉及社会大众使用的经济性、便利性和安全性，因此，工程人员于执行业务时，应认同其应尽的责任并尽力达成。

（2）工程人员应熟知专业领域规范，并了解法规的含义，对于不合乎规范、损及社会利益与公共安全的事情，应加以纠正，不得随意批准或执行。

工程人员对于其担任的职务及执行业务的范围，应熟知所涉及的专业规范以提供适当的服务，并了解相关法规的规定；于执行过程发现不合乎规范、法规或可能损害社会利益及公共安全情况时，即应予导正，不可轻忽漠视。

（3）工程人员应提供必要之技术数据或作业成果说明，以利社会大众及所有关系人了解其内容与影响。

工程人员于执行业务时所完成的数据及成果，对不同专业者常有知识不对称性，当其涉及大众利益或其他工程关系人的判断时，工程人员应提供必要的说明，增进他人对工程内容及可能影响的认识，以避免不必要的误解或不适当的决定。

（4）工程人员应运用其专业职能，尽其所能提供社会服务或参与公益活动，以造福人类，增进社会安全、福祉与健康之环境。

工程人员的工作性质属于专门职业或技术领域，应发挥其专业能力，增进对公众事务的参与及服务，以提升大众对专业的认同及信赖，并通过所提供的专业服务，增进社会福祉、公共安全及卫生。

8. 对自然环境的责任：重视自然生态，珍惜地球资源

（1）工程人员应尊重自然、爱护生态，充实相关知识，避免不当破坏自然环境。

为避免工程建设造成自然环境不可逆的破坏，产生后续高成本的复旧或维护工作，工程人员应掌握有关自然环境的知识，并且纳入业务执行能力的考核，在可能的范围内减少对环境的冲击。

（2）工程人员应兼顾工程业务需求与自然环境之平衡，并考虑环境容受力，以减低对生态与文化资产等之负面冲击。

自然生态与文化资产属于社会公共财产，不得因工程建设而造成严重冲击，工程人员应充分考虑工程需求及环境影响的平衡关系，进行必要的评估及探讨，以完成适当的工程规划及配套措施。

（3）工程人员应致力发展及优先考虑采用低污染、低耗能之技术与工法，以降低工程对环境之不当影响。

为减少工程对环境的冲击，工程人员应增强专业知识，并重视研究发展，以采用对环境产生负面影响最低的技术、工法或材料。

3.3.3 美国土木工程师协会（ASCE）工程伦理规范

1. ASCE 1914 年的工程伦理规范

下列行为被认为是不称职的，同时也有损美国土木工程师协会会员的尊严和荣誉：

① 在职业问题上为其客户工作，不以一个忠诚或信任的角色行事，或接受额外的报酬；

② 试图以造假或恶意的方式，直接或间接地损害职业荣誉、财产或同行的商业利益；

③ 试图在同行的工作已经取得明确进展时排挤同行；

④ 在职业定价的基础上通过降低通常收费，知晓同行定价后蓄意降低定价，与同行恶意竞争；

⑤ 评议服务于同一客户的其他同行的工作，除非获得同行的同意或同行与客户合同关系到期；

⑥ 以自我吹嘘的言行或以其他方式诋毁职业荣誉。

2. ASCE 1996 年的工程伦理规范

（1）基本原则

通过以下原则，工程师应保持和促进工程职业的正直、荣誉和尊严。

① 运用他们的知识和技能改善人类福祉和环境；

② 诚实、公平和重视地为公众、雇主和客户服务；

③ 努力增强工程职业的竞争力和荣誉；

④ 遵守职业和技术协会的纪律。

（2）基本准则

① 工程师应当把公众的安全、健康和福祉置于首位，并且在履行他们职业责任的过程中努力遵守可持续发展的原则；

② 工程师应当仅在其能胜任的领域内从事职业工作；

③ 工程师应当仅以客观、诚实的态度发表公开声明；

④ 在职业事务中，工程师应当作为可靠的代理人或受托人为每一位雇主或客户服务，并避免利益冲突；

⑤ 工程师应当将他们的职业荣誉建立在自己的职业服务的价值之上，不应与他人进行不公平的竞争；

⑥ 工程师的行为应当维护和增强工程职业的荣誉、正直和尊严；

⑦ 工程师应当在其职业生涯中不断进取，并为在他们指导下的工程师提供职业发展的机会。

3.3.4 美国电气工程师协会（AIEE）伦理规范（1912 年）

1. 总则（一般原则）

① 在工程师的所有原则中应该由最高荣誉原则指导。

② 尽自己最大的努力去服务工程师所在企业是工程师的责任。如果发现其所服务的企业存在可疑的地方，应该尽快切断与这个企业的联系。

2. 工程师与客户及雇主的关系

① 工程师应该将保护客户或者雇主的利益视为其首要职业职责，因此应当避免每一个与这一职责相反的行为。如果有其他的考虑，比如职业职责或限制，干扰了工程师满足一个客户或雇主的合理期望，工程师应当通知客户或雇主这一情况。

② 工程师不能未经过缔约方同意从多个利益相关方接受报酬、金钱或其他形式的资金。无论在咨询、设计安装还是运行时，工程师都不能直接或间接地从其客户或雇主相关的缔约方那里接受佣金。

③ 工程师如果被要求决定如何使用发明、设备或其他涉及经济利益的其他方面的工作，需要在参与之前明确工程师在这项工作中的地位。

④ 一个拥有独立执业的工程师在不引起利益纠纷的情况下可以受雇于多个缔约方；并且应该明白的是，工程师不希望将其所有的时间投入到其中一个，但是工程师可以自由执行其他的缔约。如果一个咨询工程师永久受雇于其中一个缔约方，如果在他看来会产生利益纠纷的话，应该提前通知其他缔约方。

⑤ 工程师应当明确其职责，尽一切努力来弥补设备上、结构上或者危险操作中的缺陷，并且工程师应当把这些危险的缺陷告知他的客户或雇主。

3. 工程记录和数据的所有权

① 工程师对其所承担的工作做出改进、发明、规划、设计或其他记录是令人满意的，同时工程师应当就其所有权达成协议。

② 如果一名工程师使用的信息不属于常识或者公共财产，而是从其客户或雇主那里获得的，其使用的结果以规划、设计或者其他记录的形式呈现，这些规划、设计或者记录的所有权应该是其客户或者雇主，而不是工程师本人。

③ 如果工程师使用的是他自己的知识，或者来自先前出版物的信息，或其他方面的信息，或者是从客户或雇主那里获得非性能规格和日常信息的非工程的公共数据；在没有达成协议的情况下，以发明、规划、设计或其他记录形式所呈现的，其所有权应该是工程师所有，仅在工程师被雇佣的情况下，客户或雇主有权使用这些信息。

④ 所有由工程师完成的以发明、规划、设计或者由客户或雇主保留给工程师的工程领域之外的其他记录的工作和结果，其所有权应该属于工程师，除非有相反的协议。

⑤ 如果工程师或者制造商使用客户提供的设计建立的装置，其所有权仍然属于该客户，未经该客户许可工程师或者制造商不能复制给他人。当工程师或者制造商与客户共同制定设计和规划或者共同开发发明时，应该在这项工作开始前就各项发明、设计或者其他类似性质的事项的所有权达成协议。

⑥ 工程师从客户或者雇主那里获得的任何工程数据或者信息，或者工程师自己创造的信息都应该被视为机密的；尽管他有在自己的专业实践中使用这样的数据的正当理由，但是这些数据未经发布许可，使用它是不正确的。

⑦ 设计、数据、记录以及雇员做的笔记和专门为雇主所做的工作，其所有权应该是雇主。

⑧ 顾客购买的设备，其不获得任何设备设计的权利，而仅仅是设备的使用权。客户不获得由咨询工程师制定的规划的任何权利，除了制定了特殊协议的情况。

4．工程师与公众的关系

① 工程师应当努力帮助公众对工程事项有一个公正和正确的理解，拓展他们的一般工程知识，阻止不真实、不公平或者夸大的关于工程学科的陈述出现在报刊上或者其他地方，尤其是应该阻止那些故意的言论，它们可能导致公众加入不良的企业。

② 技术讨论和工程学科的批评不应该在公共新闻中进行，而应该在工程学会上，或者在学术期刊上。

③ 第一次出版的涉及发明或者其他工程进步的不应该在公共出版物上，而应该在工程学会上，或者在学术期刊上。

④ 对某一学科的所有事实以及学科信息被提出的目的没有完全熟悉就对其发表意见是不专业的。

5．工程师与工程协会的关系

① 工程师应该通过交流一般信息和经验的方式来关心和帮助同事，或者通过指导以及工程学会等方式来帮助同事。他应该努力阻止著名的工程师不受不实陈述的影响。

② 工程师应当注意到工程工作的信誉归因于这些工作的真正工作者，信誉随着工程师工作事项知识的增长而增长。

③ 负责主管工作的工程师不能让非技术人员以纯粹的工程学理由推翻他的工程判断。

6．修正

该准则的补充或修改由理事会在法定程序下执行。

3.3.5　美国电气和电子工程师协会（IEEE）工程伦理规范（1990年）

作为 IEEE 的成员，我们认识到，我们的技术会影响到全世界人民的生活质量，我们接受我们每个人所承担的对自身职业、协会成员和我们所服务的社区的责任，因此，我们将致力于实现最高尚的伦理和职业行为，并同意：

1．承担使自己的工程决策符合公众的安全、健康和福祉的责任，并及时公开可能会危及公众或环境的因素；

2．无论何时，尽可能避免已有的或已经意识到的利益冲突，并且当它们确实存在时，向受其影响的相关方告知利益冲突；

3．在陈述主张和基于现有数据进行评估时，要保持诚实和真实；

4．拒绝任何形式的贿赂；

5．提高对技术、其适当的应用及其潜在后果的理解；

6．保持并提高我们的技术能力，并且只有在经过培训或实习具备资质后，或在相关的限制得到完全解除后，才承担他人的技术性任务；

7．寻求、接受和提供对技术工作的诚实的批评，承认和纠正错误，并对其他人做出的贡献给予适当的认可；

8．公平对待所有人，不考虑诸如种族、宗教信仰、性别、残障、年龄或民族的因素；

9．避免错误地或恶意地损害他人、财产、声誉或职业的行为；

10．对同事和合作者的职业发展给予帮助，并支持他们遵守本伦理章程。

3.3.6 美国化学工程师协会（AIChE）工程伦理规范（2003 年）

通过下列方式，AIChE 成员应当坚持和促进工程职业的政治、荣誉和尊严：诚实、公平、忠实地服务于他们的公众、雇主和客户，努力增强工程职业的竞争力和荣誉，运用他们的知识和技能增进人类的福祉。为了实现这些目标，成员应：

1．在履行职业责任的过程中，将公众的安全、健康和福祉放在首要位置，并且要保护环境；

2．在履行其职业责任的过程中，如果意识到其行为后果会危及同事或公众当前的或未来的健康或安全，那么他们就应该向雇主或客户正式地提出建议（并且，如果有正当理由，那么可以考虑进一步的披露）；

3．对他们的行为负责，寻求和关注对他们工作的批评性评价，并对其他人的工作提出客观的、批评性的评价；

4．仅以客观和诚实的方式发表声明或陈述信息；

5．在职业事务中，作为忠诚的代理人或受托人，为每一位雇主或客户服务，避免利益冲突，并且永不违反保密性原则；

6．公平、谦恭地对待所有同事和合作者，承认他们独特的贡献和能力；

7．仅在他们能胜任的领域内从事职业工作；

8．将他们的职业声誉建立在他们职业服务的价值之上；

9．在整个职业生涯中不断进取，并为他们指导之下的工程师提供职业发展的机会；

10．绝对不能容忍骚扰；

11．以公平、诚实和谦恭的方式行事。

第4章 工程伦理困境及解决方法

4.1 工程伦理的困境

引导案例:"7·23"温州动车事故

2011年7月23日20时30分05秒,甬温线浙江省温州市境内,由北京南站开往福州站的D301次列车与杭州站开往福州南站的D3115次列车发生动车组列车追尾事故,见图4-1。事故共有六节车厢脱轨,造成40人死亡、172人受伤,中断行车32小时35分,直接经济损失19371.65万元。

图4-1 温州动车事故

2011年7月23日19时30分左右,温州南站沿线铁路牵引供电接触网受到雷击,LKD2-T1型列控中心设备采集驱动单元电源回路中的保险管F2熔断。熔断前温州南站列控中心管辖区间的轨道无车占用,由于控制系统出现故障,导致后续时段实际有车占用时,列控中心仍按熔断前无车占用状态进行控制,致使温州南站区间信号错误保持绿灯状态。雷击还造成轨道电路与列控中心信号传输的CAN总线阻抗下降,使5829AG轨道电路与列控中心的通信出现故障,轨道电路发码异常,在无码、检测码、绿黄码间无规律变化,在温州南站计算机终端显示永嘉站至温州南站下行线三接近(5829AG区段)出现"红光带"。

19时39分,温州南站车站值班员臧凯看到"红光带"故障后,立即向上海铁路局调度所列车调度员张华汇报了"红光带"故障情况,并通知电务、工务人员检查维修。温州南站电务应急值守人员滕安赐接到故障通知后,于19时40分赶到行车室,确认设备故障属实后,在《行车设备检查登记簿》(运统-46)上登记,并立即向杭州电务段安全生产指挥中心进行了汇报。

19时45分左右,滕安赐进入机械室,发现6号移频柜有数个轨道电路出现报警红灯。

19 时 55 分左右，接到通知的温州电务车间工程师陈旭军、车间党支部书记王晓、预备工班长丁良余 3 人到达温州南站机械室，陈旭军问滕安赐："登记好了没有?"滕安赐说："好了"。陈旭军要求滕安赐担任驻站联络，随即与王晓、丁良余进入机械室检查，发现移频柜内轨道电路大面积出现报警红灯（经调查，共 15 个轨道电路发送器、3 个接收器及 1 个衰耗器指示灯出现报警红灯），陈旭军随即用 2 个备用发送器替代了亮红灯的轨道电路中的发送器，采用单套设备先行恢复。

20 时 15 分左右，陈旭军询问在行车室内的滕安赐，得知"红光带"已消除，即叫滕安赐准备销记。滕安赐正准备销记，5829AG "红光带"再次出现，王晓立即通知滕安赐不要销记。陈旭军将 5829AG 发送器取下重新安装，工作灯点绿灯。随后，杭州电务段调度沈华庚来电话让陈旭军检查一下其他设备。陈旭军来到微机房，发现列控中心轨道电路接口单元右侧最后两块通信板工作指示灯亮红灯，便取下这两块板，同时取下右侧第三块的备用板插在第二块板位置，此时其工作指示灯仍亮红灯。陈旭军立即（20 时 34 分左右）向 DMIS（调度指挥管理信息系统）工区询问了可能的原因后，便回到机械室取下三个工作灯亮红灯的接收器。此时列控中心轨道电路接口单元右侧第二块通信板工作指示灯亮绿灯，陈旭军随即将拆下来的两块通信板恢复到两个空位置上，然后通信板工作指示灯亮绿灯。陈旭军在微机室继续观察。至事故发生时，杭州电务段瓯海工区电务人员未对温州南站至瓯海站上行线和永嘉站至温州南站下行线故障处理情况进行销记。

20 时 03 分，温州南站线路工区工长袁建军在接到关于下行三接近"红光带"的通知后，带领 6 名职工打开杭深线下行 584 千米 300 米处的护网通道门并上道检查。20 时 30 分，经工务检查人员检查确认工务设备正常后，温州南工务工区驻站联络员孔繁荣在《行车设备检查登记簿》（运统—46）上进行了销记："温州南—瓯海间上行线，永嘉—温州南下行线经工务人员徒步检查，工务设备良好，交付使用"。

此时，D301 次列车进入轨道电路发生故障的 5829AG 轨道区段（经调查确认，司机采取了紧急制动措施）。20 时 30 分 05 秒，D301 次列车以 99 千米/小时的速度与以 16 千米/小时速度前行的 D3115 次列车发生追尾。事故造成 D3115 次列车第 15、16 号车厢脱轨，D301 次列车第 1 至 5 号车厢脱轨（其中第 2、3 号车厢坠落瓯江特大桥下，第 4 号车厢悬空，第 1 号车厢除走行部之外车头及车体散落桥下；第 1 号车厢走行部压在 D3115 次列车第 16 号车厢前半部，第 5 号车厢部分压在 D3115 次列车第 16 号车厢后半部），动车组车辆报废 7 辆、大破 2 辆、中破 5 辆、轻微小破 15 辆，事故路段接触网塌网损坏、中断上下行线行车 32 小时 35 分，造成 40 人死亡、172 人受伤，直接经济损失 19371.65 万元。

4.1.1　工程伦理困境产生的原因

1. 工程师的伦理困境

困境，又称两难，是人类在面临伦理选择时的一种特殊情形，实质是要人们在两个有价值的东西之间进行一种非此即彼的取舍。然而，人类要在善与恶、善与非善之间做出选择，并不会存在理智上的困惑。但还有一种特殊的情况，即在两个善之间选择一个而舍弃另一个，这就会使人陷入伦理困境。之所以称为困境，是因为此善和彼善的选择总会让人左右为难。英国哲学家菲利帕·福特提出的"电车悖论"，是伦理学上一个著名的伦理困境难题（详见 2.4 节引导案例）。"7·23"温州动车事故，不是一起简单的工程事故，而是一场"人为"的事故。其实，在事故发生前的每个环节，每一个人都能够尽职尽责以避免事故发生，但是却没有人这样做，也没有人考虑到可能产生的后果。事实上，随着工程师所掌握技术能力的增强，工程师所承担的责任也不断扩大，从最初的对个人负责、对公司负责发展到对公众、对社会负责，伴随着这种扩展，他们也面临着更多的责任困境。

（1）责任主体的集体化

现代科学技术的迅猛发展导致现代工程项目都是大型的、复杂的非线性系统，专业化日益加强，劳动分工不断细化，相当数量规模的个体交织在一起，其人员之庞杂、分工之细致，个体的责任承担很难确定。

偏差的常规化是导致事故发生的另一个重要因素。每一起工程事故，不论大小都有很多人牵涉其中，需要为之负责。每一项大型工程都存在众多工程师们的分工与合作，工程师们可能只关心自己负责的领域，无暇修正那些可能导致偏差的设计，忽略了部分给整体带来的影响，他们有意无意地接受偏差，这种过程都有可能导致灾难的发生。

在"7·23"温州动车事故中，54 名责任人受到严肃处理。从被处理者的工作性质来看，在设计环节，处理了科学技术司和通号设计院责任人共 13 人；在施工环节，处理了 12 人；在运营环节，处理了调度、车站、电务等共 27 人。导致事故发生的原因，既有通号设计院的设计缺陷，也存在着列车的调度问题。事实上，从通信设备供应商，到铁路局调度所，再到电务部门，均存在不可推卸的责任。上到铁道部部长、运输局局长、通号集团董事长，下到温州南站电务应急值守人员、车间值班人员均存在责任，相关责任人都受到了相应的党纪、政纪处罚。铁道部原部长刘志军和铁道部原副总工程师、运输局原局长张曙光还涉及严重违纪违法问题，被司法机关单独展开调查。

（2）角色与义务冲突

角色与义务冲突引发的伦理困境是指每个社会人在社会实践中可能会同时扮演多个不同的角色，而这些角色的义务有时是相互冲突的，这时候便会引发伦理困境。工程师也是一样，对雇主忠诚，是工程师的一项基本的伦理准则。超过 90%的工程师是雇员，在工程实践中，工程师与管理者的观点常常会发生冲突，他们既要对管理者负责，也要对职业负责。绝大部分工程师都想成为既关心公司经济利益，又无异议地执行上级命令的"忠诚的代理人"。但工程师的职业伦理准则要求他们必须将公众的安全、健康和福祉放在首位，必须坚持高标准的质量和安全要求。这时候，如果为了少数人的利益选择对雇主忠诚，而牺牲绝大多数人的利益，显然是有违工程伦理准则的。

相比较而言，工程师在做决策时，往往更多考虑的是工程师的伦理规范和标准，而管理者更侧重于企业的利益。工程师成为企业雇员后，当企业利益与公众利益相冲突的时候，工程师就会面临对企业忠诚还是对公众负责的伦理选择问题。这时，工程师往往会陷入两难的困境：一方面，工程师作为企业的雇员，应该对雇主忠诚，尽心尽职尽责地为企业获取利益；而另一方面，雇主为了最大限度地获取经济利益，可能会以损害公众利益为代价，工程师对社会的义务又要求他们努力将公众的安全、健康、福祉放在首位。这时候工程师便会陷入不同角色的义务冲突之中。

在"7·23"温州动车事故中，严重失职的原铁道部部长、党组书记刘志军，一方面，他作为一名工程师，应该将公众的安全、健康、福祉放在首位，把高铁的安全放在最重要的位置；另一方面，他作为铁道部部长，肩负着大力发展高铁建设，发展经济的重任。为了追求高铁的迅猛发展，压缩施工工期，片面追求建设速度而忽视安全管理，在"甬温线"的质量和安全监测、验收、评定等工作中发生了一系列违规操作等不规范行为，并涉嫌严重的经济问题，有违伦理准则。工程师和管理者的不同角色和义务发生了冲突。

（3）利益冲突与价值选择

工程伦理侧重于讨论如何正确、公正地处理工程中的各种利益关系，包括工程师与雇主、同事、下属间的利益关系，工程师自身与工程项目的利益关系，以及工程与自然的关系等。从工程师实践看，工程活动涉及社会生活的各个方面，工程中的相关人员在设计、决策、施工、管理等阶段都要和社会上的各种人打交道，随时存在着"利"与"义"的两难抉择，难免被社会上的某些不良环境所诱惑。能否恪守工程师的职业道德，不做违背工程伦理的事情，积极主动地防范工程风险，这是对工程技术从业人员的严峻考验。

工程师掌握专业技术知识，在工程建设行业具有举足轻重的地位和权力。一方面，作为一个普通人，工程师有追求自身利益的权力；另一方面，作为公司雇员，工程师具有坚持自己职业良心的基本权力、出于良心的拒绝权力、以及职业认同的权力。在当今的市场经济中，工程活动中的"利己原则"与伦理道德中的"利他原则"已经产生了激烈的利益冲突。利益冲突指的是雇员有一种利益，如果追求这种利益，可能使他们不能满足其对雇主的义务。利益冲突可能体现为无数种方式，最普遍的情况可以概括为：贿赂、回扣、其他公司的利益等。贿赂是指为了谋取不正当利益，给予他人相当数额的金钱或物品，其目的是为了排斥竞争对手，从而实现不正当交易。在美国全国职业工程师协会工程伦理准则中明确指出，工程师不得直接或间接接受来自他人的有价报酬，应该作为诚信的代理人为雇主或客户服务，避免利益冲突。

在工程实施过程中显现的伦理问题更是备受关注，现场施工、监理工程师和技术人员最有可能直接面对工程设计中的伦理问题。如现场工程师在施工中随意变更设计方案；现场施工人员偷工减料、违规操作、野蛮施工；工程监理人员甚至当地行政部门工作人员玩忽职守，凭兴致随意不合理地压缩工期，对管理混乱的现象视而不见，与工程承包商存在钱权交易、贪污腐败等问题。现阶段，工程转包的现象对工程质量有着重大影响，层层转包过程中每一层级为了谋取利益都要进行压价，最后留给施工单位的利润极为有限，为了盈利，施工单位往往不按国家和行业规范施工，甚至擅自更改设计，施工材料以次充好，为工程质量埋下严重隐患。

引导案例中提到的中国高铁建设在近几年实现了较快较大的发展，但是，也存在一些不和谐的因素，以至于常常有人怀疑中国高速铁路的建设速度是否过快，过于急于求成。大规模的追求高铁建设，究竟是为了社会经济的发展还是为了某些官员的个人政绩。前铁道部部长刘志军由于涉嫌重大经济问题被法院判处死缓，在职期间，他利用职务之便，为 11 人在职务晋升、承包工程、项目招标等方面提供帮助，先后收受贿赂 6460 万余元人民币。"7·23"动车事故也暴露出高铁在招标投标中存在的问题——高铁招标完全是利益招标，中铁隧道集团有限公司副总工程师王梦恕表示："很多招标都是指定施工单位，也经常有打着某某亲戚旗号的。"熟人招标、官二代招标、"串围标"、"陪标"等现象并不是单纯的投标商相互配合问题，招标的黑幕越来越严重，背后涉及的灰色利益链也很庞大。

2. 工程伦理的教育困境

随着中国制造、中国创造和中国建造的不断深入推进，我国的工程建设的规模大小、工程覆盖的行业数量、工程涉及的人数多少都达到了空前的规模，而我国的工程伦理的教育却一直处于被忽视的状态。加强工程伦理教育，塑造高素质工程技术人员势在必行。高校作为工程教育的主力，担负着工程伦理教育的重任。然而，全国高校中仅有少数几所开设了工程伦理相关课程，其中，对工程类学生的人文教育，只开设了质量不高的选修课。

在我国，无论是培养未来工程师的高校，还是从事工程建设的企业，都把专业技能作为工程师考核的唯一指标，忽视了对工程师的职业道德教育。当前我国工程事故频繁发生，道德的缺失与人为的责任是导致工程事故的主要原因，与工程师职业道德有很大关系。

（1）忽视了工程伦理学的跨学科性

工程活动虽然是一项相对独立的社会活动，但工程活动的结构和功能要与经济、文化、社会、生态的结构与功能相协调。随着学科发展的日渐专业化，学科的交叉性与综合性也越来越明显。工程伦理是基于科技和人文教育的学科，往往要解决来自不同领域的各种问题，更需要以其他学科为基础进行研究。作为理工与人文两大领域交叉融合的新学科，工程伦理问题本质上是跨学科问题。

随着科学技术的发展，"重理轻文"的思想导致人们对科学技术的重视程度越来越高，而忽视了对人文学科的教育。然而，科技与人文教育是密不可分的，二者相互渗透，缺一不可。科学与技术为人们提供认识和改造世界的知识，而人文学科则为人们提供认识和改造世界的法则和思想方法。工程伦理教育在社会上得不到普遍认同，工程伦理的研究与实践就难以得到发展，公众的工程伦理意识直接影响和制约着工程伦理教育的发展。由于我国工程教育过于注重专业化教育，导致现有的教学停留在技术层面，而忽视了伦理层面的教育，工科学生只致力于自己所学的专业技术知识，缺乏人文与社会学科知识的熏陶和学习，从而在面对复杂伦理困境时，难以做出正确的抉择。现行的教育模式未能反映学科的交叉综合特点，造成学生视野狭隘，解决问题的能力缺乏。

（2）工程伦理教育理论与实践脱节

在高校从事工程伦理学教育的教师一般是哲学、伦理学的老师，他们对伦理理论非常专业，但通常都缺乏工程实践的经验。在教学模式上，一般采用老师在课堂上讲述理论知识和概念的方式，很少将伦理理论与工程实践相结合，也没有引入与现实紧密相关的内容，更是缺乏将工程案例引入课堂进行分析、启发，课程设计的内容无法体现出工程伦理教育的特殊性。工程伦理教育并不只是理论知识的教育，而是需要通过能力提升来解决实际问题。在教学过程中，仅通过理论讲授的形式来传授知识要点，缺少实践环节的培养，不能激发学生的创新能力，帮助他们独立思考、解决问题，因此需要注重引入案例教学、角色扮演、辩论赛等新的教学表现形式。除了在高校教育中出现了理论与实践的脱节问题，在实际生活中，工程从业人员的素质提高的速度跟不上工程规模和质量发展的要求，提醒我们不得不重视工程从业人员的素质问题。

3. 公众信任缺失的困境

随着城市规模的扩大和人口的快速增长，人类道德与信任感的建设越来越跟不上社会经济建设的步伐，我们努力建设富强、民主、文明、和谐的社会，努力建立和谐的社会关系，却偏偏在这样的建设过程中忽略了人与人相处最重要的东西——信任。

（1）对工程质量的质疑

为什么公众普遍对工程质量存在质疑？首先，因为公众关注的肯定是出问题的那一部分工程。以桥梁工程为例，即使桥梁垮塌事故发生的概率只有万分之一，在庞大的工程建设基数面前事故发生的数量规模也仍然大得让人无法接受。换句话说，重大工程的质量事故类似于航空事故，无论发生在哪里，无论事故的影响有多大，社会都是零容忍的。因此，即使有 99.99% 的工程质量是"合格"的甚至是"优质"的，即使只有很少一部分工程出现质量事故，也很容易给人们造成"工程基础设施建设质量不佳"的印象。其次，工程质量如果严格对照标准规范和设计文件，仍然有不少工程不能完全达到要求。比如，设计单位在设计时考虑施工阶段会被"缩水"，留有相当的裕量，而施工单位也常常偷工减料；反过来，因为设计环节的保守，又给下游的各环节留下了"缩水"的空间。各个环节都按自己的经验和预测去调整，最后就很容易出现质量问题。

人为因素导致的工程质量问题及其引发的工程事故也时不时地发生，工程质量已经不单单只是技术层面的问题，更是社会层面的问题。从理论上讲，当前对工程质量的监督可谓是全方位的监管，可在实际工作中，有些质监部门往往在工程的监督管理上缺乏有力的机制，只从自身利益出发，造成监管的缺位，从而使不符合质量标准的工程成了漏网之鱼。在"7·23"动车事故中，通号集团设计院未按照国家有关产品质量检验的相关规定，在科研质量管理上的失职，对下属企业列控产品管理的失控，对产品研发过程和产品质量监督的不到位，产生了严重的负面影响。铁道部运输局基础部信号处副处长袁湘鄂因违规认定"LKD2-T1"型列控中心设备在技术上能够满足 CTCS-T2 型列控系统的技术要求，被严重处分；负责监管质量管理体系的通号集团质量管理部部长陈红，在履行职责中失察，对质量管理体系监督不到位，对事故负有重要领导责任。审查不严、监管不力、职责履行不到位等原因，直接导致了本次重大事故的发生，涉及事故的工程师存在严重的社会责任。

（2）政府公信力下降

近几年，"我爸是李刚""郭美美炫富""杭州 70 码"等事件接连发生，引发了政府的信任危机，我国政府的公信力遭到质疑。政府的话能不能相信，能相信多少，始终是群众心中的疑虑。尤其在处理突发事件时，为维护政府和个别领导的形象，习惯性的遮遮掩掩，对事件不做公开透明的处理，侵犯了公众的知情权。

温州"7·23"动车事故发生后几日，互联网上不断流传事故车辆火车头被掩埋的消息，声称铁道部是在掩盖动车事故的真相，引起了广大网友的猜测和不满。铁道部宣传部部长王勇平作为新闻发言人，就掩埋火车头事件做出解释："当时现场的环境非常复杂，掩埋破损车头是便于展开抢救。"在回答记者提问"为何在宣布没有生命体征，停止救援之后，又发现了小伊伊"时，在发布会上频频露出职业性微笑的王勇平解释道，"这只能说是生命的奇迹"。这样的回答显然不能使广大人民群众信服。随后几天，网友们在网络上无数次引用这句话，表达对铁道部新闻发言人王勇平以及事故本身的质疑。

某些媒体也随即成为政府的舆论工具。最终导致很多人宁愿相信网络上的小道消息，也不愿意相信所谓的主流媒体。"7·23"事件更是掀起了一波信任危机的高潮，"动车运行控制系统为何失效？""列车调度管理是否到位？""恢复通车是否仓促？""事故伤亡人数是否虚报？"等问题，相关部门均并未做出回应。信息公开的不及时，事故处理过程的不透明，政府回应的不适当，严重损害了公共部门的公信力。

4.1.2　工程伦理困境的出路

1. 倡导公众参与和技术评估

"道德悖论"是道德原则与道德价值实现的行为选择相冲突的结果。"道德悖论"如何消解？从道德行为的角度看，加强公众参与，让公众参与到工程的决策中来，并通过协商、讨论的方式，将个体的行为选择上升为一种普遍的社会行为模式。现代工程技术改变了传统工程对人类活动的影响，给人类带来了从未体验过的一切，但遗憾的是，它并不能解决伦理问题。美国著名技术哲学家卡尔·米切姆指出："考虑工程的伦理问题不再只是专家们的事情，而是这个时代所有人的事情。"因此，公众参与就显得尤为重要。

现代工程技术在给人们带来大量物质财富的同时，也给人类带来一系列负面效应。公众有权参与工程决策，来维护自身的利益。公众对政府活动的积极参与、形成良好的互动合作关系，将有助于决策者更有效地发现问题、准确界定决策目标，这是有效决策的基础。公众参与还有助于决策者广泛征询公众意见，获取全面、有效信息以作为制定决策方案的依据。公众参与和技术评估作为工程决策过程中的重要环节，是工程师摆脱工程师责任困境的有效途径。

（1）让公众参与工程决策

工程决策是一项极其复杂而艰巨的任务，它要解决的是建造一个什么样的工程、在哪里建造以及如何建造等一系列问题。工程决策需要解决众多伦理问题，比如工程的最终目的是否将造福人类？工程实现的目标是否科学？工程是否有合理的"成本—效益"比？工程是否符合可持续发展的理念？工程是否利于人与环境的和谐共生等。近年来，工程决策问题已经成为工程活动的首要关键问题。

处理工程决策伦理问题的关键在于，谁将参与决策和如何进行决策，这两个问题直接决定了工程决策结果的好坏。一个好的工程决策，不应只考虑经济与技术的可行性。工程技术和管理人员虽然是决策的主要力量，但也不应忽视公众的意见。由于社会公众和工程师的视角不同，利益偏好也不一样，在工程决策之前应当将工程的目标、设计思路、技术可行性、可能存在的问题和困难等客观、如实地公开，并鼓励社会公众提出不同的意见。这有利于决策者从不同角度深入思考决策方案，获取更为全面的信息，更能有效地发现问题，进而促进工程设计方案的改进，甚至有可能避免错误方案的执行。公众参与有助于促进工程决策的科学化和民主化，最大限度地实现公共利益。2015 年 1 月，武汉市国土资源和规划局推出国内首个"众规"平台——"众规武汉"，在全国率先开展了公众规划的探索，采用"众智众筹"创新规划编制方式，以解决规划编制管理中存在的实际问题为目标。这些"众筹"的市民方案征集完成后，规划部门将对这些规划意见进行大数据分析，结合最大多数市民的意见并综合专家们的意见，形成最终规划并公布后实施。武汉市国土资源和规划局相关人士称："市民的意见将成为最终实施规划的重要参考和依据。"

（2）进行全面的工程技术评估

技术评估是解决工程师责任困境的又一途径。在技术应用之前对其可能带来的风险进行预测和评估，然后做出相应对策，从而避免不良后果的出现。这样，工程师也就会避免受到公众的伦理职责困扰，摆脱责任困境。技术评估是一种事前思维，是在决策阶段对已完成的某个设计方案进行全面的、综合性的、带预见性的评价，预测其实施效果——尤其是"派生效果"和"长期效果"，并把这种带预见性的对预测的"事后效果"的评价作为事前决策的依据。因此，确切地说，技术评估是"事前"对"事后"进行"先思"的思维。技术评估是为了避免风险，为了安全。这就要求工程师遵循考虑周全的伦理原则，考虑周全是指工程师在工程设计与工程实施中尽可能多地考虑更多现实因素，确保工程安全，它是一种更为理想的工程设计伦理原则。在工程设计中除了考虑技术因素，一些非技术因素，如环境、社会背景、利益相关者等非技术因素也应被纳入考虑的范围。工程设计中包含着无法仅由知识化的技术系统替代的人文内涵。现实情况是善变的，人类的活动是自由的，这些都可能使理论设计同现实结合后并不能表现为最佳，很多重大的工程事故都是由于设计中考虑不周造成的。

因此在对工程进行技术评估中，工程师应尽可能考虑周全，以避免由于设计上的缺憾而使自己陷入两难境地。

工程技术评估包括两个方面，一是技术是否可行，二是技术是否全面完整。这两个方面是相互作用、相辅相成的。工程的技术评估需要把两个方面结合起来考虑。比如，青藏铁路的修建最早是由孙中山先生提出的，但在那时这也只是孙中山先生的一个梦想；1954年，青藏公路全线通车，毛主席任命王震为铁道兵司令员，带领着大家开始了这一艰巨的任务。当时的中国百废待兴，供给少，战士们又冷又饿，但大家依旧勤勤恳恳誓要将铁路修到喜马拉雅山脚下。1961年，由于当时的国力和技术水平实在不足以支撑青藏铁路的修建，铁路建设被迫中止；可中国还在不断发展，新中国的领导人更是时时刻刻牵挂着这条铁路，1974年沉寂了13年的青藏铁路又被提上了日程，1700名科技人员一直在攻克青藏高原的难关，1978年铁路再一次因技术问题被停建；如今的中国不论是经济实力还是科技实力都有了很大的发展，在一代又一代铁路人的努力下，克服了高原冻土、高寒缺氧、生态脆弱等三大世界级技术难题，终于在2006年青藏铁路正式开通。

（3）建立有效的对话机制

工程伦理学中的"对话"，侧重于从工程实践整体上，促进相关共同体之间的相互理解，使各共同体之间的利益矛盾得以解决。工程伦理学的对话，包括职业层面和舆论层面两种模式。

围绕工程师职业实践而开展的对话即为职业层面的对话，关键在于工程共同体与公众之间的对话。比如，围绕水利工程的建设而开展的与工程建设有直接利益关系的工程师、管理者以及当地居民之间的对话。职业层面的对话通常围绕经济利益与公众利益展开，在大多数情况下，工程项目都是以获取经济利益为目的，管理者为了获取经济利益往往会做出侵害公众利益的决策。而"公众"在这里又包含两种情况：一种是会直接被工程活动所影响，即工程活动的受益者或受害者；另一种是可能受到工程活动"潜在"影响的社会大众。在这样一种复杂的情况下，有效的对话机制有利于决策者准确获得所需信息，在管理者的经济利益与公众利益之间寻求一种平衡，只有这样，工程伦理的对话才具有实践的有效性。

舆论层面的对话，指围绕工程实践的社会伦理后果，媒体人员、社会评论家等一系列"社会公众"与工程共同体的商谈对话。它的目的在于建立一个公众、工程共同体以及其他利益相关者的对话平台。其参与者从原来的直接或间接受工程影响的公众，扩展到整个社会层面的公众。这些"社会公众"能够超越自己专业的限制，通过各种渠道主动关注工程技术，他们更能理解工程实践对公众利益的影响。政府公信力的缺失，恰恰表明了政府与民众缺乏沟通。要实现政府与民众的相互信任，就要确保自身决策内容的公开透明和信息的充分流动，这样才有利于政府构建与公众相互沟通的桥梁，进而促使政府做出正确的决策。因此，公众参与对话一定要建立在一个有效的对话机制上，尤其是要将舆论层面的对话与制度层面的对话相结合。只有适度有效的沟通，才能使决策者了解公众的真实诉求。除了与公众的对话，工程师也需要足够的话语权来解决与雇主之间的冲突，雇主需要鼓励不同观点的表达，提供一种使雇员们都能自由表达自己观点的氛围。

2．加强工程伦理教育

为摆脱工程师的伦理困境，美国著名技术哲学家卡尔·米切姆提出了公众参与和技术评估的有效途径，即建立一个公众、技术专家、伦理学家的共同体对问题进行思考。这就需要提升公众的工程伦理水平，开展工程伦理教育。工程伦理教育包括正规教育与非正规教育。正规教育指的是纳入正规教育体系中的，对政府、企业和高校进行的伦理教育。非正规教育包括舆论宣传、政策引导、法律约束、文化熏陶等。工科院校是培养科技人才的摇篮，我国的工科院校应率先把工程伦理的相关课程作为工科大学生的必修课程，对学生进行系统的工程伦理教育，使他们能在未来的工作中具备强烈的责任感和伦理道德意识。开展工程伦理学教学首先要领导重视，从体制上加以支持。除了工科学生，在职的工程师也应该不断加强自身修养，不论是工程技术的学习，还是工程伦理的学习。

（1）加强工程伦理教育需要国家政策支持

工程伦理学是新兴的交叉学科，如果没有体制上的支持是很难维持的。从世界范围来看，美国工程与技术认证委员会（ABET）、日本技术人员教育评估组织（JABEE）以及全欧工程师学会（FEANI）都严格制定了工科大学生的培养目标。早在20世纪70年代，美国的工程伦理学就伴随着经济伦理学与企业伦理学而产生了，经过十余年的发展，已经形成了比较健全的科学体系。而工程伦理学也是美国大学的必修课，一所院校只有将工程伦理学纳入规划中，才能通过ABET的认证。其他国家，如德国、日本、法国的工程专业组织都有专门的伦理规范，在工程伦理学的研究方面取得了显著的成果。

在我国，大学生的工程伦理教育仍处于起步阶段。2007年6月，我国颁布了《全国工程教育专业认证标准（试行）》，才建立起工程教育的基本质量标准。近些年，随着工程伦理的发展，国内已经陆续有多所大学开设了工程伦理的课程。1999年，北京科技大学开设了工程伦理课程，随后，河海大学将科技伦理学作为必修课程，西南交通大学、福州大学相继开设了"工程伦理学"的选修课。

我国应该借鉴发达国家的经验，将工程师的职业道德教育摆在与专业技术同等重要的位置，鼓励更多大学开设工程伦理教育的相关课程，课程体系的建立也应当注重学科的交叉性，在工科学生的专业课和公共课中加入工程伦理内容。无论是文科生还是理科生，都需要从理论上学习，提高对工程师职业道德的认识。

（2）在实践中增强工程伦理教育

工程必然涉及风险，工程的风险意味着它可能产生预料之外的负面效应。传统的培训都是重理论轻实践，这与工程师的职业要求不相符。学科发展的综合化不仅是学科本身的发展需要，也是培养具有丰富创造力的优秀人才的需要。因此工程师需要拓宽对该学科的广泛认识，在实践中提高自己的预见性以便规避工程风险。

在工程伦理的教学中，不仅要传授给学生工程伦理的理论知识，强调工程伦理准则，更要将工程案例与理论知识相结合，分析工程实践中可能面临的风险，具体讲解工程实践中可能遇到的问题。教会学生在面对复杂情况时，根据工程伦理学的有关理论观点对实际问题进行分析，进而做出正确的判断。再结合实际活动把学习成果落实到实际行动中去。学校要努力为学生创造条件，将工科学生置身于现实环境中，给予他们亲自参与工程设计、工程管理等工程活动的实践机会，切实提高工科学生的实际工作能力，培养他们的工程伦理意识和社会责任感，并在实践过程中认识工程活动对人类生活、对社会发展的重要影响。

工程师也要学会从错误中学习，事故能告诉我们如何把事情做得更好，事故会帮助我们成长。"7·23"动车事故不仅反映了铁道部片面追求发展速度，忽视了安全方面的问题，还反映了不规范的市场行为，以及不规范的市场，必然导致事故的发生。事故警示我们必须尊重事物发展的客观规律，急于求成地寻求发展，必然导致灾难的发生。近些年接连发生的大桥坍塌事件集中反映了建筑施工过程中的质量问题，严重违反了工程建设质量标准，反映了现场把关不严、管理混乱，安全监管的不到位。严重的安全隐患，也需要给工程师敲响警钟，加强工程伦理教育，强化工程教育精神，加强工程监督，提升工程安全品质等，迫在眉睫。

（3）强化安全管理和职工教育培训

"一个工程建得不好，也许是道德出错，也许是能力不足。如果'道德水平'不够高，便算不上一名合格的工程师。"中国工程院院士沈国舫曾经这样说过。目前，我国工程技术人员数量庞大，但整体质量还不够高，技术水平相比国外也有很大差距，进一步提升工程从业人员的业务水平非常有必要。工程师除了要具备丰富的理论知识，扎实的实际操作能力，过硬的技术水平外，更要在思想品德上严格要求，自觉加强道德修养，提高自己的整体素质和职业操守。

在当前工程环境下，新技术、新工艺、新材料、新设备层出不穷，学习新知识、掌握新技术势在必行。要做一名优秀的工程师就要在熟悉和掌握原有知识及技术的基础上，不断学习和掌握工程领域相关学科的新知识。然而，仅仅提高技术层面的知识是远远不够的，良好的谈吐、得体的举止，以及不卑不亢的处事风格也是必不可少的，也只有这样，才能处理好与同事、上级、业主等方面的关系。无论处理哪些工作，最重要的是了解和掌握工程师工作的重点，在遇到问题时，及时上报上级领导并进行沟通，妥善解决好问题。除此之外，我们还要建立更为完善的工程师培训上岗制度，建立相对稳定的专业化队伍，以改变目前多数从业人员临时聘用和未经正规系统培训的现状。因此，加大职业道德教育力度，加强工程师的道德修养更成了必然选择。

案例分析

"7·23"甬温线高铁事故发生后，人们对技术层面上的怀疑转向了技术与管理层面的安全性质疑。运行40多年的日本新干线缔造了"零死亡"的安全神话，这主要归功于其配套的安全保障设施与安全意识的教育。不论是日本，还是其他高速铁路发展更成熟的国家，其技术法规及标准体系特别注重经济性和可持续发展性，尤其要把安全性作为首要准则。在完善我国高速铁路技术法规及标准体系中借鉴他国经验，在重视发展高铁技术的同时，更加重视安全规则的制定和安全监管。日本铁路技术法规不仅包含原则性条款，在公司制定的执行标准中也做了细节上的规定，有利于促进铁路公司改进技术、提高服务。在吸收和借鉴其他国家高速铁路发展经验的同时，我们也应当做好消化、吸收、再创新的工作，尽快建立健全完善的高速铁路技术、管理标准体系和各项规章制度体系。要进一步梳理、修订《铁路技术管理规程》《铁路运输调度规则》《高速铁路调度暂行规则》等基础性规章及一系列涉及行车组织的文件纪要。针对可能发生的突发事故，应该提前制定防范措施，全面分析故障及其后果，采取更加及时有效的处置措施。

4.2 工程伦理困境的解决方法

4.2.1 争议点分析方法

伦理困境的争议点分析方法是指在彻底了解和分析问题所涉及的所有争议点基础上，梳理出伦理问题分析的框架，从而找出伦理困境的解决方法。伦理问题所涉及的争议点可分成事实上的、概念上的与道德上的三种类型。

事实上的争议点是指对案例的实际认知，即事实的真相到底是怎么样的？这个观念似乎简单易懂，但对于特定案例的事实认定往往具有争议。以堕胎的权利为例，目前社会对于事实的清楚认定仍然存有争议。意见最大的分歧处在于：从何时开始起算生命，胎儿在何时起应该受到法律的保护？美国最高法院最初针对堕胎合法的判决意见歧异，即使是最高法院的大法官也无法对于"事实"达成共识。工程领域中也存在较多的事实争议，比如由于我们不断将温室气体释放到大气层中，全球变暖的温室效应早已是社会大众所关切的议题，二氧化碳、甲烷等温室气体会将热量留滞在大气之中。气候科学家认为，汽车和工厂所排放的废气会增加大气中二氧化碳的浓度，从而造成大气温度上升。这个观点对工程师而言十分重要，因为如果温室效应被证明为一项问题，工程师就必须设计新的产品，或重新改良旧有产品，以符合更严格的环境标准；然而目前科学界对全球变暖的过程仍不十分清楚，对于是否应该降低温室气体的排放，也是仁者见仁，智者见智。假如能够确切地了解温室气体对全球气候变暖的影响程度，工程师在降低温室气体排放这个问题上所扮演的角色就更为清晰。

概念上的争议点与某项行为的意义或其适用性有关，从工程伦理的角度来看，它可能是如何界定收受贿赂或是接受礼物，或是确定哪些资料信息是属于商业秘密。在贿赂行为方面，礼物本身及其价值属于事实上的争议点，但是隐晦不明地接受礼物是否会对商业决策造成不公平的影响则是概念上的争议点的范畴。

在解决了事实上和概念上的争议点后，剩下的便是确定适用哪一项道德原则了。解决道德上的争议点通常比较简单，只要问题明确，就能清楚知道所适用的道德原则，正确的决定也就呼之欲出了。

如果伦理问题所涉及的争议点具有很大的争议性，要如何解决这些争议呢？事实上的争议点通常可以通过调查研究找到事实依据得以解决。虽然对于"事实"所做的认定也不一定能够取得共识，但是总体而言，进一步的调查有助于厘清事实、扩大同意的范围，甚至有时能达到各方对事实的一致共识。要解决概念上的议点，就必须在行为的意义或其适用性上取得一致意见。有时意见可能不一致，但如同事实上的争议点一样，通过更进一步地分析概念至少能够澄清一些争议点，并有助于达成共识。最后，解决道德上的争议点是要在选择适用的道德原则，以及应该如何在运用上取得共识。

要解决伦理困境难题，通常需要根据上述分析方法，对事实上的和概念上的争议点做深入分析，并且在适用的道德原则上取得共识，才能清楚地知道应该如何解决问题。

争议点分析方法的应用：美国派瑞丹计算机公司

1980 年，美国派瑞丹计算机公司竞标美国社会福利局（SSA）的电脑采购项目。依照招标文件的要求，投标方所采用的系统应该是已经开发并测试完成的。派瑞丹公司当时还没有开发完成这套系统，也从未在拟出售给 SSA 的产品上测试这套系统。前 SSA 员工、现派瑞丹公司商务经理通过游说 SSA 的老领导，成功获取了合同。

这个案例事实上的争议点争议性不大。

概念上的争议点包含：当产品尚处于测试阶段时，就以能提供现货条件来竞标，是属于欺诈，还是属于可以接受的商业行为？派瑞丹公司将自己的商标贴在制造商的商标上，是不是属于欺诈？代表现在的公司向前任的单位的领导游说，是否会造成利益冲突？这些问题都有争议。事实上，派瑞丹公司宣称这种做法只是单纯的商业行为，并没有犯错。由于利益冲突难以裁定，因此法律才制定了"离职的政府员工在特定的时间内向前主管游说"是违法的行为。

道德争议点包括：说谎是否是可接受的商业行为？如果能让公司取得合约，欺骗是否就无所谓？问题的答案是显而易见的：无论是在工作还是生活上，说谎和欺骗都是不容许的。因此，假如概念上我们判定派瑞丹公司的行为是属于欺骗，那么根据我们的分析，他们的行为便是不合乎伦理的。

4.2.2 画线分析法

画线分析法是沿着不同的事实情况和假设情形画一条线，一端注明"正面典范"，表示这种情形是明确可被伦理所接受的；另一端注明"负面典范"，表示不被伦理所接受。在线的中间列出所考虑的问题和假设情形，相似的情形合并在一起。比较正面的情形就靠近"正面典范"侧放置，相对负面的情形就靠近"负面典范"侧放置。仔细分析这条线，并将所考虑的道德问题摆到适当的位置，这样就能确定问题是比较倾向于"正面典范"还是"负面典范"，即可接受还是不可接受。画线分析法在明确要应用哪些道德原则的情况下非常实用。下面通过两个实例来说明。

1. 化工厂废水排放

假设某化工厂欲将微毒的废水排放到附近的湖泊中，而这个湖泊又是附近居民饮用水的来源，应如何决定这项行为是否可接受呢？

首先需要界定清楚问题，并确定"正面典范"和"负面典范"。

问题：公司提议要将具有轻度危害性的废水排放至附近小镇饮用水源的湖泊中。调查指出，排放到湖泊里的废水，经湖水稀释后的平均浓度大约为 5ppm，而环境保护局的限制标准是 10ppm，因此，5ppm 浓度不致造成健康上的问题，居民也不会察觉到饮用水中化学物质的存在。

正面典范（PP）：镇上居民的水源供应必须干净安全；

负面典范（NP）：化工厂排放有毒的废水到湖中。

首先开始画线，将"正面典范"和"负面典范"分别放置于线的两端，如图 4-1（a）所示。

然后考虑其他可能发生的假设性事件：

1）公司将含有化学物质的废水排放到湖里，5ppm 虽然无害，但是镇上的饮用水中会有异味。

2）镇上的水处理系统能有效地将化学物质去除。

3）公司将提供一套新的水处理设备给镇上，以去除水中的化学物质。

4）由纳税人付费采购新的水处理设备，以去除水中的化学物质。

5）偶尔暴露于化学物质下会让人觉得不适，但是不舒服的持续时间不会超过 1 个小时，

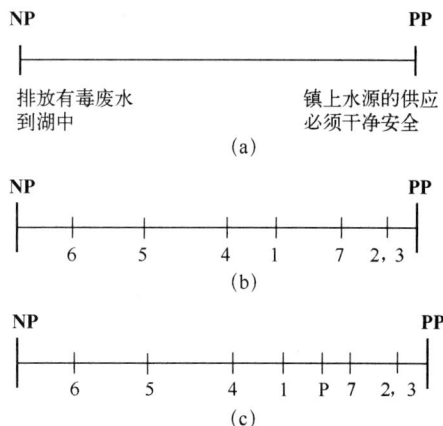

图 4-1 化工厂废水排放

而且发生概率不高。

6）在 5ppm 浓度下，有些人会稍感不适，但不适应的情况不会超过一周，也不会造成长期损害。

7）可将水处理设备安装在化工厂内部，从而将废水中化学物质浓度降至 1ppm 甚至更低。

现在重新画线，将上述事例插入适当的位置，如图 4-1（b）所示。

事件设置完成后，我们很清楚地发现现有信息的不足，比如：在本案例中，我们必须知道不同季节湖泊水中污染浓度的变化，以及镇上居民用水的情况；我们还需要知道水中其他所含化学物质与其他污染物相互作用的数据，比如：农田杀虫剂进入湖水的量等。此外还需要特别注意的是，在决定每个事件在线上的合适位置时，多少会带有主观因素，因此必须尽量保持客观。

现在以"P"代表问题，并将它插入在线中的适当位置。与先前的事例一样，问题在线上的位置也含有主观的成分，如图 4-1（c）所示。

这样就能很清楚地知道，排放有毒废水可能会是道德上可接受的选择，因为对人体无害，而且废水浓度也已降到有害的标准以下。不过由于它离"正面典范"还有一定的距离，因此还可采用其他更优的方案，公司也必须深入探讨这些替代方案的可行性。

需要注意的是，尽管这个举动似乎更合乎伦理，但仍有很多因素诸如政治上的观点等，须列入最后决策的考虑因素中。镇上居民中有些人很可能无法接受任何浓度的废水排入湖中，为了维持良好的社区关系，就必须找到更优化的替代方案。公司方面也不希望在废水排放许可权的取得上花费太多时间，以及接受不同政府机关的监督。这个案例说明画线分析法虽然有助于伦理问题的解决，但是如果同时考虑到政治与社区关系时，即使道德上可以接受，但仍然不是一个最好的决定。当然，不道德的决定绝对不会是一个正确的决定。

2. 英特尔奔腾晶片瑕疵事件

1994—1995 年间，英特尔发现最新生产的一批奔腾晶片有瑕疵，可能导致部分功能的不正常使用。最初，英特尔公司试图隐瞒消息，然而后来却改变了态度，召回已售出的瑕疵品并为消费者提供了正常的晶片。

同样，我们采用画线分析法对该事件进行分析。首先，在"正面典范"部分写上"产品应具备广告所宣传的功能"，"负面典范"则为"销售有瑕疵且影响消费者权益的产品"，如图 4-2（a）所示。

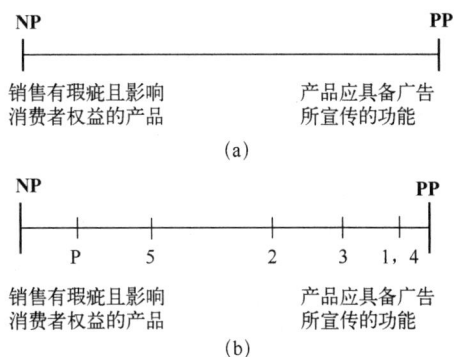

图 4-2 英特尔奔腾晶片瑕疵事件

在这条在线可以加上下列事例：

1）晶片只有一个，完全察觉不到也不会影响使用功能的瑕疵。

2）晶片有瑕疵，消费者也知道，但是公司无法提供任何协助。

3）贴上警示标签，告知消费者不要使用晶片上的某些功能。

4）召回已经售出的产品，更换所有瑕疵晶片。

5）当顾客发现问题时才被动更换瑕疵晶片。

那么我们所假设问题"P"是"有一定的瑕疵存在，但是顾客还不知道，且还没发现问题所在"，P的位置在哪里呢？分析如图4-2（b）所示。

根据画线分析的结果可见，这种方法不是一个较好的伦理选择。

4.2.3 流程图分析法

面对工程伦理困境时，流程图分析法对复杂案例的分析很有帮助，尤其是案例面临一系列决策环节，而各个不同决策产生不同的决策结果时极为有效。利用流程图来分析伦理问题的优势在于，它能将可能发生的状况以框图的形式予以呈现，让决策者对每一项决定所可能造成的结果一目了然。

如同画线分析法一样，没有一种单一的流程图能够适用于每一个特定的问题，不同的流程图可以从不同角度来分析伦理问题的不同方面。流程图与画线分析法一样，建立时要尽可能客观真实，否则即使存在很小的错误，也难以得到理想的结果。

我们通过印度博帕尔毒气泄漏事故（案例描述见7.1节）来说明流程图分析法的分析过程。图4-3表示的是联合碳化物公司决定是否要在印度博帕尔兴建工厂的决策流程图，这一示例主要从安全性的角度进行分析，比如当地法令是否与美国同样严格？当地是否有安全运行的有关法令？建设的成本是否合乎要求等。在每个决策的分支点，都有很多条不同的路径可供选择，也必须做出决定后才能进入下一步的决策环节。流程图分析法有助于将每个决定的后果呈现出来，同时显示出合乎伦理与不合乎伦理的决定。

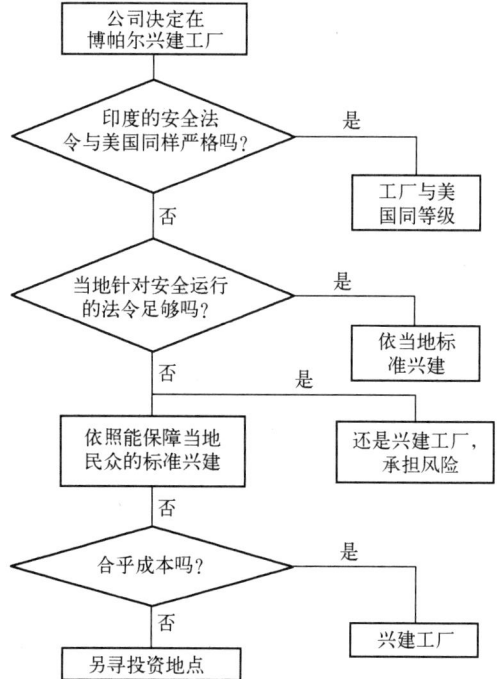

图4-3 印度博帕尔兴建工厂决策流程图

当然，实际的流程图应该更大、更复杂，才能涵盖整个案例的各个不同方面。

图4-4则给出了印度博帕尔的燃烧塔是否应该进行保养的决策流程图，重点在于考虑当燃烧塔停机保养时，MIC储槽是否已装满，当燃烧塔停止运转后，其他安全系统能否正常运行，以及这些系统是否有能力解决问题。该流程图可以用来决定燃烧塔是否需要进行保养，或是否可以继续运行。

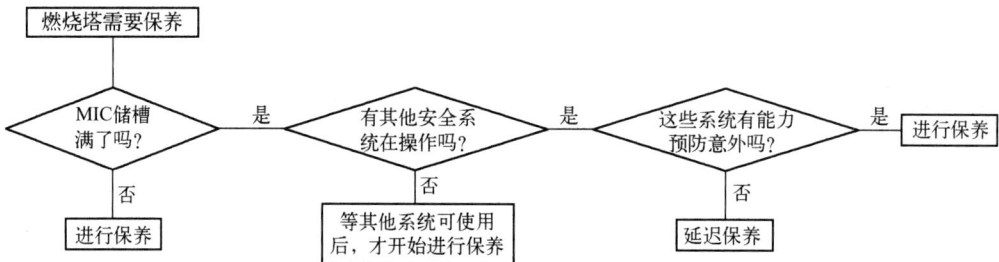

图4-4 印度博帕尔燃烧塔保养决策流程图

利用流程图分析法来解决伦理问题的秘诀在于，在决定可能发生的结果和状况时，必须要有创意的思考，不要顾忌会导出负面答案甚至终止计划的决定。

4.2.4 抉择与思考步骤

台湾地区的《工程伦理手册》中提供了一个评估模型，从是否合法、是否符合群体共识是否符合个人专业价值，以及进行阳光测试等角度帮助工程技术人员在面对伦理困境时实现正确评估。采用上述方式时除了需要兼顾个人与群体之间的关系，还要考虑个人专业能力的问题。在四个基本条件中，合法性是伦理底线，是指事件本身是否已经触犯法律法规；符合群体共识则是指审视相关工程技术规范和标准，学会章程和工作规则等，确认事件是否违反群体规则及共识；专业价值判断则是根据自己本身的专业能力及价值取向进行判断，并以诚实、正直的态度审视事件的正当性；最后进行阳光测试，假设事件公之于世，你的决定是否还能够心安理得地接受社会舆论，如果能通过阳光测试，原则上也意味着决策能够得到社会大众的支持。工程伦理问题的抉择可分为八个步骤（图 4-5）。首先收集伦理问题涉及的客观事实，分析伦理问题相应的利害关系人并辩识因果关系；其次根据自身的义务和责任来思考伦理的行为，并对各种可能的方案从适应性、合理性、专业价值及阳光测试四个方面进行评估；最后根据自身承受能力，选择最为适当的方案行动。整体而言，本方法提供的是简单而迅速的测试，让工程师或技术人员能够在较短时间内快速判断，做出正确的抉择。工程人员面对伦理困境难题抉择时，若能遵循这八个步骤，从适法性、合理性、专业价值及阳光测试等四个角度逐一分析审视，基本上都可以找到一个令人满意的解答。

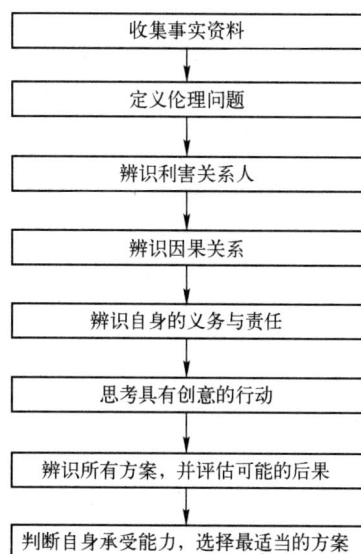

图 4-5　工程伦理问题的抉择步骤

4.2.5 安德信伦理评估模型

安德信伦理评估模型又称亚瑟安德信七步骤分析法，该方法是在美国安德信投资公司于 20 世纪 90 年代为了引导与帮助公司员工处理难以解决的伦理问题的基础上发展出来的。该评估模型实施较为简单有效，共分为七个步骤，见表 4-1。

表 4-1　安德信伦理评估模型的实施步骤

1. 事实是什么	第一个步骤是对事实的判断，将事实进行分解，并以条目形式加以列举。进一步区分出事件的三种状况： （1）与决定有关或无关的事实 （2）假设与事实的不同 （3）解释与事实的不同
2. 主要关系人有哪些	列举与事件直接有关的关系人 有时为了理清案例，也会列举间接关系人
3. 道德问题在哪里	尝试将道德问题用"X 是否应该做 Y 这样的事"这样类似的语句罗列出来。问题可区分为三种主要类型： （1）是个人问题吗？如：个人的抉择或态度问题

3. 道德问题在哪里	(2) 是组织的问题吗？如：公司的制度或政策问题 (3) 是社会的问题吗？如：风俗习惯问题
4. 有什么解决方案	面对问题，专业伦理的分析可以给出多种解决方案。至于应该采用哪一种方案，要根据 5、6 两个步骤的分析加以判断
5. 有什么道德限制	面对不同的方案，首先应该考虑的是提出的方案是否符合道德要求。有时方案明显违反道德要求，有时方案引出模棱两可的困境。我们可以使用前面章节提到的四个主要伦理原则：功利论、契约论、义务论、美德论，对案例进行分析
6. 有什么现实条件约束	除了道德规范的限制，现实条件的约束也是方案需要考虑的问题。有些方案虽然符合道德要求，但却不一定能在现实生活中被实践。此处可以依据"人、事、时、地、物"五项条件思考在方案里有什么实际的限制
7. 最后该做什么决定	根据前面所得到的方案做出决定，使后面的工作能够顺利进行。做决定时可以考虑两点： (1) 各种不同方案间如何取舍 (2) 方案应该如何具体实施

通过安德信伦理评估模型的辅助，可以帮助我们弄清楚自己所做的决定是否真正具体可行，进而做出正确决定。下面通过两个事件来介绍该评估模型的应用。

1. 福特平托汽车事件

这里采用安德信伦理评估模型对福特平托汽车事件（事件详细经过描述参见 2.4.6 节）进行分析，见表 4-2。

表 4-2　福特平托汽车事件分析

1. 事实是什么		（1）福特汽车公司发现旗下特定车型的缺陷，该缺陷可能威胁乘客的人身安全，然而根据效益成本的计算，该车辆出意外导致死亡的概率远低于十万分之一 （2）公司工程师已经研究出了改良配件，改良后的汽车可以大幅改善因车辆缺陷导致的意外伤害，但每辆车需增加 11 美元的成本 （3）需要改良的车辆有两大类：已经出厂的车辆，需要召回维修；尚未出厂，包含已经完成生产但尚未出厂的车辆	
2. 主要关系人有哪些		（1）福特汽车公司　　（2）消费者	
3. 道德问题在哪里		福特汽车公司是否应该不计成本地对有缺陷的车辆进行召回维修	
4. 有什么解决方案		方案一：不计代价进行配件更换，对已经出厂的车辆召回并维修	方案二：对配件更换和召回维修的成本进行评估，若费用过高则不维修
5. 有什么道德限制	功利论	（1）从维护生命的角度来看，虽然眼前的损失极大，但长期而言可避免乘客受到伤害，并通过召回挽回一定的声誉 （2）从费用的角度而言，上述需要维修的车辆，已经出厂的需要采用各种方式召回，没有出厂的则需要额外劳动力进行配件更换。可见除了金钱成本外，还需要考虑其他成本	从下列两方面考虑，召回并不能获得最大效益： （1）从公司整体利益角度分析，召回所需花费是将钱省下来进行官司诉讼与赔偿的 2～3 倍 （2）车辆平均出事的概率低于行业平均车祸概率，所以从长远角度而言，官司诉讼与赔偿不一定会发生 基于以上两点，不召回维修可以实现公司最大利益
	义务论	公司或企业有给社会大众提供安全产品的义务和责任，当公司发现所售商品有缺陷时，应提供所售商品的全面维修乃至更换服务。这种维修符合一般社会大众所期待的商品买卖义务	维修有缺陷的商品是每个公司应尽的义务，为了节省金钱而忽略必要的维修，在伦理道德上违反了企业应尽的义务。如果考虑到股东与员工，也许可以认为在"实质获利"上尽了公司所应担负的义务

5. 有什么道德限制	美德论	福特汽车公司可以通过该次召回建立让消费者信赖的信誉，体现该公司的道德素养，有助于未来商品销售与推销，并且将可能因缺陷造成的伤害降至最低；另一方面，召回维修能够获取运行数据的积累，借以获得未来研发上的资料与先机	逃避金钱方面的损失虽然可被认为是一种经营能力强的表现，但对公司而言却不符合追求综合效益最大化的目标，尤其考虑到后续因赔偿导致的与顾客关系破裂，道德诚信缺失等后续问题
	契约论	召回汽车进行维修是一种售后服务，是购买福特汽车的顾客应享有的服务，更是公司应尽的义务。福特汽车公司有足够义务来保证购买汽车的顾客的人身安全。	福特公司用于计算的 20 万美元价格，并非该公司自己定出，而是美国国家高速公路交通安全管理局给出的每例死亡定价。国家为交通事故的受害者定价在一定程度上是为了挽回消费者的部分损失，但把人命贴上了一个冷冰冰数字的标签，却让消费者成为福特公司为了追求利益而牺牲的筹码
6. 有什么现实条件约束		（1）考虑到事故发生的概率，不采取措施进行维修不符合公司整体利益 （2）能够避免乘客及家属受到任何可能的伤害 （3）就长久而言，召回对公司信誉有显著提升和帮助，因此召回产生的费用可视为广告费用	（1）在比较出事后的赔偿和召回维修的代价后，公司容易选择可立即省下大量费用的方案，这点符合公司盈利的目标 （2）顾客及其家属将受到原本可预防的伤害 （3）公司信誉可能受到损害，且必须考虑官司所付出的时间与金钱成本
7. 最后该做什么决定		从长期和短期效益来看，虽然方案二具有短期经济效益，但该方案只看到了眼前利益而忽略了长远发展，因此应该选择方案一 然而，实际上福特汽车公司基于短期经济效益而选择了方案二。后来经过长时间的诉讼后，受到巨额罚款。虽然时至今日福特汽车公司仍然是世界上最大的汽车生产制造厂家之一，但福特平托事件却永远成为福特汽车公司的污点	

2．台湾镉污染大米事件

该事件的分析，见表4-3。

表 4-3　台湾镉污染大米事件分析

1. 事实是什么		（1）20 世纪中叶台湾开始发展各种工业，并出现了大量小型家庭工厂，这些工厂将含有镉等重金属的废水排放到周围的河流或土壤中，造成了严重污染 （2）镉是一种致癌物，人体若长时间吸入镉，除了容易引发癌症外，还可能造成肾脏病变，严重时甚至会产生软骨症或自发性骨折等疾病，医疗上镉中毒尚无有效的解毒药剂，难以根治 （3）1982 年台湾出现第一例镉污染事件。污染来自一家以镉锌作为原料的化工企业，该公司将含镉废水排放至灌溉用的河流中，导致土壤受到污染，之后在彰化、台中及云林等地陆续发现镉米 （4）这类污染长久以来不断发生，一直未能得到有效处理，即使到了 21 世纪，镉污染依然对台湾农作物造成严重的影响
2. 主要关系人有哪些		（1）排放含镉废水的小型工厂　　（2）周围居民
3. 道德问题在哪里		将工业废水排放到一般河流是可以被接受的行为吗
4. 有什么解决方案		是否可以安装污水处理设备
5. 有什么道德限制	功利论	工厂持续排放大量废水，虽然可以节省工厂废水处理成本，但会危害河湖生态与土壤环境，造成的负面危害远大于正面利益。由于镉的半衰期长达 10~30 年，一旦土地遭受镉污染，就只能长期休耕，或通过种植对镉吸收能力强的植物来降低土壤中重金属浓度。污水随意排放造成的损失极为严重，安装污水处理装置是解决问题的一种办法，但对于以家庭为主的代工厂或小型工厂而言，会造成较大的经济负担
	义务论	20 世纪 60 年代的家庭式工厂在不知情的情况下，主观上并没有积极的善或消极的恶。然而随着后期含镉废水排放造成污染的知识得以普及后，却依然没有采取有效措施做出改变，已然不符合公平正义的伦理理念。一方面由于工厂投机冒险以降低成本，另一方面也因政府并没有积极地组织或要求处理环境污染问题

5. 有什么道德限制	契约论	含镉废水污染了农田，进而污染了种植的稻米，而对吃了稻米的人们造成了健康威胁，这是一种恶性循环过程，甚至排污工厂的工人和老板也会因此受到镉米的伤害
	美德论	早期工厂由于环保意识淡薄，没有污水处理方面的知识和能力，不知道排污会造成环境污染，并会迁移到农作物中，危害人体健康。但随着相关法规的出现，此类家庭工厂应该遵守道德底线，解决好污水排放问题
6. 有什么现实条件约束		（1）政府在事件发生后应该通过加强教育和惩罚的措施，避免更大程度的污染事故发生，但这一切也需要工厂的配合。虽然排放废水可以通过法律加以处罚和规范，但是否有足够的人力物力投入到稽查工作中也是对政府的极大挑战，尤其部分工厂位于偏远地区，长期监管的难度非常大 （2）工厂安装废水处理装置是最佳的解决问题的办法。但大量废水排放的工厂都是小型工厂，甚至家庭式的代工厂，购置和维护此类设备的费用巨大。尽管污水处理成本是工厂开设的必要成本，但现实的情况是这类工厂数量众多。政府虽然可以通过强制提高工厂环保排放标准的门槛，但会造成大量小规模工厂不堪重负及生计。环境保护与人民生计的取舍，立法与执法分寸的拿捏，存在相当程度的困难 （3）从1960年至今已经过了半个世纪，土壤污染问题越发严重，虽然现在已经开始加以补救，但对环境已经造成破坏。如何有效去除这些污染物，已然成了新的难题
7. 最后该做什么决定		伦理选择之所以困难，是因为案例中涉及的问题常常不单纯限于某一范畴。当考虑到多重利害关系，多种伦理观点时，伦理的判断和价值的抉择，考验的是当事人理性的深度，甚至是道德的高度了。有时伦理困境一方面在于案例具有足够的复杂性，另一方面则是由于当事人缺乏长远高明的辨事析理能力。在解决镉污染大米问题时，不但要解决工厂的合法性问题，更要追求相关利益关系人之间的长远和谐。镉污染大米事件影响深远，我们应该更多地考虑到社会群体利益和对环境的影响。政府部门与工厂负责人在面对复杂的伦理考量时，应该勇敢地选择自己认为对的行为，对每个个体负责，对社会负责

4.3 工程伦理虚拟案例分析

由于伦理困境的最佳解决对策通常不是显而易见的选项或非黑即白的价值判断，因此，伦理守则并不会直接指导工程技术人员的是非对错，而是通过引导工程技术人员开展伦理思辨，明晰决策过程并得出合乎伦理的解决方案，并在分析案例的过程中逐步培养分析复杂伦理问题的能力。

因此，本书在台湾地区工程伦理手册的基础上，针对工程的特性，以工程生命周期的各个阶段、各环节的特性及涉及对象，编撰了20多个伦理的虚拟案例（见表4-4），以增进读者的了解，并激发对具体案例的讨论效果。各个案例内容大致包括案例涉及的利益相关者及关系人，案例经过描述及分析，思考要点及涉及的伦理守则规范。本节引述工程伦理守则参见3.3.2节，为方便起见，这里只列举了目录。希望读者可根据守则条款及解说，了解专业人员职业道德的重要性，并能阐释当现实生活与伦理守则发生冲突时，应当以何种思考模式及思维流程来进行分析。

表4-4 虚拟案例目录

序号	案例名称	涉及工程环节							
		规划	招投标	设计	监造	施工	分包	项目管理	执行	其他
1	执业工程师提前签证	√		√	√					
2	因商业竞争，提供有安全隐患的商品			√	√	√	√	√		
3	旧的设计资料套用	√		√						

序号	案例名称	涉及工程环节								
		规划	招投标	设计	监造	施工	分包	项目管理	执行	其他
4	工作量超出负荷而造成服务品质下降					√			√	
5	利用职权在岗承接外来业务	√		√					√	
6	规范适用问题	√		√						
7	广告代言问题	√		√		√			√	
8	上班时间兼职问题	√		√					√	
9	与承包商的金钱往来				√	√			√	
10	采购作业流程		√							√
11	参加年终晚会				√	√	√	√	√	
12	工程验收问题				√	√				
13	内部检举揭发					√			√	
14	发包文件请他人先行审阅	√	√							
15	探听工程规划消息	√						√		
16	夸大广告与专业信息不对称	√		√		√			√	
17	设计优化	√		√					√	
18	设计变更			√		√				
19	边坡挡土施工问题				√	√	√			
20	邻近建筑物加固或补偿问题				√	√	√	√		
21	公共安全的维护				√	√				
22	环境污染									√
23	环境保护与工程建设的冲突	√		√		√			√	

表4-5 案例1

编号	01	案例名称	执业工程师提前签证						
分类		涉及环节	■规划 □招投标 ■设计 ■监造 □施工 □分包 □管理 □履约 □其他____						
		适用对象	■技术员 □专工 □工地主任 □质控 ■工程人员						

案例描述:
案例涉及利益相关者: R 工程咨询公司、T 分包商
案例涉及关系人: R 工程咨询公司经理 A、R 工程咨询公司执业工程师 B

案例经过:
    R 工程咨询公司的某个项目需要撰写一份评估报告,但是专门负责这类事务的执业工程师 B 将去外地出差,如果等到他回国后再签字,报告提交将延误,影响公司效益。经过讨论,R 工程咨询公司经理 A 认为他们公司已撰写过许多类似的评估报告,已经充分了解报告的流程,并熟知报告注意事项。因此他决定让执业工程师 B 事先在空白的封面上盖好章并签字交给他们,等到报告完成后装订在一起,以按时完成该项目。
    同时,R 工程咨询公司将勘察工程现场的任务委托给 T 分包商。T 分包商递交勘探报告后,R 工程咨询公司发现 T 分包商的报告记录和室内试验不一致。此外,还发现 T 分包商现场调查试验过程不规范,对数据记录不严谨,部分工作有遗漏。对于上述问题,执业工程师 B 认为自己没有到现场监督,现场的勘探结果也不是自己做的,所以不需要对结果的准确性负责,只要对公司提供的评估结果进行审核并完成签字就可以了。

思考要点:
1. 在报告制作完成前,为求效率,先行提供签证页和签名是否合适?

2. 工程师是否应该仅在自己熟悉的业务范围内进行签证？对于现场评估报告，签证工程师是否应到现场进行监督，还是只要对最终报告负责就可以了？

3. 如果你是执业工程师，你会愿意提前签证和签名吗？

有关伦理守则规范条款：
1（1）工程人员应恪守法规，砥砺言行，以端正整体工程环境之优良风气，并维护工程人员之专业形象。
1（2）工程人员应了解本身之专业能力及职权范围，不得承接个人能力不及或非专业领域之业务。
5（2）工程人员应对业主/客户之不当指示或要求，秉持专业判断，予以拒绝或劝阻。
7（1）工程人员应了解其专门职业乃涉及公共事务，执行业务时，应考虑整体社会利益及群众福祉，并确保公共安全。

表 4-6 案例 2

编号	02	案例名称	因商业竞争，提供有安全隐患的产品							
分类		涉及环节	□规划 □招投标 ■设计 ■监造 ■施工 ■分包 ■管理 □履约 □其他____							
		适用对象	■技术员 ■专工 ■工地主任 ■质控、质检 ■工程人员							

案例描述：
案例涉及利益相关者：A 手机制造公司、竞争对手厂家、手机用户
案例涉及关系人：A 手机制造公司总经理 L、A 手机制造公司业务经理 D、A 手机制造公司工程师 M

案例经过：
　　A 手机制造公司（以下简称 A 公司）是国内外知名的手机品牌厂家，凭借其精美的外形设计、强悍的功能配置，以及良好的品牌形象，一直保持着较高的市场占有率。然而，由于众多国产手机厂商的强势崛起，其市场份额受到了很大程度的影响。为了抢占用户，各手机厂商施展出浑身解数，纷纷推出各具特色的手机来吸引消费者，A 公司也投入了大量的人力、物力和财力进行新手机的研发，并计划在今年九月份初推出 B 型手机。

　　截至六月份，国内的手机厂商某米、某么等已陆续发布了多款极具特色的手机，这些厂家由于发布时间较早，获得了一部分消费者的青睐，在一定程度上冲击了 A 公司的市场份额。与此同时，业务经理 D 通过小道消息得知公司最大的竞争对手也将于今年 9 月份发布一款外观设计、性能寿命等均不逊于 B 型手机的新手机 C，可以想象到一旦 C 手机抢先发布，对 A 公司的 B 型手机将造成巨大的冲击。

　　因此，A 公司总经理 L 迅速召集业务部及设计制造部开会商讨对策。工程师 M 在会上指出目前 B 型手机的研发设计工作已经全部完成，手机配件的安全测试工作也接近尾声，唯一不足的是手机电池的发热问题尚未彻底解决。测试过程发现，手机电池的发热表现不是特别稳定，偶尔会出现过热的情况，但是出现问题的概率不是特别的高。如果想要彻底避免这种情况的话，那么需要继续对手机电池做大量的测试、优化等工作，这个过程起码要三个月，但是竞争对手是不会等我们的。于是总经理 L 便指示产品开发进度快了才能抢占市场，任何产品都是有缺陷的，不可能做到尽善尽美，至于安全测试只要符合国际标准即可，先把主要的部分做好，一些较次要的部分等到以后顾客反映时再慢慢修改。业务经理 D 也认为新手机抢先发布对于公司的市场份额获取有较大帮助，如果存在少量瑕疵，可考虑日后采用客服或维修的方式处理。工程师 M 对尚有瑕疵的新手机在安全性上有些顾虑，认为有发生意外的可能性，但也不是一定会发生。因此，他对会议讨论的决议也没有做过多的反对。

思考要点：
1. 可以对用户直接销售具有缺陷的产品吗？如果该缺陷不影响产品的主功能呢？
2. 若新手机不幸发生意外，造成公司名誉或实质赔偿损失，谁该负责？
3. 如果你是设计制造部门的工程师，你会配合高层的决议吗？
4. 作为商人，利益是决策时最重要的考虑因素吗？

有关伦理守则规范条款：
7（1）工程人员应了解其专门职业以及公共事务，执行业务时，应考虑整体社会利益及群众福祉，并确保公共安全。
7（3）工程人员应提供必要之技术数据或作业成果说明，以利社会大众及所有关系人了解其内容与影响。

表 4-7 案例 3

编号	03	案例名称	旧的设计资料套用							
分类		涉及环节	■规划 □招投标 □设计 □监造 □施工 □分包 □管理 □履约 □其他____							
		适用对象	■技术员 □专工 □工地主任 □质控 ■工程人员							

案例描述：
案例涉及利益相关者：S 工程咨询公司、桥梁工程业主
案例涉及关系人：S 工程咨询公司工程师 A、S 工程咨询公司项目经理 B

案例经过：

A 是 S 工程咨询公司的工程师，他在某个桥梁工程的设计过程中，业主要求另外增设电力预留管，作为后续接引使用。对于这部分额外的要求，A 的上司项目经理 B 认为这只是一个很小的工作。因此，B 就找了一份以往工程的电力管道设计图交给 A，并且告诉 A 只需照做就可以了。然而 A 对于这一部分完全不了解。那么，此时 A 应当如何去做呢？

（1）反正经理都这么说了，那就照他说的去做吧。

（2）机电系统我又不熟悉，拒绝签字。

后来发现，拿到的以往工程的设计图竟然是旧版的，现在的设计已经完全不采用这种规范了。

思考要点：

1. 对于自己不了解的部分，在工期很赶的情况下，应该如何处理？

2. 作为下属，当意见不被上司所接受的时候，应该如何与上司沟通？

有关伦理守则规范条款：

3（1）工程人员应了解本身的专业能力以及职权范围，不得接受个人能力所达不到或者非自身专业领域的业务。

3（2）工程人员不得对下属做不当指示。

3（3）工程人员应该对于同僚业务上的不当作为进行婉转劝告，不得同流合污。

表 4-8 案例 4

编号	04	案例名称	工作量超出负荷而造成服务品质下降					
分类		涉及环节	□规划 □招投标 □设计 □监造 ■施工 □分包 □执行 ■履约 □其他＿＿					
		适用对象	■技术员 ■专工 ■工地主任 □质控 ■工程人员					

案例描述：

案例涉及利益相关者：D 工程公司、甲工程业主、乙工程业主

案例涉及关系人：D 工程公司工地负责经理 B、甲工程业主 C、乙工程业主 A

案例描述：

D 工程公司负责施工的甲工地工程即将完成，与此同时公司对乙工程进行投标，并顺利中标。乙工程的业主 A 跟 D 工程公司协商，由于乙工程时间紧迫，希望 D 工程公司能够早日进场开始施工。

于是，D 工程公司命令负责甲工地的经理 B，将乙工程开工所需要的工程规划和设计图纸及早完成，并抽调了甲工地的部分工程师至乙工程开展相关工作。之后甲工程的业主 C 要求 D 工程公司加快工程收尾工作，但是听从公司安排的甲工地负责经理 B 因缺少人手而无法全力配合，遂导致了甲工程业主 C 的不满，同时也使得乙工程的进展缓慢，得不偿失。

思考要点：

1. 公司可否让 B 同时身兼数职但又无法兼顾，造成服务品质降低？

2. D 公司应该如何解决这件事？

3. 对于 B 同时负责甲、乙工程，是否应该主动告知其业主？

有关伦理守则规范条款：

1（3）工程人员应该了解本身的专业能力及职权范围，不能承接个人能力不及或非专业领域的业务。

4（1）工程人员应了解及遵守雇主之组织章程及工作规则。

表 4-9 案例 5

编号	05	案例名称	利用职权在岗承接外来业务					
分类		涉及环节	■规划 □招投标 ■设计 □监造 □施工 □分包 ■管理 ■履约 □其他＿＿					
		适用对象	■技术员 □专工 □工地主任 □质控 ■工程人员					

案例描述：

案例涉及利益相关者：S 工程咨询公司、G 事务所

案例涉及关系人：工程咨询公司设计部经理 A、A 的下属工程师 B、相关客户

案例经过：

A 是 S 工程咨询公司的设计部经理，平常在外面的 G 事务所担任兼职顾问，并定期获取报酬。有一天，他接到一个客户有关结构设计的咨询，由于该工程比较简单，风险也小，因此，他以目前 S 工程咨询公司没有时间为由，婉拒客户的委托，但是私底下建议客户到他担任顾问的 G 事务所进行咨询。G 事务所原本对该项目不感兴趣，但是在 A 的极力游说下，勉强承接了该项目，并且与 A 达成协议，项目实施全部由 A 负责，随后 A 将该工作交给其 S 工程咨询公司的下属工程师 B 完成。服务费则以 G 事务所占 10%，A 占 90% 进行分配。

没过多久，A 的行为被其所属的 S 工程咨询公司发现，公司立刻召集各部门开会，在会上严厉指出 A 的不当行为严重损害了公司的利益。

于是，S 工程咨询公司辞退了 A，并对 A 所接手的业务进行全面盘查，对相关的客户进行有效的维护并解释详情。而后公司决定，对参与 A 经理破坏公司利益过程中的相关事务所及工程师断绝合作往来；公司部门经理不得擅自接私活，未经公司同意不得指派公司工作人员，公司今后的业务由公司统一安排。

思考要点：
1. 已受聘于他人的工程师是否可以兼职？
2. A 的做法是否有损客户的权益？
3. A 将非公司业务带到公司交给下属工程师办理，下属工程师应做何处置？

有关伦理守则规范条款：
1（6）工程人员不得擅自利用组织或专业团体之名，图利自己。
4（1）工程人员应了解及遵守雇主之组织章程及工作规则。
4（2）工程人员应尽力维护雇主之权益，不得未经同意，擅自利用工作时间及雇主之资源，从事私人事务。
5（1）工程人员应秉持诚实与敬业态度，沟通与了解业主/客户之需求，维护业主/客户正当权益，并努力完成其所交付之合理任务。

表 4-10　案例 6

编号	06	案例名称	规范适用问题							
分类		涉及环节	■规划	□招投标	■设计监造	□施工	□分包	■管理	□履约	□其他＿＿
		适用对象		□技术员	□专工	□工地主任	■质控	■工程人员		

案例描述：
案例涉及利益相关者：某汽车零部件制造公司、普通工程人员
案例涉及关系人：质量控制部门管理人员 A、普通工程人员

案例经过：
A 任职于某汽车零部件制造公司，是该公司的产品质量控制部门的管理人员。今年年初，公司接到一批产品订单，开始组织生产人员进行生产。按照原计划，交货期限为半年，按照正常的进度计划进行汽车零部件生产可以保证产品按时交货。但是今年五月份的时候，上层管理人员在抽检已经制造好的产品时对产品质量不满意，于是叫来 A，询问了相关情况，得知产品生产所遵循的标准是国家标准，所以产品质量在某些方面无法和其他遵循国际标准的国家生产的产品相比。在这种情况下，上层人员要求 A 和全体工程人员即刻进行整改，开始采用国际标准来生产汽车零部件。面对这样的要求，A 虽有抱怨，但是也无可奈何，只能遵循领导的最新指示，加大对产品质量的把控，并要求普通工程人员加班加点进行整改。

思考要点：
1. 产品质量一定需要遵循国际标准吗？
2. 为了使产品达到标准，是否就可以牺牲底层工作人员的利益？
3. 如果你是普通工程实施人员，你是否会向管理人员表达出自己的合理诉求？

有关伦理守则规范条款：
4（1）工程人员应了解及遵守雇主之组织章程及工作规则。
7（1）工程人员应了解其专门职业及公共事务，执行业务时，应考虑整体社会利益及群众福祉，并确保工程安全。
7（2）工程人员应熟知专业领域规范，并了解法规之含义，对于不合乎规范、损及社会利益与公共安全之事情，应加以纠正，不得随意批准或执行。

表 4-11　案例 7

编号	07	案例名称	广告代言问题							
分类		涉及环节	■规划	□招投标	■设计	□监造	■施工	□分包	■管理	□履约　□其他＿＿
		适用对象		■技术员	■专工	■工地主任	□质控	■工程人员		

案例描述：
案例涉及利益相关者：著名电子公司、国家科研机构、社会公众
案例涉及关系人：著名电子公司经理 A、国家科研机构研究员 B

案例经过：
A 与 B 是大学时的好朋友，二人学习成绩都相当优秀，毕业后，A 进入一家著名的电子公司工作，数年后，A 担任了该公司的研发部经理，B 则成了某国家科研机构的著名学者。A 所在的公司为满足市场需求，成功研制了低电磁辐射手机。为提

高产品影响力，增强民众对新产品的信任感，A 联系了 B，希望他能为新手机代言，并答应将给予一笔可观的代言费用。

基于两人的交情，加上 A 所属公司的产品一向以品质优良著称，因此 B 欣然同意了 A 的邀请，并在新产品的广告中以科研机构研究员的身份推广这个新产品。

思考要点：
1．B 是否清楚 A 公司新产品的实际效果？
2．代言他人产品是否须经所在公司同意？
3．以国家科研机构研究员身份代言非本科研机构研制的产品是否恰当？

有关伦理守则规范条款：
1（3）工程人员应该了解本身的专业能力及职权范围，不能承接个人能力不及或非专业领域的业务。
1（6）工程人员不得擅自利用组织或专业团体之名，图利自己。
7（3）工程人员应提供必要的技术资料或作业成果说明，以有利于社会大众及所有关系人了解其内容与影响。

表 4-12　案例 8

编号	08	案例名称	上班时间兼职问题					
分类		涉及环节	■规划　□招投标　■设计　■监造　■施工　■分包　■管理　□履约　□其他＿＿＿					
		适用对象	■技术员　■专工　■工地主任　■质控　■工程人员					

案例描述：
案例涉及利益相关者：A 机械设备生产公司
案例涉及关系人：A 机械设备生产公司设计人员 B、A 机械设备生产公司经理 C

案例经过：
B 是 A 机械设备生产公司的一名设计人员，由于公司规模较小、市场不景气，B 的工作一直不是特别忙，上班时间完成分内工作后，都是在无聊发呆，而且他的工资也很低，为此他很苦恼。

一个偶然的机会，他在网上接到一份关于机械设计的兼职工作，利用下班的空闲时间完成后也获得了相对不错的报酬。他觉得自己平时上班很闲而且兼职工作的报酬也很合适，于是除了公司的正常工作外，B 就一直在做一些兼职工作。后来 B 的接单越来越多，所以他就在白天正式上班的时间做兼职工作。后来公司生产的设备发生事故，经调查发现是由于 B 的工作差错所致。

经理 C 发现 B 利用上班时间兼职，并因此出现工作失误给公司带来巨大损失，对 B 做出了严厉的处罚决定。B 对此心有不甘，他认为发生事故并不是他一个人的失误，也并不是因为兼职工作造成了他正式工作的失误。

思考要点：
1．上班时间可以兼职做别的工作吗？
2．工程设备发生事故，是一个人的责任还是整体的责任？
3．作为职场员工，空闲的时间可以做些什么？

有关伦理守则规范条款：
1（3）工程人员应了解本身的专业能力及职权范围，不得承接个人能力不及或非专业领域的业务。
5（1）工程人员应秉持诚实与敬业态度，沟通与了解客户需求，维护客户正当权益，并努力完成所交付的合理任务。
5（2）工程人员应对客户的不当指示或要求，秉持专业判断，予以拒绝和劝导。
7（3）工程人员应提供必要之技术数据或作业成果说明，以利社会大众及所有关系人了解其内容与影响。

表 4-13　案例 9

编号	09	案例名称	与承包商的金钱往来					
分类		涉及环节	□规划　□招投标　□设计　■监造　■施工　■分包　□管理　■履约流程　□其他＿＿＿					
		适用对象	■技术员　■专工　■工地主任　□质控・■工程人员					

案例描述：
案例涉及利益相关者：某工程承包公司、某工程施工公司
案例涉及关系人：工程承包商 A、工地主任 W

案例经过：
A 是某工程承包商，为了自身的利益，他总会想方设法地迎合工程负责人的喜好，以期能够顺利获得工程款。W 是工地主任，负责一段道路工程的施工，他工作经验丰富，对日常工程事务相当了解，对工地的情况以及施工进度都能准确掌握，是一位相当优秀的工程人员。

工作之余 W 喜欢通过喝酒打牌来缓解工作压力。于是他经常找工程承包商 A 一起喝酒、打牌。虽然刚开始他并没有要占 A 便宜的念头，但是每次喝酒打牌 A 总是主动付款、放水，以此来讨好 W。经过几次之后，W 渐渐习以为常，也乐此不疲。

虽然这对承包商 A 来说是一种额外的负担，但是只要能够顺利拿到工程款，他也很乐意配合。

思考要点：
1. 工地管理人员与承包商是否需要沟通？
2. W 是否应该接受承包商给的好处？
3. 工程人员是否需要注意自己的言行？

有关伦理守则规范条款：
1（1）工程人员应恪守法规，砥砺言行，来端正整体工程环境的优良风气，并维护工程人员的专业形象。
1（2）工程人员不得以任何直接或间接等方式，向客户、长官、承包商等输送或者接受不当利益。
4（1）工程人员应了解及遵守雇主的组织章程及工作规则。
6（2）工程人员不得接受承包商的不正当利益或招待，并应尽可能避免业务外的金钱来往。
6（3）工程人员不得趁其职务之便，以压迫、威胁、刻意刁难等方式，要求承包商执行额外的工作或付出。

表4-14 案例10

编号	10	案例名称	采购作业流程		
分类		涉及环节	□规划 ■招投标 □设计 □监造 □施工 □分包 □管理 □履约 ■其他___		
		适用对象	■技术员 ■专工 ■工地主任 ■质控 ■工程人员		

案例描述：
案例涉及利益相关者：S 汽车销售公司、需求商品的厂家
案例涉及关系人：S 汽车销售公司采购部经理 A、S 汽车销售公司销售部经理 B、S 汽车销售公司董事 W

案例经过：
S 公司是知名的汽车销售公司，但今年行业不景气，市场销售一般，各销售门店纷纷推出优惠活动以吸引消费者购买。

销售部经理 B 想了一个购汽车送座椅套装垫的促销方案，与采购部经理 A 商量采购一批性价比较高的套装垫。他们进行市场调研并对各供应商进行比较后，找到了一个供货商，质量价格都很符合要求。但是公司董事 W 知道这个方案后，向 A 推荐了自己亲戚家的货源，是国内知名品牌，质量一流，但价格是之前在市场中选中货源的三倍。

W 极力向 A 推荐他亲戚家的产品，A 不想独自承担这个责任，所以口头指示 B，修改产品采购要求，改成限制性招标，并要求以 B 的名义进行采购。

思考要点：
1. 如何判断何时进行限制性招标？
2. 上司的要求是否一定要采取？如何辨别利弊？应该采取何种措施？
3. 是否要在上司下达命令前去调研？
4. 当有自己不愿意实施的命令时应该怎么办？
5. 主管口头指示下属签办事项，是否就能免除其应负之责任？

有关伦理守则规范条款：
1（2）工程人员不得以任何直接或间接等方式，向客户、长官、承包商等输送或接受不当利益。
1（6）工程人员不得擅自利用组织或专业团体之名，图利自己。
3（2）工程人员不得对下属做不当指示。
5（2）工程人员应对业主以及客户之不当指示或要求，秉持专业判断，予以拒绝及劝导。
6（2）工程人员不得接受承包商不当利益或招待，并应尽可能避免业务外之金钱来往。

表4-15 案例11

编号	11	案例名称	参加年终晚会		
分类		涉及环节	□规划 □招投标 ■设计 ■监造 ■施工 ■分包 ■管理 □履约 □其他___		
		适用对象	■技术员 ■专工 ■工地主任 ■质控 ■工程人员		

案例描述：
案例涉及利益相关者：R 公司、H 工程咨询公司、M 工程咨询公司
案例涉及关系人：H 工程咨询公司经理 A、M 工程咨询公司经理 B

案例经过:

R 公司以工程品质优良,技术领先著称。该公司最近承接了许多重大工程,其中以 P 工程最为庞大,工程预算约 30 亿元。按照 H 工程咨询公司的设计,在 M 工程咨询公司的监理下,P 工程施工品质良好、工期进度超前,非常有机会参加今年的优秀工程评选。

年关将近,由于 R 公司的工程进展顺利,决定举行盛大的年终晚会,并感谢各单位的协助及配合。R 公司邀请 H 公司经理 A 和 M 公司经理 B 参加,A 和 B 都认为 R 公司的工程服务好、工作配合度高,因此都去参加了年终晚会。

年终晚会少不了抽奖活动,由于今年公司获利不少,所以 R 公司老板非常大方地提供了许多奖金和奖品。今年的最大奖是 BMW 轿车一台,由该公司现场工程师获得,此外还有非常多的奖项,A 很幸运抽到了 10 万元奖金,而 B 则获得 42 寸的电视一台。A 和 B 不知道该不该将奖品推辞掉。

思考要点:
1. 施工厂商邀请业主或监理的工程人员参加宴会是否适当?若业主或监理要求参加,施工厂商应如何处理?
2. 若施工咨询及监理顾问在工作时态度认真、恪守职责,则接受奖品的行为是否合适?
3. 奖是在公平公正的情况下抽到的,为什么员工会有不要奖品的想法?

有关伦理守则规范条款:
1(2)工程人员不得以任何直接或间接方式,向客户、长官、承包商等输送或接受不当利益。
6(2)工程人员不得接受承包商的不当利益或招待,并应尽可能避免业务外的金钱往来。

表 4-16 案例 12

编号	12	案例名称	工程验收问题				
分类		涉及环节	□规划 □招投标 □设计 ■监造 ■施工 □分包 □管理 □履约 □其他____				
		适用对象	■技术员 ■专工 ■工地主任 ■质控 ■工程人员				

案例描述:
案例涉及利益相关者:R 工程公司、Q 混凝土工公司
案例涉及关系人:工地主任 A、现场工程师 B

案例经过:

R 工程公司是一家房屋建设施工企业,它所采用的混凝土都是由 Q 公司提供的。

某次工地进行混凝土浇筑时,混凝土的强度没有达到规定要求,现场工程师 B 要求退回。但 Q 混凝土公司现场的工人说:"双方老板关系非常好,如果将这些混凝土退回去,老板肯定会非常生气。"B 不确定他们讲的是否属实,也无法求证。工地主任 A 在各方压力下,只好找 B 协调是否能将这些混凝土浇筑在一些不重要的结构部分。在经过协调后,双方达成一致。

思考要点:
1. 不合格的混凝土是否可以浇筑在非重要结构部分?
2. 曾经有现场工程师因为类似事件坚持混凝土不可以浇筑,结果造成纷争和冲突,工程师面对这样的情况应该如何有效处理?

有关伦理守则规范条款:
1(1)工程人员应该恪守执法,砥砺言行,端正优良的工程环境,并维持工程人员的专业形象
7(1)工程人员应了解其专门职业及公共事务,执行业务时,应考虑整体社会利益及群众福祉,并确保工程安全。

表 4-17 案例 13

编号	13	案例名称	内部检举揭发				
分类		涉及环节	□规划 □招投标 □设计 ■监造 ■施工 □分包 □管理 □履约 □其他____				
		适用对象	□技术员 ■专工 ■工地主任 ■质控 ■工程人员				

案例描述:
案例涉及利益相关者:C 工程公司、M 施工公司、N 施工公司
案例涉及关系人:C 公司项目经理 A、M 施工公司工地主任 W、N 施工公司工地主任 S、M 公司工程人员 B、N 公司工程人员 C

案例经过:

C 工程公司最近承接了两处小别墅的建造项目,并由该公司项目经理 A 负责。建造工作安排给两家经常合作的施工公司 M 和 N 来完成,分别由工地主任 W 和工地主任 S 监管,B 和 C 分别是 W 和 S 手下的工程人员。在施工前,A 大致确定了工程竣工的时间,两家公司也都同意了。在接下来的工作中,由于 A 给两家公司安排了同样的工作内容,所以两家公司也没有什么怨言,一如往常地工作着。

时间很快过去了，距离工程竣工还有 1 个月左右的时间。有一天 B 得到消息说 N 公司的工程即将完成，马上就要交付了，他感到不可思议，赶紧向 W 汇报了这个事情，W 也感觉很奇怪，大家的工作内容都是一样的，为何他却比自己提早一个月结束工程？W 决定实地考察一番。在考察的过程中，W 发现了问题：N 公司的工程中存在严重的偷工减料，在外墙和外墙的粉刷过程中，只是粗略地粉刷了一遍，在顶层的三角式屋顶结构中，所用到的钢筋在焊缝处存在明显的焊接不严实现象。经过 W 这一系列的调查和观察，最终明白 S 为了尽快拿到资金，安排工程人员偷工减料，缩短工期，提前完成任务。W 很是烦恼，要不要向 A 举报 S 和 N 公司？不举报意味着包庇和纵容；举报就意味着两家公司以后可能就没有合作的机会了。

思考要点：
1. 在面对金钱的诱惑下，我们是否能坚守自己的底线？
2. 工程在施工过程中到底该不该为了追逐眼前的利益而去背负施工中发生意外事故的风险？
3. 如果不幸由于钢材焊接缺陷而导致意外发生，造成人员伤亡或实质赔偿，该由谁来承担责任？
4. 如果你遇到了和 W 一样的问题，该怎么处理？

有关伦理守则规范条款：
1（2）工程人员不得以任何直接或者间接等方式，向客户、长官、承包商等输送或者接受不正当利益。
5（2）工程人员应对业主或客户之不当指示或要求，秉承专业判断，予以拒绝或帮助。
6（2）工程人员不得接受承包商之不当利益或招待，并尽可能避免业务之外的金钱来往。
7（2）工程人员应了解其专门职业乃涉及公共事务，执行业务时，应考虑整体社会利益及群众福祉，并确保公共安全。

表 4-18　案例 14

编号	14	案例名称	发包文件请他人先行审阅							
分类		涉及环节	■规划	■招投标	□设计	□监造	□施工	□分包	□管理	□履约　□其他____
		适用对象		■技术员	□专工	□工地主任	□质控	■工程人员		

案例描述：
案例涉及利益相关者：X 公司、R 公司
案例涉及关系人：X 公司主管 B、R 公司老板 C、X 公司工作人员 A

案例经过：
R 公司老板 C 和 X 公司的主管 B 比较熟悉，C 经常在 X 公司走动，一个偶然的机会听说该公司想要在某城市开发一幢高层商品住楼。C 对这项工程很感兴趣，想拿下这个项目。由于没有这方面的资料，无法提前了解相关文件，所以 C 想要通过与 B 的这层关系拿到相关的资料。办理这项任务的是 X 公司的工作人员 A，C 找到 A 并说明了和 B 的关系，想要关于采购工程的资料，但 A 不想把相关的资料给 R 公司。后来，A 找了一个理由让 R 公司去找该项目的设计院，询问这次采购的相关事宜。

思考要点：
1. 是否可以互相推脱责任？
2. 是否可以引诱进行不当的行为？
3. 如果你遇到了和 A 一样的问题，该怎么处理？

有关伦理守则规范条款：
1（2）工程人员不得以任何直接或者间接等方式，向客户、长官、承包商等输送或者接受不正当利益。
5（2）工程人员应对业主或客户之不当指示或要求，秉承专业判断，予以拒绝或帮助。
6（3）工程人员不得趁其职务之便，以压迫、威胁、刻意刁难等方式，要求承包商执行额外之工作付出。

表 4-19　案例 15

编号	15	案例名称	探听工程规划消息							
分类		涉及环节	■规划	□招投标	□设计	□监造	□施工	□分包	■管理	□履约　□其他____
		适用对象		■技术员	■专工	□工地主任	□质控	■工程人员		

案例描述：
案例涉及利益相关者：Q 建筑公司、S 工程设计公司
案例涉及关系人：Q 建筑公司经理 C、S 公司主管 A、S 公司工程师 B

案例经过：
S 工程设计公司正进行新建道路的规划设计，而 Q 建筑公司的经理 C 得知这个消息后，希望了解相关的规划成果以利于尽快规划投资。于是 C 向他认识的 S 公司主管 A 咨询，并承诺在事情完成之后将给他相应的报酬。A 向负责该方案的工程师 B 探听消息，拿到了初步的规划报告后提供给 C 参考。事后，A 从 Q 建筑公司获得原先承诺的酬金。

后来由于特定因素的影响，原来的道路规划线有所改变，Q 开发建筑公司的投资也随之停止。	

思考要点：
1．A 向 B 探听消息，并将消息提供给 Q 公司，此举是否恰当？
2．后来因为计划的变更，Q 公司没有投资，A 是否需要承担一定的责任？
3．如果你是 B，在面对 A 的要求时应当如何应对？

有关伦理守则规范条款：
3（2）工程人员不得对下属做不当指示。
5（3）工程人员应当对承办的业务保守秘密，除非获得雇主或者客户的同意和授权，否则不得泄露有损其利益的相关消息。
6（2）工程人员不得接受承包商的不当的利益或招待，并应尽可能避免业务之外的金钱来往。

表 4-20　案例 16

编号	16	案例名称	夸大广告与专业信息不对称							
分类		涉及环节	■规划　□招投标　■设计　□监造　■施工　■分包　□管理　■履约　□其他____							
		适用对象	■技术员　■专工　■工地主任　□质控　■工程人员							

案例描述：
案例涉及利益相关者：B 装修公司
案例涉及关系人：房屋装修业主 A、B 装修公司业务经理 C

案例经过：
　　A 在市区买了一套毛坯房，打算装修后作为婚房。A 对设计装修不是很了解，也不知道找哪家装修公司比较好。他在网上查到了 B 装修公司，B 装修公司的广告中提到该公司具有相当丰富的房屋设计装修经验，拥有大量的专业室内设计工程师，技术高超的工人等，团队阵容非常强大。于是 A 就向 B 装修公司的业务经理 C 在网上进行业务咨询，C 讲了一堆他不清楚的专业术语，之后 A 去 B 装修公司委托他们进行房屋的设计装修，并签署了合同。然而大半年过去了，工程始终无法顺利推进，并且装修费用不断增加。当 A 询问该公司的顾问时，他们总是用相当复杂的专业术语来解释装修缓慢的原因，A 对此感到怀疑，想查证该公司是否真如广告中所说。调查发现该公司广告中的工程业绩并非全部由该公司完成，而是由其他大牌公司完成，他们只是参与其中的一小部分。更让 A 不满的是广告中所列的专业人员有大部分只是在该公司挂名而已，并没有参与工程，所以工程一直无法顺利进行。

思考要点：
1．B 装修公司只是参与的工程，可以放在自己的业绩中吗？
2．如果你是装修公司的经理该怎样处理这件事？

有关伦理守则规范条款：
2（2）工程人员不得夸大或伪造其业务能力与职权，欺骗公众，引人误解。
4（1）工程人员应了解及遵守雇主之组织章程及工作规则。
7（4）工程人员应运用其专业职能，尽其所能提供社会服务或参与公益活动，以造福人群，增进社会安全、福祉与健康之环境。

表 4-21　案例 17

编号	17	案例名称	设计优化							
分类		涉及环节	■规划　□招投标　■设计　□监造　□施工　□分包　□项目管理　■执行　□其他____							
		适用对象	■技术员　□专工　□工地主任　□质控　■工程人员							

案例描述：
案例涉及利益相关者：机电工程咨询公司、业主
案例涉及关系人：机电工程咨询公司经理 B、机电工程咨询公司项目工程师 A

案例经过：
　　A 是一家机电工程咨询公司的项目工程师，这次主要负责的项目是一栋新建的办公大楼的机电配置及其设计工作。这个项目中的办公大楼属于公共工程，计划在三个月后发包施工，所有的设计图和发包文件处于最后的完善阶段。
　　可是在 A 整理设计图时突然想到了一个比之前更好的方案。新的方案只需要将原有的线路配置及设备进行适当调整，不仅可以维持现有需求，还可以减少 20% 的材料消耗，节省各业主的工程费用。基于这些优点，A 将他的新方案报告给了经理 B。

在详细了解情况后，B 肯定了 A 的新方案，但由于时间有限，如果重新设计，设计成本会增加，并导致公司利润减少，还会影响工程进度被业主责怪。各个方面考虑下来，弊大于利，最终 B 决定仍按原方案提供给业主发包施工。	

思考要点：
1. 当有更为优化的方案时，该不该和业主讨论？
2. 雇主利益和业主利益，哪个更重要？

有关伦理守则规范条款：
4（1）工程人员应了解及遵守雇主之组织章程及工作规则。
5（2）工程人员应对业主/客户之不当指示或要求，秉持专业判断，予以拒绝及劝阻。
7（1）工程人员应了解其专门职业及涉及公共事务，执行业务时，应考量整体社会利益及其群众福祉，并确保公共安全。

表 4-22　案例 18

编号	18	案例名称	设计变更							
分类		涉及环节	□规划　□招投标　□设计　■监造　■施工　□分包　□管理　■履约　□其他____							
		适用对象	■技术员　■专工　■工地主任　□质控　■工程人员							

案例描述：
案例涉及利益相关者：U 工程施工公司、业主
案例涉及关系人：业主监造工程师 A、U 工程施工公司工地主任 B、V 工程咨询公司工程师 C

案例经过：
　　U 工程施工公司对某工程进行投标，但中标该工程之后发现原设计的工程费用偏低，而且该工程所需要的材料在市场中难以采购从而导致工期不易控制。U 施工公司的工地主任 B 与业主的监造工程师 A 是旧识，于是向其提出办理变更设计的要求，建议采用新的设计取代原设计，并对工程造价进行重新核算。
　　因为 A 与 B 交情深厚，于是答应了他的请求，以"利于工期且安全无忧"为理由，要求原设计方 V 工程咨询公司配合办理变更设计。在召开的协调会议中，V 工程咨询公司工程师 C 认为原设计并无不当之处，并向 A 提出建议，说明"施工方提出的新设计方案的工程费用不应高于该工程原预算金额"，建议业主不应该接受 U 施工公司所提出的变更设计要求。

思考要点：
1. 变更设计造成工程费用提高，施工方是否有贪图利益的嫌疑？
2. 业主、设计单位、施工方在什么条件下才能办理设计变更？对于业主的行政责任和设计单位的设计责任应如何分清？
3. 对于业主的要求是否应该全部满足？

有关伦理守则规范条款：
4（2）工程人员应尽力维护雇主的权益，不得未经同意，擅自利用工作时间及雇主资源，从事私人事务。
6（1）工程人员应以专业角度订定公平合理之契约，避免契约争议与纠纷。
6（3）工程人员不得趁其职务之便，以压迫、威胁、刻意刁难等方式，要求承包商执行额外之工作。

表 4-23　案例 19

编号	19	案例名称	边坡挡土连续壁施工问题							
分类		涉及环节	□规划　□招投标　□设计　■监造　■施工　■分包　□管理　□履约　□其他____							
		适用对象	■技师　■专业工程人员　■工地主任　■品质管理人员　■工程人员							

案例描述：
案例涉及利益相关者：S 建筑公司、开发商、房屋购买者
案例涉及关系人：S 建筑公司现场工程师 A、工地主任 B

案例经过：
　　S 建筑公司正对一处地上 12 层、地下 3 层的住宅楼进行施工，开挖深度为 11 米，原先设计的边坡挡土连续壁长度为 23 米。某天晚上在对边坡挡土连续壁的施工作业中发生槽沟坍塌，经多次清理，沟底依然有很多污泥。当钢筋笼吊放后，钢筋笼还有 3 米露出地表。现场工程师 A 认为事情很严重，不是自己可以处理或下决定的，赶紧找工地主任 B 到现场做决定。
　　由于近年房地产市场良好，开发商很着急，希望该住宅楼能尽快完工。这个工程在一开始就有所延误，S 建筑公司的老板已经答应开发商要在今年完工交屋，所以实在是没有多余的工期对连续壁工程重新施工。工地主任 B 以其多年的经验判断，认为 20 米的连续壁对施工没有影响。而且在隔壁工地前年施工的建筑方案中开挖 11 米，连续壁设计采用 20 米，最后一样完工使用，完全没有问题。所以 B 要求将外露的钢筋笼切除，继续赶工，并且对于施工中遭遇的困难绝口不提。
　　情景甲：工程在未发生意外的情况下顺利完工，老板发给每人 20 万元的奖金。

情景乙：开挖过程中，由于连日暴雨，造成地下水位上升，连续壁位移，邻近建筑龟裂，工程损失约 3000 万元，并造成工程停滞。
思考要点： 1. 施工中遇到困难应由谁做决策？ 2. 隔壁工地的经验是不是可以用来作为判断本工程是否可行的依据？ 3. 是不是没有发生意外，就可以认为减少钢筋笼长度的判断是对的？
有关伦理守则规范条款： 1（3）工程人员应了解自身的专业能力及职权范围，不得承接个人能力不及或非专业领域的业务。 7（1）工程人员应了解他的专门职业和设计的公共事务，执行业务时，应考量整体社会利益和群众福祉，并确保公共安全。 7（4）工程人员应熟知专业领域规范，并且理解法规的含义，对于不合乎规范、损及社会利益与公共安全的项目，应该加以纠正，不得随意批准或执行。

表 4-24　案例 20

编号	20	案例名称	邻近建筑物加固或补偿问题						
分类		涉及环节	□规划 □招投标 □设计 ■监造 ■施工 □统包 ■专案管理 □履约 □其他＿＿						
		适用对象	■技术员 ■专工 ■工地主任 ■质控 ■工程人员						

案例描述：
案例涉及利益相关者：S 工程公司、沿线居民
案例涉及关系人：沿线居民、S 公司工地主任 B、S 公司老板 C

案例经过：
　　S 工程公司在进行某工程建设时，原设计要求对沿线建筑物进行地基加固，以此保护邻近建筑物。S 公司工地主任 B 在施工过程中了解到，沿线居民希望该公司不进行地基加固，只需依每户面积大小发放 10～30 万元的补偿费，将来若房子裂了、倒了再由 S 工程公司另行修复或盖新的房子。
　　S 工程公司经过初步测算，补偿费用大概为 3000 万元，而进行地基加固的费用约 1 亿 5 千万元，就算裂了要修补也仅需 4000 万元左右，所以 S 工程公司老板 C 希望可以按照居民的想法，发放补偿款。

思考要点：
1. 工程设计时是否可以直接采用发放补偿费的方式？
2. 现场施工若依居民要求，不采用原来的设计进行必要的保护，发生意外时责任应由谁承担？

有关伦理守则规范条款：
　　7（1）工程人员应了解其专门职业乃涉及的公共事务，执行业务时，应考量整体社会利益及群众福祉，并确保公共安全。
　　7（2）工程人员应熟知专业领域规范，并了解法规之含义，对于不合乎规范、损及社会利益与公共安全之情事，应加以纠正，不得随意批准或执行。
　　7（3）工程人员应提供必要之技术资料或作业成果说明，以利社会大众及所有关系人了解其内容与影响。

表 4-25　案例 21

编号	21	案例名称	公共安全的维护						
分类		涉及环节	□规划 □招投标 □设计 ■监造 ■施工 □分包 □管理 □履约 □其他＿＿						
		适用对象	■技术员 ■专工 ■工地主任 ■质控 ■工程人员						

案例描述
案例涉及利益相关者：P 施工单位、专家 C
案例涉及关系人：现场质检工程师 A、P 施工单位负责人 B、质检专家 C

案例经过：
　　某工地在进行混凝土浇筑后，现场质检工程师 A 发现混凝土抗压测试强度不符合要求，于是要求 P 施工单位重新浇筑。P 施工单位负责人 B 为了避免施工成本增加，辩称试验样本可能因为现场工人的不当搬运而损害其强度，建议另请专家给出检测报告，以证明该施工结果实际是安全的，无须重新浇筑。之后，质检专家 C 接受了 B 的委托，对该次浇筑的混凝土结构钻孔取样，重新进行试验。为了避免混凝土抗压强度仍不符合设计要求，他事先了解了结构体的强度分布，以保证样本的强度试验满足设计要求，并给出了合格的检测报告。
　　A 根据 C 提供的合格检测报告，同意了 P 施工单位不需重新浇筑混凝土的要求，继续进行施工。

思考要点：
1．这个工程若发生意外，应该由谁承担责任？
2．A 是否应该坚持让 P 施工单位重新浇筑？

有关伦理守则规范条款：
1（1）工程人员应恪守法规，砥砺言行，以端正整体工程环境之优良风气，并维护工程人员之专业形象。
7（1）工程人员应了解其专门职业乃涉及的公共事务，执行业务时，应考量整体社会利益及群众福祉，并确保公共安全。
7（2）工程师要熟知专业领域的规范，并了解相关法规的含义，对于不合规定，对公共安全有损害的事情，应给予纠正，不得随意批准或执行。
7（3）工程师应提供必要的技术材料或工作成果说明，以利社会大众和相关人员了解其内容及影响。

表 4-26　案例 22

编号	22	案例名称	环境污染							
分类		涉及环节	□规划	□设计	□监造	□专案管理	□统包	□施工	□招投标	□履约 ■ 其他<u>营运</u>
		适用对象	■技术员	■专工	□工地主任	■质控	■工程人员			

案例描述：
案例涉及利益相关者：A 味精生产公司、当地居民
案例涉及关系人：当地居民、A 味精生产公司工程师 B、A 味精生产公司主管 C

案例经过：
A 味精生产公司在某地以植树造林为由征用土地，但该公司运营半年后并未履行约定，在所征土地上建造了味精生产车间，并随意排放污水，造成近千亩土地受到损害，居民饮用水也因此受到不同程度的污染，当地民众围厂进行抗议。
该公司的主管 C 负责和居民沟通，他找来公司平日负责环境监测的工程师 B 协商对策。B 向 C 报告说，生产排放的废水超过了环保标准，应立即对废水处理装置进行改造和完善。C 为避免被追究责任影响企业的正常营运，让 B 将相关资料销毁。后来 C 向居民说明企业没有任何的污染问题，并对居民的损失进行了赔偿，抗议活动由此结束。

思考要点：
1．A 公司以植树造林为由征用土地，却未履行约定反而用以排放污水属于什么行为？
2．A 公司为了逃避责任要求工程师 B 销毁相关资料，如果你是 B，你会怎么做？

有关伦理守则规范条款：
3（2）工程人员不得对下属做不当指示。
7（1）工程人员应了解其专门职业乃涉及的公共事务，执行业务时，应考量整体社会利益及群众福祉，并确保公共安全。
7（3）工程人员应提供必要的技术资料或作业成果说明，以便利社会大众及所有关系人了解其内容与影响。
8（2）工程人员应兼顾工程业务需求与自然环境的平衡，并考量环境容受力，以减低对生态与文化资产等的负面冲击。

表 4-27　案例 23

编号	23	案例名称	环境保护与工程建设的冲突							
分类		涉及环节	■规划	□招投标	■设计	□监造	■施工	□分包	■管理	□履约 □其他<u>　　　</u>
		适用对象	■技术员	■专工	■工地主任	□质控	■工程人员			

案例描述：
案例涉及利益相关者：S 公司、土地开发咨询公司、当地居民
案例涉及关系人：当地居民、土地开发咨询公司资深工程师小吴、保护候鸟生态环境的环保组织

案例经过：
小吴是一位爱护环境的环保人士，在一家土地开发咨询公司工作。该公司打算与 S 公司合作开发一片游乐区。由于该游乐区的开发将带来相当大的人流量，带动当地旅游业的发展，因此当地政府和居民都十分期待本次开发计划。
但是，规划地是候鸟每年固定经过的栖息地，若开发游乐区，候鸟将失去栖身之所，对环境生态造成破坏，为此环保人士极力反对。
小吴虽然在该土地开发咨询公司工作，但他并没有直接接触这个计划。他的内心也来对本工程存有不同的看法。环保人士希望小吴能以工程人员的观点和角度协助他们一起反对工程的开发，小吴面对公司利益、居民期待以及环保问题间的冲突，应该如何抉择？

思考要点：
1．当环保理念和公众的利益发生冲突时，将如何抉择呢？
2．当生态保护与工程建设不能相容时，工程人员将如何进行选择？

3．是否可以为了个人/民众的利益，忽略对生态环境的伤害？小吴作为工程师是否可以提出既能保护生态又能开发旅游区的方案？

4．环保组织希望得到小吴的协助反对本项目的开发，小吴应如何应对？

5．小吴作为土地开发咨询公司工程师，是否能够为了公司利益而忽略环境生态保护？

有关伦理守则规范条款：

2（4）工程人员应秉持客观、诚实的态度勇于发言，以支持正当言论行为，并谴责违反专业素养及不当言行。

5（2）工程人员应对业主/客户的不当指示或要求，秉持专业判断，予以拒绝及劝导。

7（4）工程人员应运用其专业职能，尽其所能提供社会服务或参与公益活动，以造福人群，增进社会安全、福祉与健康的环境。

8（1）工程人员应尊重自然、爱护生态、充实相关知识，避免不当破坏自然环境。

8（2）工程人员应兼顾工程业务需求与自然环境的平衡，并考量环境容受力，以减低对生态与文化资产的负面冲击。

第5章　工程的内部社会责任

5.1　工程职业与社会责任

引导案例：长生疫苗事件

2001 年，东北一家国有疫苗公司悄无声息地进行了改制，随后经过 19 次股权转让和 2 次增资，长生生物科技股份有限公司最终成为民营企业。长生生物主要从事人用疫苗产品的研发、生产和销售。据 2017 年年报，长生生物的营业收入为 15.39 亿元，净利润为 5.87 亿元。其中 99% 的利润都来自疫苗产品。

长生生物销售的 6 种疫苗产品分别是：冻干水痘减毒活疫苗、冻干甲型肝炎减毒活疫苗、ACYW135 群脑膜炎球菌多糖疫苗、流感病毒裂解疫苗、吸附无细胞百白破联合疫苗，以及冻干人用狂犬病疫苗。一类疫苗和二类疫苗的批签发量分别为 577 万人份和 1011 万人份，狂犬疫苗和水痘疫苗的批签发数量均已位居国内第二位。其中狂犬病疫苗的销售量占中国疫苗市场的 23% 左右，销售收入和毛利润均居 6 种疫苗之首，占比约 47%。

2018 年 7 月，一封来自长生生物内部生产车间员工的实名举报信送达国家食品药品监督管理局（简称国家食药监局）。7 月 15 日国家食药监局发布通告称，根据线索组织检查组对长生生物生产现场进行飞行检查发现，长生生物在冻干人用狂犬病疫苗生产过程中存在记录造假等严重违反《药品生产质量管理规范》的行为。根据检查结果，收回长生生物相关《药品 GMP 证书》，责令企业停止狂犬病疫苗的生产。2018 年 7 月 16 日，长生生物发布公告，表示正对有效期内所有批次的冻干人用狂犬病疫苗全部实施召回措施。

2018 年 7 月 19 日，长生生物公告称，收到《吉林省食品药品监督管理局行政处罚决定书》决定：（1）没收库存的吸附无细胞百白破联合疫苗 186 支；（2）没收违法所得 85.9 万元；（3）处罚违法生产药品货值金额三倍罚款 250 余万元。罚没款总计 340 余万元。

2018 年 7 月 20 日，吉林省食药监局发布行政处罚公示，长生生物生产的吸附无细胞百白破联合疫苗经中国食品药品检定研究院检验，检验结果"效价测定"项不符合规定，按劣药论处。这条处罚信息，针对的是 2017 年 11 月的一起违法事件。2018 年 7 月 21 日，长生生物被发现 25 万支吸附无细胞百白破联合疫苗检验不符合相关规定，而这 25 万支疫苗几乎已经全部销售到山东，库存中仅剩 186 支。

国务院调查组在对长春长生公司调查中进一步查明，该公司生产的效价不合格百白破疫苗涉及同一批次的 201605014-01 和 201605014-02 两个批号的产品，共计 49.98 万支。流入山东的 252600 支不合格百白破疫苗（批号 201605014-01），已使用 247359 支，损耗、封存 5241 支。批号为 201605014-02 的百白破疫苗共有 247200 支，其中销往山东 223800 支，封存 10000 余支；销往安徽 23400 支，损耗、封存 3277 支。

2018 年 8 月 7 日，国家卫生健康委员会办公厅、国家食品药品监督管理局办公室联合发布了《接种长春长生公司狂犬疫苗续种补种方案》。同日，国家卫生健康委员会发出通知，要求各地卫生计生行政部门和有关医疗卫生机构做好长春长生公司狂犬病疫苗接种者跟踪观察和咨询服务相关工作，维护人民群众身体健康和生命安全，保护接种者合法权益。

吉林省食药监局对长春长生做出了 4 项处罚：（1）吊销长春长生公司《药品生产许可证》（编号：吉 20160086）；（2）没收违法生产的冻干人用狂犬病疫苗 7794034 支，没收违法所得金额 1.8 亿余元，处罚违法生产、销售冻干人用狂犬病疫苗货值金额三倍罚款 72 亿余元，罚没款共计 91 亿余元；（3）没收长春长生公司专用于生产冻干人用狂犬病疫苗的原辅材料、包装材料（纯化后原液 2042.6 升、超滤浓缩液 417 升、病毒收获液 232 升、中间产品 8481677 支、药品标签 2032917 枚、稀释剂标签 2009037 枚、说明书 234079 张、小盒 493360 个、大箱 262 个）；（4）对长春长生公司直接负责的主管人员和其他直接责任人员依法给予处罚。

2018 年 7 月 23 日，因涉嫌信息披露违法违规，中国证监会对深交所上市公司长生生物立案调查。经查，长生生物存在以下违法事实：一是未按规定披露问题疫苗不符合标准以及停产和召回的相关信息；二是披露子公司产品有关情况的公告存在误导性陈述及重大遗漏；三是未披露被吉林省食药监局调查的信息；四是违规披露狂犬疫苗 GMP 证书失效致主业停产以及该证书重新获取的情况；五是 2015 年至 2017 年年报及内部控制自我评价报告存在虚假记录。

2018 年 7 月 23 日，长春市长春新区公安分局依据吉林省食品药品监督管理局《涉嫌犯罪案件移送书》，对长春长生生物科技有限责任公司生产冻干人用狂犬病疫苗涉嫌违法犯罪案件迅速立案调查，将主要涉案人员公司董事长高俊芳和 4 名公司高管带至公安机关依法审查。7 月 29 日，依据《中华人民共和国刑事诉讼法》第 79 条规定，长春新区公安分局以涉嫌生产、销售劣药罪，对高俊芳等 18 名犯罪嫌疑人向检察机关提请批准逮捕。

2019 年 10 月 8 日，深圳证券交易所发布公告，长生生物科技股份有限公司投票终止上市，并自 2019 年 10 月 16 日起进入退市整理期，退市整理期届满的次一交易日，予以摘牌。

5.1.1 工程师职业特征

1. 工程师的历史

工程师是指在各个历史时期负责工程项目的实施和组织管理的人员。我们将工程师的历史分为以下几个阶段。

（1）古代文明时期的工程师

古代文明时期指公元前 4000 年至公元前 600 年的这段时间，以古代东方的早期文明为特征。

大多数工程师接受过理论和实践的教育及训练，工作范围集中在建筑、设计生产、规划、管理和研制方面，负责建造大型工程设施，比如军事设施、宗教祭祀、宫殿和水利设施等，形成了美索不达米亚地区、古埃及和印度河流域的古代工程文明。

公元前 4000 年，在美索不达米亚南部出现了乌鲁克城，其城墙长达 8 千米。公元前 2000 年晚期至公元前 1000 年，亚述国王修建了多座城市，从选址、实地勘查、城墙、城市道路网和住宅街区规划、供水系统建造等无不需要工程师的参与、规划、协调和指挥。

水利工程也是这一时期的重要工程。史前时期，美索不达米亚南部的乌尔城就修建了完善的水利系统。在苏美尔城邦乌玛和拉伽什的档案中记载了水利工程修建的详细步骤，如水渠、堤坝、水库的出水口检查，以及受损、堵塞处的测定方法。

以公元前 702 年至公元前 688 年间修建的亚述王国水利工程为例，共有 4 条供水线路，总长度超过 150 千米。其中有自成体系的水渠，可以用来调控流量的水道、隧道、高架引水渠和堰闸，它们能够从各个不同方向把水引入城内。工程中的高架引水渠是为了穿越临时河道而修建的，采用了 200 多万块岩石筑成，长 280 米，宽 22 米，水渠底部与河床之间精心地用石块垒砌成支撑。

另外，大型标志性建筑、船舶制造、港口建设、军事设施，也是这个时期的标志性工程。

（2）古典时期的工程师

古典时期指公元前 600 年至公元前 400 年的这段时间。在此时期，工程活动一般是建筑、供水系统和机械领域。

公元前 600 年前后，古希腊在政治、经济、文化和社会方面都发生了巨大的变化。这种变化明显地体现在大型雕塑艺术和建筑艺术上，随之而来的是石材运输的问题。建于公元前540 年的科林斯阿波罗神庙，采用了大量圆柱形石材，正面 6 根，侧面 15 根，柱高 6 米。由于石材采集点很远，杰出工程师切利斯弗隆和梅塔格尼斯设计了运输方案，将石柱放倒，用铁销从两端穿进圆石柱，通过与铁销相连的木支架牵引至工地。

公元前 500 年，人们期望研制出某种装置以满足舞台效果的需要，可以帮助人在空中飞行，于是根据力学原理制作的机械装置应运而生，最初的"机械师"就是用来称呼设计和操作这种机械设备的专业人员。

公元前 4 世纪晚期，亚里士多德的著作《力学》论述了杠杆原理，为后来工程师的实践提供了整体的理论框架。在公元前 441 年至公元前 439 年围攻萨摩斯岛的战役中，希腊人使用了工程师佩里弗利托斯设计的新型攻城工具，使攻城的时间从 10 年减少至 9 个月。

古希腊时期，工程师的创造性在军事技术和城市规划上得到了极大的发挥。波利依多斯发明了扭转式石弩，他的学生迪亚德斯也是一位才智过人的工程师，他撰写了许多关于攻城术的文章，研制的活动式攻城台高达 26～52 米，可拆分成多个小部件，便于部队携带。与此同时，守城的技术也在不断提升，建筑师卡里亚斯发明了吊车，可抓住逼近城墙的攻城台，将其提过城墙，该时期的技术人员已经能对石弩的型号、弩机弦臂的长度、口径与石块重量等关系做出定量的分析。著名的亚历山大城建筑师戴因奥克拉斯规划、开发、扩建了坐落于狭长的山背上的城市，城市供水的水源地远在 40 千米之外，技术人员修建了供水管道，包括一条 3000 米长的压力水管，解决了城市供水问题。

世界七大奇迹之一，罗得岛上的巨型太阳神像，高度超过 30 米，为青铜器铸造师兼雕塑家查瑞斯所制，他先造出神像的脚，然后在上面就地做模子并浇铸，摒弃了以往的冷辗青铜片的传统方法。

克泰西维奥斯和阿基米德是这个时期的杰出工程师，克泰西维奥斯开启了气动学和水力学的研究，从而发明了多种乐器以及高压灭火器。阿基米德发挥了他的数学能力，成了兵器制造师，制造了抛石机、铁爪式起重机、相互缠绕的链索攻击方式。

罗马帝国时期（公元前 27 年至公元 1453 年这段时间）的工程师致力于基础设施的扩建，阿格里帕在那不勒斯湾的阿佛纳斯湖和卢克林湖建造了一个大型海军基地；阿波罗多洛斯修建了一座长度超过 1000 米、横跨多瑙河的桥梁；哈德奈建造了一个顶部直径为 43.30 米的大穹顶神殿。罗马军队的技术优势十分突出，工程师们和平时期筑路架桥，打通山体、修建隧道，战争时期修筑城堡。现存的当时纪念供水管道竣工的三块碑铭记录着坚韧、干练和希望，反映了古代工程师内心世界的珍贵品质。

罗马帝国时期的工程师注重发明创造，轮轴、杠杆、滑轮组合、螺旋等机械力学得到了广泛应用；建筑方面也涌现出了很多精品，其中，君士坦丁堡的圣索菲亚大教堂便是其中的巅峰之作。

（3）中世纪和近代早期的工程师

这一时期（公元 500 年至公元 1750 年）的工程师，致力于为难度较大的技术找到实用的解决方案，并对其实施过程进行组织和指导。在城市建筑方面，对建筑外观要求越来越高，著名的佛罗伦萨圣玛利亚圆顶大教堂是几代建筑师、机械师、石匠运用几何学、力学知识精心完成的艺术杰作。机械力学的知识使人们发明了碾磨机、汲水机以及齿轮钟表。我国则完成了京杭大运河的修建，运河全长 1799 千米，是世界上最长的大型水利设施。水利专家利用几何方法丈量土地，用简单的算术方法调度人力的投入。

中世纪中期，防御工事越来越大，重型攻城器械也随之出现，原本需要人工牵拉产生的力，被固定或者移动的重物替代了，可以将 100 多千克的重物抛射出 450 米远。到中世纪晚期，已经形成了军工技术阶层，他们获得了特殊的社会地位。

随着工程活动的不断增多，首先在法国，随后在荷兰和瑞典，分别建立了独立的工程师组织。加入这一组织需经过专业知识考试，掌握防御工事建筑的制图技术，以及算术几何、土地测量、机械和水利方面的知识。到了 17 世纪，工程师组织分成炮弹和防御工事两大类别。

值得一提的是，17 世纪开始，各国技术人员流动很频繁，由于外来的技术人员中不乏庸才混迹其中，当他们拿着设计图面见君主时，君主往往无法甄别其优劣，等发现项目根本无法实施后，大量金钱已经投入进去了。因此，这个时期出现了专家委员会对项目进行评审，后来成了一种常规模式。如果有人确信自己发明了一种新的装置，可以直接向君主报告，但前提条件是，该装置必须经过一定的审查程序。这种程序从意大利共和城邦以及德国矿区传遍了整个欧洲，逐渐演变为后来的专利制度。

（4）工业化时期的工程师

这个时期（1750 年至 1945 年），工程师已经正式成为了一种职业，以下以工业革命中几个发达国家工程师职业的特点作为说明。

① 英国工程师

英国是世界上第一个工业化国家，工程师在经济发展过程中起着重要作用。约翰·斯密顿是英国最优秀的机械技师代表，他在土木工程学和机械工程学两个领域都做出了巨大贡献。如制作精密机械和纺织机械、测量水车动力以及建造埃迪斯顿灯塔等。1771 年，他成立了世界上第一个工程师社团——土木工程师社团。

科学革命和经济发展对 18 世纪英国技术的发展产生了重要影响，科学、技术和工业之间相互影响，没有明确的界限。改良蒸汽机的詹姆斯·瓦特，原本是位工具制造师，他通过学习非本专业的科学知识而成了著名的科学家。他在产生改良蒸汽机的灵感后，与铸铁工厂老板兼化学家约翰·多巴克共同奋斗了 5 年，但仍未有所突破。后来多巴克将权利转给了企业家马修·博尔顿，又过了 12 年，这项发明才开始获得盈利。可见，没有博尔顿这位出色的工程师，蒸汽机便不可能很快问世。

英国工业革命中，铁路的建设以及火车头的设计、制作达到了很高的水平，三大著名的工程师约瑟夫·洛克、罗伯特·斯蒂芬森和伊桑巴尔克·布律内尔为此做出了杰出的贡献，他们采用系统试验中得到的知识和技能多次走在了理论的前端。

② 美国工程师

在许多方面，美国工程师职业的发展都以英国为榜样，存在很多相似之处。不同的是，美国的工程师为大众职业。独立战争以后，军事工程师的需求增加，因而促成 1802 年美国西点军校的成立。在美国，工业启蒙的思想在工程学校和技术实践中同时传播，既影响了受过良好学校教育的中产阶级子弟，又影响了普通的机械工人。19 世纪 20 年代，机械制造厂大量出现，机械工程师的称谓开始在铁路行业使用。随着工业化的迅猛发展，美国工程师的类别和人数都发生了很大的变化，其中电子技术人员的比例最大。1880 年，美国约有 7000 名工程师，1900 年为 4 万名，1920 年为 13 万名，1940 年达到 30 万名，而至 1950 年壮大为 50 多万名。同时工程师在美国经济中的比例也在提高。1900 年，1 万个雇员中有 13 名工程师，1960 年达到了 128 名，增长了近 10 倍。培养工程师的学校从内战前的不到 10 所，到 1880 年超过了 85 所，1930 年为 135 所，到了 1945 年变为 180 所，得到科学学士学位的毕业生从 1870 年的 100 名增加到 1945 年的 42000 名。

③ 法国工程师和德国工程师

17 和 18 世纪的法国是专制王权国家，中央具有修建和管理的权限，更加便于大型工程的完成。这个时期的法国工程师常作为国家雇员，对各项工程起到了协调和强化的作用，凡尔赛宫以及 240 千米的南运河都显示了其杰出的工程能力。自 1720 至 1794 年法国建立了炮兵学校、巴黎桥梁和道路学校、巴黎综合理工学校等 6 所工程学校。1794 年至 1925 年建立了巴黎高等电力学校等 11 所工程师学校，这些学校的入学考试都以数学为主，国家公务员的备选人员必须经过这些学校的学习。

1848 年法国工程师协会成立，1856 年德国工程师协会成立。德国的工商学校和科技学校的毕业生大部分成了国家公务员。到了 1890 年，市场对工程师的需求持续上升，工程师的教育机构开始兴建和扩张。教育的重点在于新兴工业部门，如化学和电气技术，也包括机械制造。19 世纪以来，大学的自然科学院系都建立了附属的技术研究所。20 世纪初，对工程师的需求增长导致了工艺学校的增加，工艺学校的毕业生进一步可升至工程师阶层。根据 1913 年的估算，法国工程师中约 50% 毕业于工艺学校，25% 毕业于大学研究所、化学和电气技术专科学校，另外 25% 出自著名的工程师培养学校。工科专业的毕业生地位很高，担任着国家部门的领导职务，同时也在经济界担任领导职务。

具有深远影响的工程师古斯塔夫•埃菲尔是巴黎中央工艺制造学院 1855 届毕业生，他于 1864 年创办了钢铁结构企业，建造钢铁结构的火车站（布达佩斯火车站）、桥梁（波尔多大桥，索尔汉桥梁）、展览馆、教堂、自由女神像等。最著名的建筑是以他名字命名的埃菲尔铁塔。铁塔建于 1889 年，当时为纪念法国大革命 100 周年，在巴黎举办国际博览会，铁塔是入场处的建筑。埃菲尔铁塔使用了 12000 件预制件和 250 万只铆钉构成，40 名设计工程师共绘制了 3700 张图纸。

18 世纪的德国处于若干个小邦国割据的状态，邦国之间的工程师可以相互雇用。1799 年，普鲁士向法国学习，开设了建筑学院，免费培养地下结构、房屋结构及测量领域的技术官员。18 世纪中叶，成立了矿业学校。1870 年，德国统一，经济一体化使得其铁路、水路网形成。随后，在采矿、冶金和机械制造领域迅速形成了国际竞争力。而化学和电气这些新兴工业领域，20 世纪初便已领先于世界。

第一次世界大战之前，德国有 10 到 15 万名工程师，工程师协会拥有会员 24000 人。19 世纪后期开始，工程师在建筑业、机械制造以及与化工业合并的冶金业聚集。在建筑业工程师可以独自开业，在其他行业只能受雇于人。在电气行业，工程师大多只负责项目的实施，而不负责设计。

除了德国工程师协会外，还有德国冶金工程师协会、德国化学工程师协会、德国电气工程师协会等规模中等的技术协会，德国的工程师协会对教育政策发挥了巨大的影响，学校的教学大纲都由工程师协会制定。

第一次世界大战之后，技术合理化运动使工程师领域分布发生了变化，进入生产制造领域、项目开发、管理以及销售部门的工程师增多。

（5）二战后的工程师

第二次世界大战给世界带来了深重的灾难，工程技术人员对技术的反思一直没有停止过。二战对工程技术的影响也是转折性的，在自然科学、工程科学知识和应用技术领域都产生了系列的变化。如动力燃料、聚乙烯和合成橡胶，无论在工艺上还是新材料的研发上，都发展成核心技术。能源技术、雷达和数字通信技术、涡轮空气喷气发动机都是二战期间发明的。二战结束后，很多军事技术转化为民用技术，在这些进程中，工程师职业群体的各个协会纷纷成立。1951 年举办的欧洲范围内的国际工程师联合会，参加的工程师来自欧洲各地。1955 年诞生了国际工程师欧洲联合会以及共同技术委员会等。有些技术委员会开始起草规范工程师职业的法律，将从事高级技术改造业绩卓著的人员任命为工程师。

工程师职业培养也发生了重大变革，此类高校纷纷改名为工业大学或者技术大学。自然科学和工程技术的不断发展给工程师的培养打下了深深的烙印，计算机技术和微电子学成为信息工程和半导体技术的基本课程，经济工程学也成为重要的教学内容。

从 20 世纪 60 年代起，美国工程界开始用带有批判性的目光看待工程技术，对工程技术的批判之风涉及领域众多，包括核技术、生物技术等。美国国会于 1972 年设立了技术评估局。卡塞尔的工程师协会于 2002 年颁布和出版了《工程师协会职业伦理道德原则》。根据此原则，工程师由于他们的能力而肩负着特别重大的责任，而对他们的委托人和社会、对自己的职业行为负责，在各自从事的职业领域遵守法律，除非这些法律与通常的道德原则相矛盾。工程师们有义务在重视质量、可靠性和安全性的前提下促进技术创新。此外，工程师要将技术系统纳入社会经济及生态的范畴，尤其要着眼于提高后代生活条件并为后代的自由选择创造条件。工程师要遵守公共道德原则，尤其不能从事国际上被唾弃的或隐含不可控制风险的技术研究。

2．工程师的职业特征

（1）专业训练

工程师职业通常需要经历长时期的理论学习，而这种系统的理论基础一般是在学术机构通过正规教育获得的。因此工程师一般都拥有高等教育学校的学位。除此之外，工程师还应具备一定的专业技能，这些技能往往是在职业初期积累的。

（2）行业属性

最初的工程师集中在建筑、土木和机械工程行业，随着社会经济以及文化的发展，行业类别大幅增加，建筑建设类就有建筑学、土木工程、给排水、交通工程以及勘测工程等。任何行业都有一定的社会角色要求，担任一定的社会职能，职业与行业密不可分，职业包含着公共的元素。

（3）谋生手段

我们经常强调工程师的专业技能和伦理规范，却将工程师职业作为一种谋生手段放在不显眼的地位，这是不合适的。任何职业的第一要义是生存，是满足人最低需求的手段。工师是在一个组织机构中可以获得薪资的职业，并且随着职业技能的提高，更加胜任岗位的要求，享受职业带来的社会地位。既满足了社会的需求，又满足了个人的需要。

（4）流动性

职业生涯理论通常认为职业具有四个阶段：探索阶段、立业阶段、维持阶段及离职阶段。工程师在企业任职，由于具备了丰富的专业知识，工作的选择范围会大大拓展，特别在经济发达地区，人才的流动成为常态，人力资本的价值得到充分实现和增值。人才流动是社会化大生产的必然产物，是优化资源配置的必然要求。

美国耶鲁大学的组织行为学教授奥德弗，将人的需求划分为三个层次：生存需要、关系需要和成长需要。如果人们在某个环境中，一直得不到需要的满足，而从另外一个环境可以得到时，人们就会追求后一种环境。职业的流动可以使工程师找到与个人目标、价值观一致的组织，使个人潜能得到充分发挥，有利于自我职业的发展。

需要指出的是，从保护企业技术秘密和保护国家安全的角度来看，工程师的流动可能带来潜在的风险，包括侵权行为和安全威胁。因此相关的法律对此做出了一些规定。我国刑法第 219 条规定了侵犯商业机密罪的量刑标准。

（5）承担义务

哲学家迈克尔·戴维斯认为，职业是指在同样的行业中，一些人自愿组织起来谋生，公开宣称将以道德上允许的方式服务于道德理想。这些理想超越了法律、市场、道德和舆论要求。

一般认为，工程师的基本道德规范有：用知识与技能增进全人类的福祉；正直无私，为公众、雇主和客户提供忠诚的服务；致力于提高工程师的职业能力和职业声望；为各自专业所属的技术团体提供力所能及的支持等。而现代工程技术涉及的往往不仅仅是技术本身，这就要求工程师的职业品格应具有社会意识和人文关切，对技术与社会环境的关系有充分的感知，特别应保护公共健康、安全和福祉。

（6）遵守职业标准

职业标准是工程师工作行为规范性的要求，是必须遵守的操作程序。除了从事本职业工作应具备的基本观念、意识、品质和行为要求这些职业道德，还包括职业功能、工作内容、技能需求和相关的知识需求。职业功能为该职业要实现的目标，工作内容是指完成职业功能所做的工作。技能要求是指完成每一项工作内容应达到的结果所对应的技能，相关知识指与技能要求对应的技术要求、法规、操作流程、安全知识等。

5.1.2　内部社会责任的要素

科学技术的负面效应日趋显现，使得工程师的社会责任显得越发重要。1986 年 1 月 28 日，"挑战者号"航天飞机在发射仅 73 秒后爆炸，导致 6 名宇航员和 1 名女教师遇难。爆炸原因是火箭助推器的 O 形环密封圈失效，导致毗邻的外部燃料舱在火焰高温烧灼下结构失效，泄漏出的燃料引发爆炸。在发射前一天的晚上，负责 O 形环的首席工程师罗杰·博伊斯·乔利在联席会上建议不要发射"挑战者号"航天飞机，因为密封圈的温度低于华氏 53 度时，无法保证有效密封，而第二天预报的温度却只有华氏 40 度。遗憾的是他的建议未被采纳，后来他又向公司管理层提出了低温问题，仍然无人采纳他的建议。事实上，火箭助推器尾部，由于从液氧舱通风口吹来的极冷空气降低了接触缝处的温度，使得温度低于气温，仅为华氏 8 度，远低于 O 形环的设计温度。但这个信息并未能及时传达至管理层。

罗杰·博伊斯·乔利践行了自己的职业责任，美国科学促进会对其在"挑战者号"事件中的典范行为授予他"科学自由与责任奖"，但由于他在事故调查时出庭做证，被迫结束了在航空航天工业 27 年的机械工程师生涯。

工程师处在一个技术或者工程共同体中，与企业是代理关系或劳务关系，而企业的本质是利益相关者的契约集合体。利益相关者包括股东、管理者、员工、债权人、客户、供应商、行业竞争者和国家等。各方面的利益诉求并不相同。股东往往追求利润的最大化，为了降低风险，常常可以分散投资，他们对企业承担有限的责任。但管理者、员工、债权人和其他人，可能承担了比股东更大的风险。

日本经济法学家金泽良雄认为当今的企业本来已经摆脱了单纯的私有领域，而作为社会制度有力的一环，其经营不仅受到资本提供者的委托，而且受到包括资本提供者在内的全社会的委托。换言之，无论在理论上或实际上，已经不再允许企业片面追求自身的利益，而必须在与经济和社会的协调中最大程度地与各种生产要素相结合，并且立足于生产物美价廉的商品和提供服务的立场。只有这种形态的企业才能称之为现代企业，而所谓经营者的社会责任也就不外乎是要完成这个任务。

在本节引导案例中，可以认为，长生生物公司毫无社会责任感，私自篡改生产记录，随意更改生产参数，降低生产标准，置道德廉耻于不顾，这种行为是对公众生命健康的漠视。他们不顾产品质量、企业信誉、公众生命健康，一味追求经济利益，结果对自己造成了毁灭性的打击。

虽然社会希望企业考虑所有的利益相关者，但企业追求经济利益的本质决定了其考虑问题的片面性，尤其在技术层面无法对工程或产品的缺陷有深刻的认识。可见，工程师作为企业员工，与企业具有利益相关性，有权利参与企业行为和决策。工程师运用自己的专业知识和经验为企业尽心尽责地提供服务，是对企业最大的忠诚；对企业违背国家法律法规、损害公共利益的行为不予置评，是失职行为。

本书中将工程的社会责任分为内部社会责任和外部社会责任两大部分。所谓内部社会责任是指工程师作为企业雇员需要对企业担负的责任，而外部社会责任是指企业行为对社会需要承担的责任。这两部分责任既有区别，又相互联系。

随着经济的飞速发展，社会责任理念得到了强化和规范，如日本经济团体联合会 1973 年制定的《行动宪章》中提到企业的社会责任的七条原则：

① 向社会提供有用财富和服务；
② 努力实现职工的精神与物质两方面的富裕；
③ 在注意保护环境的前提下开展企业活动；
④ 通过各种活动积极为社会做贡献；
⑤ 通过各项事业活动，努力提高所在地区的社会福利水平；
⑥ 不参与破坏社会秩序及安全的活动；
⑦ 努力使企业的行动原则与社会常识一致。

与此类似，各种工程师协会也对工程师承担的社会责任做出了相关规定，如美国电气和电子工程师协会伦理章程中明确规定：

① 承担使自己的工程决策符合公共的安全、健康和福祉的责任，并及时公开可能会危

及公共或环境的因素；

② 无论何时，尽可能避免已有的或已经意识到的利益冲突，并且当它们确实存在时，向受其影响的相关方告知利益冲突；

③ 在陈述主张和基于现有数据进行评估时，要确保诚实和真实；

④ 拒绝任何形式的贿赂；

⑤ 提高对技术、技术适当的应用及其潜在的后果的理解；

⑥ 保持并提高我们的技术能力，并且只有在经过培训或实习具备资质后，或在相关的限制得到完全解除后，才能承担他人的技术性任务；

⑦ 寻求、接受和提供对技术工作的诚实的批评、承认和纠正错误，并对其他人做出的贡献给予适当的认可；

⑧ 公平对待所有人，不考虑诸如种族、宗教信仰、性别、残障、年龄或民族的因素；

⑨ 避免错误地或恶意地损害他人财产、声誉或职业的行为；

⑩ 对同事和合作者的职业发展给予帮助，并支持他们遵守本伦理章程。

5.1.3 工程师与内部社会责任

工程师的内部社会责任是由工程师和工程职业内部的伦理关系所决定的。

如今，人类干预自然的能力越来越大，过度干预产生的后果将使世界陷入越来越危险的境地。工程师作为专业知识的拥有者，直接主持着大大小小的工程，很多项目影响范围之大，意义之深远是空前的。因此社会对工程师提出了社会责任要求，这是一种以未来的行为为导向的预防性或前瞻性的责任。

即使工程活动在实施之前经过了周密的论证，做了详尽的筹划和安排，但不确定性依然存在。工程师对于不可预测的工程实践和研究结果难以全部负责，但是对于可预测的结果应当负责。为此，工程师应该在能力范围内，最大限度地减少不确定风险。在以下几个方面，工程师都可以发挥自己的特长。

1. 设计

设计是工程人员运用知识和方法，有目标地创造工程产品构思和计划的过程，是工程活动中的首要环节，应遵守相应的设计规则和标准，而且应考虑到产品或技术作用于市场的效用，产品在使用时是否存在安全隐患，技术在运用时是否会对人类产生威胁。但设计无法做到面面俱到，十全十美。因为所采用的设计理念受到工程师知识结构以及成本等因素的限制，不可能考虑到所有的因素，没有考虑到的以及未预见到的因素就会增加工程的不确定性。因此随着工程活动进程的深入，不断有新技术产生，原有的设计模型也会遇到改良问题。

2. 技术评估

技术评估的内容很广泛，可简单分为三部分内容。

第一部分是技术价值的评价。它包含两项内容：一是技术的先进性，比如技术的指标、参数、结构、方法、特性，以及对科学发展的意义等；二是技术的适用性，如技术的扩散效应、相关技术的匹配、实用程度，以及形成的技术优势等。

第二部分是经济价值的评价。这主要是对技术的经济性做出评价，其评价是多方面的。

可以从市场角度进行评价，如市场竞争力、需求程度和销路等。也可以从效益上进行评价，如新技术的投资、成本、利润、价格、回收期等。

第三部分是社会价值的评价。这主要是对技术的社会角度做出评价，如新技术的采用和推广应符合国家的方针、政策和法令，要有助于保护环境和生态平衡，有利于社会发展、劳动就业、社会福利，以及人民生活、健康和文化技术水平的提高，合理利用资源等。

工程师所要考虑的主要是技术价值的评价。它要求工程师明确技术的主要参数、实施方法、现在或将来的应用和发展、开发所需的直接和间接投资，以及可替代的技术；整理并分析影响，通过分析找出不利的因素以确定其影响的大小，以及影响的相互关系，并评估它们的相对重要性，以便采取对策加以消除或减轻。技术评估要对要各种可能采取的行动和策略方案做出客观的比较和分析，以便决策者做出最佳的选择。

3. 质量和安全

案例：天津危化品库爆炸事故

2015 年 8 月 12 日，位于天津市滨海新区的瑞海公司危险品仓库运抵区起火，23 时 34 分 06 秒发生爆炸，23 时 34 分 37 秒发生第二次更剧烈的爆炸。事故现场形成 6 处大火点。8 月 14 日 16 时 40 分，现场明火被扑灭。

事故直接原因是瑞海公司危险品仓库运抵区南侧集装箱内的硝化棉由于湿润剂散失出现局部干燥，在高温天气等因素的作用下加速分解放热，积热自燃，引起相邻集装箱内的硝化棉和其他危险化学品长时间大面积燃烧，导致堆放于运抵区的硝酸铵等危险化学品发生爆炸。

硝化棉化学稳定性较差，常温下就能缓慢分解并放热。干燥的硝化棉危险性很大，受撞击、摩擦、遇火易燃烧或爆炸，暴露在空气中易发生自燃。受强烈震动或急剧加热会发生爆炸，与可燃物粉末混合能发生激烈反应而爆炸。

经测算，这次事故的总爆炸能量相当于 450 吨 TNT。事发当日，瑞海公司的危险品仓库中，共储存了 11300 多吨危险货物，包括硝酸铵 800 吨、氰化钠 680.5 吨、硝化棉类 229.37 吨。硝酸铵属于危险性极高的物质，是这起事故造成重大人员伤亡的元凶。

事故共造成 165 人遇难，截至 2015 年 12 月 10 日，事故调查组依据《企业职工伤亡事故经济损失统计标准》等规定统计，核定直接经济损失达 68.66 亿元人民币。本次事故还造成严重的环境污染问题，包括大气污染、水污染和土壤污染。

瑞海公司只顾自身经济利益，无视公众生命安全和安全生产主体责任，任意变更及扩展经营范围，无视国家法律法规和标准，长期违法违规经营，违法建设危险货物堆场，违法经营、违规储存危险货物，安全管理极其混乱，导致安全隐患长期存在。虽然瑞海公司管理层忽视安全是造成该起事故的直接原因，但不可否认的是，在公司日常运营中，项目的设计、运作、监管等环节都与工程师有关，工程师也许未尽到责任。

工程师是产品设计和工程项目的执行者。质量是工程建设和生产活动的前提条件。作为工程师，应该严格遵守和执行有关质量管理规范、标准和制度。如 ISO 9000 系列标准就是国际标准化组织的质量管理和质量保证委员会制定的针对质量管理体系的要求，在此基础上，不同行业又制定了相应的技术规范。

在工程建设过程中，应制定相应的安全分析规范。分析和检查整个工程中，凡是与施工有关的系统、设备、部件在正常和异常情况时，出现事故和自然灾害时的安全对策是否考虑周到，以及固有安全性、控制保护系统及专业设备的安全设施是否齐全。

4. 协调

工程活动由于其复杂性，要求工程师扮演极其重要的专业角色，包括精通专业技术，创造性地解决相关技术难题，善于管理和协调、处理好与工程活动相关的各种关系，合理分配资源及各部分工作，以使工程活动有序高效地开展。

5. 社会意识

案例：共享单车

共享单车作为"共享经济"的产物，如今广泛分布在各大城市，几乎随处可见，如校园、地铁站、公交站、居民区、商业区、公共服务区等。只需要交纳一定的押金，用户就能随时扫码开启一辆共享单车，到达目的地后重新上锁即可结束使用。共享单车以一种环保便捷的方式解决了用户"最后一千米"的短途行程，一经推出就受到了极大的欢迎。共享单车停取十分方便，与公共自行车相比，这种随时停取的设计给用户带来了极大的便利。目前市场上共享单车的运营方式层出不穷，如月卡、年卡和免费骑行等。共享单车对于短距离出行性价比较高，可以搭配步行或者公交车、地铁等交通方式，节省用户出行成本。

2018 年 2 月，中国信息通信研究院与北大光华 ofo 小黄车共享经济研究中心联合发布《2017 年共享单车经济社会影响报告 》报告指出，基于共享单车平台大数据深度挖掘分析，并综合应用互联网监测数据及市场公开数据，共享单车行业 2017 年共计为全社会带来 2213 亿元经济社会影响，包括提升民生福祉 1458 亿元，创造社会福利 301 亿元，赋能传统产业 222 亿元，拉动新兴产业 232 亿元，拉动就业量 39 万人。

从供给端看，截至 2017 年底，我国共享单车覆盖超过 200 个城市，单车投放量超 2500 万辆。资本市场仅在四季度，对共享单车的融资超过了 15 亿美元。从需求端看，共享单车在网民中的渗透率已经达到 41%。共享单车拉动了上下游产业链，如智能锁零部件供应、自行车制造、电信运营、支付平台、消费者需求等环节。据测算，2017 年，共享单车为居民节约了 1196 亿元的出行成本，为民众节约了 7.6 亿小时的出行时间，约合 217 亿元的时间成本。根据丹麦学者的研究，每天有半小时骑行习惯的人，平均寿命可延长 2.6 年以上，由于共享单车激发的休闲骑行新模式，2017 年为居民新增健康福利 45 亿元。

另外，共享单车对节能减排、提升城市交通运行效率、重振传统自行车产业、推行自行车行业的服务转型、丰富物联网大数据技术、拉动信息消费升级、增加就业量都有着巨大的促进作用。

然而，共享单车作为共享经济的形式也暴露出很多问题。

第一，共享单车极大地占用了公共资源。共享单车极大地影响了市容和交通。当共享单车在马路上随意停放时，很可能会引起一些交通事故，这也是共享单车的潜在成本。因此是否要对投资方收取公共管理费用也是一个值得商讨的问题。

第二，增长无序。共享经济存在"野蛮生长"的趋势，随着共享经济的发展，资本为了获取巨大的利润，使得共享家族的成员越来越庞大。ofo 曾获得多达 12 笔、金额达到 150 亿元的融资，在资本市场以及竞争对手的刺激之下，ofo 大举扩张，从成立之初就开启了烧钱模式，一度布局了国内外两百多个城市，投放在市场上的共享单车数量超过 7000 万辆，最高月用户数量达到 4000 多万。这种烧钱的商业模式，加之缺乏与其相适应的法律、规章、条例来规范其运行，使得共享单车超出了社会的需要，因而很快走上了衰退的道路，造成共享单车倒闭潮出现。据中消协调查发现，截至 2018 年 1 月，70 家共享单车平台中有 34 家倒闭。

第三，共享经济资金运用监管仍不完善。几乎所有的共享单车在使用之前都会收取押金，用来抵扣用户在使用单车过程中对单车造成的损耗。根据《中国互联网络发展状况统计报告》，截至 2017 年 6 月，共享单车用户规模已达到 1.06 亿。按用户平均超过百元押金估算，整个共享单车行业的押金数量或已超 100 亿元。以小鸣单车为例，其用户数量接近 80 万，而小鸣单车的押金为 199 元，仅押金就达到了 1.6 亿元。而根据网上调查结果显示，小鸣单车的天使轮加 A 轮的总金额都没有押金多，类似的情况在共享单车行业比比皆是。

法律上，押金作为消费者保证自己的行为不会对对方利益造成损害，属于支付消费者所有，在双方法律关系不存在且无其他纠纷后，则押金应予以退还。因此押金不属于共享单车企业的财产，必须进行风险隔离。换句话说，押金是用户的资产，共享单车企业没有任何理由扣留。然而据网易研究院公布，町町单车有 1 万多用户无法退回押金，合计约 2000 万元；小鸣单车涉及欠款用户为 25 万人左右，合计约 5000 万元左右；酷骑单车有 7 亿元押金未退还用户。

从共享单车的案例中我们可以得出，工程师应该高度重视技术对社会的作用和反作用。如果脱离更大社会背景看待某种技术，就会认为技术仅受其自身的考虑所支配，不影响社会各种机构和因素，也不受社会各种机构和不利因素的影响。而实际上，技术或多或少地影响着社会。工程师应该充分理解技术对社会维度的作用，充分了解这两个方向上互有因果影响。在任何情况下，工程师做出的设计、决策都不是社会中立的，这就需要工程师具备敏感的判断和承担义务的勇气。

共享单车带来的困境是设计运营模式一开始就存在的，它带来的社会问题的破解，依赖于管理规则的制定，如划定停车空间和制定准入标准等，进一步的治理则可运用共享单车提供的交通大数据，分析某个区域的骑行需求、骑行偏好路段等，从而更好地改造街道、指导慢行交通系统建设，这些都是工程师可以从技术层面上实现的。

5.2 工程师的职业素质

引导案例：埃航失事事故

2019 年 3 月 10 日，埃塞俄比亚航空一架载有 157 人的 ET302 航班失事，机上人员全部遇难。据埃航官网发布的声明显示，该失事航班 ET302 的机型为波音 737 MAX 8 客机。该失事飞机于 2018 年 11 月才交付埃航，机龄仅 4 个月。

这是波音 737 MAX 8 机型半年内第二次出现坠机事故。2018 年 10 月 29 日，印度尼西亚狮航一架波音 737 客机坠毁，189 人遇难，是 2014 年马来西亚航空公司 MH17 航班失事之后伤亡最惨重的空难。失事的波音 737 MAX 8 是波音新型号，狮航于 2018 年 7 月购入，8 月 18 日第一次运营，直到失事时的飞行时间不到 800 小时。从目前一些专业网站披露的飞行数据来看，飞机起飞后在 7000 至 8600 英尺高度之间经历了反复爬升和下降的过程。

波音 737 系列是全球最畅销机型之一，MAX 系列是其最新产品。截至 2019 年 1 月，波音 737 MAX 系列飞机已经交付 350 架，订单数达 5077 架。与以往波音 737 机型不同，MAX 8 配备自动防失速系统，即 MCAS 系统。飞机飞行时机头越高，气流与机翼弦线之间的迎角越大。迎角超出一定范围后，飞机面临失速风险。MAX8 配备的 MCAS 系统一旦判断飞机出现失速，可以无须飞行员介入即接管操作并使机头朝下骤降，以化解失速。波音公司飞机设计师开发的这套 MCAS 增稳系统，可以随时监测飞机迎角，一旦迎角超过了安全界限，就自动压低机头保持 10 秒钟飞行然后解除。调查发现，飞机检测迎角依靠机头两侧 2 个迎角传感器，但是这套系统的两个迎角传感器信号之间没有交叉检测，任意一个迎角传感器出问题都能造成系统启动，飞机自动压机头保命。更让人无法接受的是 MCAS 系统触发后，飞机就会进入自动运行程序，在驾驶舱没有明显的提示或者语音警告，机组人员不易发现问题，这在很大程度上导致了印度尼西亚航班的坠毁。

波音 737 MAX 飞机在最初设计的时候发动机技术还不发达，体积很小，原型的波音 737-100 用的是涡喷发动机。为了方便维护发动机，同时也方便适应当时普遍存在的较差的机场跑道条件，波音 737 的起落架设计得相当短。这也是大多数军用运输机的特征。波音 737 正是因为可以满足大部分简陋机场的需求，因而成了民航市场的大赢家。

波音 737 飞机在设计之初并没有预料到发动机会越做越大。自从 1984 年 CFM56-3 型发动机装上波音 737-300 飞机之后，400、500 系列就出现了椭圆形整流罩。到了波音 737-600 时代，CFM56-7 型发动机采用的是 1.55 米直径的 24 叶片宽弦风扇，这一改动使得波音 737-600 以后的型号发动机继续加高。但是发动机是不可以无限加高的，由于起落架高度限制，波音 737 机型只能搭载更大涵道的发动机。

此后，波音 737-MAX 飞机搭载的 LEAP-1B 发动机，不仅尺寸比 C-919 的 LEAP-1C 发动机小了一圈，经济性也不如后者，更糟糕的是这款大发动机高过了翼面，恶化了波音 737 的空气动力外形。由于原先设计的位置装不下这么大的发动机，为避免起落架过矮导致发动机距离地面过近从而吸入异物，波音公司将发动机位置调前，并抬高了发动机高度。这使得发动机尾气吹向主机翼，造成机翼升力层过早分离，从而导致无法大角度起飞和仰头过高起飞。

波音公司做了很多尝试仍无法取得较为理想的效果，只能简单地要求飞行员不要大迎角起飞，但是后来发现这样做根本不切实际，于是在飞机上安装了 MCAS 系统以强制飞机低头。

5.2.1 深厚的专业知识

在我国，工程系列初、中、高级职称对应的名称分别为助理工程师、工程师和高级工程师，各个职称级别的申报条件包含对学历和资历的要求、对外语和计算机能力的要求，以及对专业知识的要求。只有经过系统的专业训练后，才能获得工程师的职业资格。工程师职业准入制度的具体环节通常包括高校教育、职业实践、资格考试、注册、执行管理等。其中，高校工程专业教育是工程师执业资格制度的首要环节，是对资格申请者的教育背景进行限定。有些国家，还存在专业认证制度，毕业生如果未能通过专业认证，则不能直接申请执业资格，要经过附加的考核程序才能获得申请资格。对于高级工程师，往往还有继续教育的要求。可见，被社会承认并接纳的工程师必须是具备专业知识和技能、在工程某一领域具有资历的群体。

理查德·伯恩认为工程本质上是一种能力赋予活动，他将能力引入工程伦理的探讨之中，为拓展工程师对工程的认知构建了理解基础。丛杭青认为工程技术的成就是实践智慧，工程师的美德则是道德卓越。技术手段的正确使用确保了工程师的道德理想能够转化为实际成果，因此伦理是工程的本质属性之一，而不仅仅是分析和解决特定道德困境的手段。工程师的能力体现在两个方面，一是工程实践赋予工程师强大的职业能力，使得他们可以实现自己所追求的技术卓越标准，并在此基础之上实现自身的伦理价值，这是工程的内在善；二是通过其所创造的人工技术制品，工程师能够将工程的内在善转化为外在善，从而赋予他人选择更好的生活和行动方式的能力。可见，专业知识的深厚积累是达到工程师目标追求的必备条件。

美国国家职业协会伦理章程第三部分职业义务中要求，工程师应在其整个职业生涯中持续发展，通过参与专业实践、参加继续教育课程、阅读技术文献，以及参加专业会议和研讨会，以适应专业领域的发展潮流。美国土木工程师协会伦理章程准则 7 中提出，工程师应通过从事职业实践、参加继续教育课程、阅读技术文献，以及参加专业会议和研讨会的方式，使自己保持在本专业领域的前沿状态。

5.2.2 广泛的相关知识

1. 多学科知识背景

工程学家路甬祥认为工程不仅与一门技术学科有关，而且往往涉及多门学科的综合知识，同时涉及政治、经济、社会、法律、地域、资源、水文、气象、心理和生理等因素。一般而言，工程的复杂性主要体现在多学科性。为了在多学科的环境中胜任工作，工程师所要了解的知识会随着工程技术的发展与日俱增。

比如，生物医学工程师可能需要熟悉解剖学、生理学、生物组织学和药物学的一些知识，必须掌握计算机辅助分析方法及工具的使用，还应拥有生物学、行为科学和健康方面的知识。生物医学工程的运作涉及从分子器官系统层面的各个领域，需要将创新的材料、过程、移植物、设备和信息学用于疾病的预防、诊断、治疗和康复，直到健康的全面恢复。又如，通信工程师应该同时拥有计算机知识和各国相关的法律法规。可见，传统意义上专攻一术的工程师已经难以适应现代工程的需要。工程师应该不断学习，自我进行多学科教育。高等学校应该为学生提供多学科的理论基础知识，增加多学科知识背景，使他们能充分认识到自己的社会责任，在决策中更好地考虑其相关因素。

应该认识到，世界是一个包括自然—人—社会关系，以及自然—科学—技术关系的有机整体，人文社会科学知识与专业理论形成完整知识结构。工程大规模的集成化和社会化，要求工程师必须同时掌握相关专业和人文社会科学知识。工程师要履行社会责任，就必须具备强烈的社会责任感，坚持终身学习，并在工程实践中对各类相关知识进行运用和融通。

2. 工程思维能力

多学科知识背景为工程师履行社会责任提供了基础，但在具体的工程实践中，如何将工程涉及的多学科知识与工程活动的需求联系起来，如何考量工程给社会相关方面带来的利益、损失及其表现形式，都需要应用工程思维来进行。思维方式的不同会导致结果的差异。工程思维突出实践，因为工程要体现现实可行性，这与科学追求真理性、技术追求高效性是不同的。工程面对更多的制约和限制，即使证明了科学上的准确性和技术上的可达性，也未必能确保其在工程中的可行性。

工程思维性是指工程师在处理技术问题时进行活动的心智模式，包括提出问题的时机、工作的排序与调整、有效的思维模式和如何判断工作成果优劣等。关于从事工程活动的程序和方法，属于倾向性思维，是系统思维的体现，最基本的特征是思维的整体性，是方式方法和大工程意识等因素的综合作用。

作为现代工程活动的主体，工程师必须全面把握人与自然、人与其他成员乃至整个人类社会的互动关系。避免单纯从技术角度考虑工程问题，避免仅仅着眼于工程对象本身而忽视工程系统与环境的相互作用。每当面对工程问题时，就要非常自然地以系统论的视角，综合全面地思考和处理问题，审视工程的价值问题；在考虑技术问题的同时，统筹考虑其他一切相关方面的问题。从人类社会和自然界安全的角度，从短期利益与长期利益一致的角度，从局部利益与整体利益统一的角度，从追求性能与经济性比值最大化的角度，把相关事物联系到一起，考虑它们之间的相互作用。

5.2.3 坚持职业道德和规范

职业道德，是与职业活动紧密联系的、符合职业特点要求的道德准则、道德情操与道德品质的总结。它既是对任职人员在职业活动中行为的标准和要求，又是职业对社会所担负的道德责任和义务。职业道德是在职业生活中应遵循的基本要求，是从业者在职业活动中的行为规范，又是行业对社会应负的道德责任和义务。

现代工程要求工程师除了具备专业技术能力外，还要具备基本的职业道德素养，能在利益冲突、道义与功利矛盾中做出符合道德的选择；除对工程进行经济价值和技术价值的判断外，还具备对工程进行伦理价值判断的能力。工程师作为工程活动中的关键角色，对于所有利益相关者——股东、管理者、员工和其他相关者都有重要的责任。工程师是国家评定的职称，职业地位越高承担的社会责任也越重，不仅超出了适用于普通公民的法律责任范围，也不同于工程活动中其他主体的责任。显而易见，工程师的责任不可避免地要高于工人的责任，这种责任被赋予了道德的成分。

美国国家职业工程师协会的伦理章程第一部分就说明，工程师的最高道德义务是"公众的安全、健康和福祉"，几乎所有的工程师章程都有类似的措辞。在我们的工程实践中，不能超越最基本的道德底线。

案例：2017 年 3 月，陕西奥凯电缆有限公司的一名员工称，西安地铁三号线存在安全事故隐患，整条线路所用电缆偷工减料，各项生产指标都不符合地铁施工标准。电缆线径的实际横截面积小于标准横截面积，会造成电缆发热过度，不仅会损耗大量的电能，还有可能引发火灾。经调查，认定该事件是一起严重的企业制造伪劣产品、有关单位和人员内外勾结、采购和使用伪劣产品的违法事件，也是有关政府职能部门疏于监管、履职不力的违法违纪案件。地铁这样的大型工程是城市的交通命脉，不允许出现任何危及公众生命安全的隐患存在。揭发问题电缆的员工遵循了道德义务，避免了大概率发生的严重伤亡事故。

对职业道德的要求不应该仅看成职业义务的履行，而更应该理解为一种道德的实践。在上述案例涉及利益冲突的情况下，责任与良心的作用就会凸显出来。当工程或产品可能影响到公众的健康、安全时，工程师具有相当大的自主选择权利来选择是否揭发。

查尔斯·E.哈里斯认为将公众福祉置于至高无上的地位对工程师来说是一种重要的积极的指引，而对具体的工程实施并没有给予实际的指导。但是优秀的工程师应该具备这些特定的职业品格，从而使得他们成为最好或最理想的工程师。

职业规范与相应的工程领域有关，具有很强的专业性，制定的规范只有具体、有针对性，才具有指导性和可操作性。美国主要的工程师协会都在自己的领域制定了职业规范，并加以实践指导。国家对从事技术工作的工程师设置了资质认证，实行执业许可制度，既是为了提高工程技术水平，也是为了防范工程项目潜在的危害公众和社会的风险。虽然法律法规可以维护社会公众利益，但是也无法与科学技术的发展同步，无法涵盖所有违背社会伦理准则的行为，而法律的效用往往是事后才发挥，无法阻止危害的发生。所以，工程师拥有的特殊知识，以及具有预见后果的能力，可以帮助社会维护公共利益。

5.3　工程师的伦理决策

技术的进步引发了许多道德和社会层面的问题。虽然有职业章程指导，但其往往停留在宏观层面，不可能一下子解决所有问题。另一方面，工程师受到岗位限制，不同的职业环境会使得工程师在做出伦理决策时采取的方式方法存在很大差异。

查尔斯·E.哈里斯将公司分为三种类型。一是以工程师为导向的公司，这类公司认为质量优于其他考量，管理者不对工程师隐瞒信息，将信誉放在至高无上的地位；二是以客户为导向的公司，这类公司将更多的重点放在商业考虑上，认为安全比质量更重要，但有时为了将产品销售出去，可以牺牲质量，管理者和工程师之间的沟通可能存在困难；三是以财务为导向的公司，这类公司更集权，工程师对决策信息知之甚少，管理层与工程师之间难以达成共识。

在前两类公司中，工程师容易做出伦理判断和决策。因为沟通相对容易，人们更倾向于工程师关注的安全和质量问题，工程师更容易以职业和道德的方式行事。哈里斯建议工程师在做出抉择时尽量考虑以道德和保护自己的方式来进行，通常考虑的方面有：

（1）设立投诉和警告的通道及程序。鼓励工程师和其他雇员报告坏消息。虽然企业内部有监察员和伦理专员，但由于他们长期受到企业文化的熏陶，依赖于企业的薪金，有时可能无法以一种真正客观的视角看待问题。所以还应聘请企业外部的伦理顾问来处理投诉和内部分歧。

（2）提倡忠实的审辨性。非审辨性忠诚是只将雇主利益置于其他考虑之上，而审辨性的忠诚则给予雇主利益应有的地位，但仅在雇员的个人和职业道德约束范围内。这样的忠诚尊重了组织的合法要求，也承诺了保护公众的义务。

（3）针对问题分析。在提出批评和建议时，雇员应该对事不对人，这将有助于避免过度情绪化和人格的冲突。

（4）保留关于投诉的文字记录。有些问题最终会上升到法律层面，涉及法庭诉讼程序，相关的记录有助于真相的厘清。

（5）投诉应尽可能保密。其目的在于保护涉及的相关个人和公司。

（6）中立者的引入。组织内的雇员可能由于情绪化或带入个人情结卷入纠纷，不能对问题做出冷静的评价，引入组织外中立者参与是必要的，但应为组织外的中立参与者制定参与规则。

（7）应制定明确的保护条款和投诉机制使雇员免于被报复。即使距争议解决已经过去很长时间，一个与上级意见不合的雇员也害怕自己在晋升和工作分配中受到差别对待，免遭这种恐惧是雇员最重要的权利之一，尽管事实上这很困难。

（8）应该制定快速处理异议的流程。避免拖延调查过程，造成变相惩罚抗议雇员的情况出现。

5.3.1　工程师与管理者

工程师和管理者存在着较多分歧和冲突的可能性，如何区分是工程师做决定还是管理者做决定？它们的界限在哪里？首先，我们应该认识在企业中工程师和管理者各自不同的职能，以及他们对职能的不同思维方式。

1. 职能的不同

工程师在组织中的主要作用是使用自己的专业技术知识和技能来创造对组织和客户有价值的产品，面向的对象绝大多数是设备、技术方案、产品和设计思路等。由于工程师职业要求，他们必须坚持职业标准，并以此来指导对技术的应用。因此，工程师具有双重的忠诚，对组织忠诚，并对职业忠诚。但对职业的忠诚应超越对雇主的忠诚。它体现在工程师对质量的特别关注上。比如，他们会严格遵循良好的设计以及公认的工程实践标准，这些标准的基本要素中包括了设计的效率和经济性，规避不当生产和操作的要求，最新技术的应用程度等。

工程师将安全置于至高无上的地位，秉持谨慎和保守的态度，这是他们对科学的认知和工程思维方式所决定的。对于事关重大并且没有把握的问题，通常持否定态度，宁可承担事后证明是自己错误的后果。在挑战者号航天飞机事件中，工程师罗杰·博伊斯乔利虽然知道温度与 O 形环弹性之间存在明显的关联，但却无法给出安全飞行的准确温度，不能提供任何确切的数据，在事关航天飞机安全的严肃问题上采取了保守态度，尽自己最大的努力阻止发射的决定。

管理者的作用是负责企业全面或部分经营管理事务，需要一个团队才能发挥其作用，包括对项目做规划、定义项目流程、与客户和自己团队成员沟通，以及与更高层领导沟通，管理者一般受组织内的标准约束，在某些情况下，也受个人道德信念所支配。管理者主要关心组织当前和未来的效益和发展，承担着企业保值增值的责任，这些都体现在经济指标上，同时包括企业形象和雇员福利等方面。

2. 思维方式不同

管理者考虑问题时，将项目或产品所有相关的因素都列举出来，权衡它们之间的相互关系，找出完成指标的最优解，从而得出工作的程序。因为要面对股东和市场，管理者会尽可能降低成本，否则管理者可能会面临降级或失业。因此，有时管理者对工程师过分追求安全而导致成本和产品时效的双重损失表示不满。可见，管理者不是根据工程师职业实践和标准思考的。

与之不同的是，工程师倾向于各种因素排序是围绕设计进行的。所有这些因素中，安全和质量标准排在首位。虽然工程师可能会愿意在一定程度下，在安全和质量与其他因素之间做出平衡。但在与管理者协商时，不会放弃对安全和质量标准的坚持，尤其会强调产品及工艺不能违反公认的工程标准。

3. 伦理章程相关的条例

这里参照美国工程师协会对工程师与雇主义务的规定。

美国全国职业工程师协会伦理章程中，第三部分职业责任中规定：当工程师认为某一项目不会成功时，应向客户或雇主提出建议；对不符合工程应用标准的计划书或说明书，工程师不应该去完善、签字或盖章。如果客户或雇主坚持这类非职业性的行为，那么他们应通知相关的机构，并中止为该项目提供进一步的服务。

美国土木工程师协会伦理章程基本准则 4：在职业事务中，工程师应当作为可靠的代理人或受托人为每一名雇主或客户服务，并避免利益冲突。其中规定：工程师应避免与他们的雇主或客户相关的所有已知的或潜在的利益冲突，且应及时告知他们的雇主或客户所有可能影响到他们的判断或服务质量的商业关联、利益或情况。当工程师通过自己的研究确信某个项目不可行时,应该向其雇主或客户提出建议。

美国机械工程师协会伦理章程指导准则 1 中规定:当工程师的职业判断遭到否定,公众的安全、健康和福祉处于危险之中时,应向其客户和雇主告知可能出现的后果。

美国化学工程师协会伦理章程 2 中规定:工程师在履行其职业责任的过程中,如果意识到其行为后果会危及同事或公众当前的或未来的健康或安全,应该向雇主或客户正式提出建议。

4.工程决策和管理决策

工程决策是指由工程师做出的决策。工程决策受职业工程标准支配,涉及工程专业知识或者工程章程中的伦理标准,特别是那些要求工程师保护公众健康和安全的伦理标准。

管理决策指应该由管理者做出的决策。它涉及与组织经营状况相关的因素,比如成本、进度安排、营销、员工的士气和福利等。决策并不会强迫工程师或其他职业人员做出有悖于其技术实践或伦理标准的妥协。

工程决策和管理决策的特征说明,它们之间的区别是由于各自的标准不同而产生的。当两种标准产生实质性冲突时,特别是在安全问题上,管理标准不能凌驾于工程标准之上。对实质性冲突的定义尚并不明确,存在一些争议,即对安全或质量要求程度的判断上会有分歧。

由管理决策的要素可见,恰当的管理决策不仅不能强迫工程师违反他们的职业实践要求和标准,同时也不能强迫其他职业人员这样做。合理的管理决策还应该体现出对更广泛职业标准的遵守。

工程师提出的建议有助于管理者做出适当的决定,即使不是安全和质量方面的建议。比如,在产品设计的改进、设计方案的选择、产品外观以及使用便利等问题上,工程师都可以做出重要贡献,工程师还能够预测产品可能带来的各种问题。具有丰富经验和想象力,以及良好沟通能力的工程师,对管理者的帮助是重大的。

5.虚拟案例

假设某公司的产品设计中需要采用阀门,可以从两家供货商中选购。表 5-1 列出了三种不同的情形,对两家供货商提供的阀门 A 和阀门 B 做了是否符合项目要求、价格和其他相关比较的不同设定,并说明是管理者还是工程师具有选择权。

表 5-1 选用阀门 A 和阀门 B 的决策考虑

情形	产品	符合项目要求	价格(比正常值)	其他	选择权
情形①	阀门 A	√	高 5%	有切断装置	工程师
	阀门 B	×	正常值	引发过事故	
情形②	阀门 A	√	正常值	公司产品由更大客户单位制造	管理者
	阀门 B	√	低 15%	供货快	
情形③	阀门 A	√	正常值	长期可靠	工程师
	阀门 B	√	低 10%	供货快	管理者

情形①中,阀门 A 是最先进的产品,具有快速关闭功能,在紧急情况下可以避免事故

的发生，但是价格高于正常值 5%，价格在公司能承受的范围之内；阀门 B 是部门主管朋友公司的产品，但是它不能满足项目的最低规格要求。这种情况下，应该由工程师做出选择的决定，因为决定涉及公认的技术标准，并关系到公众的安全和工程师的伦理标准。

情形②中，阀门 A 和阀门 B 的质量和安全都满足要求，阀门 B 价格比阀门 A 便宜15%，且可以更快地供货，是公司产品的潜在客户公司制造的，阀门 A 是一家可能成为更大客户的公司制造的。这种情形应该由管理者做出选择的决定。因为管理者考虑交货进度、成本和应该培育哪位客户，并且管理者做出的任何一种选择都不违反工程伦理。

情形③中，阀门 A 历史使用记录长期可靠，但是阀门 B 便宜 10%，可以更快地交付和销售。最终决定权是归工程师还是归管理者呢？工程师看重可靠性和安全性，倾向于选择阀门 A。而管理者考虑成本、进度安排和营销，倾向于选择阀门 B。工程师认同选择阀门 B 是否是对工程安全和质量标准的妥协？对于这类困境解决的影响因素很多，如理性和善良等。

"挑战者号"航天飞机失事事件（案例经过见 6.1 节）是工程师与管理者之间矛盾冲突解决失败的案例。NASA 听取工程师建议后决定延迟发射。瑟奥科尔总裁杰里·马森知道美国国家航空和航天管理局渴望一次成功的飞行，而瑟奥科尔公司也需要与 NASA 签订一份新的合同，如果延期发射"挑战者"号，对续签合同会产生不利影响。由于工程师无法提供任何安全发射的确切温度数据，为了让工程师重新评估其主张，马森对监理工程师罗伯特·伦德说："摘下你工程师的帽子，戴上管理者的帽子。"于是，先前不发射的主张发生了逆转，最终酿成悲剧。是否发射的决定应该由工程师做出，而不是管理者。要求反对发射的人举证，而不是要求主张发射的人来承担举证的责任，这是对保护公众的安全、健康和福祉最高道德义务的严重破坏，工程师应对是否能够发射拥有最终的发言权。

5.3.2 责任

案例：基因编辑婴儿

2018 年 11 月 26 日，南方科技大学副教授贺建奎宣布一对名为露露和娜娜的基因编辑婴儿健康诞生，由于这对双胞胎的一个基因经过修改，他们出生后即能天然抵抗艾滋病病毒。

基因决定了细胞的各种生物行为。基因编辑技术就是对特定 DNA 片段进行改写。这次基因手术修改的是 CCR5 基因，而 CCR5 基因是 HIV 病毒入侵机体细胞的主要辅助受体之一。拥有这种突变的人，能够关闭致病力最强的 HIV 病毒感染大门，使病毒无法入侵人体细胞，即能天然免疫 HIV 病毒。

中国国家基因库伦理委员会委员、浙江大学医学院附属第一医院遗传与基因组医学中心主任祁鸣教授说，如果某些基因损害失去功能了，我们可以用好的基因去替换。但如果有坏的基因把好的基因"带坏"，就好比高楼大厦坏掉了几根钢筋，会影响总体承重效果。

这种情况下，使用过去的基因技术就没有意义了，而目前最流行的 CRISPR-Cas9 技术，可以"改写修订"变异了的坏基因，使其变正常。目前，在基础研究领域，对动植物的基因编辑已获得广泛应用，能够改良农作物、降低病畜率等，但在人体细胞，尤其是人体胚胎领域的应用尚未推广。

基因编辑技术的准确性及其带来的脱靶效应在科学界内部争议很大，在得到学术界一致认可之前直接进行人体胚胎改造并试图产生婴儿的任何尝试都存在巨大风险。而科学上此项技术早就可以做，没有任何创新及科学价值，但是全球的生物医学科学家们不去做、不敢做，就是因为脱靶的不确定性，以及更重要的伦理及其长远而深刻的社会影响。

20 世纪 90 年代，基因治疗刚在美国发展时，有人想用其治疗具有严重先天性免疫缺陷的儿童。但几年以后，接受基因治疗的 11 位孩子中有七八位得了白血病，人们这才意识到基因治疗可能会带来无法掌控的负面影响。

基因编辑最大的风险来自脱靶效应。在修改错误基因时，可能误杀一些好的重要基因，如果刚好击中了和心脏相关的基因，可能会得心脏疾病；击中一些肿瘤抑制的相关基因，未来可能有患肿瘤的风险。这些"误伤"都是不可预知的。对于健康人群来说，为了避免一种不确定的疾病，而去承担罹患其他疾病的风险，反而得不偿失。

目前还没有任何技术手段能确保基因编辑技术能够精确剪切 DNA。此外，CCR5 基因对人体的免疫系统、神经系统都具有副作用，一旦被移除，可能会影响人体免疫功能的发育，影响神经细胞、造血细胞的功能等，而这些还仅仅是可见的风险隐患。据报道，移除 CCR5 基因可以让人免疫某种艾滋病病毒（可以抵抗 HIV-1 病毒，但这只是众多 HIV 病毒中的一种，而且随着 HIV 病毒变异，感染机制的改变，预防所有 HIV 感染是根本不可能的），但同时也让感染西尼罗河病毒的死亡风险提高了 13 倍。

因此，贺建奎的试验对于这两个孩子未来的成长会造成何种风险是无法预知的。更让人担忧的是，基因编辑技术修改 CCR5 基因是具有遗传性的，如果这两个孩子能够正常的结婚生育，则无法预知他们的下一代、乃至下几代将会是怎样的。

最重要的一点是，这个项目的出发点并不是以个体的利益为考量，用"试管婴儿"的手段就可以使未感染的母亲一样可以生产一个健康的孩子，倘若母亲是 HIV 感染者，也有一系列的阻断方法，从基因上加以干涉不是必要的，也不是必需的。

我国政府分别于 2003 年和 2015 年出台了《人胚胎干细胞研究伦理指导原则》和《干细胞临床研究管理办法（试行）》，为基因编辑等生物技术的应用明确了基本准则，为开展相关研究与应用提供了指导，得到了中国科学界的一致共识。《人胚胎干细胞研究伦理指导原则》规定，可以以研究为目的，对人体胚胎实施基因编辑和修饰，但体外培养期限自受精或者核移植开始不得超过 14 天。

中国和世界多个国家的科学家陆续发声，对贺建奎所做的试验进行谴责，或者持保留意见。他们的理由大体可以总结为：第一，艾滋病的防范已有多种成熟办法，而这次基因修改使两个孩子面临巨大的不确定性。第二，这次的试验使人类面临风险，因为被修改的基因将通过两个孩子最终融入人类的基因池。第三，这次试验粗暴地突破了科学应有的伦理程序，在程序上无法接受。

如果任由像贺建奎这样的无视科学伦理的科学家为所欲为，多年以后人类社会可能会出现基因编辑和非基因编辑两种群体。这是人类社会必须面对和重视的伦理问题，未来可能会演变成为一种全新的特权阶级——即有钱人可以定制免疫绝症的后代。如此一来，未来社会的公平可能无从谈起。并且这种试验结果不可逆转，具有遗传性，影响深远。我们需要反思这些问题，基因编辑技术是否该用？应该用在哪些领域？是否应该制定相应的伦理规范来限制基因编辑技术的使用？

信息技术、生物技术、新材料技术、新能源技术、空间技术和海洋技术等是 21 世纪重点研发的高新技术领域。高新技术产业的主要特点有：知识和技术密集、科技人员比重大、资源能量消耗少、研发投资大、工业增长率高。发展高新技术，所需科研费用大，从产品研制到投放市场需要一定的研究周期，其中的不确定因素难以预见，风险性大，竞争性强。

高新技术对人类社会的影响体现在多方面。以基因工程、细胞工程、酶工程和发酵工程为代表的生物技术日益影响和逐渐改变着人们的生产和生活方式。将其应用于医药领域，可开发出新型药品；将其应用于农业生产领域，可使农作物抵御病虫害以获得粮食高产，改善其营养价值；将其应用于环境保护领域，可降低废水废气处理成本，大幅缩减运行费用。信息技术与经济社会的交汇融合引发了数据科学的迅猛发展。大数据已经成为国家基础性战略资源，对全球生产、流通、分配、消费活动，以及经济运行机制、社会生活方式和国家治理能力都将产生重要影响。

高新技术变革了生产力的要素，使得产业结构发生了变化；同时也改变了人们的生活方式，引发了人的思维方式的更新，将人类社会的物质文明和精神文明推进到一个新的高度。但另一方面，高新技术的负面效应也逐渐显现出来。如转基因食品可能对环境质量、生态系统或者生态平衡产生不利的影响。又如克隆技术可能会引发人类尊严和家庭伦理问题，遗传检测引发隐私保密问题，新药临床试验引发的知情同意问题等。

网络大数据时代可能带来隐私泄露问题。允许还是拒绝手机应用软件共享自己的通信和位置信息，成为当下的焦点问题。允许共享，意味着我们将面临信息泄露的风险；拒绝共享，将无法获得其便捷的服务。这种纠结的根源在于目前的互联网服务更多地依托于公民个人信息。除了隐私无法保护，大数据技术还存在信息技术安全、数据鸿沟等问题。这里的数据鸿沟是指一部分人能够占有并利用大数据资源、先进技术成果，却不能为公众共享，从而加剧了贫穷差距，破坏了社会公平。

工程活动，尤其是高新技术的发展，在获得社会利益的同时，也给从事这些工作的人员带来了现实的利益。这种利益与工程师的责任之间有时会存在矛盾。由于角色的定位和职业特点，使得工程师面临各种诱惑，从而受到巨大的伦理挑战。在土木工程活动中，工程师参与设计方、投资方、施工方及监理方等多方面的工作，受到多种利益的影响；在基因编辑婴儿事件中，研究人员不顾存在脱靶效应的可能性，坚持违背科学伦理，删除 CCR5 基因虽然可以让人免疫 HIV 病毒，但却需要额外承担 13 倍的感染西尼罗病毒的风险。

几乎所有的工程师团体的伦理章程中，都明确规定要将公众的安全、健康和福祉放在首要位置，同时要保护生态环境。很多章程在涉及具体利益冲突时都有具体规定。比如，美国全国职业工程师协会伦理章程实践规则 3 中规定：在由有关利益方发起或付费的事项中，工程师不应发表技术方面的声明、批评或论证。除非在发表自己的意见前，利益相关方明确地表明自己所代表的相关当事人的身份，并且揭示其中可能存在的利益关系。对于由自己负责的工作，工程师不应直接或间接地向代理人索求、接受金钱或其他有价之物。其职业责任 4 中规定：在没有得到所有相关利益方同意的情况下，工程师不应当参与或代表与竞争对手的利益相关的特殊项目或活动。在此项目或活动中，涉及从以前的客户或雇主那里获得专门的知识。

美国机械工程师协会伦理章程 4 中规定：如果某项任务会明显地在工程师和其客户或雇主之间产生潜在的利益冲突，那么，工程师就不应当承担这项任务。在根据公司章程、标准或政府制定的规章和规范从事的工作中，工程师应该在做出决定前仔细地判断，确保一种中肯的观点，避免利益冲突。

美国电气和电子工程师协会伦理章程 2 中规定：无论何时，尽可能避免已有的或已经意识到的利益冲突，并且当它们确实存在时，向受其影响的相关者告知利益冲突。

如果我们按照各自职业协会关于责任的规定去做，是否能够满足工程师的行为标准呢？答案是否定的。工程师只是遵守自己专业领域内的、已经明确的标准和惯例是远远不够的，因为这些标准和惯例不可能完整罗列出来，也不是一成不变的，它们甚至可能都无法跟上某些领域风险知识认知的步伐。况且，许多责任案例表明，应该采用哪些标准和实践，即使非常理智的人看法也常常不一致，所以对责任的分析是有必要的。

1. 道德责任和法律责任

道德责任是人们对自身行为的过失及其不良后果在道义上所承担的责任，是人们在一定的社会关系及自然关系中应该选择的道德行为，以及对自然、社会或他人承担的道德义务。道德责任依靠内心信念、社会舆论、传统习惯等力量来维系。

法律责任是指违反法定义务或契约义务，或不当行使法律权利而产生的，由行为人承担的不利后果。

职业疏忽责任，是指责任人忽略了某些因素，没有意识到这些因素会导致伤害的后果，同时，责任人的行为与伤害之间可能不存在任何的直接因果关系。工程领域的职业疏忽责任通常属于道德责任范畴，但有时会上升到法律责任层面。

有这样一个案例：磨坊主弗莱切为他的磨坊修建了一个蓄水池，蓄水池的水不经意间发生了渗漏，渗漏的水经过一个废弃的矿井到达了罗兰斯的矿井，造成了其矿井被淹。为此，罗兰斯向弗莱切提起了诉讼。虽然弗莱切可能预先不知道蓄水池的水会经过废弃矿井淹到另一个正常工作的矿井，但法院认为，蓄水池蓄水本身是一种非自然的状态，会产生一定的危险，因此磨坊主必须承担相应的责任。

从这个案例可以看出，法律责任并不因为工程技术上的疏忽就可以免除，对没能保持应有的谨慎而造成了不良后果也必须负有责任。这种谨慎是一个理智的人在特定情形中应该具备的职业素质。对疏忽的法律认定通常包括以下条件：存在与特定的行为标准相对应的法律责任；被控告方未能遵守这些标准；该行为和由此造成的伤害之间存在着合理的、紧密的因果关系；对另一方的利益构成了实际的损失或损害。

2. 最低限度责任

乔舒亚·B.卡顿认为，工程师并非必须对每一个失误所造成的损失负责。社会已经通过判例法确定，当企业雇用一名工程师的时候，应该同时承担其正常失误。但是如果失误超出了正常的水平，工程师就必须负责。这个正常的水平就是非疏忽和疏忽的错误之间的界限，被称为关照标准。

关照标准是对工程师更严格的规范要求，往往由有资格担任专家的人来认定。从工程伦理的角度看，关照标准似乎代表了一种最低限度的可接受标准，但却是在相关实践领域有能力、负责任的工程师之间共享的最高标准，这些标准在很多情况下可能超过了法律上认可的关照标准。

福特平托车油箱爆炸事故就是由于福特公司并未遵守最低限度标准，未采纳工程师关于插入保护性缓冲装置的建议。也许这个装置包含在原始的设计中，或者在早期设计阶段有其他可行的替代方案。然而福特公司声称平托车已经满足当时所有生效的联邦安全标准。法院和陪审团应该认可公司履行了合理的关照标准。但是法院却认为，现有的技术标准是不够的，工程师有时需要亲自证明执行技术标准的后果。如果工程师在设计产品时并未将公众的安全考虑在内，那他也没有遵守最低限度标准。

3. 分散责任

承担责任可能会给工程师带来声誉、地位和金钱的损失。因此，如果责任是由若干人造成的，团体内的个人往往试图逃避责任。他们一般会有这样的借口，许多人应该对这起事故负有责任，因此，将责任定在任何个人身上都是不合理的和不公平的。这类问题称为多数责任问题或多人负责问题。哲学家拉里·梅提出这样的原则以解决个人责任的认定：如果一个伤害来自集体怠惰，那么这个团体中的每个成员为伤害所承担的个体责任的程度取决于他原本能在防止怠惰中起到的作用，被期望的防止怠惰作用越大责任越大。我们称之为团体中的怠惰责任原则，这种责任也是有限度的，不能要求个人采取极端的或者英雄般的行为去逃避责任。

4．主动责任

工程师在工程活动中承担着各种责任，这些责任往往是在伤害发生后，进行的责任追究。通过事故调查，查明事故发生的经过，明确事故原因，找出事故责任人，并对其进行经济赔偿、纪律处分、道德谴责，甚至追究其法律责任的处罚，这种担负的责任称为被动性责任。事后追究责任人的责任观可能存在不足。一方面，工程项目会呈现出技术复杂、规模宏大、分工细密、组织庞大的特点，工程师个体很少能够自始至终对整个项目的实现进行完整的控制，往往其分担的任务仅是一个项目中的很小一部分，虽然有团体怠惰责任原则，但实际上，判断其在整个过程中的责任成分可能是有一定难度的。另一方面，有些工程项目具有敏感性，一旦发生事故，后果就极为严重，即使确定了责任人，也无力承担后果，无法弥补所造成的损失。因此，就出现了主动责任的观点。

主动责任是工程风险防范的责任。2011 年发生的"7·23"甬温线特大铁路交通事故的设计责任主体是通信信号研究设计院。根据事后调查，该院研究中心管理混乱，致使为甬温线温州南站提供的 LKD2-T1 型列控中心设备存在严重的设计缺陷和重大安全隐患。该院的工程师没有设计出完备的通信信号系统，对系统存在严重的设计缺陷和重大安全隐患没有充分的认识。虽然该系统的合同达 5 亿元人民币，但设计院并未对此特别重视。可见对于一味追求经济效益的人来说，并不会因为经费充裕而增加责任感。如果他们有主动责任意识，就会意识到动车安全关乎人民生命财产安全，在设计中就会将设备的可靠性放在至高无上的地位。

工程风险具有复杂性。我们可以从以下三个方面来认识控制它的意义。第一，工程风险的影响是多维的，它既可能对人造成身体上的伤害乃至生命威胁，也会对人的心理、精神或情感乃至社会文化方面产生伤害，贬低或忽略人的尊严和价值的工程风险是无法接受的。第二，工程活动的目的应该是平等地提升公众的生活品质，而不应成为某些特殊利益群体谋取利益的手段。因此，受工程风险影响的每个人的权利和价值、人格和尊严都应得到合理的重视。如果某些工程风险只是强加在弱势群体之上，强势群体作为工程风险的制造者和受益者，不但可以不受其威胁和影响，而且可以从中获取利益，那么，这样的工程活动就很容易成为"财富在上层集聚，风险在下层聚集"现象的重要推手。第三，工程活动对自然生态的影响越来越深远。当前人类所面临的生态危机、环境危机的原因正是因为忽略和低估了工程风险。

主动责任意识的缺失往往体现在以下几个方面：

第一，工程决策技术力量薄弱，工程多元化思维缺失。由于工程的复杂性和多学科交叉性，当决策的技术力量不足或决策者的思维不够开阔时，容易造成技术可能性和科学合理性之间的矛盾被忽略，一些有益、合理的建议被忽视。三门峡蓄水拦沙事件就是一个典型的案例，实施拦沙蓄水后仅一年多的时间，三门峡水库内泥沙淤积迅速达到 15.3 亿吨，潼关河床高程将一下子抬高了 4.31 米，渭河口形成了拦门沙。回水和渭河洪水叠加，淹没沿河两岸耕地 25 万亩，导致 5000 人被水围困。可见，工程决策主体的主动责任意识对工程的成败往往起着决定性的作用。

第二，工程设计存在缺陷。其产生的工程风险通常是长久性和灾难性的，如前所述的甬温线火车相撞的特大事故，造成了 40 人死亡、127 人受伤的惨重后果。工程设计是整个工程活动的核心环节，在科学性方面应当从客观实践角度深思熟虑，践行考虑周全的伦理责任；在艺术性方面应当尽可能展现简约、和谐和对称的审美价值；在人文性方面应充分体现人道主义关怀和社会正义；在自然性方面应深刻理解人与自然的关系，关注人与自然的和谐共生。

第三，工程施工违背工程规律。对施工过程中的客观因素缺乏全面了解，不按工程活动的程序操作或者偷工减料。施工中某些不确定因素的发生具有随机性和突发性，如果不对这些因素进行全面了解，很可能将工程活动置于巨大的风险之中，最终影响工程活动的进度和工程目标的实现。质量问题也常给工程带来致命性的风险。这些都属于人为因素导致的主观风险。

第四，工程运行违规懈怠。工程运行环节是工程活动价值体现的阶段，是工程活动的社会经济效益得以全面实现的依托和保证。如果工程运行责任主体人员伦理责任意识淡薄或缺失，就容易产生严重的人造风险。切尔诺贝利核电站就是由于操作人员的违规和懈怠，在反应堆过热时，闭锁了许多反应堆的安全保护设施，导致了核事故的发生。

主动责任思维要求通过责任主体的道德自律与道德抉择来承担，具有前瞻性、主动性和多元性的特点，它不同于通过法律惩治防范工程风险的消极性与事后性，也超越了工程伦理章程专注于工程师职业自治的局限性，因而构成了防范工程风险的首要防线。

主动责任模式要求多元责任主体共同分担伦理责任。工程活动的多元利益主体有政府部门、投资者、管理者、工程师、工人及社会公众等。防范风险不能仅凭工程师的一己之力，很多情况下，负责技术决策的工程师在工程最终决策时并不具有独立性和权威性，往往受到行政权力的支配与控制。"挑战者号"航天飞机失事就是典型案例。应该特别注意的是，社会公众作为工程利益相关者，既享有对工程风险的知情权，同时也承担着监督和积极参与工程活动防范工程风险的伦理责任。

5. 奉献

这里所说的奉献是指高于责任要求而做的工作。前述的关照标准反映了对保护他人免受伤害的关注，属于对他人的最低道德关注。但是如果超出了他人通常的、正当的、所期望的责任，即工程师个体承担了额外的责任，这种更强烈的责任感就称为奉献。

比如，一家公司的首席设计工程师从事高层建筑窗户清洗工的安全带设计工作。安全带可以帮助清洗工在高层建筑窗户侧借助于脚手架上下移动。工程师的设计已经远远超出这类安全带的安全标准，并且销路很好，但他仍会利用周末的时间继续改进安全带的设计。首席工程师解释了为什么要一直致力于改进设计的原因，他说尽管法律要求工人在脚手架上工作时必须系好安全带，但一旦无人监督时，工人就会把它们解开，因为工人们觉得，安全带限制了他们移动的灵活性，影响了他们在脚手架上爬高或下降的速度，这样容易出现伤亡事故。每当有人提醒如果发生事故，责任在卸下安全带的工人自己身上时，工程师回答，只是尽自己工作职责往往是不够的，应该努力想出更好的设计。改进安全带的设计虽然已经不再是首席工程师工作职责的一部分，但他还是利用自己的时间继续为这个项目工作，这就是工程师做出的奉献。

奉献是理想主义者和完美主义者的激情体现，这些责任是自我施加的，寻求实施奉献的机会，并在这些机会出现时后抓住它们，是一位高尚工程师的品质。奉献不应考虑他人的理解，而应从对社会贡献的角度去实施和评价。在乐于奉献的工程师的职业生涯中，他们默默地奉献着，视野更开阔，常会注意到管理者或者其他人没有注意到的重要任务，虽然他们认为自己只是在做分内的事情，但他们这种无私奉献的行为值得我们感激和尊敬。

奉献也不总是受到欢迎，有时还会遇到有意或无意的限制或阻挠。比如，20 世纪 30 年代后期，通用电气的工程师们共同开发了汽车封闭式前照灯，期望它能够大量减少因夜间驾驶而导致死亡事故的数量。尽管大家都认为改进汽车前照灯是必要的，但其在技术上和经济上的可行性却受到各方面的怀疑。经过努力，直到 1937 年，研发团队才证实了封闭式前照灯在技术上的可行性，但是说服汽车制造商和合作者以及监督者还要克服相当大的阻力。

有时候我们很难定量计算责任，即便最详细的职业工程师协会伦理章程也只能提供一般性的指导原则。在特定的情况下，责任的确定取决于工程师的洞察力和判断力，而超越这个责任就被称为奉献，我们不应该将其视为仅仅是义务性的示范。

5.3.3 忠诚与举报

首先讲述一个虚构的案例：吉尔班城将其下水道的污泥制成肥料，并被当地农民使用。由于肥料的使用价值很高，因此被称为吉尔班的金子。为了使污泥中的有毒物质控制在一定程度，环保主管部门强制执行严格的标准来限制某电子加工企业排放废水中砷和铅的浓度。

大卫是该公司环境事务部门的一名工程师，他注意到公司违反了污染物排放标准。大卫认为公司必须投入更多资金来购买污染控制设备，但管理层却认为设备成本太大，会导致公司利润下滑。大卫非常纠结，因为同时有四个重要的道德要求来约束他。第一，大卫有责任成为一名提高公司利润的好员工，他不能做出有损公司利益或者声誉之事；第二，大卫作为一名工程师，基于他个人的诚信和对职业的忠诚，应如实报告重金属的排放数据；第三，作为一名工程师，大卫有责任保护公众的健康；第四，大卫有权利保护和发展自己的事业。

以上道德要求都合情合理，大卫应该予以充分尊重。但是在上述情境中，这些道德要求显然是相互矛盾的，有没有可能找到一个具有创造性的折中的解决方案呢？或者能否寻求技术上的突破呢？面对这样的困境，我们应该做出怎样的选择？

1. 忠诚

（1）忠诚是工程师的基本道德要求

哈佛大学哲学系教授乔西亚·罗伊斯认为，忠诚是人的宝贵品格，是社会关系中最重要的评价指标，它表示诚实、守信和服从。罗伊斯发展了一种建立在彼此忠诚原则基础上的伦理哲学。在他的著作《近代哲学的精神》中将忠诚划分为几个级别。处于底层的是对个体的忠诚，如对家人和家庭的忠诚；而后是团体，如对群体或协会的忠诚；位于顶层的是一系列价值和原则的全身心奉献。按照罗伊斯的观点，忠诚本身不能以好坏论之，应该加以判断的是人们所忠于的原则，以及依据这些原则的忠诚程度，人们才能断定是否以及何时应该终止对一个人或团体的忠诚。忠诚的终极议题恰恰在于依照罗伊斯的忠诚级别体系来安排事物的轻重缓急。

工程师是企业的雇员，与企业之间形成了劳动关系。根据我国《劳动法》，劳动关系具有三个法律特征。第一，劳动关系是在现实劳动过程中所发生的关系，与劳动者有着直接的联系；第二，劳动关系的双方当事人，一方是劳动者，另一方是提供生产资料的劳动者所在单位；第三，劳动关系的一方劳动者，要成为另一方所在单位的成员，要遵守单位内部的劳动规则以及有关制度。

从前述的特征可见，工程师对雇主具有从属性，在劳动关系存续期间，工程师具有听从雇主命令，为雇主提供其所需要的劳动或技术服务的义务。工程师的忠诚可以体现在以下几个方面：第一，如实告知自己的基本情况如学历、工作经历等，服从雇主的工作安排，贡献自己的智慧，不能有所保留；第二，坚守技术秘密，技术秘密虽为工程师掌握，但所有权属于雇主。企业投入了巨大的人力和财力才获得了技术的制高点，并由此获取了经济效益。工程师往往成为其他企业的拉拢对象，如果泄露技术秘密，可能危及企业的生存及发展。所以对雇主的商业机密进行保密，不受非法利益的诱惑，是工程师忠诚义务的重要内容。我国《劳动法》第 22 条明确规定："劳动合同当事人可以在劳动合同中约定保守用人单位商业秘密的有关事项"，雇员若违反合同约定，将承担相应的法律责任。第三，竞业禁止。竞业禁止又称竞业限制或竞业避让，是指企事业单位员工在任职期间及离职后一定时间内不得从事与本企业相竞争的业务。《劳动合同法》第 24 条规定："竞业限制的人员限于用人单位的高级管理人员、高级技术人员和其他负有保密义务的人员。竞业限制的范围、地域、期限由用人单位与劳动者约定，竞业限制的约定不得违反法律、法规的规定。"工程师应当接受雇主有关竞业限制的规定。

忠诚的工程师会在工作中努力降低生产成本，加强各方面交流，改善服务质量，进而更好地服务于工程，使客户满意，为企业形成竞争优势，而企业如果有大批忠诚的员工，更容易提高生产力，从而获得高额利润，更好地吸引投资者，使企业在需要投资时获得充足的资本，顺利贯彻自己的经营理念，形成良性循环。

员工的忠诚度往往受到企业的推崇。企业在招聘员工时严格把关，希望新员工德才兼备，与企业同心同德。企业对忠诚度高的员工给予物质和精神上的奖励，这些奖励将促进员工忠诚度的螺旋式上升。

忠诚作为工程师必须遵守的基本原则，在伦理章程中也有充分的体现。

美国全国职业工程师协会伦理章程的基本准则 4：工程师应该作为忠诚的代理人和受托人为雇主和客户从事职业事务；职业责任 4：未经现在或先前的客户或雇主或他们服务过的公共部门的同意，工程师不应泄露任何涉及他们的商业事务或技术工艺的秘密信息；在没有得到所有相关利益方同意的情况下，受雇于他人的工程师不应提出晋职的要求或工作安排，或者将其工作的安排作为一种资本，或者参与其获得特殊的和专门的知识相关的项目；对属于雇主的工作，工程师所做的设计、数据、记录和笔记均为雇主所有。如果雇主在最初的用途之外使用它们，应该向工程师提供补偿。

美国机械工程师协会伦理章程 4：如果有悖于客户、雇主或公众的利益，那么在完成分派任务的过程中，工程师对接触到的信息应该保密，并且不应利用这些信息来谋取私利，其中：①未征得对方的同意，工程师不应泄露任何过去或现在的雇主或客户或有待评估的投标人的有关商业事务或技术工艺的机密信息，除非是法律要求或法院命令；②工程师不应将自己所属的任何委员会或理事会的机密信息或发明泄露出去，除非是法律要求或法院命令。还规定：未经雇主同意，工程师不应将雇主的设备、原材料、实验室或办公设备用于公司外的人和事务。

（2）忠诚的原则

忠诚并不意味着在任何情况下工程师都应当对雇主的指令无条件服从和执行。雇主是以利益最大化为目标的主体，受利益的驱使可能会不择手段。我们看这样一个例子：1998年8月长江发生特大洪水。8月7日江西九江长江大堤决堤，形成30米宽的决口。蓄势已久的长江洪峰以7米的巨大落差直扑九江，造成了巨大的人员和经济损失。决口原因是防洪墙墙体中主体钢筋直径较小，钢筋混凝土强度也未达标，堤坝下面有的地方竟然填塞了竹片。作为防洪示范工程的钱塘江防洪堤，按照要求，4米高的沉井上面3.6米部分应全部灌注混凝土，这样沉井不但自身不易移位，而且可以通过连体钢筋与堤岸平台连成一体，从而形成一道坚固的防洪墙。但实际上防洪堤沉井的混凝土高度小于3米，局部地区不足1米，部分区域甚至被灌注了烂泥。这两个案例中，监理工程师一味按照雇主指令行事，造成了严重后果。

辛津格认为，根据职业道德，工程师在从事工程活动时，必须以道德上负责任的方式进行。否则，无论他在工程方面有多么娴熟的技能，或者有多么杰出的创造力，都不能称得上是工程师；而将雇主的利益无条件地、无缘由地置于其他考虑之上，就不符合道德上负责任的要求，因此道德上负责任的要求是对企业忠诚的前提，或者说是忠诚的原则。

忠诚原则要求工程师必须忠于专业判断，坚持职业道德，不能违心地、无条件地服从管理者，或者与无良管理者同流合污。忠诚于道德上负责任与忠诚于雇主在本质上是相同的。公司承担的项目直接与社会公众的安全、健康和福祉紧密相连。工程师做出有利于社会的选择，等同于公司很好地履行了社会义务。工程师的自我价值在完成工作的过程中得以实现，雇员体验到参与的乐趣以及个人目标达成的成就感。所以，工程师忠诚于职业判断可使公司免于社会形象受损或者法律诉讼的困境。

相反，明知雇主指令有误，却无条件服从，虽然能得到雇主的欣赏，但却使自己留下污点，易授人以柄，落人口实，也会给公司利益造成损失。如按照美国环境保护署的规定，新型号汽车上市前，要对发动机进行5万英里可靠性试验，企业上报测试结果后才能申请批准新机型上市。但测试工程师在上级指示下进行测试数据造假，每次测试后都对发动机进行维修。事情败露后，公司的公众形象受到了极大的影响。

2．举报

当发现企业的决策将明显危害到社会公众的健康和福祉时，工程师面临着忠于职业道德还是忠于企业利益的选择。按照伦理章程，公认的准则是将公众的安全、健康和福祉放在首要位置，但是当公众利益与雇主、客户利益发生冲突时，如何做到诚实和公平？这就出现了伦理困境，因此需要找到权宜和变通的方法。

多数情况下，工程师为了避免正面与雇主发生冲突而影响自己的职业生涯，往往会采取暗中拖延、托词拒绝等方法。但这是回避矛盾而不是解决矛盾，通常难以取得较好的效果。作为工程师，首先应该做的是采用建设性、合作的方式，在组织内部与企业沟通，这是工程师在职业伦理的约束下对雇主利益予以的应有尊重。向雇主提出自己的意见或整改方案，可能获得认同和采纳，也有可能遭受企业和同事的不理解甚至敌视和报复。因为雇主更关心企业当前以及未来的经营状况，更关注保护自身利益和掩饰错误，不希望自己的决策遭受质疑。在某些特殊情况下，工程师不仅会遭遇意见被否决的情况，甚至会招致其他不公正待遇。如果沟通效果不佳，在对局面进行预判后，工程师可以采取不参与和不服从的方式，即要求退出项目。

工程师使用不参与和不服从方式时，应该注意避免让他人觉得道德良知被滥用的情况，以道德为借口来拒绝自己觉得无聊或者不具挑战性的项目，或者避免与自己有私人恩怨的其他员工共同工作。另外，雇主有时很难同意雇员不服从工作安排的请求，因为没有替代的任务或者没有其他的工程师能胜任这份工作。在不损害企业利益的前提下，作为管理者应该尊重大多数不参与项目的要求，不强迫工程师在失去工作与违反个人或职业标准之间做出艰难的选择。

如果工程师认为雇主的行为不具有正当性，可以采取举报的方式。举报即通过超出批准的组织渠道，将有关重大道德或法律问题的信息传递给能对该问题采取行动的决策者。长生疫苗事件正是由于举报者的揭露才得以浮出水面。举报具有以下两个特点：①未经批准就做这件事；②向公众揭露了组织内部的信息。

举报有内部举报和外部举报之分。在内部举报中，有关的举报材料留在企业内部。而在外部举报中，举报者超越组织，将材料传递给监管机构或者媒体。举报还分为公开举报和匿名举报。在公开举报中，举报者是实名的，身份也为大家所知。而在匿名举报中，身份信息是被隐匿的。然而，无论是内部举报还是外部举报、公开举报还是匿名举报，举报者都被认定为局内人，忠诚始终是敏感问题。理查德·乔治认为，举报满足道德的条件有以下几点：

（1）确认产品带给公众的危害是严重的；

（2）工程师已经向上级报告了他们的忧虑；

（3）虽然已经采取所有可用措施，但工程师在组织内部并没有从上级那里得到满意的答复。

当工程师已经确认自己对问题的看法是正确的，而公司的决策是错误的，并能够向公众公开强有力的证据，将在事实上阻止严重伤害的发生时，举报便成了道德上的义务。上述条件不是绝对的。假设雇员必须知道伤害必然发生，且伤害是严重的，但有时候工程师无法收集到完全令人信服的证据时，仅凭手上的证据来证明伤害会发生就可以。第二个条件中，工程师未必总是需要向上级报告自己的担心，上级不一定会对情况做出公正的评价，通常上级是问题的根源。第三个条件中，有时不需要经过所有可用渠道的尝试。比如在灾难发生时，没有时间这么做，又比如雇员并无有效途径让更高的管理层了解他们的抗议，除非依靠公众舆论。

举报对企业存在明显的或者潜在的危害。举报者应该设法通过组织内可利用的渠道以尽量减少这种危害。举报行为对举报者自身也存在潜在的危害。只有在确保其他人相信举报的事实存在，从而可以避免对公众造成伤害时，举报者才去承担对自己负面的影响。乔治的观点是如果举报达到预期效果的概率很小，那么工程师没有理由用其职业生涯去冒险。但是，举报的道德属性意味着，虽然工程师没有充分的证据说明举报可以避免伤害，但让可能受到伤害的人有自由选择和知情同意的机会，便已是举报的充分理由了。

迈克尔·戴维斯提出了另一个举报的正当理由：如果我们将举报者的义务理解成源于避免成为不当行为的共犯，而不是源于避免伤害的能力，那么我们可能会更好地理解举报。在道德层面上，下列条件满足时，你必须向公众透露自己所知道的情况。当：①你揭露的事件源自你在组织中的工作；②你自愿为该组织服务；③你认为，虽然该组织是合法的，但它却从事了一种严重的道德不当行为；④你认为，如果不公开披露你所知道的，那么你在该组织的工作会直接帮助错误的形成；⑤根据信念③、④，你是正当的；⑥信念③、④是正确的。这样，举报的主要道德动机是为了避免参与不道德的行为，而不是为了阻止不道德的行为。

戴维斯的关于举报的理论也不尽完善。其第 3 点中，举报者认为公司从事了道德不正当行为，就有举报的正当理由。但如果后来证实举报是错误的呢？从尊重人的角度看，其举报仍是合理的。否则，一个人的道德完整性就会受到损害，因为他认为如果不举报的话，自己就参与了错误的活动。但从公司的角度呢？是否会给公司带来潜在的伤害。

对于举报者而言，应该注意以下几点：①准备举报时，尽量利用组织内可能具有的各种正式或非正式的程序；②评价并选择合适的方式，将你的举报尽可能保密；③对事不对人；④保留过程的书面记录；⑤针对举报提出正面的建议。

对于忠诚于组织的雇员而言，举报是不得已而为之的行为。举报者不仅感到恐惧，甚至会受到精神创伤，而且常常被报复、调动、解雇，事业前途、物质福利以及人际关系等都有可能严重受损。但由举报者提供的对公众的重要服务，已经使公众意识到应该保护他们免受雇主的报复。随着法制的健全，越来越多的企业鼓励雇员对企业不合规行为的监督和举报。

英国、美国在 20 世纪末都采取了相应的措施，如美国有专门的"揭发者中心"，为揭发者提供相关的举报程序知识和辩护律师。在这些国家，工程协会和组织对工程举报人的激励和保护作用巨大，协会可以施加影响抵制外部因素或其他组织对举报人的伤害，并对做出贡献的工程举报人给予奖励。美国一些职业协会还会将对举报人采取不正当报复措施的公司记录在案。电气和电子工程师协会采用求助热线帮助会员，帮助被不公正解雇的工程师寻找新的工作，给予勇敢的举报人以荣誉。

5.3.4 诚实

案例：2017 年 6 月，英国豪华跑车制造商阿斯顿·马丁宣布将全球召回 1658 辆缺陷车辆。据悉，召回的原因是由于该公司的常规变速器软件升级后导致一些汽车在行驶中实然熄火并失去动力，召回对象包括 2010 年 6 月至 2013 年 9 月间出产的选用 Sportshift 和 Sportshift 自动手动交速箱的 Vantage 车辆。在中国共有 113 辆。中国车主等待这次召回已经很多年了，在此期间，车主们曾经多次联系阿斯顿·马丁官方未果。据阿斯顿·马丁首席执行官安迪·帕尔默介绍，因为有些中国阿斯顿·马丁经销商没有及时在软件升级后调校离合器，从而造成汽车行驶时失速。责任在于经销商，因此阿斯顿·马丁公司没有义务修理或召回。

诚实是真实表达自己拥有信息的行为，即实事求是，表里如一。说实话，做实事，不夸大其词，不文过饰非。诚实是待人处事真诚、讲信誉。孔子说："言必信，行必果。"孟子说："诚者，天之道也；思诚者，人之道也。"阿扎耶夫说："实话可能令人伤心，但胜过谎言。"诚实是社会各项活动的基石，工程活动也不例外。

工程伦理章程特别强调工程师对雇主的诚实，涉及的条款也很多。比如，美国化学工程师协会伦理章程 4：仅以客观和诚实的方式发表声明或陈述信息。

电气和电子工程师协会伦理章程 3：在陈述主张和基于现有数据进行评估时，要保持诚实和真实。

美国机械工程师协会伦理章程中基本原则：诚实、公正、忠实地为公众、雇主和客户服务。指导原则 4：作为研究结果，当工程师认为某个项目不可行时，应向其雇主和客户提出建议；当被证实存在错误时，工程师应承认自己的错误，并且不应歪曲或篡改事实来为其错误或决定寻找正当理由。指导原则7：工程师应在所有专业报告声明或证词中保持完全的客观和真实，他们应将所有相关的、适当的信息包含在他们的报告、声明或证词中。在解释他们的工作和价值时，工程师应该做到实事求是，避免任何试图以损害职业或他人的正直和声誉为代价来为自己谋求利益行为。

美国土木工程师协会伦理章程基本原则2：诚实、公平和忠实地为公众、雇主和客户服务。基本准则3：工程师应当仅以客观诚实的态度发表公开声明。工程师应在其职业报告、声明或证词中保持客观和诚实，他们应在这类报告声明或证词中包含所有相关的和恰当的信息。当工程师作为专家证人时，他们所表达的意见应该立足于足够的事实、技术能力背景和诚实信念的基础上。

美国全国职业工程师协会伦理章程在序言中指出，工程是一个重要的学术性的职业。作为本职业的从业人员，工程师被赋予了展现高标准的诚实和正直的期望。工程对所有人的生活质量有直接和重大的影响，因此，工程师提供的服务需要诚实、公平和公正。另外，伦理章程在其职业责任中提到：当处理与各方的关系时，工程师应以诚实的和正直的最高标准作为指导原则；工程师应承认他们的错误，而不应歪曲或篡改事实。工程师应避免所有欺骗公众的行为。

工程活动领域的诚实应该体现在以下几个方面。

1. 不说谎

说谎是指有意传达错误或者起误导作用信息的行为。说谎是一种陈述，是出于欺骗的意图而做出的行为。

工程一般是在经济环境下按照市场机制运作的，工程承包和建设过程涉及项目设计者、建设者与业主、用户之间的利益关系，企业生产和销售产品反映了消费者和企业之间的经济利益关系。因此在工程活动中，利益相关者是否能够做到以诚相待，是工程高质量完成的前提。比如，在工程投标时，要提出切合实际的建设方案，不能为了抢到合同而瞒报工程预算，夸大施工能力，承诺不能兑现的指标。

除了工程招投标外，广告和知识产权也与商业活动有着密切的联系，诚实问题不容回避。在市场经济环境中，宣传是企业必要的而且重要的活动。企业经常借助工程师或者以工程师的形象向消费者和社会公众广泛介绍产品。美国著名伦理专家雅克·蒂洛等人指出，不对消费者说谎，不隐瞒重要事实以误导消费者，是企业对消费者的义务。任何不安全的产品或服务都不得在广告中宣称自己是安全的。工程伦理学家马丁指出，欺骗性的广告方式有：①露骨的谎言；②半真半假；③夸张；④虚假的影射、建议或暗示；⑤由模糊、含混或前后不一致造成的误解。

美国工程师协会曾经在伦理准则中提出"禁止工程师为招揽业务做广告"的条款。20世纪70年代，美国最高法院裁定，该条款违反了反垄断法，此后的工程伦理准则中去掉了这样的规定。因此，工程师做宣传变为合法，但是保证广告内容真实可信则要依赖工程师的专业判断。

2. 不侵权

侵权是一种不诚实的表现，是将不属于自己的东西表示为属于自己的。不能否认，目前仍然存在着较多的侵权行为，比起盗窃实物财产，知识产权的窃取具有更大的隐蔽性，因此具有更大的诱惑。

知识产权是指人们脑力劳动成果所产生的、依法享有的专有权利。知识产权本质上是一种无形财产权，通常包括著作权、专利权、商标权三类。

著作权是作者对其创作的文字、艺术和科学技术作品享有的专有权利；专利权是由政府部门颁发的、允许发明创造者在一定期限内依法享有独占实施的权利；商标是与产品或服务相关的文字、短语、图案或符号。

商业机密也被认为是需要被保护的一种知识产权形式。商业机密是指企业不为公众所知悉、能为权利人带来经济利益，具有实用性并经权利人采取保密措施的设计资料、程序、产品配方制作工艺、制作方法、管理诀窍、客户名单、货源情报、产销策略、招标中的标底及标书内容等技术信息和经营信息。其中，不为公众知悉是指该信息不能从公开渠道直接获取，能为权利人带来现实的或者潜在的经济利益或者竞争优势，具有实用性；权利人采取保密措施，包括签订保密协议、建立保密制度及采取其他合理的保密措施等。

3. 避免科研欺诈

科研欺诈是指在从事科学研究和传播研究结果的过程中所存在的严重或蓄意的违规行为，包括伪造、篡改及剽窃等。伪造是编造不存在的研究数据；篡改是指蓄意修改研究数据，使之符合预期假设；剽窃是指在他人不知情的情况下，使用他人的发现或观点，并且未给被引用者应有的荣誉。

案例：日本理化学研究所科研人员小保方晴子实验数据造假事件及由此涉及其论文合作者笹井芳树自杀事件在科学界引起强烈震动。2014 年初，小保方晴子在英国权威学术期刊《自然》发表具有突破性的干细胞方面的两篇研究论文，论文宣称，将从新生小鼠身上分离的细胞暴露在弱酸性环境中，能够使细胞恢复到未分化状态，并使其具备分化成任何细胞类型的潜能，他们将这种细胞命名为刺激触发的多能性获得细胞（STAP 细胞）。该论文引起了极大反响，小保方晴子甚至被追捧为有望冲击诺贝尔奖的"日本居里夫人"，但同时也引起了部分人的怀疑。争议不仅在所谓的"刺激触发的多能性获得细胞"论文，小保方晴子以往的论文中也被爆出有伪造实验数据、篡改图片的嫌疑。许多顶尖科学家表示他们无法重复出小保方晴子的实验结果。2 月中旬，日本理化学研究所和《自然》期刊分别就小保方晴子所遭受的学术不端指控展开调查。3 月，日本理化学研究所向外界公布了更多关于细胞制备过程的详细情况，并表示小保方晴子研究中的其他实验方法将会发表在《自然》期刊的"实验方法交流"网页上。发言人称，它可以帮助其他研究者提高重复小保方晴子实验的成功概率。然而，有研究者指出，这份实验方案与早先已经发表的内容不一致。紧接着，又有人指出，小保方晴子在《自然》上发表的文章，明显重复使用了两张其博士学位论文上的图片，该图片表示了细胞后来就处于胚胎状态，而不是 STAP 之后才变为胚胎状态。

经过一系列的调查，包括小保方晴子的合作者若山照彦的坦白，证明了 STAP 干细胞根本不存在。《自然》期刊将两篇关于 STAP 细胞的论文撤稿。早稻田大学宣布小保方晴子的博士论文未达到博士标准，但并不撤销已颁布的博士学位。8 月 5 日，一直力挺 STAP 干细胞的小保方晴子的导师，被认为有望获得诺贝尔奖的干细胞界顶尖专家笹井芳树，因感到职业生涯被毁灭性地重创，选择了自杀。

科研欺诈行为正在逐年增多，据统计，已发表论文的撤稿率从 1977 年的十万分之一，上升到 2013 年的十万分之五十。2012 年的一项研究表明，67.4% 的撤稿申请由科研不端行为导致。针对美国和英国实验室在 1986 年至 2005 年间的 18 份调查数据分析显示，1.97% 的被调查者承认自己至少有过一次篡改实验数据的行为，33.7%的研究者承认有过其他不道德的行为，多达72%的人承认曾发现其他研究者存在类似的行为。

科研欺诈增多的原因与学术环境、学术规范、科研管理、法制建设密切相关，与各国文化传统亦有关联，许多国家尚未建立科研不端的行为规范和处理程序；另外，从执行层面而言，对科研不端的界定具有较大的复杂性和差异性。

科研欺诈的动力源自个人利益，但这类事件一旦揭露，将会摧毁相关科研人员的职业生涯和声誉。然而科研欺诈所带来的伤害远远超出造假者能承受的范围，它可能将其他科研人员引入歧途，导致建立在这些错误数据基础上的研究工作白白浪费。

欺诈行为造成了科研人员对通过研究获取知识这种模式产生了质疑，是在他人的研究基础上继续深入，还是怀疑他人的研究而先行论证。经济、时间成本都很巨大，其社会后果是不可估量的。虽然伦理章程有诸多科研诚信条款，但更多时候需要依靠科研人员的良知。

4．信息公开

信息公开指的是将事件所涉及的信息全面、客观、有效地告知关系人，避免他们在做决定时因信息匮乏而受到损害。在工程研究过程中，当为研究活动采集样本、进行实验活动时，必须尊重相关主体的知情权，不得为牟取私利而隐瞒事实真相，欺骗、诱惑相关主体参加样本采集实验活动。

以转基因农作物为例，它在提高农作物产量、抗虫害等方面有明显效果，但是科学家们对转基因食品的毒性、过敏反应、营养性、对生物的免疫力非常担心。他们普遍担忧转基因生物的释放可能对环境质量、生态系统或生态平衡产生不利的影响，严重的可能致癌和诱发其他遗传病，因为有些问题要经历很多年才会显现。比如，植入抗虫基因的农作物比一般农作物更能抵抗病虫害的袭击。长此下去，转基因农作物就会取代原来的农作物造成物种灭绝。从整个生态环境来考虑，每种物种可能发挥自身独特的作用，维持着物种间天然的生态平衡。如果一个物种灭绝，生态系统的稳定性就会降低，从而影响生态环境的稳定性，也会导致科学研究所依赖的原始资源的消失。很多报道都说明了转基因作物带来的危害。

1999年，美国康奈尔大学的研究者在英国《自然》期刊上发表报告，用涂有转Bt基因玉米花粉的叶片喂养斑蝶，导致44%的幼虫死亡。2004年，科学家发现，转基因Bt-176玉米作为奶牛的补充饲料，因Bt毒素无法分解，毒死了大量奶牛。2005年，英国《独立报》披露了知名生物公司"孟山都"以转基因食品喂养的老鼠，出现器官变异和血液成分改变的现象。2007年，法国科学家证实，"孟山都"公司生产的一种转基因玉米对人体肝脏和肾脏具有毒性。

针对转基因食品可能存在的危害，1998年，欧盟国家就通过法律把转基因农产品作物严格限制在实验室环境或封闭区域之内。世界上许多其他国家对转基因食品保持谨慎态度，明文规定对含转基因成分的食品要进行标注。我国农业部颁布的《农业转基因生物标识管理办法》规定，凡是列入标识管理目录并用于销售的农业转基因生物，应当进行标识，未标识和不按规定标识的，不得进口或销售。

第6章　工程的外部社会责任

6.1　工程与风险

引导案例："挑战者"号航天飞机失事事件

（1）爆炸过程

1986 年 1 月 28 日，美国佛罗里达州卡纳维拉尔角上空万里无云。在离发射现场 6400 米的看台上，聚集了 1000 多名观众。其中有 19 名中学生，他们既是来观看航天飞机发射的，又是来欢送他们的老师麦考利夫的。1984 年，美国航天局宣布将邀请一位教师参加航天飞行，并在太空为全国中小学生上一堂关于太空飞行的科普课，学生们还可以通过网络专线向教师提问。麦考利夫就是从 11000 多名教师中精心挑选出来的代表。挑战者号发射升空，当孩子们看到航天飞机载着他们的老师升空的壮观场面时，十分激动。挑战者号航天飞机在顺利上升：7 秒时，飞机翻转；16 秒时，机身背向地面，机腹朝天完成转变角度；24 秒时，主发动机推力降至预定功率的 94%；42 秒时，主发动机按计划降至预定功率的 65%，以避免航天飞机穿过高空湍流区时因外壳过热而使飞机解体。这时，一切正常，航速已达 677 米/秒，高度 8000 米。50 秒时，地面曾有人发现航天飞机右侧固体助推器侧部冒出一丝丝黑烟，但这一现象并未引起重视。52 秒时，地面指挥中心通知指令长斯克比将发动机恢复全速；59 秒时，高度 10000 米，主发动机全速工作，助推器已燃烧了近 450 吨固体燃料。此时，地面控制中心和航天飞机上控制器显示的各项数据都未发现任何异常。65 秒时，斯克比向地面报告主发动机已加大；73 秒时，高度 16600 米，航天飞机突然闪出一团亮光，外挂燃料箱凌空爆炸，航天飞机被炸得粉碎（图 6-1），与地面的通信猝然中断，监控中心屏幕上的数据陡然全部消失。挑战者号变成了一团大火，两枚失去控制的固体助推火箭脱离火球，喷着火焰呈 V 形向前飞去，眼看就要掉入人口稠密的城区，航天中心负责安全的军官比林格眼疾手快，在第 100 秒时，通过遥控装置将它们引爆了。爆炸后的碎片在距离发射点 30000 米处散落了近一个小时，价值 12 亿美元的航天飞机顷刻间化为乌有，七名机组人员全部遇难，全世界为之震惊，各国领导人纷纷致电表示哀悼。

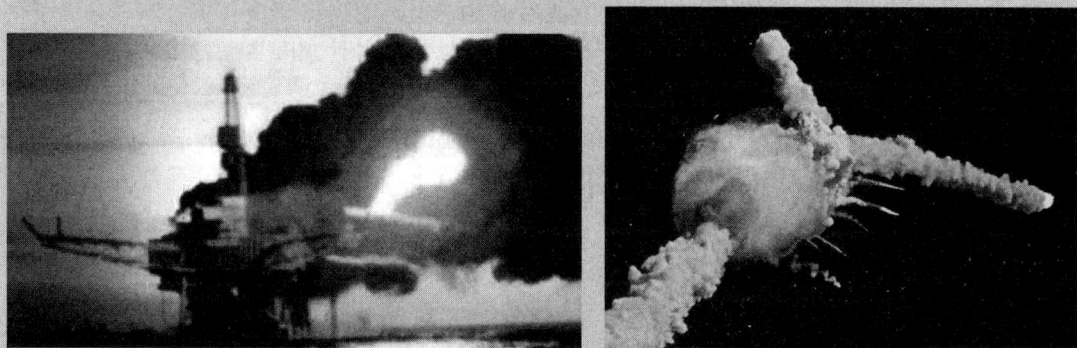

图 6-1　"挑战者"号航天飞机爆炸

（2）事故原因

发射当天气温过低，造成用于固定右侧燃料舱的 O 形环硬化失效。在点火时，火焰从上往下烧，O 形环要及时膨胀才能发挥作用，而此时 O 形环已经全部失效，导致火焰往外冲，断断续续冒出了部分黑烟。但是由于燃料中添加了铝，燃烧形成的铝渣堵住了裂缝，在明火冲出裂缝前临时替代了 O 形环的密封作用。在爆炸前十几秒，由于受到一股强气流的冲击，航天飞机剧烈震动使铝渣脱落，移除了明火从缝隙中喷出的最后一道屏障。火焰喷射到主燃料舱上，造成了主燃料舱底部脱落。助推器的顶端撞上了主燃料舱的底部，灼热的气体窜入充满氧气的舱室，最终导致了爆炸的发生。

（3）本可以避免的灾难

"挑战者"发射当天，天气非常寒冷，发射台上都已经结冰。气温降低后，这些 O 形环就变得非常坚硬，弹性变差，伸缩困难，密封效果大打折扣。虽然可能只是零点几秒的时间，但足以把一次本应成功的发射变成一场灾难。"挑战者"的悲剧在于，工程师博伊斯·乔利在发射前 6 个月就对 O 形环提出了质疑，因为在发射前他曾亲自跑到佛罗里达对上一次发射时使用的火箭进行了检查，让他吃惊的是，第一层 O 形环失效，热气跑了出来，幸运的是，第二层 O 形环拦住了热气。博伊斯·乔利仍保存着当时拍摄的照片，本应是蜜色的润滑油被熏成了黑色。第一层 O 形环的部分结构消失了，显然是受到了高温的影响。

（4）取悦客户酿大祸

发射当日，卡纳维拉尔角的气温骤降，发射小组需要征求专家的建议。瑟奥科尔公司的专家们对零下 5℃发射火箭存有疑虑。讨论持续了近 5 个小时，宇航局终于表示，会听取火箭设计者的建议而延迟发射。而就在这个时候，瑟奥科尔公司副总裁请求暂停会议 5 分钟。接着，瑟奥科尔公司总裁杰里·马森就说，我们必须做出一个可操作的决定。博伊斯·乔利马上意识到，公司主管为了取悦最主要的客户——美国国家宇航局，态度已经从"不要发射"变成了"可以发射"，悲剧于是发生。

6.1.1　正确认识工程中的风险

什么是风险？美国学者威特雷认为："风险就是对不愿意发生的事件发生的不确定性的客观体现"。其含义有三层，风险是客观存在的现象；风险的本质与核心具有不确定性；风险事件是人们主观所不愿意发生的。美国经济学家奈特对风险与不确定性做了进一步区分，指出风险是可测的不确定性，不论是当前的风险还是未来的风险，都存在着一定的统计规律，可以用概率或可能性大小来表示。"风险就是不能确定地知道，但能够预测到的事件状态；而不确定性是不能确定地知道，也不能预测到的事件状态。"

美国教授小威廉姆斯和汉斯把人的主观因素引入到了对风险的分析上，他认为风险虽然是客观的，但不确定性则是风险分析者的主观判断，不同的人选择的分析方法不同，对同一风险的判断也可能存在差异。因而，他把风险定义为："在给定情况下和特定时间内，预期结果和实际结果间的差异。"这种差异越大，风险也就越大。

基于上述观点，似乎可以将风险简单定义为：风险是一种客观存在的、可以主观测量的、但预期结果和实际结果又存在差异的、可能给风险承担者带来损失的、关于未来的不确定性事件。不确定性是风险问题的核心。任何工程，都隐含着各种各样的风险。正确认识工程风险，并积极地规避、化解工程风险，是使工程有效运行的重要条件。

1. 正确认识工程风险的原因和结果

工程风险是隐含在工程活动过程中的、将要发生和可能发生的比较严重的问题，如危机、事故、灾难等。工程风险也是一种客观存在，其表现形式是多种多样的，如由于资金不到位、无力还贷等引起的工程财务危机，由于设备或材料供应不上引起的生产危机，由于自然因素和/或人为因素而引起的工程事故等。工程风险是可以测量的，但又是不能完全避免的。无论工程的决策、设计、建造、运行、维护、使用的任何一个阶段，都会面临一些不确定性因素，因而都有可能产生一定的风险。工程风险一旦发生并转化成现实，往往会造成财产损失、人员伤亡、工程停滞、建造物毁坏、企业蒙受重创等严重后果。

任何工程风险的发生都是有原因的，一定的风险原因必定产生一定的风险结果，一定的风险结果必定由一定的风险原因引起。例如，一场暴风雨冲毁了道路，就会引起行车的不安全风险；一座在建大楼出现可能倒塌的征兆，肯定与设计上存在缺陷或施工单位的违规操作有关。某一个风险原因可能会带来多种风险结果，某一种风险结果可能会由多种风险原因引起。例如，隧道里的暗河，一旦突发会造成塌方、人亡、机毁等后果；桥梁坍塌，可能是由于建筑材料低劣、偷工减料、违反操作规程、超前赶工期等多种原因造成的。比较大的风险，往往存在于那些庞大的复杂工程系统之中。例如，前述案例中提到的航天工程，不仅存在多种风险，而且风险相当大，一旦风险发生并变成现实，如航天器爆炸，其带来的影响和损失就特别严重。而航天器的爆炸，往往由决策不当、天气异常、零部件失灵、操作失误，以及政治因素、社会因素、国际因素等相当复杂的原因造成。

工程风险的原因和结果也可以互相转化。一种情况是互为因果。在工程建设中，由于暗箱操作、官商勾结、权钱交换等腐败因素，是出现"豆腐渣"工程的原因，"豆腐渣"工程是腐败的结果；另一种情况是风险的不断转化。例如，决策失误是导致重复建设的原因，重复建设是决策失误的结果；而重复建设又是造成浪费的原因，浪费是重复建设的结果。

2. 正确认识工程风险的必然性和偶然性

工程风险是一种客观存在，发生有其必然性。但风险什么时候发生，以什么形式发生，哪些可能会发生，哪些可能不会发生，则带有较大的偶然性。2009年上海莲花河畔景苑十三层在建住宅楼倒塌事故，虽然偶发于一场大雨，但施工单位违反建筑规范，在一侧堆土过高（高达10米），同时又在另一侧开挖基坑（建车库）的不当操作，已经人为地埋下了事故的隐患。大雨只是一个诱发因素，即使没有大雨，也会由其他偶发因素而发生事故。任何一种风险的发生都是许多因素共同作用的结果，并且带有突发的偶然性特点，但突发的危机或事故的背后则有必然性。

工程风险虽然带有必然性，但并非完全不能控制。工程过程中的风险带有一定的规律性，我们只要正确地认识了工程风险，并按照工程风险的规律采取正确的防范措施，那么工程风险就可以控制在一定的范围内。如青藏铁路格尔木到拉萨段的修建，要跨越550公里的常年冻土地带，平均海拔在4500米以上，高原缺氧问题十分严重，会给施工作业人员的生命安全带来极大风险。但由于采取了供氧（如隧道中安装"氧吧"）、强有力的三级医疗保障体系、良好的伙食供应、作业人员轮流到安全地带休息等措施，就没有发生一起人员死亡事件，把风险降到了最低的限度。因此，那种在工程风险的必然性面前感到无可奈何、束手无策，甚至听天由命的态度，无疑是错误的。人有主观能动性，正确发挥能动性就可以减少工程风险，这才是正确的态度。

有些风险是不能控制的或不能完全控制的，如突发的自然灾害造成的工程风险，在很多情况下难以控制；有一些社会风险，如战乱、动乱、经济危机给工程带来的风险，这也往往难于控制。对这一类风险，我们虽然不好控制，但如果事先有一定的预见，也可以在一定程度上减少危害，即使最终不可避免地爆发了，也可以采取适当的措施妥善处理和化解危机，以减少损失。所以，即便是面对难于控制的工程风险，我们也不是完全无所作为的。

偶然性是必然性的表现，受必然性的支配，又为必然性开辟道路，我们在工程建设中要充分重视偶然性的问题。工程过程中出现的风险苗头，就是偶然性的表现。工程的组织者如果对这样的风险苗头熟视无睹，那么这样的苗头就可能逐渐发展并酿成大的风险，产生严重后果；如果善于发现、捕捉、分析和及时解决这样的风险苗头，就可能避免风险，至少不会发生大的风险问题，或者让风险按照我们的需要改变方向，不至于对我们造成损害。

3. 正确认识工程风险的普遍性和特殊性

风险是无处不在、无时不有的。任何一个工程，任何一个工程环节，都有可能存在风险，这是工程风险的普遍性。同时，工程风险又有其特殊性。不同的工程，工程过程的不同的环节或阶段，虽然都存在风险，但风险的特点是不一样的，解决的方式方法也不同。

工程风险可分为自然风险和人为风险两种。自然风险是指自然因素造成的风险，包括暴风雨、洪涝灾害、泥石流、雷击、地震、海啸、冰雪严寒等。如 2008 年初的南方雪灾，导致 17 个省级电网不堪重负，出现了大面积的输电线路的损毁和倒塌，造成了许多城市和乡村停电。人为风险是指人为因素造成的风险，包括决策上的"拍脑袋"，设计过程中的疏漏或违规设计，建造过程中的违规操作或偷工减料，使用过程中的不遵守规程野蛮操作等，都会产生风险，甚至造成事故。如 2007 年发生的济南到青岛区间的火车出轨撞车的重大责任事故，就是不守章法，行驶速度过快造成的。

自然因素造成的风险，许多是不可抗拒的，但也不是完全不可抗拒。如果事先有预测手段和防护措施会减少损失，甚至没有损失；如果能预测而没有预测，或无法预测或没有防备，则会造成严重损失。人为因素造成的风险都是可抗的，也就是可以避免的。现实中的工程风险，如事故的发生，大部分是人为因素造成的，也有自然因素造成的，或两种因素兼而有之。

社会风险与人为风险既有联系又有区别。人为风险一般是指"工程人"或工程相关人的行为不当造成的风险，而社会风险则是由经济、政治、文化、社会因素造成的工程风险，如社会动乱和战乱。社会风险从根本上讲也是人为风险，但往往是不能为工程单位所左右的，是不可抗拒的。我国在一些发展中国家承接和建设工程任务时，就时常面临动乱和战乱的风险。以往发生的多起我驻外工程队伍被袭击而造成人员伤亡事件，就证明了这种风险的存在。

4. 正确认识工程风险有害和有利的两重性

一般来说，风险是指未来的有害情景和有害结果。但事情都有两面性，风险之中也可能蕴涵着有利的因素，利用得当也可能化险为夷，变有害为有利。风险中孕育希望，希望中包含着风险，正所谓"挑战和机遇并存""风险越大收益越大"。正是由于风险具有两重性，所以在工程活动中，不但要考虑如何规避和分散有害风险，而且还要考虑如何去"迎接"和利用那些有可能达到有利目的的风险。既不能对有害风险视而不见、不计后果地盲目蛮干，也不能看不到风险中可能孕育着的希望，因害怕风险而不敢冒险。

对工程风险要有识和有胆。有识就是能够正确认识工程风险，有胆是要敢于应对工程风险。修建三峡大坝是有风险的，如可能带来的三峡库区地质灾害、文物破坏、水质富营养化、阻碍河流通道、对下游生态造成影响等问题，但我们的建设者有识有胆，通过系统周全的设计和建造，把这些风险都降到了最低限度。虽然负面影响仍然存在，但三峡大坝的防洪、通航、发电、环保、科学调度上下游水资源的综合效应是十分显著的。修建青藏铁路也承担着很大的风险，高寒冻土、高原缺氧、生态脆弱三大困难，历来被认为是难以克服的世界性难题，可是我们的建设者有识有胆，克服重重困难而获得了成功。

6.1.2　工程风险的来源及防范

1. 工程风险的来源

工程活动在给人类创造物质财富和精神享受的同时，也会给人们带来一定的风险。工程风险存在于工程的整个生命周期，导致工程产生风险的因素有很多，如工程中的技术因素、环境因素及人为因素等。

（1）工程风险的技术因素

首先，零部件老化会引发工程风险。工程是个复杂的系统，任何一个环节出现问题都有可能导致整个系统功能的失效，从而引发工程风险。大型工程系统通常包括很多个子系统，每个子系统又由若干个零部件组成，只有工程系统的所有单元都处于正常状态，才能确保整个系统的正常运行。任何一个工程系统在设计之初都有设计使用年限的考虑，其整体寿命往往取决于寿命最短的关键零部件，某些零部件的寿命到了一定年限后，其功能就会变得不太稳定，从而使整个系统处于不安全的隐患之中。引导案例中"挑战者"号航天飞机因 O 形环密封作用的失效而导致工程事故的发生就是一个典型的例子。

其次，控制系统失灵会引发工程风险。现代工程通常是由多个子系统构成的复杂、集成化的大系统，这对控制系统提出了更高的要求，通过信息技术、网络技术、通信技术、软件技术等的集成才能实现有效控制。目前的复杂工程系统中基本都有了自己的"神经系统"，这对调节、监控、引导工程系统按照预定的目标运行是必不可少的。随着人工智能技术水平的日益提高，控制系统的自动化水平也与日俱增。完全依靠智能的控制系统有时也会带来一定的安全隐患，尤其是面对突发情况时，智能控制系统难以应对，这时必须依靠操作者的灵活处理，避免工程风险的发生。

最后，非线性作用也会引发工程风险。非线性作用区别于线性作用之处在于，线性系统发生变化时，往往是逐渐进行的；而非线性系统发生变化时，往往有性质上的转化和跳跃。受到外界影响时，线性系统会逐渐做出响应，而非线性系统则非常复杂，有时对外界强烈的干扰无任何反应，而有时对外界轻微的干扰就可能产生剧烈的反应，这样更加剧了风险发生的不确定性。

（2）工程风险的环境因素

气候条件是工程运行的外部条件之一，良好的气候条件是保障工程安全的重要因素。通常，工程在设计时都会设定一个适用的气候环境条件的上下限值。如果工程所处的气候条件变化超过了设定的限值，工程安全将会受到威胁，工程风险就可能会发生[①]。以水利工程为例，当遇到极端干旱气候条件时，会导致农田灌溉用水和水库蓄水不足、发电量减少等；而当遇到汛期时，则会造成弃水事故，降低水库利用率，严重时还可能导致大坝漫顶甚至溃坝事故，使得洪水向中下游蔓延，给中下游造成巨大的经济和人员损失。引导案例中，"挑战

---

① 张建敏. 气候变化对三峡水库运行风险的影响[J]. 地理学报（增刊），2000(11): 26～33.

者"号航天飞机发射当日，天气异常寒冷使得 O 形环变脆失效，最终引发工程风险的发生。

自然灾害对工程的影响也是巨大的。自然灾害的形成是由多方面的要素协同作用引发的，通常包括孕灾环境、致灾因子、承灾体等要素。自然灾害系统可分为"人—地关系系统"和"社会—自然系统"，其中，"人"和"社会"着重强调在特定孕灾环境下具备某种防灾减灾能力的承灾体，"地"和"自然"则着重表征的是在特定孕灾环境下的致灾因子，二者的相互作用则是自然灾害系统演化的本质，是灾害风险的由来。

（3）工程风险的人为因素

工程包含了研发、设计、制造、安装、调试、运行、维护等多个环节，而所有环节都离不开人的参与，因此"人"也是工程风险的重要来源。

工程设计是事关整个工程成败的关键。一个好的工程必然要经过前期的周密调研论证，充分考虑经济、政治、文化、社会、技术、环境、地理等因素，经过相关专家和利益相关者反复讨论和论证后做出的；相反，如果一个工程在设计时考虑问题就不够全面，将会给工程留下难以控制的风险隐患。正如在第 1 章黄河三门峡大坝工程的案例中，我们可以看到，首先，工程设计对自然条件的恶劣性估计不足，掌握的数据不全，论证不科学，导致工程设计不能实现预先设想的集发电灌溉、防洪为一体的理想目标；其次，工程的预期收益和工程风险造成的损失考虑得不够全面，计算的参数不合理，计算结果严重偏离实际状况；最后，对于工程实施中受损群体或个人的补偿不够公正合理。陕西省在建设三门峡水库时搬迁了 2 座县城、21 个乡镇、248 个村庄，涉及 100 万亩耕地，28.7 万移民从关中平原迁到宁夏，后又返回陕西，最后又重返库区，几经磨难[①]。

为了避免类似的因工程设计理念局限性而造成的风险，关键是要处理好"谁参与决策"和"如何进行决策"的问题。对于"谁参与决策"而言，可以考虑吸收各方面的代表参与决策。除了吸收工程师代表和工程管理者代表，还应吸收政府部门代表、城市规划部门代表、环保部门代表，伦理学家、法律专家，以及利益相关者各方的广泛参与。对于"如何进行决策"而言，应当重视工程决策中的民主化，在决策过程中各方面代表应该充分发表意见，交流信息，进行广泛讨论，在此基础上努力寻求一个经济上、技术上和伦理上都可以接受的最佳方案。

工程施工过程中的质量控制也是影响工程风险的重要因素之一。施工质量是工程的生命线，一旦在施工环节上出现质量问题，就会留下安全隐患。在工程施工中，必须严把质量关，严格执行国家相关标准和行业规范，避免工程施工缺陷的出现。如果已经发生质量缺陷，应及时处理或返工重做。对于不能及时进行处理的工程质量缺陷，应将缺陷产生的部位、产生的原因、对工程安全性及使用性能的影响、处理方案或不处理的原因分析等，真实、准确、完整地记录在质量缺陷备案表中，并及时报工程质量监督机构备案，只有这样才能在一定程度上防范安全事故的发生。

最后，操作人员的渎职也会造成工程风险。所谓渎职，是指专业人员在履行职责或者行使职权过程中，玩忽职守、滥用职权或者徇私舞弊，导致国家财产和群众利益遭受重大损失的行为。操作人员是预防工程风险的核心环节，也是防止工程风险发生的最后一道屏障。在工程中，操作人员的渎职往往会带来极大的工程风险。所以，必须要加强对操作人员安全意识的教育，时刻以"安全第一"为行动准则。对于没有尽到相应责任的人员，应该依据相关

---

① 王前，杨慧民. 科技伦理案例解析[M]. 北京: 高等教育出版社, 2009: 107～111.

的法律、法规进行处理。

2．工程风险的防范

既然风险是一种可测的关于未来的不确定性，那么工程风险在一定程度上就是可以防范的。如何防范工程风险呢？我们应当做到以下几点。

（1）构建安全文化，防范工程风险

防范工程风险，说到底就是要避免和减少事故的发生，使工程健康安全地运行。而要使工程得以安全运行，首先要构建安全文化。我们在现实中不难发现，尽管国家三令五申，并且严厉问责追究法律责任，可事故仍然一波接一波地发生。每一起事故的发生，其背后原因当然是多方面的，但最根本的是安全文化缺失。安全文化本质就是对生命价值的尊重，体现"以人为本"的理念。

首先，安全文化要赋予每个人不可剥夺的人身权利和自由平等权利。中国古代哲学家关于"天地之性人最为贵"的思想，西方启蒙思想家喊出的"人生而平等""人生而自由"的口号，马克思主义者关于"世间一切事物中，人是第一个可宝贵"的科学论断，都是安全文化的理论源泉。我国为什么老是事故频发呢？从根本上讲，就是漠视人的生命价值，只见物不见人，物压倒了人，所以才有带血的煤炭、带血的工程、带血的 GDP。50 多年前，陶行知先生就曾意味深长地说过："中国要到什么时候才能翻身？要等人命贵于财富，人命贵于权位，人命贵于机器，人命贵于一切，只有等到那个时候，中国才能站得起来。"由此推及，什么时候人的生命高于一切，人的生存权、自由平等权和发展权真正得到尊重，至高无上的时候，一切工作才能围绕"生命而转"，安全才能真正得到保障。所以，工程风险的防范，最重要的是尊重人的生命价值，"以人为本"不能停留在口号，而要真正深入骨髓并付诸实践。

其次，安全文化要求按科学规律办事。工程风险的防范，不能单凭主观愿望，还要讲究科学，按科学规律办事。工程风险总是有一定原因的，事故的发生不仅有它的偶然性，也有它的必然性。排除工程风险就要找到其中的因果关系，找到偶然中的必然，据此采取科学的技术手段，才能避免工程风险转化为事故。相反，无视工程风险的客观规律，不讲究科学的方式方法，任意妄为恣意蛮干，就可能导致事故的发生。按科学规律办事，就是要严格遵守形成于工程实践并被实践证明的、行之有效的安全生产和质量管控规范。因此，在工程建设中，要形成学科学、讲科学、按科学规律办事的安全文化氛围，才能有效地防范工程风险。

最后，安全文化要求有强烈的责任意识。几乎每一起重大事故都是可以避免的，每一次安全事故的背后往往都存在许多险情，每一个险情隐患的背后，往往都有许多不被重视的细节和苗头。为什么不重视？就是责任缺失，特别是领导者和管理者的责任缺失，这是不能消除风险，最终酿成一个又一个事故的重要原因。人的生命高于一切，责任重于泰山。讲责任，是有爱心、有良知、有境界、有道德的表现，是安全文化的基本内容之一。不仅工程的领导者和管理者一定要有对人民高度负责的精神，认真抓好安全工作，每一个劳动者也都要有高度的责任感，重视安全生产。只要各级组织都有强烈的责任意识，把各项安全责任制落到实处，那么就可以有效地防范工程风险。

（2）从细节入手，防范工程风险

一只蝴蝶在南美洲亚马孙河流域的热带雨林中扇动几下翅膀，两周后可能会在得克萨斯引起一场龙卷风。初始条件的微小变化可能引发整个系统的巨大连锁反应，这就是所谓的

"蝴蝶效应"。蝴蝶效应告诉我们，工程风险的防范必须从细节入手，一个微小的疏忽，都可能带来"龙卷风"一样的危险后果。著名水利学家张光斗曾经说过："问题可能就出在一个不合格的螺丝钉上"。螺丝钉虽小，搞不好也会酿成重大的质量和安全事故。可见，工程风险无小事，小事也不能疏忽，疏忽了就可能出问题。

人们在工程建设中，常常为那些造成重大生命财产损失的安全或质量事故痛心疾首，却往往对日常生产活动中的安全隐患掉以轻心。实际上，安全和质量事故造成的损失，大都是为这些平日里无动于衷的隐患所付出的代价。许多工程质量问题和重大工程事故的发生，往往都是因为忽视了细节而酿成的。相反，一个好的工程，必然是重视和抓好每一个细节的结果。

古人云，祸患积于忽微。"忽"和"微"是古代极小的度量单位。"忽"为一寸的十万分之一，"微"为一寸的百万分之一。然而，灾祸常常是从这些微小的事情上日积月累而酿成的。安全隐患能否得以及时发现和解决关乎生死存亡。只有防微杜渐，才能够减小大事故发生的概率。同"微"相联系的"渐"，指的是隐患从量变到质变最后酿灾成害的过程。防微杜渐的道理虽然大家都知道，但大部分时候又容易被忽视。在工程建设中，明知设备有问题，却以为问题不大，以侥幸心理拖延长期不解决，以致因小失大，最后酿成大祸。明明看到地面出现了裂缝，也以为无关紧要，继续掘进而最终导致塌方，杭州地铁塌陷事故就是这样出现的。为了抢时间、争速度、出效益，一些施工企业往往挤压安全投入、管理和培训时间，使问题积少成多，积重难返，有朝一日酿成大祸。

防微杜渐是人们在生产、生活的各个领域都应该具备的安全超前意识，是一项需要高度负责又极其艰苦细致的工作。对工程企业来说，防微杜渐可以及时堵住漏洞，防止灾祸的发生。要在平时的点滴问题中注意消除不安全行为，善于在祸患处于萌芽时防止并消除它，在事故苗头刚露头的时候便加以制止，不任其发展。工程决策绝不能把安全置之不顾，工程设计一定要采用规范标准，工程实施一定要正视风险，依章办事，不存侥幸心理，放弃单纯依靠经验或习惯的随意行为。总而言之，追根溯源，把握细节，见微知著，防微杜渐，才能防患于未然。

（3）重视工程质量，防范工程风险

工程的质量是决定工程成败的关键，也是确保工程收益和工程安全的必要前提。古代的许多建筑、工程和产品，之所以那样有生命力，历经数百年、数千年而不衰，就是因为重视质量。如南京的明城墙得以完整保存，几百年屹立不倒，与建设时对城砖烧制和城墙修造工艺的严苛质量要求是分不开的。江西赣州的"福寿沟"工程，建于北宋年间，至今仍保存完好，承担着赣州旧城区的防洪排涝功能，与当时的科学设计和精心修造不无关联。明城墙和福寿沟，都体现了古代人重质量、有良心、负责任的工程精神。他们没有急功近利的短期行为，没有粗制滥造的道德缺失，而是体现了为民负责、质量第一的意识。

工程质量是整个产品质量的一部分。如同我国整个产品质量的形势一样，工程质量也是喜忧参半。过去三十年来，我国先后发生了多起大型桥梁垮塌事件，有些在建的时候就塌了，有些运行中的桥梁也是隐患重重，潜伏着巨大风险。坍塌、"带病"运行的桥梁之所以这么多，归根到底还是工程人员缺乏社会责任感，缺乏良好的质量意识造成的。对于这些偷工减料、粗制滥造的伪劣工程，我们应当警醒和反思。

所有工程事故的发生，大都与工程质量问题有关。工程建设要避免和减少安全事故的发生，把风险降到最低程度，一个重要的条件就是要重视工程质量。这就需要所有企业、工程技术人员都要有高度的社会责任感，讲道德、守信用、负责任，也就是要有工程精神。

我们国家经过几十年的高速发展，该是放慢一点脚步的时候了。其实，快与慢是辩证统一的关系。过去我们搞得太快，留下的隐患太多，不断爆发的工程质量和安全问题不仅造成了人民生命财产的重大损失，而且返工、修补、赔偿的代价也太大，这从长远看，我们实际上是慢了；我们宁可慢一点，但由于精益求精的制造确保了工程质量和安全性，减少了返工、修补、事故的发生，这实际上是快了。当然，慢一点也不是不要速度，而是不应该像现在一些地方、部门和行业的"大跃进"式的快。慢一些是相对于过快、太快而言的。为了又好又快地发展，我们现在特别需要付出更多的智慧、心血和力量打造精品，只有求精基础上的速度才是真正的速度。

（4）完善预警应急，防范工程风险

工程风险可通过完善的设计、过程的控制和事故发生后的应急处理等环节进行有效预防和控制。事故预防通常包括两个方面的内容，一是对曾经发生过的事故即重复性事故的预防，二是对可能出现事故的预防。对重复性事故的预防首先要找出事故发生的诱因和规律，从中吸取经验教训，避免同类事故再次发生；事故预防是对可能会发生的事故进行全面分析和研究，找出降低事故发生概率的有效对策和手段，尽量减少事故的发生[①]。

工程预警系统是预防事故发生的有效措施之一。所谓预警是指在灾害等风险发生之前，根据以往总结的规律或观测得到的可能性前兆，向相关部门发出紧急信号，报告危险情况，以避免危害在不知情或准备不足的情况下发生，从而最大程度地减轻危害所造成的损失的行为。通过工程预警系统的建设，可以在一定程度上预判工程风险的发生概率，从而提前做好应对风险的准备。

为了迅速、高效和有序地做好各类突发性安全事故的应急救援工作，避免损失扩大，将事故所造成的人员伤亡和财产损失降至最低限度，应制定事故应急处置方案，并应遵循以下基本原则：

① 预防为主，防治结合。许多事故的发生具有不确定性，往往无法预测它发生的具体时间，只能把重心放在预防事故的发生上。平时加强安全检查、安全教育和应急演练，事故发生后还需要完善安全制度，强化安全管理，以预防同类事故的再次发生。

② 快速响应，积极面对。在事故发生后，要在第一时间做出应对响应，最大程度减少二次伤亡。能够自救的人员要先进行自救，而不是等待专业人员的救援。

③ 以人为本，生命第一。在事故发生后，应该把人的生命健康权放在一切工作的首位，尽一切力量抢救和挽救生命，先救人，再救物。

④ 统一指挥，协同联动。参与救援的部门和人员要听从救援指挥部门的统一指挥和领导，只有有效调动各个部门的人力、物力、财力，才能及时有效地进行救援，把损失降到最低[②]。

另外，面对工程风险，仅靠专业人员的努力是远远不够的。必须发动全社会的力量积极参与，才能从根本上预防和减少工程事故的发生。

① 张景林. 安全学[M]. 北京: 化学工业出版社, 2009: 100～101.

② 杨兴坤. 工程事故治理与工程危机管理[M]. 北京: 机械工业出版社, 2013: 15～16.

6.1.3 工程风险的伦理评估

1. 工程风险的伦理评估原则

（1）以人为本原则

以人为本就是在风险评估中要体现"人不是手段而是目的"的伦理思想，充分保障人的安全、健康和全面发展，避免狭隘的功利主义。在实施中要注重人民群众对风险信息的了解，充分考虑当事人的"知情同意"权，同时必须要更加关注社会底层弱势群体的诉求。如厦门 PX 项目之所以被叫停，就是因为在工程风险评估中只注意到了工程在技术和经济层面的可接受性，而没有对利益相关者的民主参与给予足够的重视。作为决策者，企业和政府主管部门的管理者可能侧重考虑 PX 项目给当地带来多少财政收入，而公众更多地关注 PX 项目对当地的环境和人身安全的影响。在工程风险评估中，如果只是政府部门拍板，企业管理者和工程师执行，而没有充分考虑到公众的利益诉求，往往会在工程决策已经形成或出现重大事故之后才向社会发布，那么公众出于对决策后果的不满，就可能出现群体事件，从而有可能给整个社会造成巨大的经济损失。

（2）预防为主原则

树立从"事后处理"到"事先预防"的工程风险伦理评估的观念，把坚持"安全第一，预防为主"的风险评估原则放在首位，就是要充分考虑工程可能会产生的负面影响。比如设计师为酒店设计旋转门本来可以起到隔离酒店内外温差的环保效果，但是却给残疾人进出酒店带来了障碍。

美国技术哲学家卡尔·米切姆认为，工程技术人员在设计中要做到如下几点[①]：

① 特定的设计过程中所使用的理想化模型是否可能忽略一些因素？

② 反思性分析是否包含了明确的伦理问题？

③ 是否努力考虑到工程研究和设计的广阔社会背景及其最终含义，包括对环境的影响？

④ 研究和设计过程中是否在和个人道德原则以及更大非技术群体的对话中展开？

坚持"安全第一，预防为主"的风险评估原则，要加强安全教育，提高人民群众的安全意识。安全教育是防止工程事故频发的有效手段。只有每个人都真正认识到安全意识的重要性，才能全方位、多角度地防控工程风险。另外，要加强日常安全隐患排查，强化日常监督管理，完善预警机制，建立应急预案，培训救援队伍，加强平时的安全演习等。

（3）整体主义原则

任何一个工程都处于某一特定的社会和生态环境中，工程活动一方面要考虑所处的社会环境和生态环境的制约，另一方面也要考虑它对社会环境和生态环境的影响。因此，工程风险的伦理评估要从社会整体和生态整体的高度来思考某一具体的工程活动所带来的影响，一定要有大局观。

社会是人的集合，也是人与人相互关系的集合。人的活动创造了社会，而社会又影响着人。对于每一个个体而言，社会是他生存的环境，对他的生存和发展都有着很大的影响。而每个人又都是社会整体的组成部分，个体只有在社会整体中才能充分获得自身的价值。

---

① 米切姆. 工程与哲学——历史的、哲学的和批判的视角[M]. 王前, 译. 北京: 人民出版社, 2013: 148.

在人与自然的关系上，中国哲学强调"天人合一"，主张消除"小我"之私，融入天地和社会"大我"之中。"万物皆一，齐万物而归一""物无孤立之理"，它们所要表达的就是万物普遍联系、整体主义的思想。在工程的生态效果的评估中，也要把工程和周围的环境看成一个整体，既要考察它对环境所造成的短期影响，还要考察它对环境所造成的长期影响。对于有可能对环境造成伤害的工程，要建立相应的安全响应处理机制，对于那些可能严重影响生态环境的工程要一票否决，事先消除不安全的环境隐患。

（4）制度约束原则

制度是指需要大家共同遵守的办事规程或行动准则，也指在一定历史条件下形成的法令、礼俗、规范等。在不同的行业、不同的部门、不同的岗位都有其具体的做事准则。

我们过去发生的各种错误，固然与某些领导人的思想、作风有关，但是制度方面的问题也不容忽视。好的制度可以使坏人无法任意横行，不好的制度则可以使好人无法做成好事，甚至走向反面[①]。建立完善的制度体系，是实现工程伦理评估的有效保障途径。主要的制度包括：

① 安全教育培训制度：明确各级管理人员安全管理知识培训、新员工三级教育培训、转岗培训；新材料、新工艺、新设备的使用培训；特种作业人员培训；岗位安全操作规程培训；应急培训；以及各项培训的对象、内容、时间及考核标准等内容。

② 劳动防护用品发放、使用和管理制度：明确劳动防护用品的种类、适用范围、领取程序、使用前检查标准和使用限期等内容。

③ 安全工器具的使用管理制度：明确安全工器具的种类、使用前检查标准、定期检验和工器具寿命周期等内容。

④ 特种作业及特殊危险作业管理制度：明确特种作业的岗位和人员，作业的一般安全措施要求，作业的组织程序，保障安全的组织措施、技术措施的制定及执行等内容。

⑤ 岗位安全规范：明确除特种作业岗位外其他岗位在保障人身安全、健康，预防火灾、爆炸等事故的一般安全要求。

⑥ 职业健康检查制度：明确职业禁忌的岗位名称、职业禁忌症、定期健康检查的内容和标准、女工保护，以及按照《职业病防治法》要求的相关内容等。

⑦ 现场作业安全管理制度：明确现场作业的组织管理制度，如工作联系单、工作票、操作票制度，以及作业现场的风险分析与控制制度、违章管理制度等内容。

2．工程风险的伦理评估途径

（1）专家评估

专家评估是出现最早且应用较广的一种评价方法，它是在定量和定性分析的基础上，以打分等方式做出定量评价的一种方法，其结果具有数理统计特性。专家评估相对于其他方法而言是比较专业和客观的评估途径。但在专家的选择上，如何保证专家的权威性和专家小组组成的合理性，是在实际研究中需要解决的问题。

专家评估将专家会议法和特尔斐法两种方法相结合进行。专家会议法是指根据规定的原则选定一定数量的专家，按照一定的方式组织专家会议，发挥专家的集体智慧，对评估对象做出判断的方法。专家会议有助于专家们交换意见，通过相互启发，弥补个人意见的不足，

---

① 邓小平. 邓小平文选，第二卷[M]. 北京: 人民出版社，1994: 333.

产生"思维共振"的效果。但是这种方法也有一定的局限性，比如由于参加会议的人数有限，代表性不充分，容易受权威的影响，压制不同意见的发表等。

与专家会议法不同的是，特尔斐法是以书面形式广泛征询专家意见，然后加以整理、归纳、综合，并进行统计处理，将结果匿名返回给各个专家，再次征求他们的意见，进行有控制的反馈。如此经过多次循环、反复，专家们的意见趋于一致，认识和结论更加统一，结论的可靠性也得以提高。这种方法既保持了专家会议法的优点，又避免了专家之间的心理干扰和压力。上述两种方法相结合，可以起到优势互补的作用①。

（2）社会评估

人民群众，尤其是工程实施所在地的居民对工程的认同度和满意度，是一项工程能够顺利实施的前提条件。工程风险的社会评估不仅关注成本与收益，而且更加关注风险和收益的关系，是与广大民众切身利益息息相关的内容，它与工程风险的专家评估形成互补的关系，使风险评估更加全面和科学。工程风险的社会评估，将为社会的和谐发展以及社会的安定提供保障。如我国部分地区居民抵制 PX 项目事件，其原因之一是由在工程立项环节中缺乏社会评估环节造成的。正如曹湘洪院士所认为的那样，PX 困局已非技术范畴内的问题，专业人士对其安全性不存在争论，反而是地方政府、企业的行为惯性，以及社会心态等复杂因素形成的信任危机，最终形成了 PX 困局以及化工恐惧症。因此，在工程风险的伦理评估中，应使所有的利益相关者都能够参与到工程风险评估之中。

（3）公众参与

工程所在地的居民既是工程的受益方，也是工程风险的直接承受方。他们对工程风险应该具有知情权，应该参与到工程的相关论证和评价中来。风险评估有了公众的参与，企业和政府管理部门才能知道民众的真实需求，否则工程风险的评估可能会沦为形式，起不到真正的效果。同时，作为外行的普通民众能够提供不同于专家，并且常常被科学理性所主宰的专家所忽略的"智识"，公众的参与可以弥补专家评估方法的不足②。

公众参与工程风险伦理评估的前提是信息公开。如果不公开工程的相关信息，公众将会对工程情况一无所知，不知道这项工程有没有风险或风险有多大，从而不得不盲目听从专家的意见。而有时候专家从个人或单位的利益出发，所提出的观点是不利于普通公众的，这种情形下，公众就会成为弱势群体。公众若想成为自己的主人，就必须用可得的知识中隐含的权利武装自己；政府如果不能为公众提供充分的信息，或者公众缺乏畅通的信息渠道，那么所谓的面向公众的政府，也就沦为一场滑稽剧或悲喜剧的序幕③。

公众参与的模式可以从舆论和制度两个层面展开。在舆论层面上，主要包括公众代表、公共媒体、人文学者、非政府组织成员等参与主体，与专家评估相比，由公众参与的风险评估范围更加广泛，所代表的利益更加全面，看待问题的角度和视野也更加开阔；在制度层面上，公众参与的主要途径是听证会。听证会包括基层的民主座谈会、民主听证、城市居民议事会等不同形式④。政府、企业、市民、专家、媒体在听证会上平等地发表意见，政府和企业的管理者代表通过听证会能够及时了解民情并吸纳公众的合理化建议，这样有助于及时化解矛盾，消除情绪对立和误解，避免非理性因素经过传播产生"放大效应"。

① 杨兴坤. 工程事故治理与工程危机管理[M]. 北京: 机械工业出版社, 2013: 123.
② 王名扬. 美国行政法, 上[M]. 北京: 中国政法大学出版社, 1994: 227.
③ 谈火生. 审议民主理论的基本理念和理论流派[J]. 教学与研究, 2006(11): 50.
④ 李正风, 丛杭青, 王前. 工程伦理[M]. 北京: 清华大学出版社, 2016: 57.

3．工程风险的伦理评估方法

（1）工程风险伦理评估的主体

工程风险的伦理评估主体可分为内部评估主体和外部评估主体两部分。

工程风险的内部评估主体包括工程师、技术员、操作工人、投资人、管理者及其他利益相关者，他们都是工程活动中不可或缺的主要组成，发挥着不可替代的作用和功能①。内部评估主体之间既存在着各种不同形式的合作，又存在着各种形式的矛盾和冲突。相对而言，操作工人在内部评估主体中常常处于不利的弱势地位，他们将直接面对工程风险的威胁，因此在工程风险评估中应更加重视操作工人的利益。工程技术人员由于其身兼职业责任和社会责任的双重责任，常常要求其在工程风险评估时更多地承担起社会责任的角色，对工程风险进行客观的评估②。

工程风险的外部评估主体主要包括专家学者、新闻媒体、民间组织和居民代表等。专家学者具有相关的专业知识，能够较为全面地了解工程的方方面面，包括工程可能会带来怎样的风险，他们常常在不同的场合进行呼吁。如圆明园防渗工程存在的环境风险问题，就是兰州学者张正春教授在游览时偶遇圆明园湖底防渗工程施工，对湖边、湖底铺膜方案产生了质疑。随后他给媒体打电话并经多家媒体披露之后，才引起了北京市乃至全国的强烈关注。民间组织、新闻媒体和社会公众在工程风险评估中同样起着重要的作用。

（2）工程风险伦理评估的程序

① 信息公开。信息公开能够使人民群众及时了解和参与工程风险评估工作。工程技术人员有义务把掌握的工程风险信息及时客观地告知决策者、媒体和人民群众。

② 确立利益相关群体，理顺他们之间的利益关系。所有工程都会涉及利益相关群体。确立利益相关群体是一个重要的环节，包括主要管理负责人的确定、主要工程负责人的确定、主要工程参与人员的确定、社会公众或专家学者参与风险听证的选定等③。在确定利益相关群体之后，还需要分析他们与工程风险的利害关系，以及他们可能会面临的损失及其程度。

③ 采用民主集中的原则，组织利益相关群体就工程的风险进行充分的沟通和交流。工程风险的有效评估和防范一定要充分发扬民主，要充分考虑不同阶层的利益相关群体对工程风险的感知和承受程度不同，让不同伦理关系的利益相关群体充分表达他们的合理诉求，使工程决策在公共理性和专家理性之间保持合理的平衡显得尤为重要④。

（3）工程风险伦理评估的效力

工程风险伦理评估的效力是指伦理评估在防范工程风险出现中的效果及其作用，包括目标确定、实现目标的能力，以及目标实现的效果三个核心要素。考察工程风险伦理评估的效力时要依照如下几个原则：

① 公平原则。工程活动中，工程风险的承受方和工程成果的受益方往往是不同的，这就要求工程风险伦理评估更加注重风险分配中的公平原则，做到责、权、利尽可能保持一致。

---

① 张品. 论社会稳定风险评估的主体选择[J]. 北京: 现代商贸工业, 2014(2): 33～35.
② 李伯聪. 工程哲学和工程研究之路[M]. 北京: 北京科学出版社, 2013: 232～233.
③ 王前等. 技术伦理通论[M]. 北京: 中国人民大学出版社, 2011: 193.
④ 王前等. 技术伦理通论[M]. 北京: 中国人民大学出版社, 2011: 184～185.

② 和谐原则。和谐原则是指工程项目做到人与自然的和谐、人与人的和谐、人与社会的和谐、人与环境的和谐等。只有实现上述和谐才是伦理意义上所期望的工程。

③ 战略原则。战略原则是实践智慧，它要求在面对工程风险的时候，要保持审慎的态度，对具体工程风险做出具体分析，不仅要考虑工程本身的目的、手段和后果，还要考虑工程所处的地域环境等。当工程所处的环境发生变化时，要及时调整工程的发展战略。

（4）工程风险评估方法

许多大型工程项目尤其是公用工程通常采用风险-效益分析方法，即通过评价产品的价值或者收益是否能够冲抵使用它所带来的风险，只要项目（产品、系统或具有危险性的活动）能够获得足够的效益和利润，那么我们就愿意承担某种水平的风险。

如果风险和效益都能用一套共同的单位来表示，那么我们就能比较容易地进行风险-效益分析，从而决定能否获取这种期望的效益。比如，接种疫苗可能产生一些死亡，但是如果通过接种疫苗可以抑制严重的传染病从而挽救更多的生命，那么这样的风险是值得的。

当风险或效益不能用一套共同的单位来表示时，我们又该如何进行风险-效益分析呢？在这种情况下，我们或许只能采用诸如"费用不超过 X，健康不低于 Y"的形式加以表示。或者当风险用一套单位来表示和测量，效益用另一套单位来表示和测量时，我们可以用不同设计的风险和效益的比率来对这些方案进行比较。

风险评估就好比"在黑暗中透过玻璃看东西"，如果我们能精确预测工程项目所带来的危害，那么就不存在风险了；但如果真的是这样，我们就能准确地知道预期的伤害。然而，风险评估只能评估危害发生可能程度的大小，并且难以确保评估结果的准确性。换句话来说，风险评估是对工程带来危害可能性的一种非确定性预测。

对于任何一项新的技术，科学家和工程师们必须有若干种方法来评估它对人类可能带来的风险，其中之一就是采用错误树形图评估风险。错误树形图是由发生故障的可能途径构成的图表，它使工程师能够采用系统的方式去分析伴随工程项目可能带来的各种失效的方式。最常见的用途是预测那些只有极小或根本没有直接经验的风险，比如核灾难等。

风险评估的另一种方法是事件树形图分析法，这种方法从一个假定的事件出发展开推理，以确定它可能导致哪些最终事件的发生。始于一个假设的事件，然后推论这一事件将引发的系统状态，最终事件的发生可能归因于初始事件。尽管这种分析方法尽可能多地考虑到各种失效的情况，但仍有严重的不足。首先，无法对可能导致事故的所有机械、物理、化学等问题都进行预测。其次，无法对可能导致事故的所有人为失误都进行预测。再次，失效的方式在很大程度上只是一种主观臆测，而且是建立在无法用实验验证的基础上的。比如，我们不可能去熔毁某座核反应堆来确定其爆发核裂变连锁反应的概率。最后，永远也无法确定是否已经把所有可能的初始事件都包括在事件树形图中或排列在正确的位置上。

4. 工程风险中的伦理责任

（1）伦理责任的含义

责任，是指分内之事，产生于社会关系中的相互承诺。按性质不同可分为因果责任、法律责任、道义责任等；按时间先后可分为事前责任和事后责任。责任不专属于伦理学，许多学科如法学、经济学、政治学、社会学等都涉及责任问题。无论哪种类型的责任，都包括以下几个基本要素：（a）责任人，即责任的承担者，可以是个体或法人；（b）对何事负责；（c）对谁负责；（d）面临指责或潜在的处罚；（e）规范性准则；（f）在某个相关行为和责任领域范围之内。根据这种分析，可以把责任定义为按照对一种行为或其结果的预期而追溯原因的关系系统[①]。

德国学者汉斯·尤纳斯把"责任"引入伦理学，并建构了"责任伦理"的理论体系，认为"保全人类与自然的可持续发展是未来责任的终极目标"，并提出了"道德的正确性取决于对长远未来的责任"的观点[②]。

伦理责任不等同于法律责任。法律责任属于事后责任，是对已经发生事件的追究，而伦理责任则属于事前责任，是善良意志依照责任且出于责任而采取的行动。法律规定的义务是外在的义务，而伦理则指向一切作为义务的内容，甚至把行为的动机也包括在内。单纯是因为"这是一种义务"，无须考虑其他动机而采取行动，这种责任才是伦理学的，道德的内涵也只有在这样的情形里才能清楚地显示出来[③]。

伦理责任也不等同于职业责任。职业责任是指人们在职业活动中所承担的特定的职责，包括人们应该做的工作和应当承担的义务。而伦理责任是指维护社会和公众利益的责任，是治理各类社会风险的内在着力点。一般来说，工程师的伦理责任要大于职业责任。职业责任和伦理责任通常具有一致性，但有时也会发生冲突。比如，工程师在明知生产的产品存在质量问题并有可能对公众的生命财产造成威胁时，工程师必须在职业责任和伦理责任之间进行权衡，并做出自己的选择。是应该坚持保密性的职业伦理要求，还是应该遵循把公众的安全、健康和福祉置于首要地位的社会伦理责任？这是一个无法回避的问题。

（2）工程伦理责任的主体

工程伦理责任包括工程师个人的伦理责任和工程共同体的伦理责任。

① 工程师个人的伦理责任

工程师是受过一定专业训练并掌握相应专业技能的专业人员，具有普通人所不具备的专业知识，他们不仅能比一般人更为全面和深刻地了解工程成果可能给人类带来的利益，同时也能比其他人更了解工程的基本原理和潜在风险，因此，加强工程师的个人伦理责任对于防范工程风险具有极为重要的作用。

合格的工程师只对公司或雇主忠诚是远远不够的，他还必须要忠诚于他的职业。工程师具备相关的专业能力，对工程风险的防范具有不可推卸的伦理责任，工程师应当预测、评估和思考其所从事的工程活动可能产生的不利后果，主动把握方向，在情况允许时应停止危害性的工作[④]。除了在本职工作范围内履行伦理责任，还应采用适当的途径和方式阻止违背伦理、侵害公众利益的行为，积极主动降低工程风险，防范工程事故的发生。

② 工程共同体的伦理责任

工程共同体是以共同的工程范式为基础形成的、以工程设计建造和管理为目标的活动群体。现代工程活动中不仅有科学家、设计师、工程师、建设者的分工和协作，还有投资者、决策者、管理者、验收者、使用者等利益相关者的参与，在工程活动中他们都会努力实现各自的目的。因此，工程责任的承担要涉及包括诸多利益相关者的工程共同体。当工程风险发生时，往往不能把全部责任由某一单独方承担，而需要工程共同体共同承担。

工程活动的多方参与使得现代工程和技术系统趋于复杂化。在这一复杂系统中，共同体

① 兰克. 什么是责任[J]. 西安交通大学学报（社会科学版），2011(3): 1～4,50.
② 朱葆伟. 科学技术伦理：公正和责任[J]. 哲学动态，2000(10): 9～11.
③ 朱葆伟. 工程活动的伦理责任[J]. 伦理学研究，2006(6): 36～41.
④ 梁红秀. 科技伦理责任的主体系统及责任区分[J]. 科技管理研究，2009(5): 556～558.

的作用要远大于单一个体的作用，工程活动中的潜在风险很难归结为某个个人的原因。如转基因技术，人类目前所掌握的知识无法判断它将来会对人类带来何种风险，这使得责任的承担主体变得异常复杂。因此，在考虑工程师个人伦理责任的同时，也要考虑工程共同体的伦理责任。

工程风险中的共同伦理责任是指工程共同体各方共同维护公平和正义等伦理原则的责任。共同责任不是简单的责任均摊，而是指要站在整体的角度去理解和承担共同伦理责任，通过工程共同体各方相互协调，并各自做好本职工作，从而积极主动地履行共同伦理责任。

（3）工程伦理责任的类型

工程伦理责任包括职业伦理责任、社会伦理责任及环境伦理责任。

① 职业伦理责任

根据《牛津肖特词典》的解释，"职业"是指一个人公开声称成为某一特定类型的人，并且承担某一特殊的社会角色，这种社会角色伴随着严格的道德要求。职业活动区别于非职业活动的特征在于：第一，职业活动在正式入职前通常要经过长期的培训；第二，职业人员的知识和技能对于广大社会群体的幸福是至关重要的；第三，职业通常具有垄断性或近似于垄断性；第四，职业人员通常具有一种不同寻常的自主权；第五，职业人员声称他们通常受到具体的伦理规范的支配[①]。

职业伦理责任可以分为义务—责任、过失—责任和角色—责任等三种类型。义务—责任是指职业人员以一种有益于客户和公众、并且不损害自身被赋予的信任的方式使用专业知识和技能的义务。过失—责任是指可以将错误后果归咎于某个人。角色—责任是指可以由某个职位或管理角色承担责任。

② 社会伦理责任

伦理学界在相当长的时间内认为工程师的首要义务应是忠实于雇主，直到今天仍有相当一部分人坚持这一观点。工程师作为公司的雇员，对所在企业忠诚是职业道德的基本要求；但如果工程师仅仅局限于对企业忠诚，就有可能忽视应尽的社会伦理责任。工程师对企业的利益要求不应该无原则地服从，应该在不危害环境、社会和公众利益前提下有条件地服从；尤其当所进行的工程具有极大的安全风险时，工程师更应当首先承担起他的社会伦理责任。当他发现所在的企业进行的工程活动会对环境、社会和公众的人身安全产生危害时，应该及时反映或揭发，使决策部门和公众能够了解到该工程中的潜在威胁，这是工程师应当承担的社会责任和义务。

在早期的工程师职业规范中，对工程师的社会伦理责任的重视不够。例如，1912 年美国电气工程师学会，以及 1914 年美国土木工程师学会所提出的伦理准则，都规定工程师的主要责任是做雇主的"忠实代理人或受托人"，为雇主的利益服务。当时美国电气工程师学会的主席认为：工程师对客户的忠诚是最基本的，如果出现任何（义务）冲突，任何其他方面都必须要服从于它。直到 20 世纪后期，一些工程师学会的章程才逐渐开始增加相关社会伦理责任的内容。

③ 环境伦理责任

长期以来，人与自然环境的关系被视为改造与被改造的关系。人是改造的主体，自然环境是被改造的客体，主体根据自身生存和发展的需要，通过作用于自然界创造了各种有利于

---

① 哈里斯，普里查德，等. 工程伦理：概念与案例[M]. 丛杭青，沈琪，译. 北京：北京理工大学出版社，2006: 6.

人类生活的自然环境和物质财富。随着全世界范围内各种环境危机的产生，人们开始重新审视人与自然的关系。过去那种"以人类为中心"，把自然仅仅看作被改造对象的观点，显然是极为片面的。因此，必须重新构建人与自然的和谐关系，工程活动也应努力实现人与自然的和谐发展。

虽然人们已经意识到工程活动应该承担更多的环境伦理责任，然而在实践中却由于种种原因而难以很好地实现。就工程师个体而言，他在工程活动中扮演着多重角色，每种角色都被赋予了一定的责任，包括对职业的、对自己的、对家庭的、对公司的、对用户的、对团队其他成员的、对社会的、对环境的责任等。这些责任的履行使得工程师受到多重的限制：雇主的、职业的、社会的、家庭的限制等。从而往往使其陷入伦理困境之中——是将公司的利益、雇主的利益、自身的利益置于社会和环境利益之上还是之下？这成了工程师必须面对和抉择的难题。

因此，为了更好地促使环境伦理责任的实现，工程师协会或学会还需要制定专门的环境伦理规范。1986年，世界工程组织联盟率先制定了《工程师环境伦理规范》，对工程师的环境伦理责任进行了明确的界定，为工程师在面临伦理困境时如何进行正确的决策提供了指导性意见。

6.2 工程与环境

引导案例：DDT，"天使"还是"魔鬼"

1874年，德国化学家蔡德勒在实验室合成出了一种化学性质非常稳定、气味极淡的白色晶体状化合物——日后大名鼎鼎的DDT，但在当时，蔡德勒并不知道DDT具有杀虫的作用，直到几十年后大化学家米勒的出现。1939年，瑞士著名化学家米勒在研究有机氯化合物与杀虫活性之间的关系时发现DDT具有杀虫作用。在这之后，盖基公司申请了专利，并于1942年生产出了含有DDT的新式杀虫剂（图6-2）。这种杀虫剂效果好、适用范围广、容易生产且成本低廉，于是很快就引起了英、美等国杀虫剂制造巨头的关注。不久，DDT在大西洋的两岸都得到了大规模的生产。

然而真正让DDT成为世界瞩目焦点的是发生在二战期间的一场传染病。第二次世界大战临近结束的时候，战场上开始流行斑疹伤寒。这种病并非第一次出现，以前也经常在战争或天灾时发生。1944年，驻扎在意大利那不勒斯的盟军军队就突然出现了斑疹伤寒。这是一种由虱子传播的流行病，只要能有效隔绝虱子，就能控制疫情的蔓延。然而大家尝试了很多办法仍无法有效驱除虱子。这时有人提议采用DDT杀虫剂，盟军试着向士兵、难民、俘虏身上喷洒了这种粉剂，三个星期后，斑疹伤寒完全得到了控制。

DDT立下了奇功，让人类免于一场传染病的侵害。它的杀虫作用发现者米勒也因此获得了1948年的诺贝尔生理学或医学奖。由于它强大的杀虫功效，DDT在对付黄热病、丝虫病等虫媒传染病方面，也取得了很好的效果。此外，在全球抗疟疾运动中，DDT也可谓居功至伟。疟疾是一种靠蚊子传播的疾病，也是人类遭受到的最严重的灾难之一。此前，全球约有40%的人口深受其害，患者人数多达3亿，每年死亡人数超过100万。DDT的出现让人们看到了对抗疟疾的希望。使用DDT灭蚊之后，全球疟疾的发病人数得到了有效的控制，欧洲和北美甚至根除了这种疾病。

一时间，人们对DDT的推崇达到了无以复加的地步，欧美等国开始大规模使用这种杀虫剂，田间地头、丛林河流、家庭室内无不在使用这种白色的粉末，而且人们也并未发现它对人体有什么危害，美国人甚至在餐桌上也使用，将它视为上帝对人类的恩赐。1962年，世界卫生组织建议各国在世界卫生日时共同发行邮票，宣传"世界联合抵抗疟疾，尽快根除这一疾病"，许多国家都采用了 DDT 喷洒灭蚊的设计。在当时人们的眼中，DDT 无疑是济世英雄。

但也就是在这一年，人们对 DDT 的认识开始发生重大的改变。转折源于当年出版的一本后来被很多环保主义者奉为经典的书籍《寂静的春天》。这本书的作者是美国生物学家蕾切尔·卡逊（图 6-3），她在书中写道"DDT 进入食物链，会在动物体内富集，从而导致一些鸟类生殖功能紊乱、蛋壳变薄，最终濒临灭绝。"早在几年之前，卡逊的朋友哈金斯夫妇在给她的信中提起他们家附近的鸟被飞机喷洒的 DDT 毒死了。这件事引起了卡逊的关注，她也因此将写作方向从海洋生物学转向了生态学。经过 4 年多时间的材料搜集和写作，出版了这本影响至今的书。

图 6-2　DDT 杀虫剂

图 6-3　蕾切尔·卡逊

卡逊并不是第一个提出 DDT 具有危害性的人。早在 DDT 被大规模使用之后不久，就有科学家注意到了它对生态环境的影响。1944 年，美国昆虫学家联合会曾发表声明，试图改变人们对 DDT "过分乐观和歪曲的印象"，并开始在一些报刊上指出 DDT 的危害。1950 年，美国食品药品管理局宣布"DDT 的潜在危害性极有可能被低估了"。但这些都没有引起人们的重视，大家还沉浸在 DDT 为人类除害的巨大功劳之中。卡逊得以成功的重要原因是在于她的"超级散文"写作才能，她通过优美的文笔将 DDT 的负面作用告诉给了公众，让人们从生态环境的角度看到了 DDT 的另外一面。

虽然人们很早就开始与 DDT 亲密接触，把它涂在身上也没有受到直接的危害，但这并不意味它就是完全无毒的，只是因为粉状的 DDT 不易被皮肤吸收。后来的研究发现 DDT 对人体健康确实是有害的。人们发现鸟类体内含有 DDT 会导致其产蛋壳软且不能被孵化，尤其是处于食物链顶端的食肉鸟，如美国国鸟——白头海雕几乎因此而灭绝。

DDT 对生态环境的影响和破坏更大。一方面，由于它对昆虫的毒害作用非常大，大规模地使用 DDT 会使很多昆虫受害，进而影响生态平衡；另一方面，DDT 作为一种人工合成的有机物，在自然界中很难分解，无论是在空气、土壤、水中，还是在动植物的体内，它都不会被分解，从而会随着食物链逐步富集。越是处于食物链上层的动物，体内富集的 DDT 就会越多，潜在的危害就会越大。由于 DDT 能溶于脂肪，因而进入人体后会聚集在富含脂肪的器官中，且不能通过身体代谢排出体外。随着人们对 DDT 危害认识的加深，DDT 的名声一落千丈，从"天使"一下子变成了"魔鬼"。1972 年，美国国会率先通过立法禁止使用 DDT。随后，世界其他国家也陆续开始禁用。

然而，DDT 并没有就此退出历史舞台。一方面 DDT 导致的环境破坏或许要经历上百年才能够得以恢复；另一方面，由于 DDT 的禁用，疟疾伤寒等流行病又有卷土重来的趋势，尤其是在非洲撒哈拉沙漠以南地区，每年大约有 100 万人死于疟疾，其中绝大部分是儿童。世界卫生组织全球抗疟疾运动的负责人说，室内喷洒 DDT 仍是对付疟疾最好的办法之一，在世界卫生组织推荐的数十种杀虫剂中，最有效的还是DDT。环境保护和疟疾控制的矛盾再一次摆在了人们面前。

在疟疾肆虐面前，越来越多的人开始重新审视 DDT，关于是否要恢复使用 DDT 的争论一直在持续进行中，但是一直没有统一的结论。20 世纪 90 年代后，争论更是趋于白热化。世界卫生组织多次准备重新启用 DDT，但每次都在最后关头又由于各种原因而放弃。终于在 2006 年 9 月的一次新闻发布会上，世界卫生组织宣布正式解除对 DDT 的禁令，允许部分地区重新使用这种杀虫剂。世界卫生组织说，在室内正确和及时喷洒 DDT，可以将疟疾的发病率降低 90%。南非重新启用 DDT 后，已使疟疾的发病率和死亡率降到了历史低点，并正向彻底消灭疟疾的目标挺进。如今在撒哈拉以南的非洲，约有 10 个国家采用这种方式控制疟疾。对于这一决定，有些人表示支持，认为室内喷洒 DDT 不但是预防蚊虫传播疟疾的有效和廉价手段，而且只要使用得当，并不会对人和动物的健康造成不良影响；但也有人表示反对，认为使用 DDT 只是一种短期有效措施，但会带来更为严重的长期后果，应该采用更为安全和有效的办法战胜疟疾。

至今，关于 DDT 的争论依然没有停息，几经起落的 DDT 再次走上历史的舞台。然而，往后的命运又将如何，现在谁都无法给出答案。

6.2.1　工程中的环境伦理

1. 工程活动对环境的影响

任何工程活动，如资源开采、道路修建、城市更新、工程建设等，都是在自然环境中进行的，都不可避免地与自然环境发生关系，从而对环境造成或大或小的影响。在工程的规模程度、覆盖广度、影响深度不断提升的今天，工程建设中的环境保护问题显得尤为重要，如何在工程建设和环境保护之间找到平衡点，使两者有机协调发展是摆在每一个工程技术人员面前的难题。

在人类发展史上尤其是工业化进程中，包括我国快速工业化进程在内，都曾发生了大量破坏自然资源和生态环境的事件，酿成了惨痛教训。正是这种以牺牲生态环境为代价换取短暂眼前利益的行为，使生态环境日趋恶化。恶劣的生态环境使经济难以发展，或即使发展了也难以为继。经济的发展离不开良好的生态环境，良好的生态环境也是加快经济增长的基础。"绿水青山就是金山银山"是习近平总书记关于生态文明建设最著名的科学论断之一。他深刻阐明了生态文明建设与物质文明建设、环境保护与经济发展之间的辩证统一关系，明确强调了保护生态环境就是保护生产力、改善生态环境就是发展生产力的重要思想，为我们牢固树立和贯彻落实绿色发展理念提供了思想认识基础。

工程建设对环境的影响主要包括占用土地资源、水土流失、生态失衡、气候异常，以及排放大量的废气、废水、固体废弃物等。以建筑工程为例，最常见的有以下几种：①消耗大量的能源和天然资源。建筑工程是对自然资源重新建构的过程，期间必然需要占用大量的天然资源，消耗大量的能源，如土地、森林、矿山、汽油、柴油、电力等，从而对环境造成直接或间接的破坏。施工过程会破坏表土耕植层及地表植被，若不及时处理，易造成水土流失及扬尘；施工弃土若无规划地乱堆乱放、占压土地，将影响土地利用，对周围农业生产产生不利影响。②产生各种建筑垃圾、废弃物、化学品甚至危险废弃物等污染环境。工程施工过程中每天都会不可避免地产生大量废弃物，这些垃圾、废弃物的处理对环境造成了更大的压力。③工地产生的污水造成水污染。混凝土拌和及养护、车辆和施工机械清洗等施工废水如果没有经过适当的处理就随意排放，将对周围地表环境产生不良影响。④噪声和震动的影响。施工过程中必然要使用机动设备，所产生的噪声和震动会对附近居民的生活造成困扰。⑤排出有害气体或粉尘污染空气。施工机械和运输车辆排放的尾气对大气环境造成污染，对附近居民造成影响，威胁人们的健康。

2．工程的环境道德要求

工程建设与环境保护是人类赖以生存的两个方面。任何工程活动都是不断地与环境进行物质、能量和信息交换的过程，只要是工程建设就离不开环境的支撑。一方面，工程建设所需要的一切物质资源都需要从环境中索取，离开了环境空间，工程建设将无立足之地；另一方面，没有不影响环境的工程，只是这种影响可能为正，也可以为负，可能影响大一点，也可能小一些。一旦环境受到严重的损害，受损的环境反过来又可能直接或间接对工程系统的发展造成破坏。从这个意义上说，工程建设如果没有保护环境，就失去了赖以生存的基础和物质来源。因此，工程建设与环境保护是密不可分的。

以公路建设为例，公路工程建设是国民经济发展和社会进步的内在要求，也将对一个地区的政治、经济、文化等发展起着重要的促进作用。公路的修建必然消耗能源资源、改变地形地貌、影响自然景观，在建设和运营过程中还可能产生各种污染，并且这种影响是长期的，比如会因选线不当造成对沿线生态环境的破坏；会因工程防护不当造成水土流失、坡面侵蚀与泥沙沉淀；会因公路带状延伸破坏路域的自然风貌；会因施工过程中的各种污水、废弃物排放造成环境污染；会因营运车辆及行人对公路及周边造成污染，等等。

如何在必需的工程活动中缓解经济与环境的冲突，就需要工程的决策规划、施工管理等环节加入环境道德评价。比如在填土方或开挖土方时尽量避开雨季，雨季来临前将开挖土方回填；施工过程取土时采取平行作业，边开挖、边平整，取土完毕后要及时还耕，及时进行景观再造；在雨水充沛的地区，要设置排水设施，避免边坡产生崩塌滑坡等现象；在雨水地面径流处开挖路基时，要及时设置临时土沉淀池拦截混砂，待路基建成后，及时将土沉淀池推平，进行绿化或还耕；对路堤边坡及时进行植草绿化，以及施工路段与住宅区保持距离；施工便道定时洒水降尘，运输粉状材料要加以遮盖等。这些措施既是技术性的，也是环境道德所要求的。

现代工程活动对项目实施后可能造成的环境影响有专门的环境影响评价环节，对工程活动进行分析、预测和评估，从而提出预防或者减轻不良环境影响的对策和措施。比如，德国工程师协会有专门的规范手册，内容涉及技术和经济的效率、公众福祉、安全、健康、环境质量、个人发展，以及生活质量等方面；我国 2006 年颁布的申请"注册环保工程师"办法中也规定了相关考核认定的条件，内容涉及工程活动中的水污染防治、大气污染防治、固体废物处理处置和物理污染防治等方面。然而，这些要求基本上是技术性的。

工程作为"设计"活动，直接影响着人类的生存状况和自然环境。工程活动承载着人类的价值，这就使工程活动本身具有了道德上的善恶。好的工程可以造福人类，实现天人和谐；坏的工程则会损害人和环境长远利益，造成两败俱伤。一切工程活动的目的都是为了提升人的生活质量，人的生活质量需要多方面内容来充实。物质需要虽然是根本，但不是最终的指标，尤其是在达到一定的生活水平后，环境指标显得更为重要。如今在我国各大城市面临的大气污染、垃圾围城、土壤污染等，都与我们过去的工程活动有着直接的关系。因此，我们需要对工程活动的各个环节进行必要的伦理审视，同时在工程活动中加入环境伦理的要求。

事实上，一个好的工程完全可以实现工程建设与环境保护的良性循环。关键是要在工程建设过程中体现环境伦理意识，以良好的环境伦理意识来促进工程建设可持续发展。工程建设中需要树立正确的环境伦理意识，既要重视自然的内在价值并尽力维护它，又要珍视自然的工具价值并充分利用它，这就要求我们在工程建设中把自然的需求和人类的需要结合起来加以综合考虑，审慎开发和利用我们的自然环境，在遵循生态规律的基础上实现人类自身的目的。

3. 工程活动的环境价值观

地球上的所有生物都有通过改变环境并使其与环境相适应的能力，人类以外的生物改变环境的能力较为有限，自然生态系统完全可以在阈值范围内进行自我调节和修复，因而不会对自然环境造成显著的危害。然而，人类的工程行为却是一种纯粹的"造物"活动，这种"造物"的活动常常会超过自然生态系统的承受范围而造成不可逆的损害。历史上，我们曾经在"人类中心主义"思想指引下大搞改造自然的活动，结果产生了很多严重的生态环境问题。事实证明，那种认为"人类在总体上已经征服了自然"的观点是极其幼稚和可笑的。英国哲学家培根曾说："要征服自然，首先要服从自然。"所谓服从就是要认识和理解，认识自然、掌握自然规律并不等于就可以征服自然。我们必须学会理解和尊重，用协同和尊重代替征服与改造，从根本上转变我们的工程理念。

工程理念是工程活动的出发点和归宿点，是工程活动的灵魂。我国历史上的都江堰、郑国渠、灵渠等许多优秀的工程因在正确的理念指导下建设而名垂青史，也有不少工程由于工程理念的落后而殃及后人。建设生态文明与和谐社会需要新的工程理念，这种工程理念既要体现以人为本，又要兼顾人与自然、人与社会的协调发展。工程活动的最高境界应当是实现并促进人与自然的协同发展。

人类社会的发展和自然界本身的发展既是两个相互独立的系统，又是两个相互影响的系统，这两个系统之间应保持协调与和谐。人与自然协同发展的环境价值观要求在人类活动与自然活动之间，在技术圈与生物圈之间，在发展经济与保护环境之间，在社会进步与生态优化之间保持协调，不以一个方面去损坏另一个方面。人类在追求健康而富有生活的同时不应凭借手中的技术和资本，只把从自然界获取物质财富作为至上的道德价值目标，采取竭泽而渔、破坏生态、污染环境的方式求得发展。单纯追求经济增长的发展模式已经难以适应当今尤其是未来发展的需要，应当把生态效益、社会效益、经济效益的统一作为至上的道德价值目标。从这种道德标准和价值要求出发，所有决策要合理地利用自然资源，保护自然资源和生态平衡，不能把自然当作"被征服者"，否则便是不道德的行为。如果不把合理使用资源、保护环境等内容包括在决策目标之内，任何经济增长都不会持续，生态恶化将最终制约经济的增长。

工程活动的评价需要建立一种双标尺的价值评价体系，既要有利于人类，又要有利于自然。有利于人类的尺度是指在人与自然的关系中，自然界应当满足人类合理性要求，实现人类价值和正当权益；有利于自然的尺度是指人类的活动应当能够促进自然环境的稳定、完整和美。

环境伦理价值观强调人与自然的和谐相处，力图把经济效益和环境保护结合起来，用兼顾环境、社会和经济等多方面的多价值标准来评价工程，以实现各种利益最大程度的协调，统筹兼顾，达到各方利益最大化。在工程活动中突出环境价值观，不是把自然的利益放在人类利益之上，而是要求同等地考虑人类的利益与自然的利益，遵循自然规律，促进人与自然、人与社会的和谐相处。由于工程活动本身就是由人所主导的，因此对经济和社会效益考虑得较为细致，而生态环境常常作为次要方面考虑。环境价值观更加重视对环境的保护，能够防止施工过程中为了单纯的经济效益而出现大规模破坏环境、改变地貌特征等行为的发生，同时它也把节约、效率、安全的理念贯穿于工程的始终，保证工程能把经济效益、社会效益与环境效益结合起来。

总之，工程活动是对环境造成最直接影响的人类行为之一，这种影响常常是不可逆的。因此，现代工程建设中所产生的环境问题必须从纯粹技术的层面，上升到伦理和法律的层面，从环境伦理学和环境法学的视野，给工程活动制定相关的原则，让工程活动从思想源头上减少对自然环境的破坏，从而真正实现工程造福人类和人与自然协同发展的目标。

4．工程的环境伦理原则

工程中的环境伦理不仅要考虑人类的利益，还要考虑自然环境的利益，更要把两者的利益放到系统整体中来加以考虑。根据双标尺评价体系的要求，我们在干预自然的工程活动中对自然环境就拥有了相关的道德义务。这些道德义务通过原则性的规定成为我们行动中必须遵循的规则和评价我们行为正当与否的标准。

现代工程活动中的环境伦理原则主要包括尊重原则、整体性原则、不损害原则和补偿原则四部分。

（1）尊重原则：一种行为是否正确，取决于它是否体现了尊重自然这一根本性的道德态度。

人对自然环境的尊重态度取决于我们如何理解自然环境与人之间的关系。尊重原则体现了我们对自然环境的重视程度，因而作为我们行为的首要原则。

（2）整体性原则：一种行为是否正确，取决于这种行为是否将环境利益与人类利益相协调，而不是仅仅根据人的意愿和需要进行判断。

人与环境是一个相互依赖的整体，在自然资源的开发利用中必须充分考虑自然环境的具体状况，尤其是生态利益，任何在工程活动过程中只考虑人的利益的行为都是错误的。

整体性原则把促进自然生态系统的完整、健康与和谐视为最高意义的善，它是对尊重原则运用后果的评价。良好的愿望和行动过程的合理性并不必然地导致善的结果，仅凭动机和行动程序的合理性还不能评价行为的正当与否，必须引入结果和后效评价，只有从动机到程序和后果的全面评价才能表现出更大的合理性，而后果的评价显得更为重要。

（3）不损害原则：一种行为如果以严重损害自然环境的健康为代价，那么它就是错误的。

不损害原则隐含这样一种义务，不伤害自然环境中一切拥有自身善的事物。如果自然拥有内在价值，它就拥有自身的善，它就有利益诉求，这种利益诉求要求人们在工程活动中不应严重损害它的正常功能。这里所说的"严重损害"是指对自然环境造成的不可逆转或不可修复的损害。不损害原则充分考虑到了正常的工程活动对自然生态造成的影响，但这种影响应当是可以弥补和修复的。

（4）补偿原则：一种行为当它对自然环境造成了损害，那么责任人必须做出必要的补偿，以恢复自然环境的健康状态。

这一原则要求人们履行这样一种义务，当自然生态系统受到损害的时候，责任人必须重新恢复自然生态平衡。所有的补偿性义务都有一个共同的特征，如果他的做法打破了人与自然环境之间的正常平衡，那么就必须为自己的错误行为负责，并承担由此带来的补偿义务。

6.2.2　工程中的环境伦理责任

与工程伦理责任相类似，工程中的环境伦理责任也同样包括工程师个人的环境伦理责任和工程共同体的环境伦理责任。

1. 工程师的环境伦理责任

工程师在工程活动中的角色多样且复杂，其身份既可以与投资者、管理者重叠，又可以是纯粹的工程技术人员，即通常意义所讲的工程师。作为一种特殊的职业，工程师一方面通过专门的知识和技能为社会服务，另一方面又是改善或损害环境的直接责任人。在那些对环境产生正面或负面效应的项目或活动中，他们是决定性的因素。比如建设的化工厂污染了环境，建设的水坝改造了河流或淹没了农田，建设的煤矿破坏了自然生态等。从这个意义上说，工程师仅仅有职业道德是不够的，还应该承担环境问题的道德和法律责任。

工程师的环境伦理责任就是要求工程技术人员在工程的设计和实施过程中不仅要对工程本身、对雇主利益、对公众利益负责，而且还要对自然的环境负责，使工程技术活动向有利于环境保护的方面发展。传统的工程师伦理认为，工程师的职业性质决定了忠诚雇主是工程师的首要义务，做好本职工作是评价他是否合格的基本条件。这种评价机制侧重于工程领域的内部事务，而忽略了工程师与公众、工程与环境之间的关系。环境伦理责任作为崭新的责任形式，要求工程师突破传统伦理的局限，对环境有一个全面而长远的认识，并承担环境伦理责任，维护生态健康发展，保护好环境。因此，如今对一名工程师的评价标准，不仅是他是否把工作做好了，而且是否做了一个好的工作。换句话而言就是既通过工程促进了经济的发展，又避免环境遭到了破坏。

因此，工程师的环境伦理责任包括了维护人类健康，使人免受环境污染和生态破坏带来的痛苦和不便，以及维护自然生态环境不遭破坏，避免其他物种承受其破坏带来的影响。基于这种责任，如果工程师认识到他们的工作正在或可能对环境造成一定的影响，他们有权拒绝参与这一工作，或中止他们正在进行的工作。因为从伦理的角度来看，工程师担负的责任和他所拥有的权利和义务是相等的。工程师的环境伦理责任不只是赋予工程师责任和义务，还同时赋予他相应的权利，使得他能在必要时及时中止他的责任和义务。

然而，工程师如何才能中止他的责任？何时中止他的责任？如何在工程的目标与环境影响之间求得平衡？在面临潜在的环境问题时，在何种情况下工程师应当替客户保密？所有这些问题都是摆在工程师面前的现实问题。尽管每个工程项目都有自己的特定的目标和实施环境，在面对类似问题时的情境各不相同，但工程师在处理这类棘手问题时仅凭直觉和"良心"是不够的，还需要学会运用环境伦理的原则和规范来处理问题，在没有明确规范的情况下，还可以运用相关法律法规来解决。

2. 工程共同体的环境伦理责任

工程作为一种复杂的社会实践活动，涉及技术、经济、社会、政治、文化等诸多方面。尤其是现代工程更是工程共同体的群体行为，工程共同体是工程活动的主体。工程的环境影响与工程共同体关系密切，要保证工程活动不损害环境，甚至有利于环境保护，就必须针对工程共同体在工程活动过程中的地位和角色，明确工程共同体、工程与环境之间的关系，赋予工程共同体相应的环境伦理责任。

工程共同体的环境伦理责任是指工程过程应切实考虑的自然生态及社会对其生产活动的承受性，比如其行为是否会造成公害，是否会导致环境污染，是否浪费了自然资源等。工程共同体的环境伦理责任要求企业公正地对待自然，限制企业对自然资源的过度开发，最大限度地保持自然界的生态平衡。在这方面，国际环境责任经济联盟制定了一套环境治理工作的标准，可以作为工程共同体的行动指南。它涉及环境影响的各个方面，如保护物种生存环境，对自然资源进行可持续性利用，减少制造垃圾和能源使用，恢复被破坏的环境等。承诺该原则意味着工程共同体将持续为改善环境而努力，并且为其全部经济活动对环境造成的影响担负责任。工程共同体通常由项目投资人、设计者、工程师和工人构成，尽管每个成员担负的环境伦理责任是不一样的，但在工程活动中前三者的作用远大于后者，他们对工程的环境影响应该负有主要责任。

工程决策是避免和减少生态破坏的根本性环节。假设有两个项目可供选择，一个项目有环境污染问题，短期投资少，长期会造成不良的生态效果；另一个项目则有绿色环保效益，短期投资较大，长期具有环保作用。如果两个项目都有一定盈利，项目投资者大多会从经济价值、企业目的、实用可行的角度选择前一个项目，而按照环境伦理的要求则应该选取后一个项目。这表明环境伦理观念在当今社会经济发展和工程决策中的重要性。因此，使环境伦理成为决策过程中不可缺少的意识或环节，使环境伦理所倡导的人与环境协同的绿色决策理念真正纳入政策、规划和管理变得尤为重要而紧迫。只有通过制定有效的法律条例和综合的环境经济评价制度，才能使绿色决策成为主流。

工程设计是工程活动的起点，在工程活动中的作用举足轻重，决定了工程可能产生的各种影响。工程实践中的许多伦理问题，都是从设计中埋下的。近年来，由于工程特别是大型工程对环境的影响增大，更由于可持续发展和环境保护已经成为世界各国关心的话题，工程设计中的环境伦理问题也日益突出。通常，设计者会遵循通用的原则，如功能满足原则、质量保障原则、工艺优良原则、经济合理原则和社会使用原则等，然而所有这些原则都是针对产品的自身属性考虑的，产品的环境属性，如资源的利用、对环境和人的影响、可拆卸性、可回收性、可重复利用性等，常常较少被涉及。传统的设计活动关注的是产品的生命周期（设计、制造、运输、销售、使用或消费、废弃、处理），如今的设计更强调环境标准，如"绿色设计"要求环境目标与产品功能、使用寿命、经济性和质量并行考虑。

由此不难看出，今天的工程设计要求工程技术人员能够认识到人与自然的依存关系，人可以能动地改变自然，但仍是自然界的一部分，人类通过工程来展示技术力量的同时，更应该展示出人类的智慧和道德精神，在变革自然的过程中尊重自然，与之和谐共处。

3. 工程师的环境伦理规范

尽管环境伦理学从哲学的层面为工程师负有环境伦理责任提供了理论基础，但这并不能保证他们在工程实践中主动采取相应的行为来保护环境。因为工程师在工程实践中扮演着多个不同的角色，对任何一个角色都负有一定伦理责任，如对职业的责任、对雇主的责任、对顾客的责任、对同事的责任、对环境和社会的责任等，当这些责任彼此冲突时，工程师常常会陷入伦理困境之中。因而，需要相应的制度和规范来化解这类困境。

工程师的环境伦理规范就是针对工程师在面临环境责任时可以使用的行动指南。因此，工程师环境伦理规范对于现代工程活动意义重大。它不仅能为工程师在解决工程与环境的利益冲突中提供帮助和支持，而且还可以帮助工程师处理好对雇主的责任和对于整个社会的责任之间的冲突。当一个工程面临着潜在的环境风险时，或者工程的技术指标已达到相关标准，而实际面临尚不完全清楚的环境风险时，工程师可以主动明示风险。

世界工程组织联盟制定的《工程师环境伦理规范》中规定了对工程师的环境责任，主要包括：

（1）尽你最大的能力、勇气、热情和奉献精神，取得出众的技术成就，从而有助于增进人类健康和提供舒适的环境（不论在户外还是户内）。

（2）努力使用尽可能少的原材料与能源，并只产生最少的废物和任何其他污染，来达到你的工作目标。

（3）特别要讨论你的方案和行动所产生的后果，不论是直接的或间接的、短期的或长期的，对人们健康、社会公平和当地价值系统产生的影响。

（4）充分研究可能受到影响的环境，评价所有的生态系统（包括都市和自然的）可能受到的静态的、动态的和审美上的影响，以及对相关的社会经济系统的影响，并选出有利于环境和可持续发展的最佳方案。

（5）增进对需要恢复环境的行动的透彻理解，如有可能，改善可能遭到干扰的环境，并将它们写入你的方案中。

（6）拒绝任何牵涉不公平地破坏居住环境和自然的委托，并通过协商取得最佳的可能的社会与政治解决办法。

（7）意识到：生态系统的相互依赖性、物种多样性的保持、资源的恢复及其彼此间的和谐协调形成了我们持续生存的基础，这一基础的各个部分都有可持续性的阈值，那是不容许超越的。

美国土木工程师协会的章程也强调：工程师应把公众的安全、健康和福祉放在首位，并且在履行他们职业责任的过程中努力遵守可持续发展原则。它用四个条款进一步规定了工程师对于环境的责任：

（1）工程师一旦通过职业判断发现情况危及公众的安全、健康和福祉，或者不符合可持续发展的原则，应告知他们的客户或雇主可能出现的后果。

（2）工程师一旦有根据和理由认为，另一个人或公司违反了条款（1）的内容，应以书面的形式向有关机构报告这样的信息，并应配合这些机构，提供更多的信息或根据。

（3）工程师应当寻求各种机会积极地服务于城市事务，努力提高社区的安全、健康和福祉，并通过可持续发展的实践保护环境。

（4）工程师应当坚持可持续发展的原则，保护环境，从而提高公众的生活质量。

为了更好地履行环境保护的责任，工程师应该持有恰当的环境伦理观念，以此规范自身的工程实践行为，以达到保护环境的目的。这些规范不应该只是某些工程行业的规范，而应该成为所有工程的环境伦理规范。工程技术人员根据它来指导和规范具体的工程实践，必然会大幅降低工程活动中的环境损害。

尽管我国目前尚未出台工程师的环境伦理规范，但欧美等发达国家的环境伦理规范可以为我们提供一些有益的借鉴。在工程国际化的背景下，我们迫切需要一部较为完善的环境伦理规范，这一规范不是划定工程师行动的边界，而更多的是强调工程师对于环境保护的责任意识，同时在一定程度上也为工程师的合理行动提供了保护。

总体而言，即使是欧美等发达国家，这些规范离人与自然协同发展的理念也还有一定距离，但它毕竟要求工程技术活动要充分考虑环境问题。随着工程师环境责任意识的逐步增强，最终会促使人们在工程活动中把自然规律与人的目标结合起来，从而带来更多的环境友好工程。

第7章　全球化工程中的伦理

7.1　文化差异和国际化

引导案例：印度博帕尔毒气泄漏事故

1984 年，美国一家跨国公司在印度博帕尔工厂发生了一起有史以来最为严重的工业灾难，直接致死 2.5 万人，间接致死 55 万人，永久性残疾 20 多万人。图 7-1 为博帕尔惨不忍睹的事故现场。

(a)

(b)

图 7-1　博帕尔泄漏事故现场

（1）危险的种子早已埋下

1984 年 12 月 2 日，印度中央邦博帕尔市，空气凉爽，与平时似乎并没什么两样。灾难来临的前夜，不带有任何警告，也没有一丝征兆。

那天下午，博帕尔北郊的一家农药厂里，一位工人在冲洗设备管道时，不慎将冲洗水流入了装有异氰酸酯的储罐内。几个小时后，一股浓烈的、酸辣的乳白色气体，神不知鬼不觉地从储罐阀门的缝隙里冒了出来。"罪魁祸首是异氰酸酯，是工人在设备例行保养过程中无心而为之的结果。"这是美国联合碳化物公司对这次毒气泄漏事故的全部解释和说明。

事实上，危险的种子早已被埋下。

1964 年，印度农业"绿色革命"运动正如火如荼地进行着，中央政府多年来被亿万饥民的危机所困扰，急于解决全国粮食短缺问题，而其成败在很大程度上取决于国内是否有足够多的化肥和农药支撑。因此，当世界著名的美国联合碳化物公司提出要开办一个农药杀虫剂生产厂的建议时，对印度政府来说是求之不得。1969 年，小规模试生产的农药厂在博帕尔建成，试产三年后双方均表示满意，而后一个年产 5000 吨高效杀虫剂的大型农药厂正式落成。

1980 年，为节约成本，农药厂开始自行生产杀虫剂的化学原料——异氰酸酯。这是一种剧毒的化学品，即使是极少量的异氰酸酯在空气中滞留，也会使得人的眼睛疼痛，浓度稍大时会令人窒息。二战期间德国法西斯曾用这种毒气杀害了大批关押在集中营的犹太人。为了确保安全，异氰酸酯通常被冷却成液体后储存在双层不锈钢制成的储气罐中，两层罐壁间设有冷却系统，并将罐体大部分掩埋在地表以下，以确保罐内毒气始终处于液化状态。万一罐壁破裂，造成毒气外逸，外置的净化器可将逃逸的毒气吸收；即使净化器失灵，自动点火装置也能将毒气在燃烧塔中氧化成无毒气体后排至大气。

"明明知道储存异氰酸酯，就意味着面临极大危险。"事发当晚负责交接班工作的奎雷施说。他现正因刑事犯罪而被指控。"公司对于这种剧毒气体的管理，太过于自负，从来没有担心过这种气体可能会引发的一系列问题。"早在1982年，公司安全检查小组曾向美国总部汇报，称博帕尔工厂一共存在61处危险。

印度杀虫剂的销售情况越来越不如美国投资方原先设想的那么美好。1984年年中，这个庞大的新工厂开始面临很大的市场困难。员工被大量裁减，70多只仪表盘、指示器和控制装置只有1名操作员管理，异氰酸酯生产工人的安全培训时间也从6个月缩减至15天。在博帕尔事故发生时，整个生产线上的6个安全系统无一能正常运转。手动报警装置、异氰酸酯冷却装置、气体吸收装置等不是发生了故障，就是被关闭了。据了解，异氰酸酯的冷却系统每停止运转一天，就可以节约30美元。

终于，悲剧在1984年12月3日凌晨发生了。

（2）那一夜，灾难悄然来袭

1984年12月3日零时56分，异氰酸酯储罐的温度发生异常，迅速升至200℃，而储罐的冷却装置却形同虚设，一旦毒气外泄时可紧急使用的净化器和自动点燃装置也没有发生作用。强大的压力冲破了储罐的阀门，浓烈的异氰酸酯气体迅速在空气中弥漫开来。整个农药厂很快便被毒雾所笼罩，连看清东西都很困难。

毒气不断向外扩散，毗邻工厂的两个小镇——贾培卡和霍拉的居民首先遇难，数百人在睡梦中死去。随后，在将近1小时之内，浓密的夺命烟雾以每小时5000米的速度悄然向南飘移扩散。当毒气光临博帕尔市火车站时，站台上在寒冷中缩成一团的十几个乞丐，顷刻间毙命。毒气飘过了寺庙、商店、街道和湖泊，袭向了方圆40千米的博帕尔市区，并且继续悄然无声地扩散。

离农药厂数百米之遥的农夫甘恩，在睡梦中隐隐听到家里的牛有点不太安分。他放心不下，便起床查看，发现有两头牛已经死了，另有一头牛悲鸣了一声，在甘恩的注视下颓然倒地。此时，甘恩突然感到眼睛一阵剧痛，他慌乱地跑入夜色之中。第二天，在博帕尔市的哈米第亚医院里，甘恩紧闭双眼，泪水却不停地往下淌，他说他当时恐惧极了，以为是瘟疫降临了。有人以为是原子弹爆炸，也有人以为是地震，还有人以为是世界末日来临了。无数人被毒气熏醒并开始咳嗽，四肢无力，呼吸也越来越困难。

当毒雾的消息传开后，惊慌的人们四处逃命，或乘车、或步行或骑自行车飞速逃离了他们的家园。整个城市就像科幻小说中的梦魇，无数人被毒气弄瞎了双眼，只能摸索前行，一路上跌跌撞撞。很多人还没能走出空气已受污染的区域，便横尸路旁。

这次事故中直接中毒的人数超过了50万，而整个博帕尔市区的人口也才80万。到12月底，该地区已死亡2万多人，近20万人致残，数千头牲畜被毒死。印度政府不得不派军队，用起重机将无数的尸体一个压一个地堆砌在一起，放到卡车上，然后在落日的余晖中火化。幸存下来的人们被惊吓得目瞪口呆，甚至无法用言语表达心中的苦痛。很长一段时间内，博帕尔四处弥漫着恐惧的气氛和死尸的恶臭。

然而，灾难远未结束。

（3）几十万条生命，遭到漠视

"博帕尔那时的惊慌混乱，简直可以和1947年印巴分治惨案发生时的情形相比。"时任博帕尔警察局局长的普瑞这样回忆道。事故发生的当晚，他火速赶往农药厂，想搞清楚"到底是什么气体泄漏了，用什么方法可以解毒"，但那里的工作人员没有一个人能回答他的任何问题。3个小时后，他才得知毒气的名称为"异氰酸酯"，他随手从日记本上撕下一张纸，把这几个字写在上面，那张纸普瑞今天还保存着。

尽管向警察报告情况花了3个小时的时间，工厂的管理者仍有足够的时间把所有的工人转移到安全地带。"从工厂逃出来的人没有一个死亡的，重要原因之一就是他们都被告知要朝相反的方向跑，逃离城区，并且用湿毛巾保持眼睛的湿润"，奎雷施说。可是，当灾难迫近，美国联合碳化物公司却没有给予博帕尔市民最基本的建议——不要惊慌，要待在家中并保持眼睛湿润。该工厂没有尽到向市民提供足够逃生信息的责任，他们对市民的生命有着惊人的漠视。

雪上加霜的是，灾难发生后，联合碳化物公司故意淡化事故的影响及灾难的严重性，想以此来挽回形象，公司的健康安全和环境事务负责人捷克森布朗宁把这种气体描述为"仅仅是一种强催泪瓦斯"。医院里，挤满了等待诊治的伤者，他们用布缠着眼睛，奄奄一息，而医生却对这种致命物质的性质一无所知。

"即使在今天，也没有人知道正确治疗异氰酸酯气体中毒的方法"，在海密达医院工作的沙特帕西医生说，这是事发当晚唯一一所从事救治工作的医院。后来，他对 2 万多具中毒者的尸体进行解剖后发现至少有 27 种有害的化学物质，这些化学物质都来源于死者吸入的有毒气体。

然而，美国联合碳化物公司一直以"商业秘密"为由，拒绝向公众及医疗单位提供有关异氰酸酯的研究资料。由于缺乏足够的医学信息，博帕尔从毒气泄漏的那个早晨开始，所有的治疗只是针对呼吸系统，医生能做的只是暂时性的缓解症状，类固醇药物、抗生素和精神类药物也被不加选择地使用。

从收音机里听到关于灾难的零星消息时，桑斯尤·萨拉基刚满 30 岁，他第一时间从 4 小时车程外的小镇赶到了博帕尔。"我身上只带了 100 卢比零钱和一点换洗衣物，我想，我在那儿参加紧急救援，最多会待上一个星期。"萨拉基没有想到的是，这个志愿者一做就是 26 年。他为灾难的幸存者提供治疗，并进行医学研究。"直到今天，仍有很多人因与毒气泄漏有关的疾病而死亡，有超过 12 万的幸存者受到慢性疾病的困扰，并在缺医少药中绝望地生存。从 1984 年到现在，死于毒气泄漏的人员已经超过 2 万名。"

博帕尔因为史上最大的工业灾难而闻名，却很少有人知道，直到今天，曾经的受害者还在遭受医学灾难。

（4）4.7 亿美元，只是杯水车薪

惨案发生后不久，美国和印度的律师团曾代表毒气受害者向美国联合碳化物公司提出了 850 亿美元的赔偿和罚款要求。然而，联合碳化物公司将事故责任推卸给印度雇员，只愿提供 2.3 亿美元的赔偿，并且在 20 年内分期付清，这遭到了印度政府的严词拒绝。

经过 5 年的诉讼，印度最高法院在 1989 年 2 月 14 日做出裁决，要求美国联合碳化物公司一次性赔偿 4.7 亿美元，但仅有 115 亿卢比（1 美元约合 45 印度卢比）赔偿资金到位。2004 年，印度最高法院再次要求联合碳化物公司付清 150 亿卢比余款。最终，每人获得了 550 到 700 美元不等的赔偿，这连五年最基本的医疗费用都不足以支付。

灾难的幸存者并非就是幸运者。穆罕默德汗是原联合碳化物公司的一名员工，他常常呆滞地站在家门口，盯着那条距他家大约 20 米远的、已经干涸了的河床。自 1984 年 12 月的灾难发生后，这片水域就变成了一个残酷的邻居，一点点地吞噬着他家人的性命。穆罕默德汗和他的家人喝了 20 多年受污染的水，落下了一身的病。他的孙子呕吐不止，还经常抱怨胃疼。今天，他不得不把家给搬了。那些距离工厂远一些，或者住在楼房里的人们，症状要轻一些。但几乎所有幸存者都无法从事重体力劳动，并经常有呼吸短促、咳嗽、胸痛、肢体疼痛、腹痛和视力衰弱等症状出现。

2009 年，印度新德里社会与环境研究中心进行的一项环境检测显示，当年农药厂周围依然残留着上百吨有毒化学物质，每年随着雨水流入地下水，使得博帕尔 12 万～15 万人患上了肺结核和癌症等疾病，生育缺陷发生率是全国平均水平的 10 倍。工厂残留的铀废料堆给当地的数百名儿童带来极大伤害。他们的头不是太大就是太小，四肢或是过短或是过长。其中一些人的大脑从不发育，永远不会说话，像是受到了某种邪恶的诅咒。一些小孩经常默默地坐着凝视天空，迷失在自己的世界里，还有的不停地哭喊和前后摇晃，几乎没有几个能真正控制自己的身体。焦急的父母们烦恼不已，轻声软语地说一些鼓励的话，希望奇迹出现，让孩子们逃离噩梦。

然而，印度当局似乎决定要掩盖这些丑闻，因为一旦公开，"他们不仅要给这些孩子治病，还必须消除整个博帕尔地区的污染。"普利帕·辛格医生说，"但是我下定了决心，如果我保持沉默，这样的事情还将持续。如果我保持沉默，下一个受害的将可能是我的孩子。孩子们正在我的面前死亡。"对于 2 万多人死亡、几十万人生命健康受到伤害的惨剧，单纯的一个企业并不能承担起所有的赔偿责任，4.7 亿美元的赔偿金，对于几十万生命而言，无异于杯水车薪。

（5）美方赔过钱后，甩手走人

毒气泄漏事故给博帕尔带来了无法估量的损失，受害者日渐增多，体质也每况愈下。但美国联合碳化物公司为此所受的影响却极小，在付完赔偿后甩手走人，再也没有和博帕尔发生任何关系。那个 4.7 亿美元的最终解决方案，原来还附有三项条件：永远免除所有民事责任；取消所有刑事指控；未来的任何针对联合碳化物公司的诉讼均由印度政府应对。

1999 年，美国陶氏化学公司并购了联合碳化物公司，成为世界上最大的化学联合企业。在它仍然从联合碳化物公司的资产中受益的同时，却拒绝为联合碳化物公司以前的过失承担责任，对处理残留化学物质等善后事宜置之不理。与此同时，印度政府似乎也对这个工厂甩手不管了。

在美国哈佛大学学者布里吉·汉娜看来，博帕尔是全球化过程中的一个典型悲剧："一家美国公司选择博帕尔以占据廉价劳动力、松懈规定、建立劣等工厂的便宜。你能够看到两个国家在政治和经济上的博弈，而对贪婪和错误的惩罚最终落到了所有博帕尔人身上。"

7.1.1　文化差异

文化，作为一个专门术语，富有弹性。有人把文化说成是一种复杂的社会现象，19 世纪英国人类学家泰勒在《原始文化》一书中，给文化下了一个比较经典的定义："文化是一个复合体，其中包括知识、信仰、艺术、法律、道德、风俗以及人作为社会成员而获得的任何其他能力和习惯。"荷兰学者杰尔特·霍夫斯蒂德则认为所谓"文化"，是在同一个环境中的人民所具有的"共同的心理程序"。因此，文化不是一种个体特征，而是具有相同社会经验、受过相同教育的一类人所共有的心理程序。不同的群体，不同的国家或地区的人们，这种"共同的心理程序"之所以会有差异，是因为他们受着不同的教育、有着不同的工作，从而也就有了不同的思维方式。文化差异可以从五个维度进行描述，分别是个人主义和集体主义、权力距离、不确定性避免程度、男性度和女性度、长期取向与短期取向。

个人主义是指一种结合松散的社会组织结构，其中的每个人重视自身的价值与需要，依靠个人的努力来为自己谋取利益。集体主义则指一种结合紧密的社会组织，其中的人往往以"在群体之内"和"在群体之外"来区分，他们期望得到"群体之内"成员的照顾，但同时也以对该群体保持绝对的忠诚作为回报。美国是崇尚个人主义的社会，强调个性自由及个人成就，因而开展员工间个人竞争，并对个人表现进行奖励，是有效的人本主义激励政策。中国和日本都是崇尚集体主义的社会，员工对组织有一种感情依赖，容易构建一种员工和管理者之间的和谐关系。

权力距离用来表示人们对组织中权力分配不平等情况的接受程度，通常用指数 PDI（Power Distance Index）表示。可以根据上级决策的方式、上下级发生冲突时下级的恐惧心理等因素来分析权力距离指数的强弱。PDI 高的企业就是阶级观念强的企业，基层员工轻易不敢跟领导层提相反意见，而领导层也会刻意建起心理围墙，让基层员工觉得领导高不可及；PDI 低的企业的阶级观念较低，基层员工与领导层之间能够进行没有隔阂的交流和沟通，领导层则会刻意地将自己的光环去掉，让基层员工更容易接近。美国是权力距离相对较小的国家，没有管理特权的观念，下级通常认为上级是"和我一样的人"，员工与管理者之间地位平等，关系融洽，员工也善于学习、进步和超越自我，实现个人价值；日本和中国相对而言是权力距离较大的国家，地位象征非常重要，上级所拥有的特权被认为是理所当然的，这种特权有助于上级对下属权力的实施，这些特点显然不利于员工与管理者之间和谐关系的构建和员工在企业中不断地学习和进步。因而要在权力距离较大国家的企业中采纳"构建员工与管理者之间和谐的关系"，以及"为员工在工作中提供学习的机会，使他们不断进步"这两项人本主义政策，只有在实践中有意识地减小企业内部权力之间的距离，才能更好地实现管理目标。

在任何一个社会，人们对于不确定的、模糊的、前途未卜的情境，都会觉得面对的是一种威胁，从而总是试图加以防止。防止的方法很多，比如提供更大的职业稳定性，订立更多的规定和要求，不允许出现越轨的思想和行为，追求绝对真实的东西，努力获得专门的知识等。不同民族、国家或地区，防止不确定性的迫切程度是不一样的。相对而言，在不确定性避免程度低的社会当中，人们普遍有一种安全感，倾向于放松的生活态度和冒险的探索精神；而在不确定性避免程度高的社会当中，人们则普遍有一种高度的紧迫感和进取心，因而容易形成一种努力工作的内心冲动。比如，日本是不确定性避免程度较高的社会，因而在日本"全面质量管理"这一员工广泛参与的管理形式取得了极大的成功，"终身雇佣制"也得到了很好的推行。与此相反，美国是不确定性避免程度较低的社会，同样的人本主义政策在美国企业中则不一定行得通，比如在日本推行良好的"全面质量管理"，在美国却几乎没有成效。中国与日本相似，也属于不确定性避免程度较高的社会，因而在中国推行员工参与管理和增加职业稳定性的人本主义政策，应该是适合并且是有效的。此外，不确定性避免程度较低的社会，人们比较容易接受生活中固有的不确定性，能够接纳更多的意见，上级对下属的授权更为彻底，员工倾向于自主管理和独立工作。而在不确定性避免程度高的社会，上级倾向于对下属进行严格的控制和清晰的指示。

男性度与女性度是指社会中居统治地位的价值标准。对于男性社会而言，居统治地位的是男性气概，如自信武断，进取好胜，执着坦然；而女性社会则完全与之相反。有趣的是，一个社会对男性气概的评价越高，其男性与女性之间的价值观差异也就越大。美国是男性度较强的国家，企业的重大决策通常由高层做出，而员工由于频繁更换工作，对企业缺乏认同感，因而员工通常不会积极地参与管理。中国则是一个女性度较强的社会，注重社会和谐和伦理道德，崇尚积极入世的精神，正如我们上面的叙述，让员工积极参与管理的人本主义政策是可行的。

长期取向是指推崇节俭，看重恒心与持久的价值观取向。短期取向则注重过去和现在，乐于接受变化，重视承诺但不阻碍变化。长期取向的人往往乐于展望将来并且崇尚节俭和坚持，而短期取向则只对过去和现在做评估，强调尊重传统和履行社会义务。

通过对上述文化五个维度调查数据的分析，霍夫斯蒂德证实了不同民族的文化之间确实存在着很大的差异性，而且这种差异性是根植在人们的头脑中的，很难轻易被改变。文化差异是由各国的历史传统以及不同的社会发展进程所产生的，表现在社会文化的各个方面。从霍氏的各个文化维度指标值中，可以看出东西方的文化差异是十分明显的，即便是同为东方文化圈的中国大陆、日本、中国香港、新加坡等也是有较大差异的。比如中日两国文化都是一种集体主义导向，但两种集体主义却有较大的不同。此外，除了民族、地域文化差异之外，不可否认，还有投资合作伙伴"公司文化"的风格差异。可以说，同一公司内文化差距越大，产生文化冲突与困惑的可能性与强度就会越大。

兹亚德·史瓦丹和琳达·海斯在霍夫斯蒂德文化理论框架与跨文化伦理之间的关系研究的基础上，提出了五条假设①。

假设1：个人主义要比集体主义更加敏感。个人主义文化的人们经常质疑社会中已经建立的伦理标准，而集体主义文化的成员则是盲目地接受这些伦理标准。换句话来说，集体主义者更愿意为了维护群体的荣誉而采用"掩盖手段"，而这一"掩盖手段"并不被认为是不道德的。比如，如果说谎能使群体获益的话，集体主义者可能会接受它，而个人主义者则会认为说谎违背了社会规范，是严重违反道德的事。

假设2：男性度高的个体不如女性度高的个体敏感。男性化维度在伦理上的含义主要体现在如何看待进取心和伦理上可接受的行为之间的关系。与女性化的个体相比，男性化的个体更能容忍攻击性的、有疑问的行为。人们认为某种行为不合伦理最常用的解释是贪婪和好胜等，而这些都是男性化个体的特征，野心、对金钱及对成功的追求都是导致不道德行为的主要因素。另一方面，男性化的管理者会雇佣与组织攻击性目标一致的成员，而女性化的个体更关注伦理问题，不太能容忍那些攻击性的、由金钱驱动的行为。

假设3：高权力距离的个体不如低权力距离的个体敏感。权力距离在伦理决策上的一个重要的含义就是在上级压力下下属是否会做出不道德行为。换句话来说，低权力距离社会里的员工更加看重自由的权力，同时他们希望得到更多决策的机会，尤其是对那些关系到他们自身工作的事情，这些员工可能会通过工会或者员工满意度调查来反映自己的意见。但是在高权力距离社会里面，员工往往已经习惯于工作的现状而很少提出意见；相反，他们希望上司能够直接下达命令，他们只要按照命令去做就可以了。

假设4：高不确定性避免的个体比低不确定性避免的个体更加敏感。高不确定性避免的个体一方面认为如果对群体有利可以考虑破坏规则，另一方面，又更希望有一种书面规则的存在。在行为上，高不确定性避免的个体会以"没有这方面的规定"为借口来做出不符合伦理规范的行为。

假设5：长期化导向的个体比短期化导向的个体更加敏感。和来自短期化文化的个体相比，长期化文化下的个体更消极地看待"走捷径"获取短期利益这种方式在伦理上的影响，由此可见长期化导向的个体比短期化导向的个体更加理想化。

7.1.2　伦理相对主义和绝对主义

跨国企业在经济全球化背景下面临着伦理全球化和伦理多元化的两难选择。经济全球化要求伦理全球化，但各个国家、民族之间由于经济发展不均衡、意识形态多样化，必然存在伦理的多元化现象。跨国公司必须遵从"入乡随俗"的座右铭，但是当某个国家被允许的东西在另一个国家却被认为是错误的时候，又该如何处理？这便存在伦理语境中相对主义与绝对主义的规范差异。

伦理相对主义是一种用相对主义观点认识和解释道德本质与道德判断的伦理学理论，与"伦理绝对主义"相对。断言道德观念和道德概念具有极端相对性和条件性，否认在道德发

---

① Ziad Swaidan, Linda A Hayes. Hofstede theory and cross cultural ethics conceptualization, review and research agenda[J]. Journal of American Academy of Business, 2005, 6(2): 10~15.

展中存在着具有普遍性的和规律性的客观因素，把同民族的习俗和风俗中的多样性和变动性绝对化。按其主要表现可分为两类，一类是从道德主体出发，把道德只看作是主体的意志、情感、需要的表现，道德价值完全以主体的赞成与不赞成、快乐与不快乐、满意与不满意的主观体验为转移，从而否定道德的客观根据。任何是非、善恶的标准都被看作是主观的、相对的，甚至是任意的。另一类是从社会、文化环境出发，夸大不同国家、民族、社会文化的道德、风俗之间的差异性，否认道德的普遍规律，过分强调道德标准的相对性。在西方伦理学史上，相对主义观点可追溯到公元前 5 世纪古希腊智者普罗塔哥拉。近代霍布斯、曼德维尔、洛克也具有伦理相对主义思想倾向。伦理相对主义在现代西方伦理学中占主导地位，并成为其重要特征之一。新实证主义、实用主义、存在主义，以及各种形式的境遇伦理学，都是相对主义的极端形式。

伦理绝对主义是一种用绝对主义观点认识和解释道德本质及其发展的伦理学理论，与"伦理相对主义"相对。认为人们的善恶观念和道德规范是永恒不变的超历史的范畴，否认它们的历史性、阶级性和民族性，否认道德由低级向高级发展的进步性，主张建立一种适合于一切时代、一切民族的绝对的道德真理体系。古希腊柏拉图把"善"作为一种永恒不变的真理，认为它具有绝对的价值。基督教伦理学把上帝的意志视为道德的绝对法则，康德把"绝对命令"看作是普遍的、先验的、永恒不变的绝对原则，杜林从"两个人意志的绝对平等"出发去构筑终极的道德体系，把道德视为宇宙，所有天体上"个人和公共生活必须遵循"的一种模式。斯宾塞则从庸俗进化论的观点出发，提出了一个他认为可以解释一切自然和社会现象的方法，主张道德是进化的产物，凡有助于延续生命或适应环境的，就是快乐、幸福，也就是善，反之就是恶，并认为这是普遍的人类进化而来的善恶标准，这些都是伦理绝对主义的代表。在中国古代，董仲舒提出"天不变，道亦不变"，也是伦理绝对主义的一种表现。

伦理绝对主义把道德基础归结为永恒不变的神性、理性与人的自然性，否定道德与社会物质生活条件的联系，否认道德的历史性，因此是唯心主义的观点。恩格斯指出："我们驳斥一切想把任何道德教条当作永恒的、终极的、从此不变的道德规律强加给我们的企图。这种企图的借口是，道德的世界也是凌驾于历史和民族差别之上的不变的原则。相反地，我们断定 切已往的道德论归根到底都是当时的社会经济状况的产物。而社会直到现在还是在阶级对立中运动的，所以道德始终是阶级的道德。"

道德的相对性或伦理的相对性具有多方面的含义。首先，道德不是独立存在的东西，它作为构成社会生活的一个要素，与经济、政治、法律、文化或科学等因素既相互对立又相互依存；其次，一个社会的道德状况受多种条件的制约，包括物质生产条件、地理环境、人口、民族、宗教等，都会对道德的状况产生影响，由此造成的道德的差异性、多样性和层次性；再次，从历史的发展过程看，道德随着时代或社会形态的变化而变化，无论是道德原则还是具体的道德规范，都在历史的发展中不断改变；最后，从认识主体的角度而言，参照物或比较标准不同，道德所呈现出来的性质会有很大差别。与客观自然的事物相比，道德具有更多的主观性；与个人的思想观念相比，道德具有更多的客观性和普遍性；社会道德与个体的道德相比，个体的道德易变，社会的道德则相对稳定；某些道德规范按照一种道德评价标准来看是合理的、正当的或善的，按照另一种评价标准来看则是不正当的或恶的。在不同认识主体的眼中或按照不同的标准，同一道德体系可能具有不同的性质，这也充分表现了道德的相对性。

构成社会的所有成员在共同生活中都必须以普遍认可的、确定的道德规范和道德原则作为指导来维系正常的社会秩序，这就使得一个社会的道德具有确定性、共同性、普适性，即具有道德的绝对性；从历史的发展过程看，不同时代的道德要求总是不一样的，道德总是随着历史的发展而不断地改变，道德的历史性充分地显现出了道德的相对性。根据马克思主义历史唯物主义理论，在人类历史上并没有永恒不变的道德，道德作为上层建筑中社会意识形态的重要组成部分，是社会经济基础的产物，不同社会形态的经济基础不同，其产生的道德体系也不同。列宁在 1920 年召开的苏联共产主义青年团第三次会议上指出，共产主义的道德是由广大人民的利益决定的。伦理思想的形成和发展，正如整个人类思想与文化的发展一样，既有普遍性又有特殊性，既有民族性又有共同性。因而人类历史上的伦理体系，既是相对的又是绝对的。以历史中保持不变的规范概念来说，它不包含任何确定的内容，可以装入任何内容，因而它们是相对的、变化的；从每一特定的历史时期来看，这些规范被当下的特殊集体赋予了具体而明确的道德内容，因而这些规范又是确定的、绝对的。

伦理相对主义在充分揭示或彰显道德相对性的同时，忽视了道德具有绝对性的一面；而伦理绝对主义则在充分揭示或彰显道德绝对性一面的同时，忽视了道德具有的相对性的一面。伦理相对主义与伦理绝对主义都具有一定的真理性，正是由于它们对部分真理片面或极端的强调而使自己陷入谬误，这便要求我们在理论和实践中既要充分借鉴它们各自的真理性内容，又要避免它们的片面性。伦理的相对性与伦理的绝对性不是相互排斥、相互否定的，而是相互依存、相互兼容的。正如科学的历史性并不排斥或否定科学的确定性和绝对性一样，伦理的相对性也并不排斥和否定伦理的普遍性和绝对性。

伦理学作为一门科学当然要寻求普遍性，但伦理学又必须以其具体灵活的方式服务现实、服务社会。伦理学既是一门理论科学，又是一门应用和实践科学；它既源于现实、超出现实，又要回归现实、指导现实。追求着普遍性的伦理学总是受制于其生长的社会生活的土壤，各种伦理学理论总是追求着普遍性而又不能摆脱其特殊性和相对性。这就要求我们的伦理学既要在理论研究中寻求普遍性与确定性，又要立足于现实，加强针对性，保持特殊性，实现道德的绝对性与相对性的统一，理论与实践的统一。

伦理相对主义与伦理绝对主义既相互对立又内在统一，它们各有其真理性和片面性。伦理相对主义强调差异、差别或多样性；伦理绝对主义强调相同、同一或普遍性，肯定秩序、制度、共同生活所必需的原则与规范。伦理相对主义有助于我们充分认识道德的多样性、多元性、暂时性，有助于我们在国际交往和民族生活中相互尊重，保持多元文化，保持宽容的心态，在道德追求和道德选择上给予他人自由的空间。只有把伦理相对主义和伦理绝对主义各自揭示的真理性内容辩证地结合起来，把它们二者在长期的历史发展和理论争论中产生的偏颇和错谬予以抛弃，才能在当代社会的伦理学研究和现实实践的道德建构中切实呈现出伦理学所具有的理论与实践相统一的品格。

7.1.3　超文化规范

一般来说，重要的职业协会或职业团体章程既适用于国内，也适用于国外。美国电气和电子工程师协会在它的职业章程的扉页就写道："我们的技术影响到全世界人的生活质量"，美国机械工程师学会的章程中也有类似的条文，美国职业工程师协会伦理评价委员会也明确指出其章程适用于国际。然而，我们不能指望职业规范或协会章程能提供适用于一切国际伦理环境的指导原则。我们有必要进一步探讨和制定特定的职业规范，以便能够更为直接地解决各种国际伦理问题。与本土或东道国的道德标准相比，较少地依赖于地域文化，我们称这类规范为超文化规范。超文化规范应当符合两个原则，首先是内在一致性，即一种规范必须与其文化中其他规范相一致，其次是外在一致性，即规范必须符合普遍性的道德标准。

国际伦理决策应该遵循"求同存异"的原则，尽量把那些被所有文化所包含的共同价值标准提炼出来。超文化规范代表伦理绝对主义的理想，是最基本的原则，它构成了人类伦理的根基，比如互助、互信、互惠等积极责任，以及禁止暴力、欺骗和背叛等消极责任。

超文化规范的来源主要分成四个部分。

（1）伦理学、哲学和宗教著作。比如孔子所说的"己所不欲，勿施于人"，便是一个人际关系的黄金法则，世界上绝大多数的伦理和宗教传统都以某种形式包含了这一法则。"如果我是东道国的公民，那么我会希望国外的工程师或企业家在我们国家如何言行呢？"然而，这个问题并不总是那么容易回答的，因为以东道国公民的角度来考虑问题或许是一件非常困难的事情。如果东道国公民处于一个完全不同的经济和社会环境中，或是技术和教育水平相对比较落后，或是价值观和风俗习惯完全不同，情况更是如此。然而，通过黄金法则还是能够做出某种解释。

（2）法规和文献，如联合国的《世界人权宣言》等，这些国际法强调人权是任何人与生俱来的，不管它们在实践中是否被采纳，却是被人们普遍接受的。

（3）各个国际知名工程组织的章程和规范。国际知名工程组织的国际化程度比较高，大多数的工程章程都要求工程师将公众的安全、健康和福祉置于首要位置。

（4）应用公认的伦理理论进行道德推理，比如尊重人的伦理和功利主义。尊重人的伦理学强调作为道德主体的每一个个体都是值得被尊重的，功利主义则强调极大化全人类幸福的重要性。这两种思想与国际伦理都具有很强的相关性。

从以上这些来源中，我们可以辨识出以下 7 种超文化规范：（1）尊重文化和法律；（2）避免侵犯人权；（3）促进东道国福祉；（4）避免行贿和送礼；（5）保护健康和安全；（6）保护环境；（7）促进合理的背景制度。[①]

各国的文化存在着较大的差异，很容易造成伦理问题的冲突。在决策风格上，大致有两种情况，一是外国风格，所谓"入乡随俗"，采用东道国的伦理；另一种是帝国风格，所谓"伦理优越主义"，即由于某一国家的综合实力和影响力较为强大而产生优越感，认为本国伦理优于其他国家，采用宗主国的主导价值观和习俗。这两种伦理决策造成的冲突只能采用求同存异的办法加以解决。超文化规范就是解决这类伦理问题的重要理论基础。

7.1.4　最佳实践标准

1．全球苏利文原则

全球苏利文原则建立于 1977 年，呼吁企业应当遵从法律及担负责任，并将原则整合到企业内部经营策略上，包括公司政策、程序、训练及内部报告制度，以促进人与人之间的和谐及谅解，提升文化素养，维护世界和平。

该原则的主要内容如下：

（1）维护全球人权（特别是员工）、小区、团体、商业伙伴；

（2）员工均有平等机会，不分肤色、种族、性别、年龄、族群及宗教信仰；不可剥削儿童、生理惩罚、凌虐女性、强迫性劳役及其他形式的虐待事项；

① 哈里斯，普里查德，等. 工程伦理：概念与案例[M]. 丛杭青，沈琪，译. 北京：北京理工大学出版社，2006：190～198.

（3）尊重员工结社的意愿；

（4）除了基本需求，更提升员工的技术及能力，提高他们的社会及经济地位；

（5）建立安全和健康的职场，维护人体健康及环境保护，提倡永续发展；

（6）提倡公平交易，如尊重智能财产权、杜绝贿金；

（7）参与政府及小区活动以提升这些小区的生活质量，如通过教育、文化、经济及社会活动，并给予社会不幸人士训练及工作机会；

（8）将原则完全融合到企业各种营运层面；

（9）实施透明化，并向外提供信息。

2．考克斯圆桌企业原则

考克斯圆桌企业原则是由欧美和日本工商业企业的非正式组织"考克斯圆桌会议"在1991年公布的经济伦理准则，强调道德在商业决策中的价值，旨在"建立一个可以对商业行为进行衡量的世界性标准"原则。它基于"共生"和"人格尊严"两个道德观念。共生是指为共同利益生活和工作，在健康和公平竞争下和平共处，实现合作和共同繁荣[①]。

1994年，《考克斯圆桌商业原则》正式出版，"考克斯圆桌"也成为国际性非政府机构，旨在宣传其原则及其对道德资本主义的追求，并推动这些原则与企业战略和企业日常活动的结合。2003年，该机构全球执行主任斯蒂芬·杨撰写《道德资本主义——协调私利与公益》一书，全面阐述"考克斯圆桌商业原则"。斯蒂芬·杨认为该原则可以从各个文化传统和宗教中得到诠释，集中融合了传统、道德、伦理、哲学和法学等多方面的智慧。

3．联合国全球契约

联合国全球契约是由联合国秘书长安南先生在1999年1月召开的世界经济论坛达沃斯会议上首先提出的，并于2000年7月在联合国总部正式发起企业社会责任活动。截至2009年12月，已有134个国家、超过7000家企业和社会团体加入。联合国全球契约要求参与企业必须自发性履行涉及人权、劳工、环境和反腐败四大领域的十大原则，并积极推动企业公民参与社会责任活动，推动实现联合国千年发展目标，促进全球经济社会的可持续发展。

联合国国际盟约十大原则包括：

① 人权

原则1：企业界应支持并尊重国际公认的各项人权；

原则2：确保不从事损害人权的活动；

② 劳工

原则3：企业应该维护结社自由，承认劳资集体谈判的权利；

原则4：彻底消除各种形式的强制性劳动；

原则5：消除童工；

原则6：杜绝任何在用工与行业方面的歧视行为；

③ 环境

原则7：企业应对环境挑战未雨绸缪；

原则8：主动增加对环保所承担的责任；

原则9：鼓励无害环境技术的发展与推广；

---

① 朱贻庭. 伦理学大辞典[M]. 上海：上海辞书出版社，2010.

④ 反腐败

原则 10：企业应反对各种形式的贪污，包括敲诈、勒索和行贿受贿。

4．国际 SA8000 标准

国际 SA8000 标准即"社会责任标准"，是全球首个道德规范国际标准，其宗旨是确保供应商所供应的产品均符合社会责任标准的要求。该标准对保障劳工权益提出了 9 个方面的最低要求：禁止使用童工；禁止强迫性劳工；保护员工健康与安全；保证组织工会的自由与集体谈判的权利；禁止性别、种族、宗教等歧视；禁止在管理中使用惩戒性措施；工作时间必须依照所在国标准执行，每周最多工作时间不得超过 48 小时；符合所在国最低工资标准；公司应建立保证劳工标准贯彻执行的相关管理体系等。

SA8000 标准的问世，是全球经济发展史上的一件大事。它要求企业在获取经济利益的同时还必须承担起对环境和利益相关者（尤其是劳工）的责任，确保产品品质除了质量和价格外，还应具有道德内涵，衡量企业价值除了资本和利润外，还应有道德指标。它标志着企业从过去只重视资本、利润、科技的发展，转到以社会责任为己任的发展轨道上来。国际 SA8000 标准代表劳工的利益，在很大程度上防范了不合理工资、超强度劳动、不安全劳动环境、雇佣童工、体罚等侵犯劳工权益等的发生，是社会良知对资本权力的一种制约。现在许多大的跨国公司几乎都在对下游产业链进行劳工权益评估与监督，并将劳工标准与海外采购订单挂钩。他们认为不仅要对自己的员工负责，也要对全球产业链的员工负责，这种理念已经超越了法律框架，成了一种道德要求，并且已经升华为一种隐形的市场力量。这无疑是人类社会发展史上的一大进步。

5．ISO 26000

ISO26000 是国际标准化组织制定的编号为 26000 的社会责任指南标准，是在 ISO9000 和 ISO14000 之后制定的最新标准体系，这是 ISO 的新领域。ISO26000 是国际标准化组织在广泛联合了包括联合国相关机构、全球报告倡议组织等在内的国际相关权威机构的前提下，充分发挥各会员国的技术和经验优势制定开发的一个内容体系全面的国际社会责任标准。主要原则包括：

（1）强调遵守法律法规，强调组织应当愿意并完全遵守该组织及其活动所应遵守的所有法律和法规，尊重国际公认的法律文件；

（2）强调对利益相关方的关注；

（3）高度关注透明度；

（4）对可持续发展的关注；

（5）强调对人权和多样性的关注。

案例分析

20 世纪 70 年代，一些资本主义国家的大型企业为了摆脱环境保护法规的约束，把一部分能耗巨大、污染严重的工业转移到了发展中国家。美国联合碳化物公司为了规避本国限制生产有害物质的有关法律规定，节约环保费用以增加利润，在印度建立了子公司。该公司为了追逐暴利，采用"双重安全标准"，在博帕尔工厂的设计建造过程中没有采用在美国同类企业同等标准，没有安装应急预警控制系统，也没有对有毒化学药剂的存放设置可靠场所。因此，印度博帕尔工厂是在既无预防措施，又无安全设施的条件下，生产着剧毒的异氰酸酯。

在全球化的今天，企业"走出去""引进来"已经成为一种趋势。在这种形势下，每个国家都应该积极走向世界。发达国家和地区将一些重污染的企业向发展中国家转移，在一定程度上促进了欠发达地区的发展，如增加了就业率，提高了科技水平，促进了当地产业发展等。然而重污染企业本身的污染和跨国转移后在管理制度上的缺陷等给东道国的环境和安全带来了巨大的影响，博帕尔泄漏事故就是个典型的案例。保护东道国公民的健康和安全是大多数国际工程伦理规范中都明确认可并适用的指导原则，也是国际上普遍接受的超文化规范。联合碳化物公司在印度建造工厂就有保护印度公民安全的责任，他们有义务合理选址建造工厂，应该安装必需的应急保护设施，应该对工作人员进行充分的技术培训，应该对意外事故制定有完备的应急预案和措施等。然而，联合碳化物公司显然并没有做到其中任何一点。

博帕尔泄漏事故发生在技术和管理都相对落后的几十年前，这场事故的发生对跨国企业和重污染企业带来了巨大的影响，并由此修订了很多法律条款以防止惨剧的再次发生。每个跨国企业都应该做好安全措施，在创造经济效益的同时保护人民群众的利益，保护生态环境。与此同时，企业更应该提高自身的技术水平，加快技术进步，依靠自己的技术得到世界的认可。

联合碳化物公司印度工厂采用了不同于母公司的管理标准，这是事故发生的主要原因之一。值得思考的是，在越来越多的企业"走出去"过程中，管理标准应该"入乡随俗"，还是"全球一致"呢？

7.2　中国工程走向世界

引导案例：雅万高铁

"一带一路"倡议提出以来，基础设施成为"一带一路"建设的优先领域。"一带一路"沿线的65个国家绝大多数为发展中国家，而这些国家目前最大的制约瓶颈就是基础设施。在"一带一路"框架下，中国与沿线参与国家积极制定了基础设施建设规划。比如，连接印尼首都雅加达与万隆的雅万高铁、连接云南玉溪与老挝首都万象的中老铁路、连接斯亚贝巴与吉布提的东非首条电气化铁路——亚吉铁路、连接布达佩斯与贝尔格莱德的匈塞铁路等项目。然而，这些项目的推动过程并不是一帆风顺的，而是面临着东道国一系列的国内外政治、经济与社会压力。

雅万高铁是印度尼西亚首都雅加达至第四大城市万隆的高速铁路的简称，是借助"一带一路"倡议中国和印尼两国共同推动建设的标志性工程，是中国高铁方案"走出去"的第一单，意义重大。雅万高铁全长142千米，最高设计时速350千米，采用安全可靠、技术先进、运营成熟的中国铁路技术标准。雅万高铁建成通车后，雅加达至万隆的通行时间将由现在的3个多小时缩短至40分钟（图7-2）。

图7-2　印尼雅万高铁示意图

雅万高铁是国际上首个由政府主导搭台、两国企业进行合作建设和管理的高铁项目，也是中国高铁从技术标准、勘察设计、工程施工、装备制造、物资供应、运营管理、人才培训、沿线综合开发等全方位整体走出去的第一个项目，对于推动中国铁路特别是高铁走出去，具有重要的示范效应。然而从雅万高铁合作的现状来看，在高铁建设过程中存在着许多阻碍因素，影响雅万高铁建设和中国高铁"走出去"。

（1）雅万高铁周围征地困难增加了项目成本。雅万高铁建设用地沿线存在大量的居民住宅，让这部分人离开自己熟悉的地方并不容易。除了拆迁房屋和征地带来的困难外，民众的反华情绪也对雅万高铁建设带来不良影响，一方面是高铁衍生产业对印尼本土产业的冲击，另一方面则是中国工人数量的剧增对印尼本地劳动力的竞争。这些困难在一定程度上成为印尼与中国进行合作的附加条件，间接增加了高铁建设的成本。

（2）印尼国内政府问题影响高铁合作进程。印尼政局自身存在不稳定性，在印尼境内存在着民族分离主义倾向。这些民族分离主义分子不仅怀疑雅万高铁合作过程和可研报告，还认为雅万高铁的建设过程和运营应该实现全透明，这对雅万高铁的建设甚至日后的运营都将造成不可预期的消极影响。

（3）中国和印尼之间仍存在政治互信问题，影响了双方合作进程。虽然印尼一直与中国保持友好合作伙伴关系，两国经贸合作在东南亚各国中位列前五，但是双方在岛屿专属经济区问题上仍存一些争端，在南海九段线划分上存在争议。另外，印尼对中国崛起的疑虑不断增加，印尼在感受到了同中国发展良好关系的好处开始提升双边关系友好性的同时，仍然对中国未来在东南亚地区的角色和意图表现出焦虑和不确定。

（4）大国竞争激烈使中国高铁"走出去"困难倍增。在对高铁需求越来越多的国际社会中，高铁"走出去"必定遇到大国的激烈竞争，其中最激烈的就是日本。中国"一带一路"倡议背景下，高铁"走出去"重点方向在亚太地区，这对日本形成巨大威胁，日本拥有成熟的新干线技术，日本也将新干线海外发展作为重要战略，通过新干线技术的海外推广带动国内经济的快速发展。东南亚基础设施建设的进度远远赶不上经济发展的速度，交通设施建设缺口巨大，高铁是其重要选择。中日两国都需要在东南亚输出高铁技术和装备，必将形成激烈的竞争态势。

雅万高铁合作的过程并不是一帆风顺的，中间夹杂着印尼政权和经济不稳定，以及民众反华情绪影响，高铁附近征地困难导致建设成本大幅增加的问题，中日两国竞争激烈等很多阻碍因素，再加上中间印尼政府突然宣布要放弃建设雅万高铁，声称高铁不适合雅加达至万隆段，只需修建中速铁路。尽管经历了这一系列的波折，但最后还是在中国和印尼两国政府的共同努力下，取得雅万高铁合作的成功。①

印度尼西亚是中国实施"21世纪海上丝绸之路"倡议的重要合作伙伴，作为发展中国家，印尼有着发展经济、改善民生和国家建设的重要任务。中国提出建设"21世纪海上丝绸之路"倡议，同印尼提出的"全球海洋支点"构想高度契合，雅万高铁的成功建设，必将成为中印两国实现共同发展、繁荣昌盛过程中的重大建设项目。高铁出海或许不会一帆风顺，但我们有理由期待，在雅万高铁建成通车以后，平等互利的合作方式再加上良好的体验，将会成为中国高铁在海外一张闪亮的名片，而且会带动整个中国高端设备制造业走出去，会带动我们由制造大国向制造强国转型。

作为中国全球化战略的重要组成部分，"一带一路"倡议为中国工程"走出去"提供了重要的历史机遇和时代动能。中国正在不断加大、加深同不同政治和文化背景的国家及地区的交融与合作，这必然会让"走出去"的中国工程和中国工程师面临前所未有的风险与挑战，这些风险与挑战是不同文明、社会、政治、地缘的价值冲突在工程、技术、经济领域的物化表现，这也构成了中国工程跨文化实践过程中所必然面临的伦理困境与冲突的现实背景。

---

① 王菲菲. "一带一路"背景下中国高铁外交研究[D]. 吉林: 吉林大学, 2018: 29～33.

7.2.1　超文化规范的局限性

在国际化程度日趋加剧的今天，积极寻找各种文明之间深层沟通、交流、对话和理解的文化路径，消除工程跨文化实践中面临的现实风险与伦理困境，要比以往任何时候都更具有现实意义。美国著名学者哈里斯等正是由于意识到了全球化背景下人类工程活动中存在着文化多元竞争的现状，才提出了"超文化规范"，试图通过"超文化规范"来化解工程跨文化实践中的伦理难题。"超文化规范"作为人类工程活动中各种文化之间相互沟通对话的共通语言和共通价值，具有一定的合理性。但是，将具有浓厚普世伦理意味的"超文化规范"作为当前"走出去"的中国工程应对全球化挑战的价值理念，有着一定的局限性。"超文化规范"在理论和实践上都还不够完备，主要体现在以下两个方面。

一方面，"超文化规范"的价值原则来源于黄金法则，而黄金法则从根本上说是一种抽象的价值观，一旦将黄金法则与"一带一路"沿线各个国家的政治、经济利益相联系，或与不同地区、不同民族的文化传统相联系，它便会显得十分抽象和虚幻。"超文化规范"的理论架构有着先天的局限性。首先，"超文化规范"表达了人类工程跨文化活动的一种道德共识和道德态度，它更接近于某种交互的道德文化的对话和协调，进而最低限度地规避工程活动中可能的风险和伤害。"己所不欲，勿施于人"的道德承诺只有内化为工程师的职业美德才能获得真正落实，这使得由黄金法则外化的"超文化规范"不能作为工程职业跨文化实践伦理规范本身的内容。其次，黄金法则在工程的跨文化实践中，只能承诺最基本的道德抉择，而不能给予最优化、最理想的道德决策。针对可以预料到的风险、伤害与冲突，"超文化规范"只能提供一种具有普遍意义的、最低限度的伦理建议，而非一种积极的、具有前瞻性的伦理对策。再次，"超文化规范"强调的是跨文化、跨地域工程实践的道德共识和伦理协调，以及在黄金法则基础上的价值共享。这极有可能造成工程跨文化实践伦理规范的"话语霸权"，以及与不同国家、民族、文明进行平等对话的障碍。

另一方面，随着中国"走出去"战略的日益深化，尤其是随着 2014 年以来"一带一路"的全面推进，中国工程走出国门、中国企业开展跨国经营已成为我国经济发展的新常态。在这种背景下，中国企业及工程师如何解决与东道国之间的文化与价值分歧、规避各类风险与伦理冲突？如何真正赢得东道国及沿线各国的支持与认同？没有哪一个普适性的指导原则能对上述问题做出解答。根据"一带一路"倡议所处的国际政治境况和特殊文明情境，中国工程跨文化实践的价值合理性应当有三个基本构成。第一，作为正在从"工程大国"走向"工程强国"的全球第二大经济体，中国工程跨文化实践应秉持现代工程伦理价值观；第二，作为正在经历现代制造业转型升级的后发型发展中国家，中国工程跨文化实践应坚持文化独立的合理性伦理价值理念；第三，作为有着悠久文明和伦理传统的国家，中国工程的跨文化实践在"一带一路"倡议深入实施中应保持开放品质，通过传统文化与现代伦理、中国工匠精神与西方职业规范的健康互动，能动地推进"中国制造 2025"目标顺利实现，进而推动世界文明有机融合这一思想下的人类工程与社会、自然和谐发展的合理性价值理念。这三个基本构成呼应了当前中国工程跨文化实践必备的伦理观、文化观和传统观。

中国工程"走出去"既是装备制造业等产品和富裕产能的输出，也是技术和资本的输出，更是中国文明与异域文化的互动与融合。在"一带一路"倡议的推动下，中国工程正在进入"走出去的新常态"。这就要求当下的中国工程伦理教育必须着眼于全球化的价值反思和当前复杂的国际形势，基于"一带一路"所处的特殊历史时期和文明情境，确立起中国工程跨文化实践的价值原则。它不是普世价值观，也不是文化相对论，而是建立在"人类共同价值"之上的生态价值观，它既可有力地回答和解决"一带一路"过程中已经出现和可能出现的诸多工程伦理难题，又可扬弃内源于黄金法则和文化相对论的诸多理论局限。而且，在工程伦理教育领域，这种生态价值观有助于学生在未来的跨文化工程活动中尊重东道国的文化、风俗、宗教信仰与发展愿景，同时坚持自己传统文化的自信，进而用伦理智慧来规避和应对"走出去"后的风险与挑战，谋求与东道国一起实现"共同利益"，找到合作共赢、和谐共进的伦理方案与现实路径。

7.2.2 "走出去"面临的问题

1. "走出去"面临的文化冲突

中国工程在"走出去"过程中所面临的文化冲突，主要体现在价值观念、社会形态、经营管理等三个方面。

（1）价值观念方面。价值观念的不同主要表现为在企业经营管理中，不同国家、不同地区的员工其思维模式与行为方式有较大的差别。

（2）社会形态方面。"走出去"目的地国家的政治、法律等环境因素与国内有着较大的区别，有的国家对中国存在误解和敌视，将经济问题政治化；有的国家在生态环境、雇佣制度等方面制定了严格的法律制度，劳工政策苛刻，环境非常复杂；还有个别国家时局动荡，存在较大的公共安全风险。

（3）经营管理方面。国外市场几乎所有的项目都是按照西方传统的管理模式进行的，规范化和标准化要求非常高，管理制度严苛。刚走出国门时，传统的管理手段不能满足管理需要，走了不少弯路。

在面对文化冲突时，正确处理好文化融合过程中的三个关系，是"走出去"的中国企业实现科学管理、长期发展的必由之路。

（1）正确处理好继承与创新的关系。"走出去"的中国企业既要注重继承发扬行业的特色文化优势，还要善于学习和借鉴西方跨国企业的优秀文化和先进管理经验，尤其是在跨文化管理方面的前沿理论和实践经验。不断在继承中创新，在创新中发展，努力形成既体现优良传统，又反映时代特征，符合经济全球规律、充满生机活力的企业文化。

（2）正确处理好求同与存异的关系。求同，就是寻找彼此间的共同目标和共同价值取向等。存异，就是保留彼此的宗教信仰和风俗习惯等。企业要承认差异，在差异中寻求共同点，使多元归于一体，一体中包含多元。现代企业都在强调"以人为本"，这是文化"求同"的基础。"走出去"的中国企业必须包容不同文化背景的员工，尊重彼此间的文化差异，并逐步实现不同文化的融合，充分发挥不同国籍、不同民族员工的积极性。同时还要做到"存异"，充分尊重外方员工的宗教信仰、风俗习惯，尊重所在国的政策法规、审美观念、价值取向等，形成一种全新和谐的企业文化，将文化冲突的频度和强度降低到最小程度。

（3）正确处理好尊重与遵从的关系。在文化的交流与碰撞中，如果简单粗暴地否定或取代某种文化，必然会引起激烈的冲突与反抗。"走出去"的中国企业要尽可能消除优越感，本着尊重文明多样性的态度，尊重和理解对方的文化，以平等的态度进行交流。要通过理解对方员工或者组织的制度特色和行为准则，逐步理解和掌握不同文化的特点和区别，使不同文化背景的组织和员工之间能够形成一种相互学习、互相尊重的良好氛围。同时，必须让东道国员工严格遵从"走出去"企业的文化和规章制度，服从管理规范和工作流程，提高管理效率，促进企业又好又快发展。

2. "走出去"面临的环境挑战

资源的严重短缺制约着中国经济的发展，因此中国的海外投资主要集中在资源蕴藏丰富的地区，如非洲、拉丁美洲和大洋洲等。由于西方发达国家起步较早，基本垄断了地理位置优越和资源蕴藏较为丰富的地区，因此，中国企业不得不到欠发达、政治风险大但资源蕴藏丰富的地区去进行资源开发，而这些地区往往生态脆弱、环境敏感。

中国海外投资的环境和社会挑战主要来自发展中国家，尤其是在国家治理不完善、政治风险高的发展中国家。发达国家有较高的环境和社会责任标准，环境准入制度非常严格，环境和社会相关问题往往在投资进入前或进入初期就已经得到足够的重视或解决。而亚洲、非洲和拉丁美洲等发展中国家或次发展中国家，普遍缺乏完善的环境和社会责任体系，相关法律法规、政策制度以及行业标准缺失，执行能力也较差。加之很多中国企业在海外的经营活动中环境和社会责任意识比较淡薄，这对于长期性、战略性的能源资源类投资项目而言，将是很大的风险和挑战。

7.2.3 "走出去"的价值原则

中国工程"走出去"已经成为"一带一路"倡议的实际行动，期间遭遇的伦理冲突可分为主观上的违规或违法行为，以及被动的伦理困境。主观上的违规或违法行为是指中国工程企业和工程师在"走出去"的过程中违反国际规则及行业规范，比如以超低报价投标，中标且工程开工后再"挟工程以自重"要求业主变更工程条款，支付更多工程款，这种"项目二次经营"的行为其结果未必能够尽如人意；被动的伦理困境是指由于跨文化价值观冲突所引致的伦理困境，如工资标准、技术标准、安全标准、环保标准的差异，以及由于体制、法规不一致所导致的东道国"钻漏洞"现象。"走出去"的中国工程要想立足东道国并拓展海外市场，在国际市场上获得可持续发展，仅仅考虑如何获取最大利益是远远不够的，还必须考虑如何跨越文化障碍、提高跨文化伦理竞争力等。具体来说，就是以中国伦理的圆融智慧，找准"保持自我"与"适应他人"之间的平衡点，既要把中西方文化的精髓结合起来用于工程项目的实施、运营和管理，又要坚持工程质量与技术标准的统一；以中国伦理文化的包容性，实现双方的共同利益，既要入乡随俗，遵守东道国的法律、制度和规范及国际通行的规则，又要承担起企业的社会责任和工程师的职业责任，诚信公正，体现负责任大国的担当精神。

"超文化规范"只能为中国工程跨文化实践提供部分原则性的伦理指导，中国工程伦理教育必须推陈出新。在中西文化交流中坚守"人类共同价值"理念，传承中国传统的义利相兼、和而不同、务实有为、诚朴尽责的价值观，并赋予其在跨文化工程实践中的现代意涵；工程师在其跨文化职业生涯中，要注意兼顾文化的多元性和文明的多样性，以及不同国家和民族的利益诉求，包容不同国家和地区在不同发展阶段所形成的不同的发展模式，通过互助、合作、发展谋求共赢、共荣、共进。

首先，"一带一路"传承并复兴的丝路精神本身就带有中国传统文化"正其谊不谋其利"的精神。"义利相兼，以义为先"既是中国传统义利观的优秀内容，也是"中国致力于打造人类命运共同体的具体体现"，更是"一带一路"沿线各国能够相互尊重、平等相待、合作共赢、共同发展的平等交往的前提。"义利相兼"原则指导下的中国工程跨文化实践，要求"走出去"的中国工程企业和工程师们必须顺应和平、发展、合作、共赢的时代潮流，秉承共商、共享、共建原则，义利兼顾，既要追求一定的经济利益，达到持续发展的目的，更要以自身技术、资本、经营、管理和人力资源优势支持东道国各项基础设施建设，改善其民生和经济社会环境。

其次，中国传统文化中的"和而不同"思想，对于解决工程跨文化实践中出现的不同文明与文化之间的矛盾和冲突、实现多元文化和平共存具有重要的指导意义。"和而不同"意味着多元、共存，即多样性意义上的平等共处；"一带一路"绘就的区域发展宏伟蓝图本身就蕴含着和合的精神。以和为贵，是为互利共生创造有利的条件；求同存异，是给和平发展留够改变的契机。"一带一路"为中国工程的"走出去"谋划了开放创新、包容互惠的发展前景。经济利益的触动是文化融合的机遇，文化内涵的差异是彼此吸引的内核，中国工程的跨文化实践只有尊重文明的多样性，包容文化发展的差异性，才能与东道国、项目参与方及沿线各国在工程活动中相互协调，在设计方案选择和技术革新方面相互补充，在经营理念和管理文化上相互融合，从而实现工程与人、自然、社会、文化共存共荣的圆融和谐。

再次，务实有为是中华传统伦理文化的精神品格，更为中国工程跨文化实践和发展提供了强大的精神动力。当前，"一带一路"建设已经完成规划和布局，正在向落地生根、深耕细作、持久发展的阶段迈进。从根本上说，中国技术、中国产品、中国标准、中国服务能否"走出去"的价值标准在于它是否能切实带给"一带一路"沿线各国更多的民生福利，是否有利于沿线地区的经济发展与社会繁荣；同样，"走出去"的工程企业要想获得持久发展，也必须与当地的社会实际相结合，不好高骛远，不务虚空谈，"走出去"的中国工程企业和工程师们是"一带一路"倡议的具体施行者，需与时俱进，积极化解风险，勇于迎接挑战，量力而行，循序渐进，把握时机，做出适合于时代与国家需要的判断和选择。可以说，务实有为是中国工程"讲好中国故事"的唯一方法，更是通过"一带一路"建设树立中国话语权，构建沿线各国相互联系、相互依存之命运共同体的唯一路径。

最后，诚朴尽责是中国传统文化的又一优秀品格，是传统伦理文化对当前中国工程跨文化实践的有益补充，可为当前中国工程跨文化实践提供弥合文化差异、获得当地民众认同。一方面，"走出去"不仅仅是一种工程活动，还是一种商业活动和文化活动，工程项目是否诚信运作，工程企业是否诚信经营等，无不是对中国文化的考验。"一带一路"是迄今为止中国在世界上最全面、最有力的一次亮相，它是对中国政治、经济、社会发展的新建构、新考验，也是对中国新文化的建构和考验，更是中国精神、中国形象的一次新的打造和考验。"走出去"的工程企业若缺失诚信，不只是损害企业在东道国的信誉，更会殃及中国形象。而且，以诚信为本，开诚布公地交流互通，也是"走出去"的中国工程企业解除社会文化风险、减少伦理冲突的一个前提。另一方面，艰苦朴素是中华名族的传统文化，朴素所内蕴的尊重自然、务本求真的价值诉求和崇尚简约、乐观知常的品格，为中国工程跨文化实践提供了因时因地制宜的伦理智慧，它反映在："走出去"的工程企业须尊重东道国的"道"与"自然"，尊重当地的文化、风俗、宗教信仰与民生愿望，避免商业操作的急功近利和项目运作的工具理性思维所带来的工程、企业与当地文化、社会及自然的冲突；"走出去"的工程企业和工程师们应务本求实，致力于与当地民生共享技术创新的成果，扎实筑牢合作根基；在工程项目的运营管理中，应将朴素平等观所衍生的共享与关爱意识惠及东道国和其他外方工作人员，这有助于形成企业、中外员工和当地民众同心同德的合作氛围；尚俭尚简。一方面，要求工程企业和工程师需充分考虑东道国底层消费者的需求和当地环境的发展状况，为当地民众开发合适的、能支付得起的产品和服务；另一方面，也要求企业和工程师能以积极态度面对东道国在基础设施、专业人才和政策制度等方面条件有限的问题，突破自然环境恶劣、施工条件差等困境，以贴近民生需求的设计凸显工程项目最核心的功能和价值，满足当地民众的生活需求。

中国传统文化中的义利相兼、和而不同、务实有为、诚朴尽责等价值观鼓励并倡导工程跨文化实践主动融入当地社会，充分了解东道国的风俗、文化、宗教信仰、法律制度，加强与当地民众、非政府组织、媒体的沟通，通过技术实力和产品服务推动区域经济发展，提高当地民生福利，履行企业的社会责任；不仅如此，企业和工程师还要以工程项目的建设与交付、企业的可持续海外经营来践行"一带一路"倡议的发展愿景，服务沿线国家基础设施、资源开发、经济建设、文化繁荣、民生改善的可持续发展，用中国产品、中国技术、中国标准和中国服务向沿线国家讲述"中国故事"。

7.2.4 "走出去"的伦理规范

"一带一路"沿线国家地缘政治关系错综复杂，是大国战略博弈的敏感区域，加之沿线各国在文化、风俗、宗教上差异较大，使得中国工程的跨文化实践不仅具有传统意义上工程与经济的双重属性，还兼具时代赋予的社会融合发展和文化对话交流的特殊性。因此，在当前中国工程伦理中，必须在义利相兼、和而不同、务实有为、诚朴尽责的价值原则基础上，拓展"超文化规范"的内容，以中国文化的自信和伦理智慧引导学生在未来的工程跨文化活动中积极应对可能出现的经济、法律、社会、文化风险和伦理问题。

（1）尊重、理解当地的政治及民俗文化。这就要求"走出去"的中国工程企业和工程师要有国际化视野和担当，尊重东道国民众的社会文化心理与习惯，了解东道国的文化特点及其特殊性，找到与当地利益相关的渠道，以及沟通交流的最佳方式，提升当地民众对工程的认知度与满意度，增进与当地居民的情感和文化互融。此外，在工程的跨文化实践中，中方企业的管理者、工程师和其他工程人员要注意避免种族歧视和发表不当言论。当与东道国企业或民众、项目其他合作方发生冲突时，可借助当地华侨组织的力量来寻求一切可以沟通交流的方式，弥合分歧，形成共识。

（2）遵守我国法律法规、东道国法律法规，以及国际规范和惯例。一方面，在应对具体问题或解决具体矛盾纠纷时，首先深入了解当地的法律、法规和有关政策，争取与矛盾的相关方通过协商达成共识，通过利益互惠将工程的利益共同体转变成命运共同体。另一方面，要摒弃中国法律体系下的固有思维，注意各国法律制度体系的差异性，积极防范各类潜在风险。在国内，政府会严格监管大型工程的建设与施工，立项、招投标、开工、竣工等环节都处于政府监管之下；而在国外，特别是在英美法系国家，政府除了规划环节以外并不对项目进行审批和监管，业主和施工企业依靠双方的合同约定来调整双方的关系、追究相应的责任。因此，在海外进行工程项目施工应当更加重视合同内容，注重通过合同条款的合理设置来保护自己的权益，防范不确定性风险。

（3）注重当地的生态保护，推进工程与当地社会和自然环境的可持续协调发展。中国工程的跨文化实践应树立可持续发展的理念，降低商业经营的功利性，兼顾项目的经济性、环保性和对当地社会民生的改善，平衡工程企业发展与服务当地及环境保护的关系，做社会责任的承担者，不做环境的破坏者。

（4）主动承担起相应的社会责任。"走出去"的中国工程企业和工程师们在创造利润的同时，必须超越把利润作为唯一目标的功利性理念，承担起对东道国消费者、当地社会和民众的责任。

（5）遵守国际上通行的既有工程技术标准，避免因文化差异和认知歧义产生的伦理冲突；在尊重当地已有工程技术政策与规范的基础上，对一些标准加以创新，从而在环保、普惠、可持续发展方面实现对当地的引领。

（6）分享技术和工程产品，分享"中国制造"带来的利益。"走出去"的中国企业应当更主动地树立良好的工程产品形象，"走出去"的中国工程师们应更为积极地在产品设计与研发中开拓创新，精益求精，使中国制造在国际上物美价廉的印象不再成为"低价倾销"的代名词和反倾销及反补贴的借口；同时，在技术创新和企业经营上努力打破地理边界，关注"一带一路"沿线国家的历史、社会和未来发展，着力于提高产品的技术含量和附加价值，提高工程产品和企业的核心竞争力。

在"一带一路"战略的推动下，中国工程正在进入"走出去的新常态"，这就要求当前中国工程伦理教育必须克服"超文化规范"的局限性，在中西文化互镜中坚守"人类共同价值"理念，传承中国传统的义利相兼、和而不同、务实有为、诚朴尽责的价值观，并赋予其在跨文化工程实践中的现代性意涵，进一步拓展"超文化规范"的内容。

案例分析

雅万高铁是中国"21世纪海上丝绸之路"与印尼"全球海洋支点"战略对接的重大项目。习近平指出，合作建设雅万高铁是双方达成的重要共识，也是中印尼战略对接的重大早期收获[①]。虽然在合作过程中存在诸多阻碍，但在中印尼两方的努力下还是成功地进行了合作。雅万高铁是中国企业"走出去"的一个成功案例，具有鲜明的指导意义。面对政治、文化、经济等差异带来的一系列问题，中国拿出自己的技术，怀着诚意解决问题。

土地征收是工程中面临的最大难题。印尼的土地归私人所有，有些印尼民众借机大幅提高土地出让价格，征地过程一度陷入困境。印尼政府直接参与雅万高铁沿线的土地征用，制定适宜合理的土地征收费用。中方不但给予土地征用业主适宜的补偿费用并寻找置换地，还对土地征用业主进行职业技能培训以实现其二次就业，而非单纯地重新安置住所。征召相关人员为雅万高铁的建设员工，开通运营后安置相适宜的工作岗位等措施都有力推动了工程的发展。中方尊重印尼当地的政治、经济、文化传统，工程建设主动融入当地社会，体现了义利相兼、和而不同的"走出去"中国工程伦理价值观。

7.3 "一带一路"的生态伦理问题

引导案例：跨境水资源调配工程

1. 中国南水北调工程

南水北调工程是我国的重大战略性工程，对解决我国北方地区，尤其是黄淮海流域的水资源短缺问题具有重要的作用。南水北调工程规划调水规模448亿立方米，其中东线148亿立方米，中线130亿立方米，西线170亿立方米。建设时间约需40～50年，建成后将解决700多万人长期饮用高氟水和苦咸水的问

---

① 席来旺，庄雪雅. 习近平向印尼总统佐科致贺信[N]. 人民日报，2016.

题。自 20 世纪 50 年代提出"南水北调"工程设想后，经过几十年的研究和论证，南水北调形成了东、中、西三条调水线路，分别从长江上、中、下游调水，以适应西北、华北各地的发展需要。建成后与长江、淮河、黄河、海河相互连接，构成我国水资源"四横三纵、南北调配、东西互济"的总体格局，图 7-3（a）给出了我国南水北调工程的东、中、西三线的总体布局。

2014 年 12 月 12 日下午，长 1432 千米、历时 11 年建设的南水北调中线工程正式通水，实现了"长江水"补给京津地区。水源地位于丹江口水库，水质常年保持在国家 Ⅱ 类水质以上。通水后，每年可向北方输送 95 亿立方米的水量，相当于 1/6 条黄河，基本缓解了北方严重缺水局面。

南水北调工程具有显著的社会效益、经济效益和生态效益。

（1）社会效益。南水北调构筑了我国"南北调配，东西互济"的大水网格局，缓解了北方地区的水资源短缺问题，促进了北方地区经济、社会的发展和城市化进程，增强了北方地区的水资源承载能力，解决了 700 万人长期饮用高氟水和苦咸水的问题。在全球气候变暖，极端气候增多的背景下，增加了国家抗风险能力，为经济社会可持续发展提供了有力保障。

（2）经济效益。南水北调除了间接促进我国的经济发展和社会进步外，每年还可拉动中国经济 0.2～0.3 个百分点，增加就业人口 50～60 万人，北方地区每年可增加 500 亿元工农业产值。

（3）东、中线调水工程实施后，有效缓解了受水区的地下水超采局面，同时还增加了生态和农业供水 60 亿立方米左右，使北方地区水生态环境恶化的趋势得到初步抑制，并逐步恢复和改善生态环境。

但是南水北调工程也不可避免地对环境造成了一定影响。中线工程给河南省的水土和气候带来了改变，工程削减了河南省的耕地面积和森林面积，造成了水土流失并改变了原有的水系，破坏了生态平衡，这些负面的效应在短时期内都是不可恢复的。与此同时，中线工程穿越太行等山脉，黄淮海平原，长江、淮河、黄河、以及海河等河流，这些地区都是中华文明的发祥地，拥有大量的历史遗产和丰富的人文资源，若处置不当也将对这些丰富的地上遗产造成一定程度的损害。

2. 消失的咸海

始建于 1954 年的卡拉库姆运河是世界上最大的灌溉及通航运河之一，总长 1400 千米，起自阿姆河中游凯尔基市附近，西向穿越卡拉库姆沙漠南段，沿伊朗边境科佩特山脉北坡直抵里海滨海区域。

这条运河的修建使得沿线农业得到了长足的发展，先后新开垦了 750 万亩耕地，改良了 2.25 亿亩牧场，使土库曼成为苏联稳定的长纤维优质棉生产基地。运河让数百万的牧民结束了游牧生活，将畜牧业水平推向了一个新的高度。它向土库曼居民提供生活和工业用水，石油和天然气资源得到了大规模开发，一座座新兴的工业城市矗立在荒漠之上。

然而，任何事物都有其两面性，卡拉库姆运河在给农业生产带来巨大正收益的同时，也使得咸海面临着灾难性的生态后果。阿姆河原本注入咸海的大部分水被卡拉库姆运河截留，使咸海的水量大幅减少。另一方面，农田的大量开垦使得该流域的灌溉需求日益旺盛，咸海的另一补给水来源——锡尔河的水量也逐年减少，再加上蒸发量巨大，从而导致咸海水位不断下降。20 世纪 60 年代初，咸海的湖域面积约为 6.45 万平方千米，是世界上第四大湖泊；1987 年，咸海水位下降分离为东西两部分；2004 年，湖域面积萎缩至 1.7 万平方千米；而如今的湖域面积尚不到 60 年代的 10%。

咸海的逐渐萎缩和消失，使得咸海周边地区及为咸海提供水源的河流三角洲地区的生态环境几乎被破坏殆尽，失去水源补给的咸海变成了一片覆盖着盐碱和有毒化学物质的巨大平原，沙漠强风将咸海中约 20 多万吨的盐和沙尘刮向四面八方，倾泻在方圆 300 千米的范围内。这些粉尘中含有大量的化肥、农药及其他化学物质，导致空气、饮用水、土壤质量持续下降。当地人的健康卫生状况令人堪忧，贫血、伤寒、肺结核、咽喉癌和传染性疾病蔓延，咽喉癌发病率是世界平均水平的 9 倍。有毒沙尘暴还是肝、肾和眼睛疾病多发的主要原因。在十分恶劣的生活条件下，人们的免疫系统变得非常脆弱，结核病的传播速度非常快。新生儿和产妇等人群死亡率极高，80%的孕妇都患有贫血，孩子生下来几乎都有病。

　　咸海周围土地盐碱污染严重，农业可用土地面积大幅减少。由于牧场被破坏，饲料短缺，家畜数量锐减，地方政府不得不颁布减少动物屠宰的法令。一度兴旺的捕鱼业也基本被破坏殆尽，鼎盛时期咸海捕鱼业从业人员多达约 40000 人，捕捞量占苏联的 1/6。而到了 1977 年，渔业生产减少了近 75%，到 1982 年捕鱼业几乎消失殆尽。如今，咸海周围的渔村都已成为"船舶的墓地"，如图 7-3（b）所示。

　　由于咸海调节气候的作用大为减弱，冬天更寒冷，夏天更燥热。强烈西风刮起时，夹带着各种有毒成分的粉尘在数十万米范围内肆虐。农田灌溉形成的径流变成了受农药、化肥和重金属严重污染的人工湖。该地区的 73 种鸟类、70 种哺乳动物和 24 种鱼类，不是灭绝，就是转移到了其他地方。

　　消失的咸海被称为"这个星球上最为严重的环境灾害之一"。

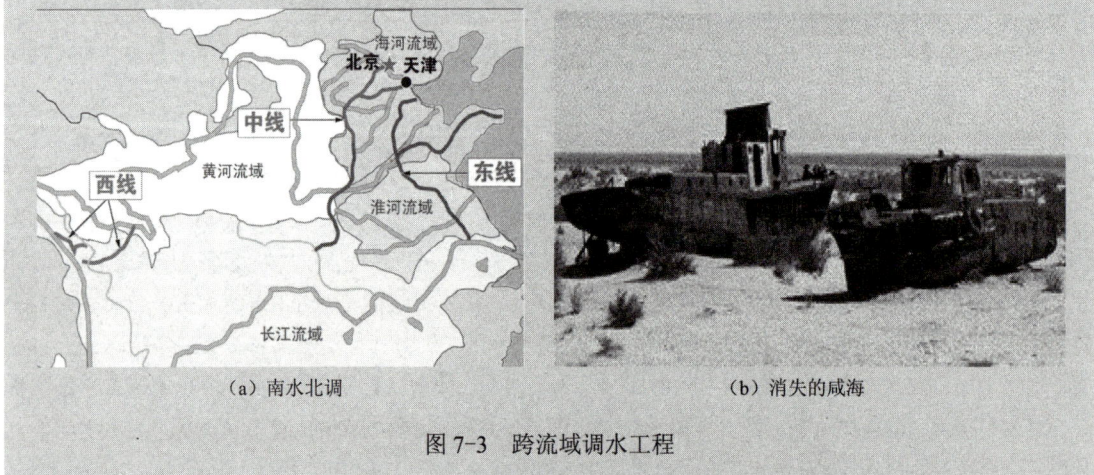

（a）南水北调　　　　　　　　　　（b）消失的咸海

图 7-3　跨流域调水工程

　　人类在改造世界的过程中，不可避免地要与生态环境发生作用，恩格斯就曾对人与自然之间的关系进行警示："我们不要过分陶醉于我们对自然界的胜利，对于每一次这样的胜利，自然界都报复了我们。"在"一带一路"这一伟大构想的实现过程中，我们应当理性地思考其间可能造成的环境影响等问题。一旦人类没有把握好人与自然的平衡界限，必然会导致一系列后果的发生，甚至造成不可逆转的局面。在人类历史的发展进程中，有许多人类对资源的过度使用而导致的自然环境不可逆转破坏的先例，咸海的消失只是众多案例中的一个。"一带一路"战略伴随着追逐经济效益的同时，也可能引发相应的环境问题，对这些问题进行思考，探索出一条符合全球生态文明发展的人与自然和谐共处的道路，是当下的重要使命。纵观人类文明发展史，生态兴则文明兴，生态衰则文明衰。工业化进程创造了前所未有的物质财富，也产生了难以弥补的生态创伤。杀鸡取卵、竭泽而渔的发展方式已然走到了尽头，顺应自然、保护生态的绿色发展昭示着未来。

7.3.1　马克思主义生态伦理思想

　　我国在社会主义生态文明建设中全面融入了马克思主义的生态伦理思想，有效应对在经济发展中出现的生态环境问题，并以马克思主义生态伦理思想为指导，统筹人与自然的和谐可持续发展，为新时期的"一带一路"战略保驾护航。深入思考"一带一路"战略中所蕴含的生态伦理要求，在"一带一路"的战略中把马克思主义生态伦理思想全面融入其中，是"一带一路"战略可持续发展的重要内容。马克思在他的生态伦理思想中对资本主义制度和生产方式造成生态环境的破坏进行了深刻的批判和反思，从自然、人和社会三个视角展开了对人与自然、人与人之间伦理关系的研究，凸显了自然的内在价值和人的主体作用，阐释了人与自然之间的关系。

马克思论述了人类生命的延续和发展对自然的依赖性，自然界为人类提供了必要的生产资料和生活资料，体现了自然对人类生存和发展的重要作用和价值。"任何人类历史的第一个前提条件无疑是有生命的个人的存在。因此第一个需要确定的具体事实就是这些个人的肉体组织，以及受肉体组织制约的他们与自然的关系"。①人类创造历史的前提是生存和生活，自然界满足了人类对于衣食住行的需求，人必须与自然进行不断的交往，脱离自然界的人类就不能成为自然存在物，也不能成为人。马克思认为自然是人的无机身体，人源于自然，这充分肯定了自然的内在价值和权利，体现出对自然界的尊重。

马克思认为人虽然是一种能动的有生命力的自然存在物，但同时也是"受动的、受制约的和受限制的存在物"②。自然是人类生存的物质基础，是人类的无机身体；而人类又具有主体性，在改造世界的过程中体现着自身的地位和价值。在人类改造客观世界的进程中必定会造成对客体自然环境的破坏，如何处理人与自然之间的关系成为马克思关注的问题。因此，马克思生态伦理思想的核心主要体现在对人与自然之间关系的理解，这包括三层含义：第一，人类的生产活动应该遵循自然的规律，人的自然属性要求人类要平衡自身在自然界中的地位和作用；第二，人与自然之间的关系是社会历史发展的产物，具有历史属性；第三，人类对自然环境的改造依靠实践劳动，适当的实践劳动是调节人与自然之间关系的关键。

马克思的生态伦理思想反对将人与自然对立起来，并且否定了人类主体与自然客体的分离，"自然界虽然无法使用话语述说自己的状态，但是人类以具有道德价值的行为对待自然界却是其不可推卸的责任。"③马克思的生态伦理思想表现了人与自然之间的辩证统一关系，以实践为中心阐释了人与自然的关系。实践是人的感性活动，也是人与自然之间伦理关系的前提，只有在实践的基础上才能真正科学地理解人与自然的本真关系和人对自然的伦理要求。

7.3.2 "一带一路"中的生态伦理问题

"一带一路"沿线地区是生态保护的重地。根据《全球生态环境遥感监测 2015 年度报告》，丝绸之路经济带上的"中蒙俄经济走廊"区严寒段长约 2300 千米，山地区段长约 650 千米，荒漠区段长约 400 千米，且自然保护区广布；"中国—中亚—西亚经济走廊"的中国—中亚段中有 2240 千米穿越荒漠区，西亚段 820 千米穿越荒漠区、1400 千米穿越山区。另一方面，"一带一路"横跨欧亚大陆中南部，贯穿西太平洋、印度洋，自然条件非常复杂，气候类型以温带、亚热带、热带为主。由于气候温热，"一带一路"沿线国家地区农业资源异常丰富，盛产粮食、椰子、油棕、天然橡胶、马尼拉麻、棉花、小麦、油作物等，畜牧业也很发达。同时，"一带一路"当之无愧地属于世界上生物多样性最富集的地区之一，物种资源极为丰富，生态系统较为完整，是一座当之无愧的"金山银地"。"一带一路"建设对沿线区域的经济将发挥重要的带动作用，但反过来也会对沿线的生态环境构成新的压力。④

① 中共中央马克思恩格斯列宁斯大林著作编译局. 马克思恩格斯全集: 第 23 卷[M]. 北京: 人民出版社, 1979: 23.
② 中共中央马克思恩格斯列宁斯大林著作编译局. 马克思恩格斯全集: 第 42 卷[M]. 北京: 人民出版社, 1979: 167.
③ 葛思坤. 环境伦理学中的他者价值探讨[J]. 重庆理工大学学报: 社会科学版, 2014(2): 77~80.
④ 陈多闻, 张明. 论"一带一路"的生态意蕴[J]. 青海社会科学, 2017(02): 59~62.

"陆上丝绸之路"和"海上丝绸之路"是"一带一路"规划中的两个方面。"陆上丝绸之路"途经亚欧大陆，这一区域的自然环境和我国西北地区一样，环境问题较为严峻，降水量少，地貌复杂，地区环境极为脆弱，"海上丝绸之路"沿线贯穿了众多发展中国家和地区，人口众多，资源的消耗量大，无限制排放和过度捕捞导致气候异常及海洋物种的多样性减少等问题突出。人类在海上频繁活动导致了一系列严重后果，甚至可能会造成海岸线的消失。海岸线沿线地区多为热带雨林气候，人类的过度活跃导致自然环境受到严重污染，热带雨林物种数量的减少、空气质量下降等都对沿线地区的环境带来不小的影响。脆弱的生态环境考验着人类是否能够进行大规模的经济发展重任。

"一带一路"途经的国家数量众多、国家分布范围广泛，不同国家的环境问题复杂、严峻，经济的快速发展可能会导致对周边环境的严重毁坏，这种毁灭性是不可逆转的。中国以及沿线的发展中国家不仅要面临经济发展的巨大压力，还要应对生态环境的绿色发展巨大挑战。针对"一带一路"可能出现的严峻环境形势，以马克思主义生态伦理观为指导思想，强调人与自然的辩证关系及可持续发展的内涵，以使得"一带一路"朝着健康、和谐、稳定的方向发展。

7.3.3 "一带一路"的生态伦理思考

马克思主义生态伦理观强调，人与自然之间的关系决定了人类不可能对自然界进行一味的索取。然而，在人类发展史上，经济与环境之间总是很难达到平衡。我们应当认识自然、准确把握自然发展规律，实现生态经济的可持续发展。要解决"一带一路"带来的生态环境问题，必须坚持自然生态的平衡，在保证自然环境稳定的前提下实现经济发展，为人类提供不竭的财富动力。

1. 坚持马克思主义生态伦理思想

"一带一路"战略体现了各国之间的和平与友谊，既推动了人类文明的进步，又促进了"一带一路"沿线国家的共同繁荣，是东西方文化合作交流的表现。马克思主义生态伦理思想，可以引领"一带一路"战略更好地发展，在尊重自然的前提下，发掘自然的内在价值，合理处理好人与自然之间的关系，充分体现"一带一路"的和平合作、开放包容、互学互鉴、互利共赢的精神。

马克思主义生态伦理思想不仅引领了中国生态文明建设，同时也推进了"一带一路"战略的建设，在建设中融入生态伦理和生态文明理念，是人类文明发展的新阶段，更是人与自然、人与人、人与社会之间和谐共处、共同发展的新进步。"一带一路"战略是马克思生态伦理思想和中国生态文明建设的具体实践，是关系到民族未来发展和人民福祉的历史任务。以马克思生态伦理思想为指导，引领"一带一路"战略的可持续发展，推进沿线各国在资源开发、产业投资、金融合作、互连互通、海上合作等方面全面融入生态伦理理念，在"一带一路"战略的建设进程中有效发挥马克思生态伦理思想的引领和推动作用。

2. 构建新的生态伦理价值取向

马克思主义生态伦理思想的实质是在尊重自然的前提下坚持以人为本，正确协调和处理好人与自然的辩证关系。在 21 世纪经济全球化新的机遇与挑战并存的背景下，应积极构建新的生态伦理价值观，在"一带一路"建设中始终贯彻环境理念，提倡绿色经济，为后代创造良好的生存环境。在这一新的价值取向的指导下，在重大决策上优先考虑环境在整个环节中的重要地位，绝不以牺牲环境为代价。在资源利用上，全方位评估每项建设可能会对周边生态造成的影响，积极采取相应措施降低影响。尤其是对于生态环境承载力较为脆弱的国家和地区，应把维护生态环境、保护生物多样性、保持地区间物种平衡作为发展的重要任务。"一带一路"的核心是发展，但不能为了追求经济发展而不顾环境，在经济发展中应落实好保护周边环境的措施，让经济发展与环境保护相得益彰，在发展中实现人、自然、社会的稳定与统一。只有树立敬畏自然、保护自然、关怀自然的正确价值尺度，才能在发展中不盲目，少走弯路。

3．大力发展生态环保产业

马克思主义生态文明观在彰显出科学技术在社会发展中的重要地位的同时，也揭示了技术的两面性。一方面，资本的根本目的在于逐利，资本对技术的过度利用必然会导致生态环境的破坏；另一方面，人类也能利用先进技术解决一部分环境问题，比如对废弃物的再利用能有效减少环境污染问题。马克思主张既要利用先进的科学技术发展生产，也要利用先进的科学技术减少工业废弃物的污染和排放并改善环境。废弃物的循环与再利用和生态文明的可持续发展理念根本上是一致的。跟多数"一带一路"沿线国家相比，中国在环保方面的优势在于积累了更多教训和经验。过去 30 多年，中国在实现经济快速发展的同时，环境问题也呈现出集中爆发的态势，水、土壤、空气都遭到不同程度的污染。中国的优势还在于，在区域内较早借鉴并探索了绿色发展。"一带一路"沿线的大多数新兴经济体和发展中国家，都可以通过中国得到先进的环保技术和实用理念。我国目前的生态环保产业已经初具规模，中国在加大与周边国家共同治理的过程中，也能为"一带一路"沿线国家提供更多的环保和技术支持，由此大力推动我国环保产业在周边国家应用具有重要的意义。

4．加强生态环境合作机制

2013 年以来，党和国家领导人先后访问了"一带一路"沿线的许多国家和地区，积极努力推动"一带一路"各方面建设和合作，不断为"一带一路"沿线国家的发展注入了勃勃生机。《"一带一路"生态环境保护合作规划》创造性地启动了"一带一路"生态环境保护大数据服务平台，提出与联合国环境规划署共同发布建立"一带一路"绿色发展国际联盟的倡议。囿于"一带一路"途经国家众多和人口数量庞大，沿线各个国家应该针对不同的环境问题进行全方位及多种形式的合作机制，共同商讨有力对策。各国应积极构建环境标准评价体系，按照国际通行的环境政策办事，确保在环境利益面前各国平等。

总之，在"一带一路"战略的建设中思考生态伦理诉求，并通过实践去检验。其核心是统筹人与自然的和谐发展，遵循马克思生态伦理思想的普适原则，走可持续发展道路，在经济发展中顾全大局，把握自然规律，实现经济与自然之间的平衡，让"一带一路"战略的未来发展更加绿色化，规范和引领"一带一路"的生态建设，共同实现新时期的绿色丝绸之路。

案例分析

以我国为例，"一带一路"涉及上海、北京、江苏、安徽、江西、湖北、湖南、四川、新疆、陕西、甘肃、青海、海南、重庆、贵州、云南等多个省（区、市），其中中西部所占份额较大。南水北调东线工程涉及江苏、安徽、山东、河北和天津市，中线工程主要向河北、河南、北京、天津四省市供水，西线工程解决青海、甘肃、宁夏、内蒙古、山西和陕西 6 个省（自治区）的缺水问题。由此可见南水北调惠及的城市多为"一带一路"沿线生态脆弱地区，水资源的引入给当地带来了巨大的生态意义，有效改善了北方饮用水的质量，有利于回补北方地下水，保护因缺水而恶化的环境。然而南水北调对环境也带来了一定的消极影响，三峡水利枢纽的蓄洪、发电作用受到了一定的影响，大量人口的搬迁给环境带来了巨大压力等。南水北调工程在建设初期经过了严格的论证，在建成后取得了预期的效益。然而该工程对生态方面的影响，还需要长时间的考察。卡拉库姆运河是个典型的反面例子，运河的修建给周围带来经济效益的同时，也严重损害了咸海的生态环境。由于缺乏正确的生态伦理思想指导，缺乏对整个工程的系统评估，缺乏对生态环境的足够重视，最终导致卡拉库姆运河工程的失败及咸海的消失。今天我们在"一带一路"思想的引领下给沿线地区带来经济发展的同时，也要秉持生态伦理思想，坚持可持续发展。

生活于同一颗星球、呼吸着同一片空气，世界各国都有义务为保护地球生态环境贡献力量，中国也将以负责任的大国姿态，继续通过绿色"一带一路"建设，与沿线国家一道守护绿水青山，为造福人类共有家园、构建人类命运共同体不懈努力。

第8章　工程伦理案例及分析

8.1　京杭大运河

8.1.1　案例经过

京杭大运河是世界上最长的一条人工运河，长度是苏伊士运河的 16 倍，是中国最重要的南北水上干线之一。京杭大运河肩负着南北大量物资的运输交换，对中国南北地区之间的经济、文化发展与交流，特别是对沿线地区工农业经济的发展起了巨大作用。京杭大运河也是最古老的运河之一。它和万里长城、京杭大运河坎儿井并称为中国古代三大工程，闻名于全世界。

京杭大运河南起余杭（今杭州），北到涿郡（今北京），途经今浙江、江苏、山东、河北四省及天津、北京两市，贯通海河、黄河、淮河、长江、钱塘江五大水系，全长约 1797 千米（图 8-1）。京杭大运河是中国古代劳动人民创造的一项伟大工程，是祖先留给我们的珍贵物质和精神财富，是活着的、流动的重要人类遗产。

图 8-1　京杭大运河线路图

京杭大运河始凿于公元前 486 年，距今已有 2500 多年的历史。据《越绝书》记载，秦始皇从嘉兴"治陵水道，到钱塘越地，通浙江"，运河及运河文化由此产生。大运河开凿于春秋时期，竣工于隋朝，繁荣于唐宋，取直于元朝，疏通于明清。在漫长的历史岁月里，京杭大运河始终发挥着贯通南北的重要作用。

（1）春秋末期

胥溪和胥浦是大运河最早成形的一段。春秋末期长江下游地区的霸主吴王夫差为了北伐齐国，争夺中原霸主地位，调集百姓开挖自今扬州向东北，经射阳湖到淮安入淮河的运河（即今里运河），因途经邗城，故得名"邗沟"。邗沟全长 170 千米，将长江水引入淮河，是大运河最早修建的一段。战国时期又先后开凿了大沟和鸿沟，从而把江、淮、河、济四水连通了起来。

（2）隋唐时期

隋唐时期的大运河分为永济渠、通济渠、邗沟和江南运河四段。公元 603 年，隋炀帝杨广为了使江南地区的丰富物资能方便运往都城洛阳，下令开凿从洛阳经山东临清至河北涿郡（今北京）长约 1000 千米的永济渠；又于公元 605 年下令开凿洛阳到江苏清江（今淮安市）约 1000 千米长的通济渠，直接沟通黄河与淮河，并改造邗沟和江南运河；三年后又开凿永济渠，北通涿郡，连同公元 584 年开凿的广通渠，初步形成运河系统。公元 610 年，开凿江苏镇江至浙江杭州长约 400 千米的江南运河，同时对邗沟进行了改造。这样，洛阳至杭州全长 1700 多千米的河道得以贯通，可以直通船舶。

（3）元明清时期

元朝定都北京后，为了便于将粮食从南方运至北方，又对大运河进行了进一步开凿。元朝时期先后开凿了三段河道，把原来以洛阳为中心的隋代横向运河，修筑成了以大都为中心，南下直达杭州的纵向大运河。元朝花了 10 年时间，先后开挖了洛州河和会通河，把天津至江苏清江（今淮安市）之间的天然河道和湖泊连接起来，清江以南接邗沟和江南运河，直达杭州。在北京与天津之间新修通惠河。这样，新的京杭大运河比绕道洛阳的隋唐大运河缩短了 900 多千米。

明朝重新疏浚元末已淤废的山东境内河段，从明中叶到清前期，在山东微山湖的夏镇（今微山县）至清江浦（今淮安）间，进行了黄运分离的开泇口运河、通济新河、中河等运河工程，并在江淮之间开挖月河，进行了湖漕分离的工程。

（4）近现代

新中国成立后对京杭大运河进行了大规模修整，使其重新发挥航运、灌溉、防洪和排涝等多重功能，部分河段已进行拓宽加深和裁弯取直，并且新建了许多现代化的码头和船闸，航运条件有所改善。季节性的通航里程已达 1100 多千米。江苏邳县以南的 660 多千米航道，500 吨级的船舶可以畅通无阻。

8.1.2 案例分析

1. 伦理思想分析

我们分别用功利论、义务论、契约论和美德论来分析上述案例中出现的伦理问题。

（1）功利论

京杭大运河开凿的最初目的是为军事服务，借以通过水道运送兵粮。而隋炀帝贯通洛阳至杭州全长 1700 多千米的京杭大运河，超越了单纯的军事目的，主要是为了经济的恢复和发展。在大一统初期的隋朝，经历了南北朝长期的战乱和破坏，经济已经瘫痪，大运河的开通不但可以贯通南北方的交通，巩固隋朝对于江南地区的统治，而且对农业生产和经济发展也起到了非常重要的作用。此后的历朝历代都十分重视对大运河的疏通和利用。

在现在看来，京杭大运河的开通是一件功在当代，利在千秋的大事。京杭大运河今天依然是贯通中国南北的重要水上交通要道，在中国的内河航运中发挥着不可替代的作用。放在当时的历史背景和环境下，由于隋炀帝急功近利，开凿大运河时考虑的仅仅是运河开通之后带来的便利，不惜投入大量的人力物力，工程建设过程也造成了数百万老百姓的死亡。通过成本效益分析，从某种程度上可以说大运河的开通是由数百万老百姓的生命堆积而成的，而这些生命在统治者的眼里不过是冰冷的数字。

（2）义务论

中国古代历朝历代都对大运河进行了不同程度的开凿，无论当时的统治者出于怎样的动机和目的，军事也好，经济也罢，都是为了巩固和维护自身的统治，营造一个相对安全稳定的经济发展环境，最终目的都是百姓的安居乐业，这一点无可非议。但是统治者也有保护劳动人民生命安全的义务，而数百万老百姓的丧生则证明他们根本没有将老百姓的安危放在眼里，或者说，相较于运河的开通，老百姓的生命简直是不值一提的。在统治者眼中，维护自身统治的义务明显优于保护人民生命安全的义务，前者属于显见义务，具有更高的义务次序。

（3）契约论

在古代中国，统治者的意志就是所谓的契约，国家的任何行动都是依照统治者的意志来执行，一切行动听从统治者指挥，没有人敢违背统治者的意志，即使是错误的行动。统治者说开通运河就开通运河，没有人敢说一个"不"字。而历朝历代都非常重视对大运河的疏浚和保护，似乎是按照某种约定去执行，而实际上这种约定是不存在的。开通大运河的老百姓是通过强制征召来的，没有劳务协议，更没有人身自由，甚至被剥夺了生存权。契约论注重行为的程序合理性，一旦达成某种约定就严格按照约定来行动，这在当时显然是不可能的。

（4）美德论

美德论认为对于行为做出合理判断的最高评价标准是行为者个人的品质，按照美德来行动就是有道德的行为。我们无法按照这样的标准来判断当时的统治者是否具有美德，尽管大运河开通的结果不管是在当时还是现在都是有益的，但这不能成为判断统治者具有美德的依据。美德论要求我们至少做到不任意剥夺他人的生命，这是首要美德。而京杭大运河的开通导致了数百万劳工的丧生便是违背美德论的典型体现。

2. 关系人伦理困境分析

这一案例中涉及的伦理关系人主要包括统治阶级、监督官员、劳工等，我们逐一分析其面临的伦理困境。

（1）统治阶级

隋炀帝杨广开通京杭大运河的初衷是巩固自身的统治地位，加强对江南地区的控制，以及发展农业和经济。其想法是好的，但是没有将实际情况考虑在内，仅仅考虑开通运河带来的好处。没有做好时间规划，急于求成，结果导致数百万劳工的丧生。京杭大运河这样一个区域跨度极大的超级工程，必然需要投入大量的人力物力，同时需要较长的时间周期。但是开凿运河的劳工都是被强制征召的，大部分是精壮的青中年，这样就导致了农田无人耕作而荒废，饿死的人不计其数。尽管大运河在客观上促进了南北的交流和经济的繁荣，但这是建立在数百万劳工的生命之上的。也有很多学者认为，隋炀帝下令开凿大运河，不仅成为南北政治、经济、文化联系的纽带，也成为沟通亚洲内陆"丝绸之路"和海上"丝绸之路"的枢纽。大运河的通航还促进了沿岸地区城镇和工商业的发展。历朝历代对运河不断疏浚和改造，使其持续发挥着贯通南北的作用，可谓功在当代、利在千秋。因此可以说京杭大运河的开通造福了中国的后世子孙。

（2）监督官员

负责督管运河开凿的官员相当于统治者的代言人，仅仅是执行统治者的意志。统治者要求 1 个月完工，那就得 1 个月完工，晚一天都不行，不然就面临"欺君之罪"。这样监督官员就面临一个两难境地，到底是不顾劳工的生命安全让劳工不眠不休地开凿以按时完工，还是让劳工按照正常的作息来开凿运河。前者可以保全自己，维护自身的利益，而后者保护了劳工的利益，但却可能招来杀身之祸。面对这种情况，谁都不可能毫不犹豫地选择后者。

（3）劳工

封建时代的中国农民，是没有自由的。面对统治者的征召只能选择服从，否则就是死路一条。所以对于开凿运河的劳工来说，只能服从统治者的意志。

3．伦理守则规范

本章案例分析引用我国台湾地区的工程伦理守则，守则的内容解说参见 3.3.2 节。

7（4）　　工程人员应运用其专业职能，尽其所能提供社会服务或参与公益活动，以造福人群，增进社会安全、福祉与健康之环境。

8（1）　　工程人员应尊重自然、爱护生态，充实相关知识，避免不当破坏自然环境。

8（2）　　工程人员应兼顾工程业务需求与自然环境之平衡，并考量环境容受力，以减低对生态与文化资产等之负面冲击。

4．思考题（参考答案请扫二维码 8-1）

（1）京杭大运河自开通至今始终作为南北内河航运的要道，经久不衰，这是为什么？

（2）京杭大运河在开凿过程中遇到了哪些困难？是通过什么样的技术手段解决的？

（3）假设你是当时监督工程的官员，必须按照统治者的意志如期完工，但这又将威胁劳工的生命安全，你将会做出什么样的选择？

（4）你如何看待京杭大运河成功申遗？

8.1.3　案例总结

京杭大运河全长 1797km，沿途共建造了 100 多座水闸、水坝和堤堰，沟通了海河、黄河、淮河、长江和钱塘江五大水系，是中国古代水利工程的伟大成就，凝结了中国古代劳动人民的无穷智慧。京杭大运河既是沟通中国南北的水上交通动脉，又是防洪和灌溉的重要渠道，在中国历史上发挥了无可替代的作用。虽然在开凿运河的过程中数百万劳工失去了生命，但是京杭大运河的历史地位是不可否认的，京杭大运河仍然是利在千秋的伟大工程。

8.2 奥的斯电梯事件

8.2.1 案例经过

事件1：2010年12月14日，深圳地铁1号线国贸站的一台奥的斯自动扶梯在上升过程中突然逆行，导致25名乘客受伤。经调查，事故直接原因是驱动主机固定支座的螺栓松脱，一根螺栓断裂，从而致使主机支座移位，驱动链条脱离链轮，造成上行扶梯下滑。事故中断裂的是底座螺栓，不同于常用的圆形螺栓设计，事发电梯采用的是T形螺栓设计，容易造成断裂或脱落，奥的斯公司在该款产品的设计上存在缺陷。

事故发生后，深圳地铁集团提出索赔要求，但对受伤乘客的赔偿都是深圳地铁集团垫付的，奥的斯公司方面始终没有赔款。而且，对于电梯存在的设计缺陷，奥的斯公司也拒绝表态。对于召回事故电梯的外界要求，奥的斯公司方面给出的说法是，电梯产品有其特殊性，是建筑的一部分，如果要召回就必须全部拆除，而全部拆除将影响建筑物结构，因此无法像汽车一样召回。然而，奥的斯电梯在法国曾出现辐射异常事件，事发后却立即被宣布召回。奥的斯公司只在电梯安装的前两年对电梯进行免费维护，到后期，电梯购买者大多选择其他公司对电梯进行维护，而各个公司的技术水平参差不齐，责任心也时有缺失的情况出现。

事件2：2011年7月5日，北京地铁4号线动物园站A口上行扶梯突然发生溜梯故障，造成1人死亡、3人重伤、27人轻伤的重大事故（图8-2）。7月7日晚，北京市质量技术监督局副局长、新闻发言人张巨明在新闻发布会上指出，目前可以初步认定，此次事故是由于奥的斯公司该款电梯存在设计缺陷，同时维护保养不到位，奥的斯公司对此次事故负有不可推卸的责任。同一天，国家质检总局专门发出紧急通知，要求各机关企事业单位停止使用奥的斯513MPE型电梯，并联系厂家和保养单位对该扶梯进行全面检查，以彻底消除安全隐患，防止类似事件发生。

图 8-2 奥的斯电梯事件

除以上两个案例外，奥的斯电梯因其设计制造缺陷还曾引发多起事故：2007年12月21日，上海地铁四号线世纪大道站一部上行的奥的斯自动扶梯突然倒行，导致乘客往后跌倒，发生挤压，造成 5 人重伤；2011 年 7 月 7 日，南京地铁 2 号线汉中门站一座奥的斯升降电梯出现故障，4 名乘客被困长达半小时之久。

8.2.2 案例分析

1. 伦理思想分析

我们分别用功利论、义务论、契约论和美德论来分析上述案例中出现的伦理问题。

（1）功利论

奥的斯电梯事故的直接原因是固定零件受损，导致驱动主机发生偏移、驱动链条脱落，从而造成扶梯下滑。经专家鉴定，事故的根本原因在于电梯存在设计和制造缺陷。奥的斯 513MPE 型扶梯存在的一个设计缺陷是底座螺栓，不同于常用的圆形螺栓，底座螺栓是独特的 T 形，容易发生断裂或脱落而引发事故。厂家把这些具有设计缺陷的电梯投入市场，给电梯使用者的生命财产安全埋下了隐患。如果厂家愿意花更多的时间和金钱对电梯进行调试和检测，那么这些事故或许就可以避免。但是奥的斯公司可能为了节约时间成本，为了更大的企业效益，而忽视了电梯的运行安全。在电梯事故原因查明后，奥的斯公司为了维护自身的声誉拒绝承认电梯设计存在缺陷，并一味地拖延对受害者进行赔偿。奥的斯公司只顾企业的声誉和利益，而忽视了电梯使用者的生命安全，丧失了基本的社会责任和对生命的尊重。

另外，国内部分商家为了省钱选择购买轻载扶梯，显然不适合在人流量密集的地铁站、商场使用。为了省钱，电梯购买者将乘客的安全置之度外。在电梯的后期保养和维护中，电梯购买者选择了廉价但安全系数较低的维护保养公司，维护人员难以做到对电梯的认真维护，这也在一定程度上加剧了电梯事故发生的可能性。

（2）义务论

产品的设计和制造环节与产品的安全性息息相关，奥的斯公司有义务不断优化电梯设计，提升电梯质量和安全性。电梯是特种设备，任何零部件的设计都应该做到精准可靠，在设计、制造环节尽量做到零缺陷，才能从根本上杜绝安全事故的发生。正式投入使用前，奥的斯公司有义务对电梯的安全性做出全面的评估，电梯本身的安全技术措施是否到位与电梯的安全使用有直接的关系。案例中，奥的斯公司在电梯前期的设计、后期的调试上就有欠缺，当安全事故发生后，奥的斯公司更是拒绝表态，并且不同意召回电梯，导致严重的电梯事故接连发生。企业是一个既具有营利功能，又具有社会义务功能的组织，企业在为股东创造最大化利润的同时，还要承担对非股东利益相关者，如员工、消费者、社区和环境的责任。出现问题时，企业应该敢于直面错误，为自己的过失负责，也为受伤的电梯乘客负责。而作为电梯的维护人员，首先应该明确自己工作的重要性，每一步检修都关系到无数人的生命安全，因此必须认真面对。作为电梯购买者，其义务在于购买安全系数较高的电梯，而不应该仅仅考虑为了省钱。

（3）契约论

电梯从出厂到投入使用，采购方、管理方、使用方、维护方是四个完全分开的责任主体，这就导致各方在保障电梯安全运行方面所承担的责任不明确，而电梯作为需要定期维护的特种设备，只要一方稍稍大意，就会为安全埋下隐患。我国电梯安全监管主要依据的是现行的《特种设备安全监察条例》（国务院令第 373 号），其对电梯的设计、制造、安装、维护、使用、检测等环节都做出了相关规定和要求。奥的斯公司所有出事的电梯都经过审查，且每年进行年检，具有合格证，也就是说奥的斯电梯的设计、制造、安装、维护、使用、检测都是符合相关规定和要求的。但正是这些看似没有问题的电梯最终导致了多起事故的发生。这恰恰说明了现行的《特种设备安全监察条例》可能在执行过程中存在某些缺陷。如果该条例及其执行过程更加严格、专业，那么奥的斯的问题电梯或许就难以通过检测，便会促使厂家对电梯的缺陷进行改进，那么后续的所有事故和损失或许也会得以避免。

（4）美德论

在奥的斯电梯发生事故之后，奥的斯公司并没有采取紧急有效的措施来处理，而是继续向各大商场、地铁站出售该型号电梯，也没有对电梯进行整改，导致事故接二连三的发生，这种对生命的漠视是一种极不道德的行为。这种对自己的错误视而不见的企业也终将导致口碑和声誉尽失。法律之上还有道德标准来规范企业的运营，道德标准是我们每个人心中都必须留存的一把尺子。

2. 关系人伦理困境分析

这一案例中涉及的伦理关系人主要包括奥的斯公司高层、电梯维护人员、电梯购买者等，我们逐一分析其面临的伦理困境。

（1）奥的斯公司高层

美国奥的斯电梯公司创立于 1853 年，160 多年来奥的斯电梯始终保持着电梯行业的领先地位，是全球最大的电梯、扶梯及自动人行走道的供应商和服务商，其产品占全球电梯市场份额的 27%。奥的斯公司的高层可能认为他们的电梯早已形成了一套完备的研发、制造、安装、维修、保养、更新改造的体系，不可能存在设计、制造上的缺陷。而且一旦承认电梯存在设计缺陷，也就意味着已出厂的所有 513MPE 型自动扶梯都存在问题，那么奥的斯公司将面临巨大的赔偿损失。他们需要召回全球范围内的问题电梯，并对其进行整改，这对奥的斯公司来说无疑是重创。随着电梯制造商越来越多，电梯行业竞争越来越激烈，奥的斯公司必须在激烈的竞争下保持自己的领先地位，如果公司出现经营问题，员工将面临失业的风险，公司可能也会失去行业竞争力。

作为一家历史悠久的全球知名电梯企业，在 513MPE 型自动扶梯的设计和制造上出现的缺陷，导致多部电梯发生安全事故后，奥的斯高层对其产品设计缺陷却不予表态，对于召回问题电梯的要求，也是不予理会，这完全不是一个具有百年历史的大企业应有的态度。奥的斯公司忽视了电梯使用者的生命安全，更没有履行生产者的义务——生产安全可靠的产品。

（2）电梯维护人员

电梯使用寿命的长短与电梯的日常维护关系密切。奥的斯公司承诺提供为期两年的电梯免费维护，但两年期满后，由于奥的斯公司的电梯维护价格较贵，一般电梯购买者都会选择价格稍低的其他电梯维护公司。

有些电梯维护公司缺乏专业的管理手段，电梯维护人员安全责任意识淡薄。作为一名电梯维护人员，负责定期对电梯进行检修，一般以一年为周期。如果在前几个维护周期内，维护人员没有对电梯进行仔细维护，并且电梯并没有出现故障，他就会理所当然地认为自己的维护方式是正确的。另外，电梯维护公司对维护人员没有进行严格要求，也可能导致维护人员的松懈怠慢，每次维护只是例行公事，并没有做到细致严谨。

然而电梯维护是一个至关重要的环节，尤其是对于使用年限较长的电梯，维护的认真程度直接决定着电梯的寿命。如果维护人员在维护过程中发现了底座螺栓存在磨损现象，并及时做出更换调整，那么事故发生的概率就有可能降低。电梯维护人员必须明确自己的工作性质和工作责任，电梯的维护是为了保证无数电梯使用者的生命安全。电梯维护人员必须遵守其职业标准，履行其职业义务。电梯维护人员应该做到对工作负责和对乘客负责。

（3）电梯购买者

电梯购买者为了省钱选择了便宜的轻载型自动扶梯，在人流量密集的地铁站或商场使用这种轻载型的电梯显然是不合适的。电梯购买者只考虑了价格问题，却忽视了电梯使用者的生命安全。

作为电梯购买者，购买之前或者错误地判断了电梯的潜在乘客量，或者并没有完全了解所购电梯的实际性能，加之奥的斯公司是一家知名度较高的老牌电梯公司，所以电梯购买者选择购买奥的斯电梯。电梯作为需要定期维护的特种设备，每个环节都与乘客的安全息息相关，电梯购买者在考虑价格的同时也应该关注安全性。如果忽视安全因素，一旦发生安全事故，电梯购买者就将面临金额更高的赔付费用。

3．伦理守则规范

本章案例分析引用我国台湾地区的工程伦理守则，守则的内容解说参见 3.3.2 节。

2（1） 工程人员应持续进修专业技能与相关知识，提升工作品质。

7（1） 工程人员应了解其专门职业乃涉及公共事务，执行业务时，应考虑整体社会利益及群众福祉，并确保公共安全。

4．思考题（思考题的参考答案，请扫二维码 8-2）

（1）对于一个维保人员而言，如果单位安排你每天去维保 100 部电梯，但是以一个人的能力最多只能维保 30 部，即使 24 小时连续工作也难以完成。这时候你会怎么做？

（2）为什么奥的斯电梯在国外的事故率要明显低于国内？

（3）近几年电梯事故层出不穷，除了奥的斯电梯外，其他厂家的电梯一样问题严重，作为电梯生产商，我们应该如何做以提升电梯的安全性？

（4）你认为是否应该对一种职业施加比法律义务更为严格的道德义务？为什么？

8.2.3　案例总结

电梯属于特种设备，涉及使用者的安全问题。作为电梯生产商，奥的斯公司因产品设计缺陷而造成问题电梯流入市场并投入使用，这需要企业以及企业的每一位员工积极转变思维模式，问题产品已经流入市场，安全隐患已然存在，企业应做好后期追踪产品的维保工作，告知使用单位电梯存在的问题，尽量避免产生更为严重的安全事故。从奥的斯电梯事件这个案例中，我们不难看出，工程师应该具备正确的伦理观念，应该对发生的工程事故进行理性的反思，工程师要遵守职业道德，加强对职业伦理的思考，做好的工程，推动社会健康发展，为人民的福祉服务。

8.3　N 射线事件

8.3.1　案例经过

20 世纪初，法国物理学家布隆德洛声称发现了一种新的射线，并将其命名为"N 射线"。N 射线的发现在当时引起了很大的轰动，但之后英国物理学家伍德揭露了真相：这种所谓的 N 射线实际上是不存在的。这就是物理学史上著名的"N 射线事件"。

图 8-3　布隆德洛和他"N 射线"论文集的封面

19 世纪末，德国物理学家伦琴发现了 X 射线，随后法国物理学家贝克勒耳发现了放射性现象，这在当时的物理学界引起了很大的轰动，物理学家们热切希望能发现更多类似的不可见射线，纷纷投入到这方面的研究中来。1903 年，法国南锡大学的物理学教授布隆德洛在研究 X 射线的偏振现象时，发现似乎有某种射线放射到火花隙检测器上，它能够让火花和荧光屏变得更亮。于是他认为自己发现了一种未知的新射线，并将其命名为"N 射线"，以纪念他自己可爱的家乡小城南锡（Nancy）。紧接着布隆德洛在《法国科学院院刊》上发表了 N 射线的发现。然后他又发表了一系列论文，宣称任何照明物质、热的物体、某些靠近热体或太阳光下的物质，以及受到压缩或硬化的物体（比如石英、大多数的金属等），都能产生"N 射线"。不仅如此，布隆德洛在 1904 年还为此出版了一本专著（图 8-3）。法国的其他物理学家纷纷加入到了"N 射线"的研究中。法国官方杂志《情况报告》在 1904 年刊登了上百篇关于"N 射线"的文章，占当年发表的全部物理学论文的 15%。根据科洛兹 1980 年的统计，在 N 射线被发现的三四年中，约有 120 多位科学家在正式的科学期刊上发表了大约 300 多篇关于 N 射线的论文。鉴于"N 射线"的发现所造成的巨大声势，1904 年，法国科学院授予布隆德洛 5 万法郎的拉兰德奖。

N 射线的发现引起了世界著名物理学家的浓厚兴趣，并开始对 N 射线的存在开展相关的实验验证。但经过无数次的尝试，他们仍无法再现布隆德洛的实验结果，这使他们感到非常的疑惑不解。因此，许多研究人员都希望美国霍普金斯大学物理系的伍德教授去南锡大学拜访布隆德洛的实验室一探究竟。1904 年夏天，伍德拜访了布隆德洛实验室。布隆德洛热情地向伍德演示了 N 射线实验，这些实验都是在暗室中进行的。在第一个实验中，布隆德洛用 N 射线源对准电火花，称 N 射线使火光变亮，然后用手遮挡 N 射线源，称火光变暗。但是伍德看不出来亮度有变化，提议由他用手来遮挡 N 射线源，让布隆德洛观察火光亮度变化。伍德后来向英国《自然》杂志报告说，他的手根本没有动，布隆德洛却称火光的亮度发生了变化。第二个实验是布隆德洛将一把锉刀放在眼睛旁边，称锉刀发出的 N 射线能够增强他的视力，因而能看清远处夜光钟的指针。伍德提出替他拿锉刀，实际上换成了木尺，按照布隆德洛的说法，木头不能发出 N 射线，但是他却声称能够看清指针。第三个实验是 N 射线的折射实验，布隆德洛准确地从屏幕上读出了 N 射线的频谱，然而伍德早已将铝质棱镜拿走，N 射线根本不可能发生折射。

伍德在离开南锡大学时已否定了 N 射线的存在，并在英国《自然》杂志上发表了他的报告。在报告中，伍德合理地解释了所谓的 N 射线根本不存在。他还证明，布隆德洛所拍摄的火花亮度变化的实物照片，只是依靠观察者在移动屏栅和掌握火花持续时间时的简单扰乱技巧。这份报告将轰动一时的 N 射线带向了毁灭。1906 年，法国《科学评论》杂志提出开展一个实验来判断 N 射线是否存在的提议：交给布隆德洛两个木盒，一个盒内装有一块回火钢片（所谓的 N 射线源），另一个盒内装有一块铅片（未被列入 N 射线源），两个盒子除识别的号码外，外界无法加以区分，要求布隆德洛用实验来确定哪个盒子在发射 N 射线。然而，布隆德洛最终拒绝了这个提议，声称"N 射线现象极为精微，不适于做这种实验"。至此，N 射线闹剧走到了终点。

8.3.2　案例分析

1. 伦理思想分析

我们分别用功利论、义务论、契约论和美德论来分析上述案例中出现的伦理问题。

（1）功利论

布隆德洛迫切想要发现新的射线，在并不严谨的实验条件和方法下，通过一些技巧凭借主观判断声称发现了"N 射线"，在没有通过大量的实验论证 N 射线存在的情况下，发表论文宣布 N 射线的发现，并在三年内发表了多篇关于 N 射线的论文和一部著作。在伍德教授去拜访其实验室时，布隆德洛通过一些小伎俩以求蒙混过关继续做他的"N 射线"梦。无论布隆德洛的"N 射线"是有意为之的伪实验，还是实验过程中产生的失误，都是他迫切想取得新发现的功利主义心态在作祟。"N 射线事件"凸显了当时科学家对新事物的渴望，掩盖了科学所必须具备的批判怀疑态度的一种功利主义。

（2）义务论

国际多名物理学家想要进行重复实验，但是却无法重复出布隆德洛的发现，这时候他们应该主动请教布隆德洛，作为一名科学家应该具有揭发任何虚假言论的义务，确保任何研究发现的真实性。同样，其他科学家在无法重现布隆德洛的实验时，也有义务去质疑布隆德洛的发现，而不是盲目跟从，这样既不利于科学的发展，也不利于自己的研究。

布隆德洛发现 N 射线后发表了数篇文章，然而审稿人员没有履行他们的义务，认真审核文章内容的真实性，也没有验证实验结果的可靠性，导致当时的社会掀起一波 N 射线的研究热潮，许多科学家浪费了大量的时间、精力以及金钱去研究实际根本不存在的射线。法国官方杂志《情况报告》迎合 N 射线的热潮，刊登了大量的相关文章，没有履行验证科学真实性的义务，导致许多科学家受到了误导。而伍德等人对 N 射线是否真实存在始终保持科学的质疑态度，并亲自去验证，最终还原了科学的真实性。

（3）契约论

科学研究讲究脚踏实地，任何结论的得出都要有足够的理论计算和实验数据支撑，并且要能够被其他科学家重复再现，这是科学研究领域的一种重要规则。而布隆德洛显然并没有遵守这个规则，作为一名科学家，他急于求成，把一个没有足够证据证明的现象当作新的发现，不管是对他自己还是整个科学界，都是不负责任的表现。科学研究应该严格遵循一定的程序规范，否则将是对科学的致命打击。

（4）美德论

从美德论的角度来看布隆德洛在 N 射线事件的整个过程，是一种不诚实的表现。布隆德洛的结论本身就不严谨，或许在其发表文章之后，他自己也意识到了问题的存在，但是在 N 射线已经引起整个物理学界极大轰动的背景下，他如果在这个时候承认 N 射线实际不存在，其在物理学界的声誉就可能受到极大的影响，这对一个科学家来说是不可接受的。在 N 射线的发现公之于众之后，其他物理学家没有质疑，而是盲目跟进，这其中不乏同样发表虚假文章的人，这些都是科研人员缺乏诚实美德的表现。而伍德始终保持质疑，并通过实际行动揭露了 N 射线的虚假性。常怀好奇心和质疑心，这是每一个科研工作者都应该具备的美德。

2．关系人伦理困境分析

这一案例中涉及的伦理关系人主要包括布隆德洛、伍德和 N 射线支持者等，我们逐一分析其面临的伦理困境。

（1）布隆德洛

布隆德洛一心扑在射线研究上面，在研究 X 射线的实验过程中发现了一些偶然现象，却认为发现了新的射线。无论他是为了名利而有意为之，还是因为主观判断和不切实际的幻想造成的实验失误，这都不是一个科研工作者应该具备的态度。X 射线及其放射现象的相继发现刺激了布隆德洛迫切想要发现新的射线的愿望，以至于产生了病态的竞争心理。而科学界对 N 射线的高度评价使得布隆德洛始终沉醉在自己对 N 射线的幻想之中，阻碍了科学真正的发展。

（2）伍德

N 射线的发现公之于众后，许多物理学家想要重复此实验，却都无法再现，因此对 N 射线是否真实存在产生了质疑，伍德作为众多质疑者的代表亲自到布隆德洛实验室以验证其真实性。在位于南锡大学的布隆德洛实验室中，布隆德洛企图通过三个实验来向伍德证明 N 射线的存在，而在暗室中伍德改变了实验条件从而揭露了真相，确认了 N 射线根本不存在。随后伍德通过文章揭露了这个谎言，还原了科学的真相，维护了科学的真理。

（3）N 射线支持者

N 射线的发现在法国引起了很大的轰动，许多法国科学家坚信 N 射线的存在，尽管伍德已经向世界公布了真相，但他们依然对 N 射线的存在深信不疑，甚至用沙文主义这样荒谬的言论来反驳科学，这是对科学的不尊重。民族主义思想过多地介入加剧了事件的复杂程度，当时的法国已经失去了世界科技中心的地位，落后于德国和英国。1870 年法国在普法战争中大败，向德国割地赔款，更是沉重打击了法国人的民族自尊心。正是在赶英超德、振兴法国科技事业的爱国激情驱使下，法国科学家浮躁地抛弃了一些基本的科学原则，结果却沦为国际笑柄。

3．伦理守则规范

本章案例分析引用我国台湾地区的工程伦理守则，守则的内容解说参见 3.3.2 节。

2（4）　工程人员应秉持专业观点，以客观、诚实之态度用于发言，支持正当言论行为，并谴责违反专业素养及不当之言行。

4．思考题（思考题的参考答案，请扫二维码 8-3）

（1）假设你是布隆德洛，当你在后续的实验中发现 N 射线根本不存在时，你会怎么做？

（2）你认为布隆德洛的支持者们是否知道 N 射线是不存在的？

（3）假设你是当时研究射线的一名物理学家，经过反复的实验你依然无法再现布隆德洛的实验结果，你会怎么做？

（4）是否应该对科研工作者的科研行为进行法律的约束？

8.3.3　案例总结

N 射线事件是科学史上曾引起极大轰动的病态科学事例，但最终科学还是依靠自身的力量纠正了"N 射线"这个错误。这是科学的基本特性之一，是科学精神最好的体现。人们往往习惯于牢记科学中那些辉煌的成功，然而从 N 射线事件这个不光彩的病态科学事例中，我们能否更加清楚地认识到科学发展过程中可能受到各种各样因素的影响，在这个过程中科学精神能否经受住这些影响的考验是一个值得探讨的话题。科研工作者除了应该潜心研究以创造出一个更加美好的世界造福人类和自然外，还应该具备诚实的美德，做到实事求是，以确保科学过程的严谨性和结果的真实性。

8.4　英特尔奔腾芯片事件

8.4.1　案例经过

1994 年，美国英特尔公司开发成功了一款划时代产品——奔腾芯片（图 8-4）。在芯片即将投向市场的前几天，英特尔公司的技术人员在做测试时发现，奔腾芯片的除法运算结果在某些时候会发生部分偏差，但这种偏差在 90 亿次的除法运算中才可能出现 1 次。这意味着什么呢？即使那些经常采用浮点运算的用户，每 27000 年才会遇上一次计算错误，而且这种误差发生的概率只有几亿分之一。当时英特尔公司的主管人员认为被这种运算错误影响的人极少，因此决定按原计划推出奔腾芯片。

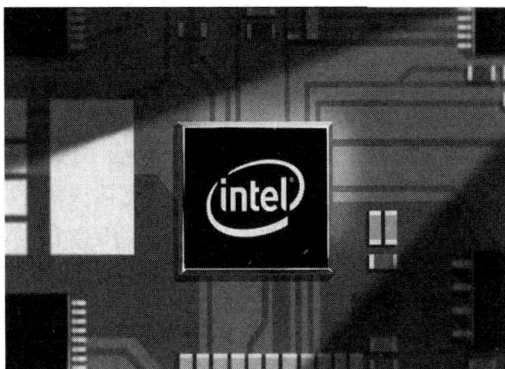
图 8-4 奔腾芯片

1994 年 10 月 30 日，美国弗吉尼亚州的数学教授托马斯·尼斯利博士在他的试验过程中发现了一个未曾预料的结果，随即发现是他奔腾电脑的一个除法运算引起的错误答案。他将这一发现放到了互联网上，很快，无数人重现了他所发现的问题，并进一步发现了其他可能产生错误结果的情形。幸运的是，这些情况很少见，只在极端的大量数学、科学和工程计算中才会导致错误结果。大多数人在日常工作中不会遇到这类问题。即便如此，这一事件还是掀起了轩然大波。1994 年 11 月 24 日，英特尔公司被迫承认早先投入市场的奔腾芯片存在一定的瑕疵，使得除法运算的准确性略有下降，但这种瑕疵对绝大多数用户不会有特别影响。

据分析，奔腾芯片的缺陷源自芯片内的浮点运算器。计算机中所有的数字都必须表达成二进制数，而奔腾芯片的浮点运算器将数字表达成二进制数时，个别情况下会出现计算结果的错误。这个缺陷最初是由一位数学教授在论证一项数学理论时发现的，后来在个别用户中得到证实。英国《新科学家》杂志报道说，奔腾芯片对浮点除法指令精确度的影响，与输入的特征数相关。换言之，存在一些"危险数"，当这些"危险数"作为除数时，就有可能降低"商"的准确度。专家们估计，至少有 1738 对数字在做除数运算时会出现错误。这就使得装有奔腾芯片的计算机的可靠性下降了。

英特尔公司始终坚持认为，新闻媒体和某些消费者过度夸大了奔腾芯片的缺陷。英特尔公司宣称，对绝大多数 PC 的商业应用软件而言，这种瑕疵不会带来特别影响。只有一些极个别的工作站软件，才会有时出现除法运算结果精确度降低的可能性。英特尔公司还声明，他们做过兆亿次的随机除法计算，结果瑕疵的发生率只有 90 亿分之一，且位于计算结果的第 4 位至第 19 位数。英特尔公司认为，由奔腾芯片缺陷而导致的计算误差，对普通用户来说 2.7 万年才会遇到一次。

英特尔公司的解释并不能减轻人们的担心。因为，首先发现和公开奔腾芯片存在缺陷的并不是英特尔公司，而是用户。美国各大新闻媒体和计算机用户，纷纷指责英特尔公司企图掩盖已被发现的问题，这种做法大大损害了消费者对英特尔公司的信任。斯坦福大学的一个高科技公司于 1994 年 12 月 16 日发表一项声明，告诫其客户，其中包括被《财富》杂志列入美国 500 家大公司的企业，暂时不要购买装有奔腾芯片的计算机，并建议客户最好等到英特尔公司生产出可靠的处理器后再购买。奔腾芯片的最大客户之一，国际商用机器公司（IBM）已于年初宣布中止销售所有装有奔腾芯片的电脑。该公司一位专家认为，奔腾芯片的出错率比英特尔公司自己所说的要高得多。对每个使用者来说，平均每 24 天便会有一次错误出现。

当然，也有人为英特尔公司鸣不平。计算机专家米奇·克里克认为奔腾芯片出现的设计缺陷只是白玉微瑕，对绝大多数用户来说，此缺陷是不足挂齿的。如果在奔腾缺陷上大做文章，最终受到伤害的不仅仅是英特尔公司，而是美国电脑产业，甚至还会阻碍整个计算机领域的发展。英特尔公司总裁兼首席行政执行官安德鲁·葛鲁夫博士认为，奔腾芯片的瑕疵是一个非常微小的次要问题，但在某些人有心或无意的渲染下，却引起了一场轩然大波。英特尔公司表示将根据用户的要求，为他们更换新版的无瑕疵的奔腾芯片。这项规定在奔腾系统用户终身使用期内都有效。也就是说，即使用户认为他们目前暂时不需要更换芯片，但在以后任何时候需要更换时都可以进行。

8.4.2 案例分析

1. 伦理思想分析

我们分别用功利论、义务论、契约论和美德论来分析上述案例中出现的伦理问题。

（1）功利论

在奔腾芯片发布之前，英特尔公司的软件工程师已经在测试中发现了这一缺陷，但是英特尔管理层认为问题没有严重到需要修复的地步，因此也就没有公之于众或延期推向市场。而当这个缺陷被消费者发现之后，英特尔公司试图通过媒体和公开声明降低事态的严重性。直到最后英特尔公司迫于压力，提出可以更换问题芯片，但只针对能够证明受到这个缺陷影响的用户。英特尔公司作为全球顶尖的芯片供应商，无论在技术还是运营上都是无可挑剔的。然而，在这次事件上表现出来的是一种只顾企业自身经济利益而不管用户体验的功利行为。企业有义务提供没有缺陷的产品，把公众的安全、健康和福祉放在首位。

（2）义务论

尽管企业是具有营利性质的社会组织，但除了追求自身经济利益，还负有对客户的义务和责任，应当尽力为客户提供安全、可靠、完美的产品，而英特尔公司在明知芯片存在缺陷的情况下依然如期发布芯片，这显然违背了提供完美产品的义务。当消费者发现芯片存在问题并通过网络曝光时，英特尔公司企图通过媒体将风向带偏，使得情况变得对自己有利，这完全忽视了消费者的权益；当消费者要求更换缺陷芯片时，英特尔公司却制造种种困难，提出让消费者证明其芯片真的存在缺陷，否则不予更换。企业应该有义务更换其缺陷产品，消费者有权利使用没有缺陷的产品。英特尔公司显然违背了这种义务。

（3）契约论

无论是什么样的产品，在投入市场前必须经过一系列的检验过程，以确保产品的安全性、可靠性和稳定性，芯片也不例外。英特尔公司在奔腾芯片投入市场之前也进行了一系列标准检验流程，芯片也通过了检验，部分存在运算瑕疵的芯片也符合公司的内控标准看起来似乎都是严格按照合理的程序进行的行为。但提供的芯片不够完美，对故障发生概率的预计不足，就投放市场，这是一种不负责任的行为，违反了与消费者之间"提供安全、可靠产品"的契约。最终英特尔公司选择了召回芯片。

（4）美德论

所有以牺牲消费者权益而获得的收益都应该被视为不义之财，英特尔公司在明知芯片存在缺陷的情况下依然将芯片投入市场，这是一种不道德的行为。芯片缺陷被曝光之后，在舆论的压力下，英特尔公司表示将根据用户的要求，为他们更换新版的无瑕疵的奔腾芯片，并且这项规定在奔腾系统用户终生使用期内都有效。也就是说，即使用户认为他们现在不需要更换芯片，但在以后任何时候需要更换时，都可以进行。这个时候的英特尔公司顶住了舆论的压力，冒着巨大的风险承担了由于自身的错误所造成的巨大损失，尽管有人认为奔腾芯片的这个缺陷无足轻重，根本没有召回的必要，但是英特尔公司坚持了召回不合格产品的原则，勇于承担了责任。

2．关系人伦理困境分析

这一案例中涉及的伦理关系人主要包括英特尔公司管理层、奔腾芯片工程师、芯片消费者等，我们逐一分析其面临的伦理困境。

（1）英特尔公司管理层

企业作为具有营利性质的社会性组织，除了追求自身经济效益，同时应该对消费者负责，为消费者提供安全的没有瑕疵的产品。在奔腾芯片投放市场之前，英特尔公司已经发现芯片存在缺陷，一般来说，这个时候应该延迟芯片上市，消除芯片存在的缺陷后再投入市场。但是英特尔公司管理层决定不额外增加修复缺陷所需要的资金成本和时间成本，立刻上市，此举完全将消费者权益抛了脑后。如果英特尔公司选择投入资金和时间来改善芯片存在的缺陷，这可能会让竞争对手有机可乘，最终导致无法挽回的损失。英特尔公司只是看到了短期效益，而忽略了对客户的忠诚和产品的回头率，可能会失去一部分客户的信任。

（2）奔腾芯片工程师

奔腾芯片工程师在芯片的测试阶段已经发现芯片存在的缺陷，但是由于这种缺陷发生的概率极低，工程师并没有采取措施解决这个缺陷。也有可能工程师发现了缺陷并向上级汇报，上级没有采纳。作为一名工程师，应该及时发现问题并解决问题，设计出合格的没有缺陷的产品。工程师应该注重不断提高自身的专业知识和技能，一开始就避免产品缺陷的存在。工程师有遵守其职业标准和规定的义务，以及完成雇佣合同规定工作的基本责任。工程师应该坚持原则，即便在权势和暴力的威胁下，也应该对客户负责，为客户提供安全的没有缺陷的产品。

（3）芯片消费者

英特尔公司没有主动将奔腾芯片存在的缺陷告知客户，而是被其他公司和消费者发现并提出这种缺陷的，所以性质会发生变化。如果这一缺陷由英特尔公司主动告诉客户，也许就不会发生这么大的恐慌。就芯片产品本身而言，不论是对经济性的专注，还是对品牌的偏好，用户最注重的还是精确性以及可靠性的问题，而奔腾芯片用户忽视了可靠性因素。消费者在购买某件产品时，最关注的两点就是价格和实用性，如果仅仅因为产品价格便宜就购买，显然是不可取的。发现问题就应该主动提出问题并解决问题，应该让英特尔公司为自己的错误负责，消费者也应该勇于维护自己的消费者权益。

3．伦理守则规范

本章案例分析引用我国台湾地区的工程伦理守则，守则的内容解说参见3.3.2节。

5（1）　工程人员应秉承诚实与敬业的态度，沟通与了解客户的需求，维护客户正当权益，并尽力完成其所交付的合理任务。

7（1）　工程人员应了解其专门职业乃涉及公共事务，执行业务时，应考虑整体社会利益及群众福祉，并确保公共安全。

7（3） 工程人员应提供必要之技术数据或作业成果说明，以利社会大众及所有关系人了解其内容与影响。

4．思考题（思考题的参考答案，请扫二维码8-4）

（1）假如你是英特尔公司奔腾芯片的测试工程师，在测试过程中发现芯片存在缺陷，你会怎么做？

（2）假如芯片存在的缺陷涉及用户个人信息的泄露，英特尔公司应该采取什么样的措施？

（3）英特尔公司称芯片虽然存在缺陷，但不影响正常使用，这是否是对消费者权利的一种挑战？

（4）英特尔奔腾芯片事件对未来芯片行业的发展具有哪些启示？

8.4.3　案例总结

作为世界上最大的芯片制造企业，英特尔公司也曾遇到各种各样的风波，但是作为芯片行业的龙头企业，英特尔公司顶住了各方面的压力，为了弥补自身的错误也不惜投入巨大的财力和人力，现在看来这种方法也许是正确的。英特尔公司的补救行动，不仅维护了其在公众心目中的良好企业形象，也收获了较好的企业声誉。在利益面前，企业不应该只看到眼前的利益，更应该采取积极的态度，以更加长远的眼光处理问题。

8.5　怒江水电站开发争议事件

8.5.1　案例经过

怒江是我国西南地区三大国际河流之一，发源于青藏高原的唐古拉山，流经西藏和云南两省区，在云南省潞西市流出国境，进入缅甸后改称萨尔温江，最后注入印度洋的安达曼海。怒江流域水力资源丰富，仅我国境内的理论蕴藏量就达 4.6 万兆瓦。怒江中下游径流丰沛且稳定、落差较大、交通方便、开发条件好，是水能资源丰富、开发条件较为优越的河段，是我国尚待开发的水电能源基地之一。

从整个怒江流域来看，怒江大峡谷是水能资源最为集中、开发潜力最大的河段（图 8-5），而这一河段与云南省怒江傈僳族自治州的大部分行政区域相重叠。众所周知，云南怒江州地处中缅滇藏交界，是一个边境线长、少数民族多、经济基础差等特点相交织的极其特殊的区域。怒江流域贫困人口众多，生存环境恶劣，而怒江流域开发却仍处于空白。资源禀赋与经济现状之间形成了巨大的反差，因此，加快水利水电开发的步伐，可以为当地经济发展提供有力的支撑。

基于以上背景，怒江水电站的兴建逐渐提上了议事日程。按照最初的规划设计方案，怒江流域拟建 13 个梯级水电站，工程投资规模约 900 亿元，年发电量预计达 1029.6 亿千瓦时。建成后年发电产值将达 360 亿元，年上缴利税 80 亿元，年地方财政收入将增加 27 亿元，电站的建设将极大地带动怒江相关产业的发展。然而，这一设想却遭到了社会各界的极大反对，不同层面的压力接踵而至，以至于云南省政府不得不叫停该项目。从开发到停建再到开发，怒江水电站前后经历了十余年的反复争论，这一事件也被称为中国乃至世界水利史上水利开发主要受阻于环境保护的典型案例。怒江水电站前后经历七个阶段：

图 8-5　云南怒江大峡谷

第一个阶段：1999 年—2003 年 8 月，原国家发改委主持并通过了怒江水电规划方案。

第二个阶段：2003 年 9 月—10 月，原国家环保总局与环保专家、民间的环保人士反对开发怒江。

第三个阶段：2003 年 11 月—2004 年 12 月，原国家环保总局和原国家发改委等与支持怒江开发的群体达成一致，同意有条件地开发怒江。

第四个阶段：2005 年 1 月—8 月，支持开发怒江的群体邀请知名的科学家与反对开发怒江的民间环保人士进行相关辩论，最终支持开发的群体获得胜利。

第五个阶段：2005 年 9 月—2008 年 2 月，民间环保人士写信要求了解决策的相关细节，遭到了拒绝。于是向联合国反映相关情况，联合国要求中国做出说明，否则将相关片区列为濒危遗产，迫于此压力，中国决定不建坝。

第六个阶段：2008 年 3 月 18 日，原国家发改委公布了《可再生能源发展"十一五"规划》，明确提出在"十一五"期间，国家将开发兴建怒江六库、赛格水电站。由于环保争议，该规划最终没有获得环保部门的批准。但是华电集团已经开始架桥修路、移民搬迁，并且 45家企业也迅速地进驻怒江，开发中小水电站，并协议开发 65 条河流，总投资 60 多亿元。

第七个阶段：2013 年 1 月 1 日，国务院印发《能源发展"十二五"规划》，怒江松塔水电站被列为国家重点建设项目，六库、马吉、亚碧罗、赛格等水电站则被确定为有序启动项目。

历经十余年的争论，怒江水电站项目正式由规划进入实质开发阶段。

8.5.2　案例分析

1. 伦理思想分析

我们分别用功利论、义务论、契约论和美德论来分析上述案例中出现的伦理问题。

（1）功利论

怒江水电工程的开发停滞了十年，始终争议不断，最终还是通过了决议，归根结底是由于背后经济利益的博弈。下面将从三个角度分别对怒江水电站的开发进行评述：首先，怒江丰富的水电资源是怒江开发的最直接的目的。通过开发怒江丰富的水能资源，可以促使我国资源的优化配置，也正是由于这个原因，或者说这个直接的利益需求决定了开发怒江的必然性。其次，怒江的开发离不开政府的介入，政府之所以希望开发怒江也是为了促进怒江地区经济和生态可持续性发展，以及解决电力匮乏等问题。怒江的开发将提高地方政府的财政收入，带动当地的基础设施建设，打破其半封闭的地区状态。最后，作为怒江开发的投资商，中国华电集团及云南省开发投资公司等，从怒江的开发中获得的经济效益将相当可观。从经济利益出发，他们的态度非常明确。正因为如此，他们才邀请一系列专家学者为怒江的开发方案提供合理性建议。

从功利主义的观点来看，怒江的开发将带来巨大的经济效益，促进当地经济和生态的可持续性发展。怒江州算了这样一笔账：13 个梯级电站的开发，总投资 896.5 亿元，如果2030 年前全部建成，平均每年投入 30 多亿元，国税年收入增加 51.99 亿元，地税年收入增加 27.18 亿元。巨额投资将扩大就业，据统计电站建设每 20 万元投入就能带来一个长期就业机会，896.5 亿元的总投资，可带来 448250 个就业机会。巨额投资还将带动地方建材、交通等产业的发展，带动地方 GDP 的增长，促进财政增收。

（2）义务论

我们对生态环境负有保护的责任和义务，在发展经济的同时，应该重视环境保护，实现经济和生态的可持续性发展。在怒江水电站的建设过程中，若不当开发必然会给当地生态环境造成无法挽回的破坏，这也是很多环保组织和环保人士反对的主要原因。怒江的生态环境非常脆弱，由于某些原因怒江流域的植被先前遭到了严重破坏，如果此时对怒江进行大规模的水电站开发，将有可能会加剧怒江生态环境的破坏。另外，大量移民所带来的人口安置问题，也会对移民地的生态造成影响，人口的增加将加重安置地的负担。随着怒江的开发和移民工作的开展，将会引起生态系统的转变，对生态环境的人为改变将会给生态系统带来不确定的未知后果，我们无法预见其结果是好是坏。

既要金山银山，也要绿水青山，不能仅仅考虑怒江开发所带来的巨大经济效益，而不去考虑其对生态环境带来的破坏，我们有义务保护自然生态环境不受破坏，同时我们也有义务给子孙后代提供一个更加美好的生存环境。

（3）契约论

从契约论的角度来看待怒江的开发，我们会发现，怒江开发涉及的利益相关者众多，包括地方政府、开发商、环保人士以及当地居民。对于怒江的开发一直以来充满争议，支持者和反对者都各执己见，但无论是支持还是反对，他们大都是从自身的利益出发。地方政府积极响应国家的号召，兴建大型项目以推动当地经济的发展；开发商想要从开发怒江中获取巨大的经济利益；环保人士要求获得开发怒江的知情权；当地居民要求得到合适的移民补偿。在开发怒江之前必须协调好这四个利益相关者的关系，订立相应的协议以最大程度地满足各方需求，在后续的开发实践中严格按照协议行动。

（4）美德论

对于怒江的开发，地方政府看到的是推动 GDP 的增长，开发商看得到的是巨大的经济利益，环保人士看到的是对怒江自然生态环境的破坏，当地居民看到的是家园的失去。在开发怒江的过程中，应该充分考虑各方应尽的责任、具有的权利以及应负的义务，妥善处理好这些矛盾，使怒江开发不仅能造福人类，还能造福生态。

2．关系人伦理困境分析

这一案例中涉及的伦理关系人主要包括地方政府、当地居民、开发商、环保人士等，我们逐一分析其面临的伦理困境。

（1）地方政府

地方政府以造福人民为宗旨，通过开发怒江推动地方经济发展，改善人民生活，提升公众福祉，通过水电站的兴建可以造福更多的老百姓。但是，在发展经济的同时应该注重对生态环境的保护，不能顾此失彼。地方政府应该妥善处理好怒江开发过程中产生的各种问题，包括怒江周边生态环境问题、移民赔偿和拆迁安置问题等。怒江开发应该始终在以人为本的科学发展观指导下，本着全面、协调、可持续发展思路，按照统筹区域发展、统筹经济社会发展、统筹人与自然和谐发展、统筹国内发展和对外开放的要求，严格遵循先规划、后开发的原则，对怒江的生态保护和经济发展问题进行全方位的深入调研论证，科学合理布局怒江发展规划，汇集民智，广开言路，谨慎行事。

（2）当地居民

怒江周边的居民大部分是世代聚居于此的少数民族，他们过着半原始的男耕女织的生活，并且比较完整地保留了传统民族文化和风俗。他们已经适应了这样的地域和环境特征，而他们的民族也是在这样的地域和环境中逐步孕育和成长起来的，他们可能不愿意改变这样的生活习惯，移居到其他地方也可能无法适应。即便当地居民愿意迁移，也能够适应未来的生活方式，但是随着时间的推移，当地的民族文化可能会消失。

（3）开发商

怒江开发获益最大的是开发商，随着各方力量的介入及对各种观点的争论，使得怒江的开发时间一拖再拖。如果最终怒江梯级水电站规划建设方案不能通过，开发商的前期投入将化为虚无，这将对开发商造成难以估量的损失。摆在开发商面前的是两难境地：到底是在没有获批的情况下私自开发怒江，还是不顾企业的利益继续延期开发。

（4）环保人士

环保人士关注的是怒江生态环境和少数民族文化的保护，他们可能忽视了怒江周边居民生活的艰难，而怒江的开发能够极大改善当地居民的生活水平。到底是坚持保护生态环境和民族文化，还是致力于改善居民生活，这是环保人士应该思考的问题。

3．伦理守则规范

本章案例分析引用我国台湾地区的工程伦理守则，守则的内容解说参见3.3.2节。

7（4）　工程人员应运用其专业技能，尽其所能提供社会服务与参与公益活动，以造福人群，增进社会安全、福祉与健康的环境。

8（1）　工程人员应尊重自然、爱护生态、充实相关知识、避免不当破坏自然环境。

8（2）　工程人员应兼顾工程业务需求与自然环境的平衡，并考量环境容受力，以降低对生态与文化资产的负面冲击。

4．思考题（思考题的参考答案，请扫二维码8-5）

（1）作为怒江水电开发的决策者需要考虑哪些因素和环节？

（2）作为怒江水电开发的工程师，如果你在怒江开发的过程中发现对当地的生态环境会造成一定的破坏，你会怎么做？

（3）从保护生态环境的角度来分析，你认为怒江适合开发水电吗？

（4）你认为环境保护和经济发展哪个更为重要？

8.5.3 案例总结

怒江的开发不仅关乎当代人的美好生活，同时关乎我们的子孙后代的生存和发展。在开发怒江的过程中不可忽视移民安置的民生重任，以及对自然环境保护的生态责任，我们应该在以人为本的科学发展观指导下，本着全面、协调、可持续的发展思路，按照统筹区域发展、统筹经济社会发展、统筹人与自然和谐发展、统筹国内发展和对外开放的要求，严格遵循先规划、后开发的原则，坚持生态优先，绿色发展，对怒江的生态和发展问题进行深入全方位的调研论证，科学合理布局怒江发展规划，汇集民智，广开言路，在讨论中寻找真理的方向。

8.6 松花江水污染事件

8.6.1 案例经过

2005 年 11 月 13 日，中国石油天然气股份有限公司吉林石化分公司双苯厂（以下简称双苯厂）硝基苯精馏塔发生爆炸，造成 8 人死亡，60 人受伤，直接经济损失 6908 万元。爆炸发生后，约 100 吨苯类物质（苯、硝基苯等）流入松花江，造成了江水严重污染，沿岸数百万居民的生活受到影响（图 8-6）。

图 8-6 航拍受污染的松花江

2005 年 11 月 21 日，哈尔滨市政府向社会发布公告称全市停水 4 天——要对市政供水管网进行检修。此后市民怀疑停水与地震有关，大量抢购矿泉水。11 月 22 日，哈尔滨市政府连续发布 2 个公告，证实上游化工厂爆炸导致了松花江水污染，动员居民储水。11 月 23 日，国务院事故及事件调查组认定，双苯厂"11.13"爆炸事故和松花江水污染事件是一起特大生产安全责任事故和特别重大水污染责任事件。原国家环保总局向媒体通报，受双苯厂爆炸事故影响，松花江发生重大水污染事件。

俄罗斯对松花江水污染对中俄界河黑龙江（俄方称阿穆尔河）造成的影响表示关注。中国对俄道歉，并承诺提供援助以帮助其应对污染。2006 年 1 月 7 日，时任国家环保总局局长周生贤要求松花江流域水污染防治工作要规划到省、任务到省、目标到省、资金到省、责任到省，确保沿江群众吃上干净水。

2005 年 11 月底，原国家环保总局称，双苯厂应对这次污染事故负主要责任。原国家环保总局局长解振华因该事件提出辞职，2005 年 12 月初，国务院同意他辞去局长职务。双苯厂厂长申东明、苯胺二车间主任王芳、吉林石化分公司党委书记兼总经理于力，先后于 2005 年 11 月底至 12 月初被责令停职，接受事故调查。

国务院事故及事件调查组经详细调查认为，爆炸事故发生的直接原因是：硝基苯精制岗位外操人员违反操作规程，在停止粗硝基苯进料后，未关闭预热器蒸汽阀门，导致预热器内物料气化；恢复硝基苯精制单元生产时，再次违反操作规程，先打开预热器蒸汽阀门加热，后启动粗硝基苯进料泵进料，引起进入预热器的物料突沸并发生剧烈震动，使预热器及管线的法兰松动、密封失效，空气吸入系统，由于摩擦、静电等原因，导致硝基苯精馏塔发生爆炸，并引发其他装置、设施连续爆炸。爆炸事故的主要原因是：吉林石化分公司及双苯厂对安全生产管理重视不够、对存在的安全隐患整改不力，安全生产管理制度存在漏洞，劳动组织管理存在缺陷。

污染事件的直接原因是：双苯厂没有事故状态下防止受污染的"清净下水"流入松花江的措施，爆炸事故发生后，未能及时采取有效措施，防止泄漏出来的部分物料和循环水及抢救事故现场消防水与残余物料的混合物流入松花江。

污染事件的主要原因包括：

① 吉林石化分公司及双苯厂对可能发生的事故会引发松花江水污染问题没有进行深入研究，有关应急预案存在重大缺失。

② 吉林市事故应急救援指挥部对水污染估计不足，重视不够，未提出有效防控措施和要求。

③ 中国石油天然气集团公司和股份公司对环境保护工作重视不够，对吉林石化分公司环保工作中存在的问题失察，对水污染估计不足，重视不够，未能及时督促采取措施。

④ 吉林市环保局没有及时向事故应急救援指挥部建议采取措施。

⑤ 吉林省环保局对水污染问题重视不够，没有按照有关规定全面、准确地报告水污染程度。

⑥ 原国家环保总局在事件初期对可能产生的严重后果估计不足，重视不够，没有及时提出妥善处置意见。

8.6.2 案例分析

1. 伦理思想分析

我们分别用功利论、义务论、契约论和美德论来分析上述案例中出现的伦理问题。

（1）功利论

政府和环保部门作为国家权力机关的执行部门，应该代表全体社会成员履行监督管理职能，应该诚实守信、公平正义、追求公共利益最大化。然而，遗憾的是在双苯厂车间爆炸事故发生后，并没有立刻把准确信息告知公众，也没有采取合适的行动来阻止污染的蔓延，而是选择对公众隐瞒事实真相，因而错过了应急处理的时效。可见这些权力部门关心的不是公共利益最大化，而是个人利益最大化。中石油吉林分公司在造成对松花江特重大污染事故之前，曾经多次发生爆炸与污染事故。2001 年 10 月，该公司的双苯厂就发生过一起爆炸事故；2002 年 4 月 20 日，吉化集团中部基地的一个容器爆炸起火，造成两死两伤；2002 年 12 月 30 日，该公司的 102 合成车间发生爆炸，导致 3 人死亡，3 人受伤，而爆炸导致的污染物泄露则直接进入松花江。然而，这些事故都没有引起相关职能部门和企业的重视。

双苯厂车间爆炸引发的松花江重大水污染事件，表面上看是操作人员违规操作所致，实质上反映了双苯厂对安全生产管理重视不够，安全隐患排查不严，安全生产管理制度不完善，劳动组织管理存在漏洞等。同时，双苯厂没有预先制定事故应急预案，导致爆炸事故发生后未能及时采取有效措施，防止泄漏物料、循环水及事故现场消防水的混合物流入松花江。如果双苯厂制定有事故状态紧急措施，在爆炸发生后，事故状态便可能会得到有效控制，从而阻止松花江水污染事件的发生。

（2）义务论

作为双苯厂硝基苯精制岗位的操作人员，熟悉整个生产流程并严格准确执行每一步操作是其应尽的义务。作为工程技术人员，应该具备相关的专业知识和技能，熟悉操作流程，能冷静应对各种突发事件。然而该操作人员在第一次违规操作后，再次违规，最终导致爆炸，并引发其他装置、设施的连续爆炸。可见双苯厂对员工的管理制度及培训制度等存在问题，企业缺乏对员工的专业培训，管理松散，这既是对员工的不负责任，更是对公众的不负责任。

双苯厂作为既有社会服务功能、也有营利功能的社会组织，应该对其员工和公众负有社会责任。这些社会责任应该成为工厂管理人员恪守的职业道德。但在事故发生后，企业与政府有关部门选择保持沉默，对公众隐瞒事情的真相，从而对公众的生命安全和饮水安全造成了巨大威胁。

（3）契约论

松花江水污染事件中，事发初期应急信息通报迟缓，导致相关政府部门的决策滞后，同时也侵犯了公众的知情权，并在一定程度上造成了社会秩序的混乱。事故发生 10 天以后，哈尔滨市政府才紧急采取断水措施，此后原国家环保总局才通告松花江水源遭受污染。这可能是一种故意隐瞒真相的行为，如果不是迫于舆情压力，可能还会继续选择隐瞒真相。

事故导致的直接原因是操作人员的违规操作，间接原因是企业对操作人员的培训没有到位，或者说培训浮于表面、流于形式。操作人员的操作行为应该遵循相应的操作规范，如果严格执行操作规范，就不会发生这样的爆炸事故。在企业和操作人员的眼中，操作规范可能只是一纸契约，不认真对待是对自己和他人生命的漠视。

（4）美德论

本案例涉及的双苯厂不具备美德，为了企业利益的最大化，忽略了公众的生命安全和生存环境。从社会层面而言，要求企业的管理者在经营全过程中，积极将公众的生命安全考虑在内，使其经营理念、发展战略、管理制度等符合社会和环境的最大利益，妥善处理好企业与员工、股东、客户、同行竞争者、政府、公众等利益相关者的关系，建立并维系合理、和谐的市场经济秩序。然而双苯厂并没有在之前发生的爆炸事故中吸取足够的经验和教训，也没有采取充分的安全防范和事故应急措施，一味地追求企业经济利益的最大化，从而最终导致了这起事故的发生。

2. 关系人伦理困境分析

这一案例中涉及的伦理关系人主要包括政府和中石油吉林石化分公司双苯厂管理层、操作人员、公众等，我们逐一分析其面临的伦理困境。

（1）政府和双苯厂管理层

中石油吉林石化在此次松花江重大污染事件之前，已经发生过多起爆炸和污染事故。但是这些事故并没有引起政府相关职能部门及企业自身的高度重视。如果说中石油吉林石化分公司双苯厂的选址与布局不符合国家法规是因为历史的原因，那么没有采取相关措施进行整顿和技术改造则是其不作为表现。双苯厂的不作为行为，不仅违背了道德规范，而且没有将公众的生命安全考虑在内。到底是为了维护自身利益而隐瞒真相，还是为了公众安全将真相公之于众，政府和企业陷入了两难境地。

（2）操作人员

操作人员作为在生产现场一线岗位直接进行生产操作的劳动者，其违规操作是导致本次松花江污染事故的直接原因，对生产安全和公共安全带来了无法估量的风险。事故调查结果表明，案例中操作人员先后两次违反了操作规范，且在违规操作导致异常事件后不具备应有的应急处理能力，最终酿成了重大惨剧，现场许多工作人员因此失去了生命。操作人员应该遵守其职业标准操作程序，对生产安全负有主要责任。只是简单遵守标准的操作程序还远远不够，工程活动现场往往会出现意料之外的问题，而如何预测和防范这些工程实践中可能出现的意外问题是值得所有工程技术人员去思考的问题。操作人员在履行其职业义务的过程中，应该充分考虑到他的一个简单操作可能带来的公众生命威胁。

（3）公众

作为普通民众，不具备相应的权力和职能去查明事实的真相，只能选择相信政府和媒体的报道。即便是出于对政府的绝对信任，也不应该盲目跟风，造成一些不必要的混乱，影响社会的和谐稳定。如果政府有意隐瞒事情的真相，我们应该充分运用法律的武器，通过法律途径维护自身的权利不受侵犯，向国家更高机构寻求事实的真相，合理合法地履行公民的基本义务。

3. 伦理守则规范

本章案例分析引用我国台湾地区的工程伦理守则，守则的内容解说参见3.3.2节。

2（1）　工程人员应持续进修专业技能与相关知识，提升工作品质。

7（1）　工程人员应了解其专门职业乃涉及公共事务，执行业务时，应考虑整体社会利益及群众福祉，并确保公共安全。

7（2）　工程人员应熟知专业领域规范，并了解法规之含义，对于不合乎规范、损及社会利益与公共安全之情事，应加以纠正，不得随意批准或执行。

7（3）　工程人员应提供必要之技术数据或作业成果说明，以利社会大众及所有关系人了解其内容与影响。

4. 思考题（思考题的参考答案，请扫二维码8-6）

（1）案例中，政府及企业最初选择对公众隐瞒真相，这种做法是否合乎道德？

（2）你认为公众是否了解事情的真相？

（3）假如你是双苯厂的工程师，你了解事情的真相，你会选择将真相告诉公众吗？

（4）假如你是双苯厂的一名操作人员且发生爆炸事故时在场，你会怎样做来避免事态的进一步恶化？

8.6.3　案例总结

中石油吉林石化分公司双苯厂车间爆炸，共造成 5 人死亡、1 人失踪、近 70 人受伤。爆炸发生后，大量苯类物质流入松花江，造成了严重的水体污染，严重威胁居民的生命安全。通过此次爆炸事故引发的水污染事件，有关部门必须意识到加强对工程人员进行专业技能培训的重要性。作为工程人员，应该明确自己的责任和义务。同时，政府和企业应该加强事故应急管理，制定并不断完善总体应急预案及专项应急预案，建立健全应急管理体制和运行机制，定期开展安全培训及应急演练。企业生产安全问题，需要依法处理，以杜绝此类事故的再次发生。

8.7　三聚氰胺毒奶粉事件

8.7.1　案例经过

2008 年 9 月 8 日，甘肃省岷县 14 名婴儿被发现患有肾结石病症，引起外界的广泛关注。截至 2008 年 9 月 11 日，甘肃全省共发现 59 例肾结石患儿，1 人死亡，部分患儿出现肾功能不全症状。据调查，这些患病婴儿均食用过三鹿集团的奶粉。两个月以来，中国多省相继发生了多起同类事件。原国家卫生部怀疑三鹿牌婴幼儿配方奶粉受到三聚氰胺污染（图8-7）。三聚氰胺是一种化工原料，可以提高蛋白质检测值，长期摄入会导致人体泌尿系统、膀胱、肾等产生结石，并可能会诱发膀胱癌。

2008 年 9 月 11 日，新民网连线三鹿集团传媒部。该部负责人表示，没有证据显示这些婴儿是因为吃了三鹿奶粉而致病。据称，三鹿集团委托甘肃省质量技术监督局对三鹿奶粉进行了检验，各项标准均符合国家相关质量标准。而甘肃省质量技术监督局则召开新闻发布会，声明该局从未接受过三鹿集团的委托检验。同日，三鹿集团承认经公司自检发现 2008 年 8 月 6 日前出厂的部分批次三鹿婴幼儿奶粉曾受到三聚氰胺的污染，流入市场的受污染奶粉大约有 700 吨。三鹿集团同时发布产品召回声明。

截至 2008 年 9 月 21 日，因食用婴幼儿奶粉而接受门诊治疗咨询且已康复的婴幼儿累计 39965 人，住院 12892 人，治愈出院 1579 人，死亡 4 人。截至 2008 年 9 月 25 日，香港有 5 人、澳门有 1 人确诊患病。该事件引起各国的高度关注和对乳制品安全的担忧。原国家质检总局公布对国内部分乳制品厂家生产的婴幼儿奶粉的检验报告，包括伊利、蒙牛、光明、圣元及雅士利在内的多个厂家的奶粉都检出含有三聚氰胺。该事件亦重创了中国制造商品信

图 8-7　三聚氰胺毒奶粉漫画

誉，多个国家禁止销售中国乳制品。2008 年 9 月 24 日，原国家质检总局表示，污染奶粉事件已得到控制，9 月 14 日以后新生产的酸乳、巴氏杀菌乳、灭菌乳等主要品种的液态奶样本的三聚氰胺抽样检测中均未检出三聚氰胺。

8.7.2　案例分析

1．伦理思想分析

我们分别用功利论、义务论、契约论和美德论来分析上述案例中出现的伦理问题。

（1）功利论

根据三鹿集团公布的数据，三鹿已销毁问题奶粉 2177 吨，召回奶粉 7210 吨，大约还有700 吨奶粉正在以不同的渠道紧急收回，这三项加起来的毒奶粉共有 10000 多吨。按照比例来看，受到污染的原奶大致有 8～9 万吨。企业作为具有营利性质的社会性组织，应该提供安全可靠的产品，对公众的身体健康和生命安全负责。三鹿集团将三聚氰胺作为添加剂以提高奶粉中的蛋白质检测含量，从而降低生产成本，提高利润。而三聚氰胺是一种有毒的化工原料，过量食入会对人体造成损害，尤其是抵抗力和免疫力较差的婴幼儿。三鹿集团为了追求企业的短期利益，而忽视了公众的安全利益，无视《食品安全法》的法律权威。三鹿集团的这种行为，是一种被利益冲昏头脑的行为，完全是道德的沦丧和诚信的缺失，将扰乱正常的经济和社会秩序。

另一方面，自 2007 下半年起，中国的原奶价格从 1.8 元/升上涨至 4.0 元/升，当时 1 升利乐包装纯牛奶的市场售价大多在 7 元以下。一系列因素造成中国液态奶行业的严重亏损，中国奶业巨头多次向原国家发改委申请调价无果，企业面临持续亏损。2007 年底，乳制品行业巨头达成内部约定，原奶采购价格不得超过 2.5 元/升。这样一来，压力就全部转嫁给了奶农。不卖，只有倒掉；卖，就必然亏损。面对这种情况，奶农们在原奶中加水，但是加水会导致原奶蛋白检测含量不达标；因此就往原奶中添加植物蛋白，但是添加植物蛋白仍然会亏损；于是有些地区往原奶中添加被称为"蛋白精"的三聚氰胺，以便能够有效逃过蛋白含量检测。而当时原国家卫生部也没有标准认定三聚氰胺对人体有害，最终造成三聚氰胺毒奶粉事件的全面爆发。

（2）义务论

事件调查报告指出，三鹿集团的奶源绝大部分由集团下属的奶厂提供，这部分奶源由三鹿专门的技术人员和管理人员负责，源头可溯，质量可控。但是，也有一部分奶源来自外部奶农，进厂前没有对奶源进行检测。企业应该有这样的义务：为消费者提供安全可靠的产品，不能为了企业自身的效益而侵害消费者的权益，甚至不顾消费者的生命安全。企业的生产、销售行为必须遵守相关的法律法规，履行法律规定的义务。三鹿集团显然没有履行企业应尽的义务，无论三鹿集团是为了节省成本而没有对外部奶源进行检测，还是检测后发现外部奶源存在三聚氰胺污染之后仍然继续使用，都是一种被利益冲昏头脑的行为。另一方面，原国家质检总局在三鹿污染奶粉事件的监管上也存在很大漏洞，相关质检部门没有履行对公众负责的义务，监管不力，甚至不作为，最终导致了三聚氰胺毒奶粉大量流入市场。

（3）契约论

三鹿奶粉被曝光后，其他乳制品企业相继被检测出三聚氰胺。在奶粉的生产过程中添加"蛋白精"三聚氰胺，以降低生产成本提高企业利润，这种做法似乎已经成了乳制品行业的潜规则。面对毒奶粉事件，中国奶业协会常务理事王丁棉认为，三聚氰胺通常来源于奶粉的包装材料。这无疑是对乳制品企业的一种包庇和袒护。我国从 2004 年开始实行分段监管的食品安全监管体制，这种监管体制在全程链条中存在漏洞和盲区。三聚氰胺毒奶粉事件中，监管部门忽视了对供奶源头的监管，很多企业收购了受污染原奶。同时，地方部门上下级之间接口不对应，导致监管断层频繁出现，这就使得不严格遵守食品安全标准的现象普遍存在，食品安全状况不断恶化。三鹿毒奶粉事件的根源在于国家提高原奶的价格，使得企业生产成本提高，利润降低，甚至出现亏损。由此可见，国家制定产品价格时应与行业达成共识，形成一种契约，双方严格按照契约的内容执行。

（4）美德论

诚信是一个企业永续发展的前提，企业应该将公众的利益放在重要位置。三鹿集团在企业经营方面完全丧失了诚信。三聚氰胺毒奶粉事件爆发之后，三鹿集团没有在第一时间承认奶粉中含有三聚氰胺，也没有第一时间召回流入市场的毒奶粉，而是想着如何保全企业的品牌和声誉。三鹿集团没有承担相应的责任，忽视了公众的生命安全。所有以牺牲消费者安全而得以节省的成本都应该被视为不义之财，都应该被剥夺。

2．关系人伦理困境分析

这一案例中涉及的伦理关系人主要包括中国奶业协会、乳制品企业、奶农、监管部门等，我们逐一分析其面临的伦理困境。

（1）中国奶业协会

三聚氰胺毒奶粉事件的根源在于原奶价格上涨导致整个行业平衡被打破，导致上下游企业在其各自应对原材料价格上涨或销售价格下降时采取不符合伦理原则的行为。原奶采购价格的制定应该是相关部门和行业协会通过商议形成的一种相互认可的契约，并且双方严格按照契约的规定执行。但是原奶价格的上涨似乎不是奶业协会希望的结果。因此，在三聚氰胺毒奶粉事件爆发之后，中国奶业协会选择包庇和袒护乳制品行业。这是一种矛盾的行为，看似对乳制品行业负责，实际上忽视了公众的健康和安全。

（2）乳制品企业

原奶价格的上涨，导致企业生产成本提高，从而使利润降低，甚至出现亏损。到底是持续面临亏损，还是想办法逆转这种亏损的局面，这是乳制品企业面临的困境。如果持续亏损，企业将面临巨大的经济困难甚至破产，这样一来不但企业难以为继，企业的众多员工也将面临失业的风险。但是如果通过采购添加了三聚氰胺的原奶等方式降低生产成本，将公众的健康置于危险的境地，又是一种不负责任、不道德的行为。

（3）奶农

奶农实际上是整个乳制品产业链上最薄弱、力量最微小的一环，面对整个乳制品行业的集体压低原奶价格，如果选择不卖，那原奶只能烂在自己手里；如果选择低价售出，那就会亏损。为了自身的利益，奶农们选择往原奶中掺水并添加三聚氰胺，这样一来就保全了自身的利益，但是没有对公众的健康负责。奶农们的这种行为可能是出于无奈，如果原奶的价格处于合适的区间内，可能就不会发生这次毒奶粉事件。

（4）监管部门

政府部门监管不力，职责不清，没有具体单位和人员对企业监管负责。同时我国的食品安全监管机制存在漏洞，食品安全监管政策法规体系有待完善。食品质量监管部门的行政执法观念、方式、手段相对落后，对产品的市场准入环节缺乏责任感、主动性，监管市场多满足于"集中性大检查"和"统一执法活动"，缺乏对突发事件的处理经验。在三聚氰胺毒奶粉事件中，食品安全反应机制迟钝。2008 年 3 月就有婴儿因为食用三鹿奶粉出现肾结石问题，但工商、卫生等部门对此问题并没有立刻做出预警和调查，对三聚氰胺奶粉充斥市场及婴儿受害问题情况不明了、重视不充分、清查不彻底、监督不到位。

3．伦理守则规范

本章案例分析引用我国台湾地区的工程伦理守则，守则的内容解说参见 3.3.2 节。

7（1）工程人员应了解其专门职业乃涉及公共事务，执行业务时，应考虑整体社会利益及群众福祉，并确保公共安全。

7（2）工程人员应熟知专业领域规范，并了解法规之含义，对于不合乎规范、损及社会利益与公共安全之情事，应加以纠正，不得随意批准或执行。

7（4）工程人员应运用其专业职能，尽其所能提供社会服务或参与公益活动，以造福人群，增进社会安全、福祉与健康之环境。

4．思考题（思考题的参考答案，请扫二维码 8-7）

（1）如果你是毒奶粉企业的员工，得知企业为了降低成本而使用受污染奶源，你会怎么做？

（2）如果你是奶业协会的负责人，在众多乳制品企业生产毒奶粉被曝光之后，你会怎么做？

（3）你如何看待某些食品生产企业"吃不死人"的从业底线？

（4）你认为购买奶粉的消费者清楚地了解三聚氰胺对人体健康的危害吗？

8.7.3 案例总结

三聚氰胺毒奶粉事件引发的食品安全问题讨论引起了企业和公众的深刻反思，由于食品安全问题频发和相关部门监管不力，公众的生命健康一再地受到威胁。食品安全密切关系到人们的生命健康和安全。企业必须始终牢记以人为本，始终坚持生命和健康高于一切的原则，严格控制产品质量，坚决杜绝"问题产品"流入市场，不放松对产品质量的保证。有关部门应该以此为戒，大力改善食品质量标准和监管体系，严格执法，严格履行产品质量监督的职责。

8.8 三星半导体事件

8.8.1 案例经过

2007 年 3 月，在三星半导体厂（图 8-8）工作的 23 岁员工黄尤美，因患急性白血病医治无效过世。调查结果显示，三星半导体和 LCD 显示屏工厂，共有 200 多名员工患有相关疾病，其中 76 名员工因此死亡。但是，76 条生命并没有唤起三星公司的良知，坚决否认工作环境与这些疾病和死亡之间存在任何联系。

图 8-8　三星半导体厂

2008 年 3 月，工人们成立了名为"伴我灵"的社团；2014 年 10 月，三星公司与"伴我灵"通过协商决定成立调解委员会，但是协商无果；"伴我灵"在首尔的三星总部示威 1000 多天，直到 2018 年 7 月才达成最后的调解方案。三星承诺赔偿时间为 1984 年 5 月 17 日半导体厂竣工至 2018 年 10 月 31 日，之后的时间在 10 年后确定。赔偿对象为白血病、多发性骨质疏松、肺癌等 16 种疾病，其中白血病死亡赔偿金为 1.5 亿韩元，约合人民币 90 万。三星公司表示争取到 2028 年完成赔付，另出资 500 亿韩元设立预防重大工伤事故的基金。

2018 年 11 月 23 日，韩国三星电子就半导体厂工人患白血病引发纠纷一事公开道歉，承认公司在管控半导体和 LCD 工厂环境方面存在疏忽，在处理问题时未能及时采取适当措施，并承诺赔偿。这一消息公布后，立刻登上了全球各大媒体，并在社交网络刷屏。至此，这起长达 11 年的工人健康维护事件，有了暂时结局。

8.8.2　案例分析

1. 伦理思想分析

我们分别用功利论、义务论、契约论和美德论来分析上述案例中出现的伦理问题。

（1）功利论

根据工人安全组织的记录，约有 200 多名三星半导体和 LCD 工厂的前员工患上了严重疾病，包括白血病、狼疮、淋巴瘤及多发性硬化症。这些员工的年龄多为 20～30 岁，其中至少 76 人已经死亡。韩国政府的不作为让这些患病员工很难获得赔偿，同时还纵容三星公司对员工隐瞒实情。报道称，一名年仅 22 岁的员工因患白血病死亡，其家属表示，三星曾提出赔偿 10 亿韩元（约合 86.4 万美元）让他们闭口。三星一名员工因患上多发性硬化症而导致视力丧失，该员工称，三星工厂从未教育过他们哪些化学物质对身体有害。

企业作为具有营利性质的社会性组织，具有获取利益的正当性，但是利益的获取不应该建立在损害员工的生命和健康之上，这是一种不道德的行为。三星公司作为一家世界知名企业，被利益冲昏了头脑，连基本的员工入职培训都没有做好，这不是可以节省的成本，人的生命是无价的。

（2）义务论

企业有义务提供安全的产品，为员工提供安全舒适的工作环境。然而三星公司为了节约成本，雇佣廉价的劳动力并缺乏基本的入职培训，从而导致多名员工患病罹难。东窗事发后还不承认自身的错误，企图通过贿赂患病员工家属封锁消息，一错再错。虽然三星公司最后迫于各方压力，承认自身错误并向患病员工做出赔偿，还设立预防重大工伤事故的基金，但这些都是事后补救措施，不足以体现三星公司对自己义务的清醒认识，可能只是为了维护企业声誉而做的表面文章。

（3）契约论

三星半导体厂雇佣的大多数是来自农村的廉价劳动力，这些员工本身文化素质不高，不了解工作环境的恶劣对身体健康带来的危害，不懂得通过法律的途径维护自身的合法权益。而三星公司正是看中了农村劳动力的这些特征，让他们在恶劣的工作环境中工作。三星公司和这些员工存在雇佣与被雇佣关系，既然签订了劳动合同，双方就必须严格按照合同上的内容来执行，包括提供安全、健康、舒适的工作环境，而三星公司显然没有做到这一点。

（4）美德论

企业以营利为第一要义，但同时也应该将员工福利置于重要的位置，员工福利就包括了提供安全和相对舒适的工作环境。员工福利的多寡和好坏不仅是一个企业成熟与否的标志，而且还是其是否具有美德的象征。一个具有美德的企业，应该时刻对员工负责。企业创造的价值是由一个个员工创造的价值积累起来的，没有员工企业就不是真正意义上的企业，只是一个空架子。三星公司完全不把其员工的生命安全和健康放在心上，仅仅支付低廉的工资却获得了大量的效益，是不具有美德的企业。

2．关系人伦理困境分析

这一案例中涉及的伦理关系人主要包括三星公司、三星半导体厂员工、政府等，我们逐一分析其面临的伦理困境。

（1）三星公司

三星公司作为世界知名的电子产品企业，在电子工业蓬勃发展的今天，面临着不小的挑战。而应对这种同行业的挑战，三星公司选择雇佣农村廉价劳动力以节省生产成本，借此保持自身在行业内的竞争力。另外，三星公司的功利心也在做祟，他们制定了一个"成为全球第二大芯片加工工厂"的目标，并为了达成这个目标采取了一系列的措施，包括雇佣廉价劳动力让其在恶劣的工作环境中工作。三星公司为了自身的利益，罔顾员工的生命安全和健康。三星公司完全可以打破常规，突破自我，推陈出新，重新占据电子产品市场，而不是为了节省成本做出这样的行为。

（2）三星半导体厂员工

对于三星半导体厂的这些员工来说，不工作就没有收入，没有收入就无法生活。他们大多数来自相对落后的农村地区，文化水平较低，生存技能较少，因此只能选择接受三星公司的压迫和摧残。他们不知道三星给他们提供了一个如此恶劣的工作环境，暴露在各种有毒化工原料中，最终导致了患上各种各样的绝症。但如果他们拒绝为三星工作，就没有稳定的收入来源，无法供养老人和抚育小孩。

（3）政府

韩国政府对三星公司采取的态度是一味的包庇和纵容，因为三星公司是韩国的支柱企业，是韩国的经济命脉，一旦三星公司出现问题甚至破产，无疑将对整个韩国的经济和社会秩序造成影响，这显然是韩国政府不愿意看到的。然而，一味的包庇和纵容带来的后果是，三星公司无视政府和法律法规，不顾员工的生命安全和健康，工人的工作条件和环境极其恶劣，最终导致数百名员工患病甚至死亡。作为政府，应该充分关注民众的生活和福利，将民生福祉放在首位，而韩国政府的这种行为显然是"丢卒保车"，为了保全三星企业而牺牲了数百条生命。

3．伦理守则规范

本章案例分析引用我国台湾地区的工程伦理守则，守则的内容解说参见3.3.2节。

7（1）工程人员应了解其专门职业乃涉及公共事务，执行业务时，应考虑整体社会利益及群众福祉，并确保公共安全。

7（4）工程人员应运用其专业职能，尽其所能提供社会服务或参与公益活动，以造福人群，增进社会安全、福祉与健康之环境。

4．思考题（思考题的参考答案，请扫二维码8-8）

（1）如果你是三星公司的一名工程师，发现员工在极其恶劣的工作环境中工作，你会怎么做？

（2）如果你是三星公司的一名员工，被迫长期在恶劣的工作环境中工作，你会怎么做？

（3）你如何看待三星公司对员工所患各种疾病的定价行为，这种定价是否是合乎道理的？

（4）三星公司接连发生员工患病甚至死亡的案例，作为高层却不承认是恶劣的工作环境导致了员工患病，这种行为是否合乎道德？

8.8.3　案例总结

三星公司作为一家具有世界影响力的知名企业，竟然为了节约成本让员工长期在恶劣的工作环境中工作，并且支付着低廉的工资，这显然是一种压榨行为，不把员工的生命和健康放在眼里。类似的案例还有很多，这种行为无疑是将员工看作生产的工具，没有合法的权益可言。企业作为一种社会组织，营利固然重要，但同时也应该关注员工的健康和福利，起码应该尊重员工的生命权，让其远离危险源。三星半导体事件给企业带来这样一些启发，员工是企业稳步前进的发动机，是不可缺少的齿轮，少了一颗公司就无法正常运行，因此应该将员工置于至关重要的位置。

8.9　福岛核事故

8.9.1　案例经过

福岛核电站地处日本福岛工业区，是目前世界上最大的一座核电站，由福岛一站、福岛二站组成，共10台机组（一站6台，二站4台），均为沸水堆。日本经济产业省原子能安全和保安院2011年3月12日宣布，受地震影响，福岛第一核电站的放射性物质泄漏到外部。

福岛第一和第二核电站此前也多次发生事故。1978年，福岛第一核电站曾经发生临界事故，但是事故一直被隐瞒至 2007 年才公之于众；2005 年 8 月，里氏 7.2 级地震导致福岛县两座核电站中存储核废料的池子中部分池水外溢；2006 年，福岛第一核电站 6 号机组曾发生放射性物质泄漏事故；2007 年，东京电力公司承认，从 1977 年起在对下属 3 家核电站总计 199 次定期检查中，这家公司曾篡改数据，隐瞒安全隐患，福岛第一核电站 1 号机组反应堆主蒸汽管流量计测得的数据曾在 1979 年至 1998 年间先后 28 次被篡改，原东京电力公司董事长因此辞职；2008 年 6 月，福岛核电站核反应堆 5 加仑放射性冷却水泄漏，官员称这没有对环境和人员等造成损害。

2011 年 3 月 11 日 14 时 46 分，日本本州岛东北海岸发生 9.0 级地震。地震发生前，福岛第一核电厂 6 台机组的中 1、2、3 号处于运行状态，4、5、6 号则正在停堆检修。地震导致福岛第一核电厂所有厂外供电丧失，三个正在运行的反应堆自动停堆，应急柴油发电机按设计自动启动并处于运转状态。地震引起的第一波海啸浪潮在地震发生后 46 分钟抵达福岛第一核电厂。海啸冲破了福岛第一核电厂的防御设施，这些防御设施的原始设计能够抵御浪高 5.7 米的海啸，而当天袭击电厂的最大浪潮达到约 14 米。海啸浪潮深入到电厂内部，造成除一台应急柴油发电机之外的其他应急电源功能丧失，核电厂的直流供电系统也由于受水淹而遭受严重损坏，仅存的一些蓄电池最终也由于充电接口损坏而导致电力耗尽。第一核电厂丧失所有交、直流电供应。

海啸及其夹带的大量废物对福岛第一核电厂的厂房、道路、储存罐和其他厂内基础设施造成了严重破坏。现场操作人员面临着电力供应中断、反应堆仪控系统失灵、厂内外的通信系统受到严重影响等灾难性状况。事故影响超出了电厂设计的范围，也超出了电厂严重事故管理指南所针对的工况。由于丧失了把堆芯热量排到最终热阱的手段，福岛第一核电厂 1、2、3 号机组在堆芯余热的作用下迅速升温，锆金属包壳在高温下与水作用产生了大量氢气，随后引发了一系列爆炸（图 8-9）。

图 8-9　福岛核电站机组爆炸

爆炸发生后，福岛核电厂 1、2、3 号机组压力容器全部失效，放射性气体向大气环境释放。2011 年 8 月 24 日，日本原子力安全保安院（NISA）将福岛核事故最终确定为核事故最高等级 7 级（特大事故），与 1986 年切尔诺贝利核电站事故同等级。

8.9.2 案例分析

1. 伦理思想分析

我们分别用功利论、义务论、契约论和美德论来分析上述案例中出现的伦理问题。

（1）功利论

福岛第一核电站的加压废水反应堆采用的是美国通用电气公司生产的马克1型围阻体，这种结构建造容易，尺寸较小、成本低廉。20世纪80年代后期，通用电气公司部分内部文件曝光，指称"马克1型反应堆未经足够测试，存有影响安全的设计瑕疵。"但由于当时这种反应堆在核电产业和监管官员中的接受度较高，最终美国核电厂并没有停产"马克1型反应堆"，而是仅仅进行了部分改造，增加了排气系统，以便在过热状况下也能减压。然而，通用电气的工程师未考虑极端自然灾害发生时可能导致的风险，如发生大规模地震并伴随海啸的情形。福岛第一核电厂的6座反应堆中，有5座是马克1型反应堆。在冷却系统出现故障时，马克1型反应堆经不起爆炸和氢气膨胀所带来的冲击，最终不幸发生了堆芯熔毁的灾难性事故。

前通用电气的工程师戴尔·布瑞丹鲍曾建议，在完成所有安全测试和分析前，应该先把部分没有完全完成安全测试的核电站关闭。然而，通用电气为了获取更多利润，东京电力公司为了保证充足的发电量，没有采纳这一建议。在事故发生后，东京电力公司为了促使核反应堆压力下降至正常水平，直接将反应堆内的气体排放到大气；为了降低核反应堆的温度，直接向反应堆内注入大量冷却水，然后将这些冷却水直接排入大海。这种不负责任的处理方式导致了放射性物质的大规模污染太平洋和周围大气。

（2）义务论

通用电气在进行核电站各部件设计时，忽视了存在安全隐患的设计瑕疵。作为一个为国家重要部门提供服务，并且安全性要求极高的制造商，通用电气有义务保证设计的可靠性，在高强度运行或者一定程度的自然灾害情况下应能确保核电厂的安全运行。当工程师提出安全方面存在的问题并且建议暂停部分核电站的使用时，通用电气没有予以采纳，而是为了自身的利益忽视了应该履行的义务。

东京电力公司在事故刚发生的一段时间内的确履行了自己的业务，包括及时通知政府，切断电源防止污染扩大。但是之后采取的一系列行为完全没有承担相应的责任。冷却水直接排入海水中，没有制定一个合理的控制污染的行动策略，造成了海水污染和核辐射的大量扩散。

日本政府没有能够迅速而有效地处理核泄漏这一紧急事件，也没有履行对公众的相应的义务，不但没有采取措施安置受灾民众，反而停止灾民补助。

（3）契约论

东京电力公司和日本民众之间关于电力的使用具有合同的关系。日本民众花钱使用电力公司通过核电站产生的电力，电力公司有责任和义务为民众提供安全而稳定的电力供应，双方应该严格按照契约行动。东京电力公司在日常维护中，需要记录机组运行数据，确保整个系统安全。为了让老旧的机组能够继续使用，电力公司私自篡改了相关数据，这种行为严重违背契约精神。福岛核事故发生后，日本政府让东京电力公司全权负责善后工作。而东京电力公司多次否认并故意淡化和隐瞒福岛核事故及其危害的严重程度，给福岛民众传递错误的观念。事故后的赔偿也是一味拖延，将民众的安全与金钱直接挂钩，缺乏社会责任感。

（4）美德论

东京电力公司采取简单粗暴的方式将泄漏的污染物和应急处理过程中含有核辐射物质的废水排入大海，是一种极其没有道德、极度不负责任的行为。虽然这种方法节省了成本，但是后续会产生一系列不良后果，会造成严重的环境污染。

日本政府停止对受灾民众的救助，并且勒令受灾民众返回灾区，这也不是一个政府应该采取的措施。政府应该妥善处置受灾民众，对他们的生命和健康负责。

2. 关系人伦理困境分析

这一案例中涉及的伦理关系人主要包括日本政府、东京电力公司、通用电气公司等，我们逐一分析其面临的伦理困境。

（1）日本政府

在日本行政体系中，原子力安全保安院和原子力安全委员会两个机构应该对福岛核事故负责。两个机构是相互独立的，但是都属于日本的核电管理机构。原子力安全保安院主要负责核电设施的审查及批准，该机构在事故发生之前，是否认真审查了核电设备，设备老化问题是否早已知晓，是否知情不报，是否与东京电力公司之间有金钱上的往来，这些都是值得怀疑的问题。原子力安全委员会是内阁府的一个机构，主要负责制定基本安全方针。东京电力公司是否真正实行该机构制定的方针不得而知。事故发生后，负责监督的机构重点保护东京电力公司的利益，而不是核电站是否安全运行，是否影响社会安全和秩序，因而导致公众失去了对政府的信任。

日本政府应该对福岛核事故负责。东京电力公司在安全数据上进行多次任意的篡改，政府都未能发现，有理由怀疑政府内部存在腐败行为。事故发生后，日本政府未能在第一时间向公众公布真实数据。另外，冷却系统产生的废水直接排进大海，是政府的决定，还是东京电力公司的决定，我们也无法得知。

（2）东京电力公司

作为日本最大的私营核电公司，东京电力公司在处理此次事故时表现出的犹豫、慌乱、低效和毫无专业素养的处理方式，让公众遗憾。在事故发生后的第一时刻将核电站恢复使用的时间和如何恢复核电站发电作为首要目的，而不是考虑核事故带来的安全和环境问题，也不是迅速采取应急措施，防止事态扩大。东京电力公司的不作为，最终导致核反应堆中的堆芯出现熔化反应，大量的放射性物质外泄。从这些后果中，不难发现东京电力公司对于此次事故的严重程度估计不足，存在侥幸心理。核电站 1 号机组厂房发生氢气爆炸事故后，电力公司已经察觉到可能存在氢气泄露的问题，但是未能及时采取有效的保持原样措施和解决方案，导致其他机组接连出现类似爆炸事件。在对 2 号机组内积水进行放射性活度测量时，前后两个数据存在很大差距，表明电力公司员工的技术水平严重不足。事实上，东京电力公司在之前的核电站的安全管理方面一直不规范，始终篡改安全档案，并隐瞒了该公司 1978 年的核反应堆事故。这完全不是一个成熟企业应有的行为，企业作为具有营利性质的社会性组织，应该具有向公众提供安全可靠的产品的义务，对公众的生命安全和健康负责。

（3）通用电气公司

通用电气公司设计的马克 1 型围阻体具有易建造、体积小、价格低和适合商业化生产等优点，但也存在一些缺陷，存在一定的安全隐患。通用电气公司的工程师对核反应堆的安全问题提出了担忧，但是通用电气公司高层却并不重视，没有采纳工程师的建议去改进这一设计。

福岛核事故发生后，通用电气水电部门发言人麦可·特图原声称马克 1 型反应堆是核电行业的主流产品，拥有长达 40 多年的安全运行记录。但是通用电气没有告知媒体和民众该设计能否承受福岛核电站遭遇到的高级别地震、海潮冲击，以及其他一系列的自然灾害和事故联合冲击。企业作为具有营利性质的社会性组织，应该具有向公众提供安全可靠的产品的义务，对公众的生命安全和健康负责。然而通用电气公司在产品设计方面存在一些安全隐患，并且在知情的情况下也不去进行设计上的改进，这显然是一种不负责任的行为。

3．伦理守则规范

本章案例分析引用我国台湾地区的工程伦理守则，守则的内容解说参见 3.3.2 节。

7（4）　工程人员应运用其专业职能，尽其所能提供社会服务或参与公益活动，以造福人群，增进社会安全、福祉与健康之环境。

8（1）　工程人员应尊重自然、爱护生态，充实相关知识，避免不当破坏自然环境。

8（2）　工程人员应兼顾工程业务需求与自然环境之平衡，并考量环境容受力，以减低对生态与文化资产等的负面冲击。

4．思考题（思考题的参考答案，请扫二维码 8-9）

（1）如果你是通用电气公司的工程师，发现产品设计存在安全隐患，你会怎么做？

（2）对于东京电力公司来说，当产品涉及公众安全问题时，将自身的经济利益放在首位是否符合道德？

（3）对于通用电气公司来说，在明知道自己的产品存在安全隐患的情况下而不对产品进行改进，这是否符合道德？

（4）你认为公众是否充分认识到核泄漏带来的危害？

8.9.3　案例总结

尽管日本福岛核事故已经过去了近十年，但其对海洋环境和生态环境，以及人类的安全和健康仍然存在隐患。通过总结和反思这次核事故，我们可以得到一些启示。不存在绝对安全的设计和绝对安全的产品，企业在产品的设计过程中应该不断改进，尽可能提升其安全性和可靠性。核能发电作为一种新型的发电方式，伴随着很大的风险，因此核电站的日常运行、维护和管理至关重要。尽管存在像地震、海啸这样一些不可抗因素，我们也不可消极对待核安全问题，必须确保核电站的安全运行，妥善处理核废料和制定核泄漏的应急措施。

8.10　港珠澳大桥建设

8.10.1　案例经过

港珠澳大桥（图 8-10）是中国境内一座连接香港、珠海和澳门的桥隧工程，位于中国广东省伶仃洋区域内，为珠江三角洲地区环线高速公路南环段。港珠澳大桥东起香港国际机场附近的香港口岸人工岛，向西横跨南海伶仃洋后连接珠海和澳门人工岛，止于珠海洪湾立交；桥隧全长 55 千米，其中主桥 29.6 千米、香港口岸至珠澳口岸 41.6 千米；桥面为双向六车道高速公路，设计速度 100 千米/小时。工程项目总投资额 1269 亿元。

图 8-10　港珠澳大桥

2009 年 12 月 15 日，港珠澳大桥正式开工建设。2010 年 8 月 3 日，港珠澳大桥珠澳口岸人工岛填海工程抛石出水。2011 年 5 月 15 日，港珠澳大桥西人工岛首个大型钢圆筒完成振沉。2011 年 9 月 22 日，东人工岛首个钢圆筒完成振沉。12 月 7 日，人工岛主体结构完工。2012 年 12 月 16 日，港珠澳大桥主桥墩开钻。2013 年 5 月 7 日，港珠澳大桥首节沉管在水下对接人工岛端口；同年 6 月 3 日，大桥首个承台墩身整体安装到位；6 月 21 日，大桥首个整体埋置式墩台安装完成；7 月 30 日，岛隧工程首节 180 米标准管节完成浮运安装；12 月 3 日，大桥首片组合梁架设完成，桥梁施工由下部结构转向上部结构。

2014 年 1 月 19 日，港珠澳大桥深海区首跨钢箱梁架设成功；8 月 19 日，大桥岛隧工程第 12 节海底隧道沉管安装成功，工程建设推进至隧道最深处。2015 年 1 月 8 日，港珠澳大桥主体工程青州航道桥主塔成功封顶；2 月 3 日，九州航道桥 206 号墩上塔柱整体竖转提升完成，为中国国内首次采用整体竖转提升的方式安装上塔柱；青州航道桥 56 号墩索塔"中国结"结形撑首个节段吊装成功；8 月 23 日，江海直达船航道桥首座钢索塔完成吊装；9 月 6 日，港珠澳大桥 208 座海上墩台全部完工；11 月 22 日，九洲航道桥段主体完工。

2016 年 1 月 28 日，港珠澳大桥珠海连接线横琴北互通至洪湾互通段高速公路建成通车；2 月 28 日，大桥所有桥墩和人工岛主体工程完成；4 月 11 日，青州航道桥合龙贯通；6 月 2 日，江海直达船航道桥最后一座钢塔完成安装；6 月 29 日，港珠澳大桥主体桥梁全线合龙；9 月 27 日，港珠澳大桥主体桥梁工程贯通；12 月 28 日，港珠澳大桥拱北隧道首层导洞贯通。2017 年 3 月 7 日，港珠澳大桥海底隧道最后一节沉管安装成功；3 月 26 日，沉管隧道最终接头钢壳混凝土浇筑完成；4 月 10 日，珠海连接线拱北隧道贯通；5 月 2 日，岛隧工程海底隧道的最终接头在伶仃洋主航道吊装下沉对接完成；5 月 22 日，海底隧道最终接头安装成功；7 月 7 日，港珠澳大桥主体工程全线贯通；12 月 28 日，港珠澳大桥主体工程桥面铺装完成；12 月 31 日，88 辆大巴车和工程车开过港珠澳大桥。2018 年 1 月 1 日，港珠澳大桥全线亮灯，主体工程具备通车条件；2 月 6 日，港珠澳大桥主体工程完成交工验收；2 月 21 日，根据澳门特区政府公布的《港珠澳大桥边检大楼东停车场的使用及经营规章》，港珠澳大桥边检大楼东停车场采用预约登记的形式开放给外来车辆使用；3 月 15 日，经中国国务院批准，港珠澳大桥澳门口岸管理区正式交付澳门特别行政区使用，依照澳门特别行政区法律实施管辖；9 月 28 日，港珠澳大桥开始进行粤港澳三地联合试运；10 月 23 日，港珠澳大桥开通仪式在广东珠海举行，中国国家主席习近平出席仪式并宣布大桥正式开通；10 月 24 日，港珠澳大桥公路及各口岸正式通车运营。

8.10.2　案例分析

1. 伦理思想分析

我们分别用功利论、义务论、契约论和美德论来分析上述案例中出现的伦理问题。

（1）功利论

超级工程通常都带有极大的利益分配，港珠澳大桥也不例外。港珠澳大桥香港段曾经被爆出施工丑闻，负责为大桥进行混凝土压力测试的承建商高层人员及职员因涉嫌集体连环造假，数人被香港廉政公署拘捕。涉案的香港土木工程拓展署承建商嘉科工程顾问有限公司 19 名前实验室职员已被廉政公署起诉。报道称，早在丑闻曝光时，外界当时已猜测事件并非贪污案，而是承包商的化验人员中，有人"贪快"所致。香港廉政公署宣布起诉的新闻稿中，就 19 名被告涉及的串谋诈骗罪及使用虚假文件罪的案情，均无人涉嫌行贿，被告更改计算机记录的测试日期、时间，并把原有测试样本调包，令人质疑动机是否与赶工有关。

自 2009 年开工以来，港珠澳大桥的香港段工程事故频频。2016 年 8 月 24 日，位于珠海市香洲区港珠澳大桥珠澳口岸人工岛珠海口岸管理区的港珠澳大桥珠海口岸工程（Ⅰ标段）发生一起坍塌溺水事故，造成 1 人死亡。2016 年 4 月 23 日，位于香港大屿山的港珠澳大桥人工岛地盘发生夺命意外，一名泰国籍劳工在人工岛的桥梁上工作时，围栏疑似发生松脱，连带将该劳工一起拖落海中。该劳工虽很快被工友救起，但送院后仍然不幸死亡。类似的工程事故导致人员死亡的案例在此不一一列举。

可见，在港珠澳大桥这样一个建设周期长、投资费用高的超级工程中，无论是香港、澳门和珠海三地政府，还是工程施工方或者监理方，在权衡自身经济利益和工人生命安全的时候，过多地考虑了自身的利益，因而导致了多起工人因工程事故丧命的案例。

（2）义务论

我国推行建筑工程监理制度。监理单位与建设单位、施工单位、勘察设计单位等都是建筑市场的责任主体，监理企业与质监站不同，它所提供的是一种高度专业化的有偿技术服务，是工程质量责任主体，是施工全过程的验收把关单位，而质监站是代表政府对各责任主体行使工程质量监督的行政执法单位。

施工单位应当依法取得相应等级的资质证书，并在其资质等级许可的范围内承揽工程。禁止施工单位超越本单位资质等级许可的业务范围或者以其他施工单位的名义承揽工程。禁止施工单位允许其他单位或者个人以本单位的名义承揽工程，施工单位不得转包或者违法分包工程。施工单位对建设工程的施工质量负责。施工单位应当建立质量责任制，确定工程项目的项目经理、技术负责人和施工管理负责人。

建设工程实行总承包制度，总承包单位应当对全部建设工程质量负责。建设工程勘察、设计、施工、设备采购的一项或者多项实行总承包制度，总承包单位应当对其承包的建设工程或者采购的设备的质量负责。

无论是监理单位、施工单位，还是勘察设计单位都具有这样的义务，即充分按照自己的责任机制进行行动，充分保证工程建设的质量，以及充分保证施工人员的生命安全和健康。

（3）契约论

① 设计单位

由中交公路规划设计院有限公司组成的联合体依据批准成立的可行性研究报告，以及有关技术经济文件、设计标准与定额、技术规范与规程、勘察成果资料等进行设计，并满足合同规定的深度与质量要求，按进度要求提交设计文件。对所承担的设计工作，应按业主、监理工程师的要求进行设计技术交底，对施工过程中的有关设计的问题予以解决，并完成设计变更和修改预算编制。港珠澳大桥管理局必须按合同约定的时间向其提供勘察、设计所需的设计依据和基础资料，对基础资料承担责任。港珠澳大桥管理局按合同规定支付设计费用。

② 施工单位

由中国交通建设股份有限公司等组成的施工团队负责岛隧工程的建设工作，是项目的重要承包者和负责人，是项目建设质量、进度和费用的主要管控对象，建设过程中需严格按照设计图纸及相关标准完成岛隧工程的建设。工程竣工后，应组织竣工验收。竣工工程应当符合施工合同规定的施工及验收规范和质量评定标准，若验收不合格，在双方当事人协商期限内，由施工单位负责返工，直至合格。验收合格后，签署工程验收证明。并在一定期限内支付工程价款。在工程未全部结算并拨付前，承包方可以对工程进行留置。在全部结算并拨付完工程款后，根据合同规定的期限内承包方向发包方交付工程，完成施工承包商最后的任务。施工者根据合同中标价获得相应劳动报酬。

③ 监理单位

中铁武汉大桥工程咨询监理有限公司牵头的联合体对港珠澳大桥岛隧工程进行项目建设的监理工作，按照合同规定控制项目的投资、进度和质量，并协调各方关系。监理工程师一方面要对工程建设活动提供管理、控制和组织协调等服务，保证工程的顺利实施；另一方面，在工程实施过程中，监理工程师有权要求项目业主和承包商严格按国家有关建设标准与规范进行项目建设，维护国家的利益。监理联合体不承包工程造价，不参与工程承包的利润分成，按其智力投入、劳动量的多少和服务水平的高低获取脑力劳动报酬。

（4）美德论

港珠澳大桥在漫长的建设周期中发生过多起因工程事故导致施工人员死亡的案例。监理单位在接到事故通知后，应当迅速采取有效措施，组织抢救，防止事态扩大，减少人员伤亡和财产损失，并按照国家有关规定立即如实报告当地安全生产监督管理责任部门，不得隐瞒不报、谎报或者拖延不报，以免影响及时组织更有力的抢救工作。不得故意破坏事故现场、毁灭有关证据，为将来进行事故调查、确定事故责任制造障碍。否则，就要承担相应的行政责任；构成犯罪的，还要追究其刑事责任。这些规定，具有很强的现实针对性。

港澳珠大桥建设工程的各方利益相关者应该具备这些美德，即严格遵循相关规程及合理程序进行行动，履行建设高质量工程、对工程质量进行监管的义务，对公众、社会以及环境负有责任，建设一项符合公众、社会及环境福祉的工程。

2．关系人伦理困境分析

这一案例中涉及的伦理关系人主要包括港珠澳三地政府、设计单位、施工单位、监理单位等，我们逐一分析其面临的伦理困境。

（1）港珠澳三地政府

港珠澳大桥是"一国两制"政治体制下粤、澳、港三地协同合作的工程典范，也是探索中央政府、三地政府在工程建设方面开展深度合作的成功体现。港珠澳大桥既是大珠三角的一条重要交通干线，又是华南地区未来经济发展的纽带，牵动着大珠三角经济发展的格局。港珠澳大桥的兴建不仅可以突破大珠三角所面临的腹地局限、交通壁垒、行政障碍、产业遭遇升级瓶颈等问题，还能解决由香港与粤西地区交通不便利所导致的广东省内经济发展不平衡问题。加速大珠三角经济一体化，增强大珠三角区域竞争力，加速珠江三角洲西岸发展，促进物流、旅游、金融和服务业的发展，增强香港在大珠三角的龙头地位。港珠澳大桥极大地推动着三地经济的发展，从长远来看，港珠澳大桥的兴建将对三地产生深远的影响。

（2）设计单位

作为连接粤港澳三地的跨境大通道，港珠澳大桥将在大湾区建设中发挥重要作用。它被视为粤港澳大湾区互连互通的"脊梁"，可有效打通湾区内部交通网络的"任督二脉"，从而促进人流、物流、资金流、技术流等创新要素的高效流动和配置，推动粤港澳大湾区建设成为更具活力的经济区、宜居宜业宜游的优质生活圈和内地与港澳深度合作的示范区，打造国际高水平湾区和世界级城市群。针对跨海工程"低阻水率""水陆空立体交通线互不干扰""环境保护"以及"行车安全"等苛刻要求，港珠澳大桥采用了"桥、岛、隧三位一体"的建筑形式；大桥全路段呈 S 形曲线，桥墩的轴线方向和水流的流向大致取平，既能缓解司机驾驶疲劳、又能减少桥墩阻水率，还能提升建筑美观度。设计单位在对港珠澳大桥进行设计时，充分考虑了降低工程难度、重视海洋环境保护、关注驾驶员舒适度等因素，设计出了一座大气雄壮、环境友好、舒适优美的新时代大桥。

（3）施工单位

施工单位是承担港珠澳大桥建设的关键一环，由于大桥的设计和施工上存在不少技术难题，这也就极大地考验了施工单位的建设水平和解决问题的能力。

港珠澳大桥工程具有规模大、工期短，技术新、经验少，工序多、专业广、要求高、难点多的特点，为全球已建最长跨海大桥，在道路设计、使用年限，以及防撞防震、抗洪抗风等方面均有超高标准。港珠澳大桥地处外海，气象水文条件复杂，安全健康环境管理难度大。伶仃洋地处珠江口，平日涌浪暗流及每年的南海台风都极大影响桥隧施工的难度和精度，工程所处海床面的淤泥质土、粉质黏土深厚，下卧基岩面起伏变化大，施工过程中产生的大量淤泥不仅容易堆积并阻塞航道，而且还会干扰人工填岛，影响预制沉管的安置与对接；但淤泥又是生态环境重要成分，过渡开挖可致灾难性破坏，桥隧工程既要满足低于 10%阻水率的苛刻要求，又不能过渡转移淤泥。伶仃洋航道每天有 4000 多艘船只穿梭，又毗邻周边机场，通航大桥的规模和施工建设受到很大限制，部分区域无法修建大桥，只能采用海底隧道方案。港珠澳大桥穿越自然生态保护区，对中华白海豚等世界濒危海洋哺乳动物存在一定的威胁。同时，大桥两端进入香港、珠海市，亦可能对城市产生空气或噪声污染。

面对建设过程中存在的诸多难题，施工单位应当采取各种有效措施，既能克服工程中的技术困难，又能实现工程与环境的有机协调。

（4）监理单位

监理单位要做的不仅是监督工程的质量和进度，确保工程按时按质完成。还需要对工程可能造成的环境污染进行监管，并及时阻止可能造成环境污染的工程行为，有的时候还需要在工程优先还是环境优先的问题上琢磨一番。另外，还需要对工程安全进行监管，时刻关注工程安全，做到事故零发生，即使发生，也能第一时间得以解决。

3. 伦理守则规范

本章案例分析引用我国台湾地区的工程伦理守则，守则的内容解说参见 3.3.2 节。

7（1） 工程人员应了解其专门职业乃涉及公共事务，执行业务时，应考虑整体社会利益及群众福祉，并确保公共安全。

7（2） 工程人员应熟知专业领域规范，并了解法规之含义，对于不合乎规范，损及社会利益与公共安全之情事，应加以纠正，不得随意批准或执行。

7（4） 工程人员应运用其专业职能，尽其所能提供社会服务或参与公益活动，以造福人群，增进社会安全、福祉与健康之环境。

4. 思考题（思考题的参考答案，请扫二维码 8-10）

（1）假如你是港珠澳大桥工程的一名工程师，你发现某一段的设计图纸存在技术上的问题，你会怎么做？

（2）假如你是监理单位的一名员工，你发现施工方存在偷工减料的行为，你会怎么做？

（3）假如大桥某一段的建设不得不影响到海洋环境，作为工程师，你会怎么做？

（4）港珠澳大桥对我国其他超级工程建设具有哪些启示？

8.10.3 案例总结

港珠澳大桥从建设之初，就承载着港珠澳三地对深度合作和共同发展的美好期盼。大桥的建成将从根本上改变珠江西岸地区与香港之间客货运输通道以水路为主和陆路绕行的状况，极大地便利了三地居民的通行，必将成为连接粤港澳大湾区东西两岸的重要枢纽。这座全球最长跨海大桥的开通，对于推进粤港澳大湾区建设，推进内地同香港、澳门互利合作，推动香港、澳门参与国家发展战略、保持长期繁荣稳定，具有重大意义。另外，港珠澳大桥在建设过程中始终秉持着绿色发展、生态优先的理念，在设计、施工过程中采取了大量的措施和手段来减少对环境的影响，这应当成为未来工程建设的普遍范式。